U0949846

应用型经管类主干课程系列规划教材

现代企业管理

Modern Enterprise Management

● 主　编　王其和
● 副主编　陈　媛　袁　蓉
● 参　编　田　姗　胡凌云　李　静　洪恩华　杨艳妮

WUHAN UNIVERSITY PRESS
武汉大学出版社

图书在版编目(CIP)数据

现代企业管理/王其和主编．—武汉:武汉大学出版社,2013.8
应用型经管类主干课程系列规划教材
ISBN 978-7-307-11334-3

Ⅰ.现…　Ⅱ.王…　Ⅲ.企业管理—高等学校—教材　Ⅳ.F270

中国版本图书馆 CIP 数据核字(2013)第 155490 号

责任编辑:陈　红　　责任校对:黄添生　　版式设计:马　佳

出版发行:**武汉大学出版社**　(430072　武昌　珞珈山)
(电子邮件:cbs22@whu.edu.cn 网址:www.wdp.whu.edu.cn)
印刷:荆州市鸿盛印务有限公司
开本:787×1092　1/16　印张:17　字数:403 千字　插页:1
版次:2013 年 8 月第 1 版　　2013 年 8 月第 1 次印刷
ISBN 978-7-307-11334-3　　定价:30.00 元

前　言

企业是现代社会生产力的基本组织形式，是国民经济的“细胞”，是市场经济体制下从事生产、流通、服务等经济活动的主体。企业现代化的实现，需要依赖先进的管理，如果只有人才、资金、技术、设备，没有先进的管理，是不能有效提高劳动生产率的。管理是企业永恒的主题。在市场经济条件下，企业管理水平的高低，直接决定一个企业发展的快慢、好坏和持续性。随着国家产业政策的调整和市场竞争的加剧，企业面临的发展环境和市场形势发生了深刻变化。企业只有加强内部管理、着力进行管理创新，才能适应新的形势和新的要求，在激烈的市场竞争中求得生存和发展。

我国是一个制造业大国，每年需要大量的工科等非管理类专业人才。大量的工科等非管理类专业的学生也需要掌握和了解企业管理的相关理论和方法，这已成为我国高等教育的共识。原因有四：一是为了适应我国建设社会主义市场经济和培养全面素质人才的需要；二是为了满足企业和其他各种类型的组织管理的需要，比如具备一定管理知识的人更容易和企业的管理者和领导进行沟通；三是为了学生未来职业发展的需要，比如对于学习某项专业技术的人来说，学习企业管理能够使他们在技术活动中主动地运用管理科学的原理与方法，因为当代任何一项技术活动都难以与经济目的相分离；四是为了满足一部分非管理类专业学生未来成为管理者的需要，现实生活中不乏非管理类出身的优秀管理者和领导者。

为适应这一需要，我们特为工科等非管理类专业学生编写了这本教材。本教材是编者在多年来从事现代企业管理实践、课程教学和研究的基础上，参考国内外有关教材、专著和论文编写而成的。同时，为适应企业管理发展的新趋势，本教材力求反映企业管理领域最新理论研究成果和实践经验，以期能为提高我国企业的管理水平起到一定的积极作用。本书内容立足于基础、系统、全面、重点地介绍企业管理的基本理论、方法和现代最前沿的观点，经过学习和实践，使学生具有一定的企业管理相关知识以及分析问题和解决问题的能力。

本书具有如下特点：

1. 基础性。本书力求做到管理理论与企业要素管理有机结合，管理理论与管理实践相结合。在编写中强调对现代企业管理的基本概念、基本理论与方法的介绍，以便为学生将来的管理实践和继续学习打好基础。

2. 简洁性。本书遵循工科生对管理知识的“必须+够用”原则，删繁就简，省去了大量的理论背景、原理的推导过程等相关材料。在内容总量上也进行了必要的压缩，本书设计 11 章共 32 个学时，符合大部分高校工科类专业教学计划。在语言表达上，尽量做到言简意赅、深入浅出、循序渐进，避免了连篇累牍和空洞说教。

3．实用性。本书大量采用国内外典型案例，注重培养学生的综合素质和解决实际问题的能力。在选材上重点突出了人力资源管理、市场营销管理、生产运作管理、质量管理、财务管理等实用性强的相关内容。

4．针对性。本书针对工科学生的专业背景及企业管理发展的需要，重点介绍了生产运作管理、质量管理和信息管理等章节的相关理论和实务，为这些掌握了一定技术的学生的职业路径的拓展创造了一定的条件。

本书由王其和任主编，陈媛、袁蓉任副主编。全书共分11章，编写具体分工为：王其和编写第一、第二、第七章；陈媛编写第三、第四章；袁蓉编写第五章；田姗编写第六章；李静编写第八章；杨艳妮编写第九章；洪恩华编写第十章；胡凌云编写第十一章。

本书在编写过程中，参考了国内外学术界不少学者和老师的研究成果，得到了湖北工业大学工程技术学院领导、专家和同事的帮助、关心和支持，武汉大学出版社为本书的顺利出版给予了无私的帮助，在此一并表示感谢！

由于编者水平以及资料所限，加之时间仓促，书中不足之处在所难免，恳请同行专家及读者指正。

王其和

2013年5月于武汉

目　录

第一章 | 现代企业概述

☞内容提要：

本章包括企业的起源与演变、企业的特征与类型、现代企业的概述等内容。根据实际工作需要，重点对企业概念、企业的类型、现代企业的特征等内容进行了系统的阐述。

☞学习目标：

1. 了解企业产生和发展的基本过程；
2. 理解企业的含义、特征等概念；
3. 熟悉企业的主要类型；
4. 理解现代企业制度的基本含义和主要内容。

☞学习提示：

1. 课外查阅相关资料，更系统地学习与企业相关的法律、法规；
2. 课外学习关于国有企业体制改革的法律、法规；
3. 关注我国进行现代企业制度建设的实践中存在的问题。

第一节 企业及其产生

一、企业及其内涵

（一）企业

企业一词，源于英语中的“Enterprise”。“Enterprise”原意是企图冒险从事某项事业，且具有持续经营的意思，后来引申为经营组织或经营体。由于研究方法、研究目的以及研究视角的不同，人们对“企业”一词的理解和定义是不同的。

古典经济学认为，企业是一个生产函数，它描述的是在给定的生产技术状况条件下，生产要素的投入量与产品的最大产出量之间的物质数量关系；诺贝尔经济学奖获得者科斯认为企业是价格机制的替代物；美国《现代经济词典》（1973）认为企业是美国普查局使用的统计概念，它包括设在一定地点，拥有一个或一个以上雇员的工厂、商店或办事机构；一般认为，企业是从事产品生产或提供服务以赚取利润的组织。

综合上述各类看法，结合我国企业的实际情况，本教材对企业的定义为：企业是指从事生产、流通或服务等活动，为满足社会需要进行自主经营、自负盈亏、承担风险、实行独立核算、具有法人资格的基本经济单位。

（二）企业的内涵

企业作为一种广泛的经济组织，具有一些基本性质和严格的规定、规范。

1. 必须拥有一定的生产要素

在传统企业中，企业的生产要素主要包括土地和自然资源、劳动力、资本；在现代企业中，除了上述传统生产要素外，还包括技术和信息。这些要素是企业从事生产经营活动的物质基础。

2. 满足市场需要及法律规定的条件

企业必须严格依照法律规定的程序，经由工商行政管理机关核准登记才能设立。企业要具有能够为社会提供消费者所需要的产品和服务的能力，具备相关的设施条件，如原材料、能源等；此外还要有符合规定的名称、经营场所、注册资金、组织结构、经营范围等；并要在规定的经营范围内进行生产经营活动，以自己的名义进行民事活动且承担责任，享有民事权利和义务。企业必须照章向国家缴纳各种相应的税金，以充实国家财政。

3. 企业是营利性机构，其目标是获取利润

不以营利为目的的组织不是企业。这一要点把企业同那些归属于政治组织、行政组织和事业单位的政党、国家机构、军队、学校等社会组织区别开来。

企业是商品生产者和经营者，它们生产产品或提供服务是为了实现其价值，以获取盈利润。企业为社会提供的商品，也只有通过市场交换，才能使生产商品所耗费的个别劳动被社会所承认，实现商品的价值，才能使所耗费的支出得到补偿，利润得以实现。因此，企业必然是以市场为导向，以营利为主要目的而开展各种生产经营活动的经济组织。

4. 企业有经营自主权

经营自主权包括经营决策权、产品决定权、产品销售权、人事权和分配权等。除了独立法人的自主权利与责任所要求的自主行动之外，由于企业是在市场中运作，因此其面对的是市场各种各样的需求、稍纵即逝的机会、优胜劣汰的竞争。面对复杂的市场环境，企业必须有充分的经营自主权以提高决策的效率和行动的效果。

在市场经济条件下，企业既是市场上资本、土地、劳动力、技术等生产要素的提供者和购买者，又是各种消费品的生产者和消费者。企业可以通过转产、停产、整顿、合并、分立、解散、破产等方式自主进行产品结构和组织结构调整，从而实现企业的优胜劣汰。

5. 必须实行独立核算、自负盈亏

为了保证企业实现追求利润的目标，企业必须实行独立核算，以保证用尽可能少的投入来追求尽可能多的利润。

企业通过交换实现的商品价值，在补偿了生产经营中的各种耗费，并依法上交各种税收后，剩余部分则构成企业的盈利，由企业自主支配。若收不抵支，发生亏损，则由企业自己承担。对生产经营中发生的债务，由企业负责清偿。当资不抵债时，企业必须以其全部财产承担清偿责任。这就可以把那些不实行自主经营、自负盈亏、独立核算的经济单位同企业严格区分开来。

不能简单地说工厂或公司就是企业。如果这家工厂或公司是自主经营、自负盈亏、独立核算的单位，那么它是企业；如果它虽然从事商品生产和经营，但并不独立核算、自负

盈亏，而是由总厂、总公司等上一级组织统一核算、统负盈亏，那么总厂或总公司是企业，这家工厂或公司只是企业下属的一个生产单位，不能把它也称为企业。

6. 企业具有社会价值

企业通过为社会提供产品和服务，可以满足人们的需要；同时也为社会提供了就业机会和税收，这就是其社会价值的体现。

企业需要利润，同时又必须承担某些社会责任，为社会提供服务，否则企业就无法生存和发展。追求利润不是企业的唯一目的，利润只是为社会提供服务的合理报酬，是服务的结果。因此，企业要把为社会提供服务作为自己的宗旨，在追求利润的同时，讲求企业生产经营之道。这一思想代表了当今企业发展的趋势。

二、企业的一般特征

企业的一般特征是指各行各业、各种类型的企业所拥有的共同的、质的规定性，也就是企业与非企业的区别所在。可以从下面五个方面理解企业的一般特征。

（一）组织性

企业不同于个人、家庭，它是一种有名称、组织机构、规章制度的正式组织。企业不同于靠血缘、亲缘、地缘或神缘组成的家族组织、同乡组织或宗教组织，它是由企业所有者和员工通过契约关系自愿地（至少在形式上）组合而成的一种开放的社会组织。

（二）经济性

企业作为一种组织，本质上具有经济性，是以经济活动为中心，实行全面的经济核算，追求并致力于不断提高经济效益的经济组织。而且，企业也不同于政府和国际组织对宏观经济活动进行调控监管的机构，它是直接从事经济活动的实体，企业与消费者同属于微观经济单位。

（三）商品性

企业作为经济组织，又不同于自给自足的自然经济组织，它是商品经济组织、商品生产者或经营者，其经济活动是面向市场进行的。不仅企业的产出（产品、服务）和投入（资源、要素）是商品，而且企业自身（企业的有形、无形资产）也是商品，企业的产权可以有偿进行转让，可以说企业是“生产商品的商品”。

（四）营利性

企业作为商品经济组织，不同于以城乡个体户为典型的小商品经济组织，它是发达商品经济（即市场经济）条件下的基本单位，是单个的职能资本的运作实体，以获取利润为直接目的，通过资本经营追求资本增值和利润的最大化。

（五）独立性

企业还是一种在法律和经济上都具有独立性的组织。企业作为一个整体对外完全独立，依法独立享有民事权利，独立承担民事义务和民事责任。企业与其他自然人、社团法人在法律地位上完全平等，没有行政级别和行政隶属关系；它不同于民事法律上非独立的非法人单位，也不同于经济（财产、财务）上不能完全独立的其他社会组织。企业是拥有独立的、边界清晰的产权，具有完全的经济行为能力和独立的经济利益，实行独立经济核算，能够自决、自治、自律、自立，实行自我约束、自我激励、自我改造、自我积累、自我发展的独立组织。

三、企业的产生和发展

（一）企业的产生

企业是社会生产力发展到一定水平的结果，是商品生产与商品交换的产物。在生产力水平很低、人们只能自给自足的情况下，维系人们协同劳动的组织形式是低级的、谋生型的。随着生产力水平的提高，自给自足的自然经济被商品经济所代替，人们的劳动成为获取财富的创造性活动，这就诞生了“企业”这种全新的协同劳动组织。

在资本主义社会之前，虽然也有一些手工作坊，但它们并未形成社会的基本经济单位。严格意义上的企业是在资本主义早期发展中形成的，是同发达的社会分工和商品经济联系在一起的。企业的初期形态，主要是由资本所有者雇用较多工人，使用一定的生产手段，在分工协作的基础上从事商品的生产和商品的交换而形成的。由于企业这种组织形式能较好地应用当时社会的科技，显著提高劳动生产率，大幅降低成本，带来高额利润，能大批量生产商品，满足日益增长的社会需要，因而使社会生产力有了长足的发展。企业就是在这样一个漫长的演变过程中逐渐成为社会的基本经济单位的。

（二）企业的发展

企业既是社会生产力发展到一定历史阶段的产物，又是一个动态变化的经济单位，它随着人类社会的进步、生产力的发展、科学技术水平的提高而不断地发展、进步。纵观企业的发展历史，大致经历了以下几个时期。

1. 手工业生产时期

手工业生产时期主要是指从封建社会的家庭手工业时期到资本主义初期的工场手工业时期。16 世纪到 17 世纪，西方一些国家的封建社会制度向资本主义制度转变，资本原始积累加快，不断向海外殖民扩张，大规模地剥夺农民土地，致使家庭手工业急剧瓦解，生产者脱离自己的生产资料，沦为雇用劳动者。这样，原始积累就给资本主义工业的生产创造了必要的前提条件，资本主义工场手工业应运而生。

2. 工厂生产时期

随着资本主义的发展，18 世纪至 19 世纪西方各国相继进入工业革命时期。工业革命是资本主义的机器大工业代替以手工技术为基础的工场手工业的革命，从而引起了整个生产方式的重大变革。以机器生产体系为基础的工厂逐渐取代了手工业工场。工场手工业发展到建立工厂制度，是一次质的飞跃，它标志着企业的真正形成。

3. 企业生产时期

19 世纪末至 20 世纪初期，随着自由竞争的资本主义向垄断资本主义过渡，工厂的发展十分迅猛，并产生了一系列变化，这一系列变化正是工厂时期过渡到企业生产时期的主要特征，其表现在以下几个方面。

（1）生产规模空前扩大，产生了垄断企业组织，如托拉斯、辛迪加、康采恩等。

（2）不断采用新技术、新设备，不断进行技术革新，使生产技术有了迅速发展。

（3）建立了一系列科学管理制度，并产生了一系列科学管理理论。1911 年美国工程师泰勒的代表作《科学管理原理》一书的出版，标志着企业管理从传统经验型管理进入科学管理阶段。

(4) 管理权与所有权分离，企业里形成了一支专门的工程技术队伍和管理队伍。同时，随着职工队伍的技术水平不断提高，整个企业素质也有了明显提高。

(5) 企业之间的竞争日益激烈，加速了企业之间的兼并，使生产进一步走向集中。同时，企业向国外发展，跨国公司开始出现，并且不断发展。

(6) 企业的社会责任改变，企业在整个社会经济生活中的作用越来越大，同时也渗透到政治、经济、军事、外交、文化等各方面。

从工厂生产时期过渡到企业生产时期，乃是企业作为一个基本经济单位的最后确立和形成时期。

4. 现代企业的发展

纵观企业的发展，技术革命是推动和制约企业发展的根本因素。自从企业产生以后300多年来，至少经历了三次技术革命：300多年前以大机器为中心的产业革命；100多年前以重工业为中心的技术革命；第二次世界大战后到现在的一系列技术革命。每次技术革命后，必然伴随着一场空前规模的产业结构调整，一大批适应社会经济发展需要的企业群体崛起，开拓出一系列新的生产领域。

20世纪70年代以来，科学技术迅速发展，新产品、新材料、新能源层出不穷，从而促使企业发生了巨大变革。现代企业同以往的企业相比，主要有以下特征。

(1) 生产技术方面

企业拥有现代技术装备，采用机器体系进行生产，广泛采用现代科学技术新成就。生产过程的机械化、自动化程度不断提高，电子计算机及其他现代科技在生产过程中被广泛采用，使科学技术在企业生产活动中所起的作用越来越显著。

实行精细的劳动分工和严密的协作，生产高度社会化。企业任何一种产品或劳务都是劳动者共同的劳动成果。

生产过程同外部环境紧密相连。现代企业在不同分工的基础上，建立起不同的专业化生产部门，承担各种产品不同阶段的生产，各专业化部门间的联系与协作关系紧密。企业生产所需的原材料、零部件等，由其他生产单位提供；同时每个企业又以自己的产品或劳务为其他企业服务。所以，企业只有与外部环境相适应才能维持其连续生产。

(2) 产权结构方面

现代企业广泛采用股份制公司结构形式，呈现出企业产权多元化。通过多元化集聚资本，分散投资风险，并实行企业所有权与经营权的分离。同时股权分散化，持股者数量增多，股东社会化程度加深。

股份公司制度可以解决企业发展的资金问题，适于大规模生产经营活动的开展，专业化的企业管理提高了企业的经营效率，使企业能够适应复杂多变的市场环境，有利于保持企业的稳定性。

(3) 组织结构方面

由于通信和交通的迅速发展，以电子计算机为核心的信息技术的空前进步，企业与外部的联系方式、企业内部的业务流程都相应发生了深刻变化。在这一背景下，企业组织结构呈现出如下特征。

①组织结构扁平化。即减少中间层次，增大管理幅度，促进信息的传递与沟通，从而使企业具有活力。

②组织结构小型化。面对日趋复杂多变的信息时代，压缩企业规模，简化核算单位，已成为当今世界一切组织的普遍追求。资产运营、委托生产、业务外包等已为企业组织小型化提供了实现的条件。

③组织结构弹性化。传统的刚性管理已经不能适应现代企业的发展，弹性组织便应运而生。

④组织结构虚拟化。在知识经济时代，大量的劳动力将游离于固定的企业系统之外，分散劳动、家庭作业等将会成为新的工作方式，虚拟组织将会大量出现。

⑤组织结构网络化。这主要体现在企业形式集团化、经营方式连锁化、企业内部组织网络化、信息传递网络化。

四、现代企业的概念及基本特征

（一）现代企业概念

所谓现代企业是指企业生产资料所有权与经营管理权相分离并达到技术现代化和管理现代化的企业组织形式。

企业是在一定生产方式下从事生产经营活动的经营组织，是生产力和生产关系的统一体。现代企业不是泛指现代社会经济活动中所存在的所有企业，而是指那些适应现代市场经济和社会化大市场的需要，按照现代企业制度要求建立起来的企业。它不仅要求企业在商品生产设备装置、工艺技术、管理手段、管理方法等方面体现出现代化水平，同时还要求其生产关系适应市场经济体制的要求，能够推动生产力进一步解放与发展。因此，所有权与经营权分离、技术现代化、管理现代化是现代企业的三个最显著的特点。

（二）现代企业的基本特征

1. 产权清晰、权责明确

产权清晰、权责明确主要指产权关系与责任的清晰。现代企业中，其产权关系清晰主要体现在有效地实现了出资者所有权与企业法人财产权的分离。具体来说：①企业资产的所有权属于出资者。出资者按其投入企业的资本额享有所有权权益，包括资产收益权、重大决策权和选择管理者的权利等。②企业拥有出资者投资形成的全部法人财产权，成为享有民事权利、承担民事责任的法人实体。作为独立的法人，企业以其全部法人财产，依法自主经营、自负盈亏、照章纳税，对出资者承担资产保值增值的责任。作为独立的市场竞争主体，企业资不抵债并扭亏无望时，依法破产。

2. 政企分开

政企分开主要是指政府和企业职责分开、职能到位。在现代企业制度下，政府与企业是两种不同性质的组织。政府是政权机关，对国家的经济具有宏观管理的职能，依靠经济手段、法律手段、行政手段，通过国家颁布的路线、方针、政策、法规等间接地对企业的生产经营活动进行调节、引导、服务和监督。企业是以盈利为目的的经济组织，是市场活动的主体。它必须按照价值规律办事，按照市场的要求组织生产经营。因此，必须把政府的行政管理职能和企业的经营管理职能分开。

实现政企分开，一是必须实现政资分开，即政府的行政管理职能与国有资产的所有权职能分开。政府通过专设国有资产管理部门行使所有权职能，非主管部门不再涉足国有资产的管理。二是在政府所有权职能中，要把资产的管理职能和资产的运营职能分开。国有资产的运营职能，由政府的国有资产管理部门所委托的经济组织行使，政府部门不直接“插足”企业。三是在资产运营职能中，要把资本金的经营和财产的经营分开。接受政府国有资产管理部门委托的经营组织，通过控股、参股履行国有资产的资本金经营职责，而企业则使用法人财产权履行国有资产的财产经营职责。

3. 管理科学

现代企业身处发达的市场经济，企业规模随着世界经济全球化而不断扩大，企业内部生产社会化程度空前提高，使得劳动分工更加细致，劳动协作更加严密，对企业管理提出了更高的要求。现代企业必须拥有具有现代管理思想、掌握现代化管理技术的现代管理人才队伍，采用现代化的管理工具，建立科学的管理制度与企业组织结构。

首先通过规范的组织制度，使企业的权力机构、决策机构、监督机构与执行机构之间职责分明、互相制约，企业的所有者、经营者与劳动者之间的关系得以合理调节，形成激励和约束相结合的调控机制；其次是建立科学的企业管理制度，包括企业领导体制、用工制度、工资制度、财务会计制度等，促使各部门之间相互协作，共同实现企业的目标。

4. 系统采用现代科学技术

现代企业普遍拥有比较复杂的技术装备，以机器代替人力。科学技术的进步，特别是以电子计算机为主要标志的世界新技术革命，促使企业生产技术发生了质的变化。机械体系日益被自动化体系所取代，“用机器生产机器”将过渡到“用机器操纵机器”。过去的机器是人手的延长，今天的机器是人脑的扩大。在现代企业中，知识和智力开发越来越成为决定生产力发展速度、经济竞争力高低的关键因素。

5. 企业经营全球化

世界经济发展的趋势是全球化，是全世界将建立统一的世界自由贸易体系。对世界经济产生重大影响的各国大型企业的经营都是国际化的，如美国的波音航空公司、日本的松下公司、欧洲的西门子公司和菲利普公司等，这些现代化的大企业一个共同的特征就是经营全球化。它们都能够在全世界的任何一个地区办工厂，建立自己的分销机构，销售自己的产品。

第二节　企业分类

在市场经济条件下，企业作为微观经济的基本单位，有在一定法律形式下自主经营和发展所必需的各种权利和义务。因此，无论是新建企业，还是老企业改制，都会面临企业的法律形式选择问题。企业的法律形式有多种，具体归纳为以下几种。

一、按企业财产组织形式分类

（一）独资企业

目前，在我国独资企业有以下两种形式。

1. 非法人型独资企业

这是最早、最基本的企业形式。这种企业是指由一个自然人出资兴办，企业财产所有权与经营权相统一，经营所得归企业主个人所有，并对社会债务承担无限连带责任的企业形式。这种企业不具有法人资格，在法律上为自然人企业。我国有很多私营企业采用独资企业的形式。非法人型独资企业的优点是规模较小，经营方式比较灵活，决策迅速及时，制约因素较少，业主能够独享利润，企业保密性强。缺点是自然人对企业的影响大，企业没有独立的生命，如果业主死亡或由于某种原因放弃经营，企业就随之消亡；由于个人资本有限，业主经营才能有限，信用不足，取得贷款的能力较差，企业发展制约因素较多，规模有限；当经营失败、企业的资产不足以清偿企业的债务时，业主对企业承担无限责任。

2. 法人型独资企业

在我国，有三种独资企业具有法人地位：①国有独资公司。它是指国家单独出资、由国务院或者地方人民政府授权本级人民政府国有资产监督管理机构履行出资人职责的有限责任公司。②外商独资企业。根据我国《外资企业法》的规定，外国的公司、个人可以在我国开办外商独资企业设立一人外资有限责任公司。即外商独资企业既可以由自然人设立也可以由法人设立。③一人有限责任公司。它是指只有一个自然人股东或者一个法人股东的有限责任公司。法人型独资企业除了拥有非法人型独资企业的优点外，摒弃了许多非法人型独资企业的缺点，如责任的有限性使企业仅以其法人财产对其债务承担责任，企业拥有独立的生命，即因法人的存续而存续。一些法人型独资企业（如国有独资公司）具有规模大，经营能力强，对外信用基础好等特点，在我国市场经济体系中是充满活力、不可或缺的组成部分。

在世界范围内，独资企业大量存在，在数量上占大多数。例如在美国，独资企业约占企业总数的75%。

（二）合伙企业

合伙企业是由两人或两人以上的出资者共同出资兴办，实行联合经营和控制的企业。我国现行法律规定了合伙企业有普通合伙企业和有限合伙企业两种形式。普通合伙企业由普通合伙人组成，合伙人对合伙企业债务承担无限连带责任。有限合伙企业由普通合伙人和有限合伙人组成，普通合伙人对合伙企业债务承担无限连带责任，有限合伙人以其认缴的出资额为限对合伙企业债务承担责任。合伙企业的出资创办人（即合伙人）为两人以上，合伙企业基于合伙合同建立。成立合伙企业时必须有书面协议，以合伙合同形式规定该合伙经济组织的合伙人的范围、组织管理、出资数额、盈余分配、债务承担及入伙、退伙、终止等基本事项。合伙企业的财产归合伙人共同所有，由合伙人统一管理和使用，合伙人都有表决权，不以出资额为限，合伙人经营积累的财产，归合伙人共同所有。普通合伙企业每个合伙人对企业债务负连带无限清偿责任，即使其中某合伙人不能全部负起他应负的责任，则其他合伙人也要对他负不起责任的部分负责到底。合伙人内部之间按合同协议的规定承担责任，协议未规定的按照出资比例承担责任。有限合伙企业中普通合伙人与普通合伙企业合伙人责任形式相同，而有限合伙人则仅以其出资为限对合伙企业承担责任。

与独资企业相比，合伙企业有很多优点，主要是资本来源范围扩大和对外信用增强，决策能力提高，企业发展的空间增大。但合伙企业同时也存在许多与独资企业相同的缺点，甚至有些方面不及独资企业。如：契约的遵守是合伙企业存续的必要条件，一旦违背契约则中止合伙企业；由于所有的合伙人都有权代表企业从事经济活动，重大决策都需要得到所有合伙人的同意，因而容易造成决策上的延误；合伙人有一人退出或加入都会引起企业的解散或重组，企业存续相对不稳定；此外，企业规模仍存在局限性。因此，在现代经济生活中，合伙企业所占比重较小，不如独资企业那样普遍。在美国，合伙企业只占全部企业的7%左右。

（三）公司制企业

公司制企业是最典型的现代企业形式。公司是依法成立的，以盈利为目的的企业法人。具体来讲，公司有以下特征：

（1）公司具有独立的法人主体资格，具有法人的行为能力和权利。

（2）公司实现了股东最终财产所有权与法人财产权的分离，即不再由所有者亲自经营自己的财产，而将其委托给具有管理专业才能的经营者代为经营，也就是实现了企业内部管理权力的分工，提高了管理效率。

（3）公司法人财产与其成员财产相分离。公司股东投到企业的股份不能随意抽回，保证了公司独立地享有法人财产的支配权，保证了公司的正常经营及对外信用。公司的股份可以转让，但公司的财产不因股份的转让而发生变化，可以连续使用，从而保持了一定的连续性。只要公司存在，公司的法人就不会丧失财产权，公司的信誉因此大为提高。

（4）公司实行有限责任制度。对股东而言，他们以其出资额为限对公司的债务承担有限责任。对公司法人而言，公司以其全部自有资产为限对公司的债务承担责任，有限责任一般只是到公司破产时才表现出来。公司制企业有以下两种主要形式。

①股份有限公司。股份有限公司是指注册资本由等额股份构成，通过发行股票筹集资本，股东以其所认购的股份为限对公司承担责任，公司以其全部资产对公司债务承担有限责任的企业法人。股份公司的优点很多，包括：法律规定其股东人数为两人以上，但不规定最高上限，因而股份有限公司集资能力极强，以其雄厚的资金构成对外信用基础；股份公司的资产，其最终所有权与法人财产权能够很好地分离；股份公司股权的分散程度高，保证了企业能够有效实现内部的监督及管理层能很好地实现企业自主经营。为了保护股东权益，各国法律一般要求股份有限公司公开其账目，具体包括：经营报告书、资产负债表、损益表、盈余分配表、财产目录等，这有利于投资者了解企业的经营状况，确保社会资源流入生产经营状况好的企业，优化微观资源配置；股份公司投资主体分散化、多元化和社会化，是社会化程度最高的企业。股份公司同样具有缺点，例如：股东众多造成保密性差；股份转让的自由性则增添了公司的风险等。

②有限责任公司。我国法律规定，有限责任公司是指由 1 人以上 50 人以下股东共同出资，每个股东以其所认缴的出资额对公司承担有限责任，公司以其全部资产对其债务承担责任的企业法人。有限责任公司也是一种法人企业制度，其特点主要表现在：各国法律对有限责任公司股东人数有严格的规定，如英国、法国、日本等国的标准为 2 ~ 50 人，如有特殊情况超过 50 人时，必须向法院申请特许；由于股东人数较少，利益目标明确，因

而有限责任公司能够较好地监督企业经理，防止其损害股东的权益；有限责任公司不公开发行股票，有限责任公司的股份由全体股东协商入股，一般不分等额股份，股东交付股金后，由公司发给出资证明书，股东凭出资证明书代表的股权享受权益；股东可以用货币出资，也可以用实物、知识产权、土地使用权等能够用货币估价并能够依法转让的非货币财产作价出资，出资证明书不能像股票那样自由流通买卖；有限责任公司严格限制股权的转让；有限责任公司的注册资本额起点低，在我国，有限责任公司注册资本的最低限额为3万元；企业成立的法律程序较为简单；有限责任公司筹资渠道较为狭窄，无法像股份有限公司那样大规模地集中资本；有限责任公司的股东相对比较稳定，股权流动性差，社会化水平比股份有限公司低。

公司制企业是商品经济发展和现代化大生产的产物，是适合于现代企业经营的一种企业组织形式，为现代市场经济国家的企业普遍采用。

此外，在公司形式发展的过程中，曾出现过公司的其他特殊形式：无限公司、两合公司、股份两合公司。目前，这些公司形式在一些国家和地区仍然存在。

（四）合作制企业

在经济生活中，还有一种既不同于合伙制企业，又不同于股份公司的企业形式，即合作制企业。它是以本企业或合作经济实体内的劳动者平等持股、合作经营、股本和劳动共同分红为特征的企业制度。合作制企业是员工股东共同劳动、民主管理、利益共享、风险共担，依法设立的法人经济组织。

实行合作制的企业，外部人员不能入股，这是合作制与股份制的区别。我国城乡许多小型工商企业（如农村供销合作社或城市的信用、供销合作组织等）实行股份合作制。它们在理顺产权关系和推动生产发展方面发挥了积极作用。合作制企业的产权归企业职工或合作社社员所有。合作制企业实现了两个结合：一是按劳分配与按股本金分配相结合；二是劳动者与所有者相结合。

合作制适用于我国城乡的小型工商企业及各种服务性企业。这些企业，一般以劳动出资型为主，本小利微，工资收入比较低。如果实行股份合作制，企业职工在工资收入以外还能按股本金获得红利。实践证明，合作制有利于调动企业职工的积极性，有利于增强企业活力，降低成本，提高经济效益。

二、按照生产资料所有制的性质分类

按生产资料所有制形式可将企业划分为全民所有制企业、集体所有制企业、私营企业、合营（或称联营）企业和外资企业。

（一）全民所有制企业

全民所有制企业，也就是国有企业。它包括中央和地方各级国家机关、事业单位和社会团体使用国有资产投资举办的企业以及实行企业化经营、国家不再核拨经费或部分经费的事业单位和从事经营性活动的社会团体。其特点是生产资料归国家或全民所有，企业作为独立的或相对独立的经济单位拥有法人财产权，根据市场导向的原则进行自主经营、自负盈亏。

（二）集体所有制企业

集体所有制企业是社会主义劳动群众集体占有生产资料的企业。它有权独立自主地支配自己的资产和产品。它包括城乡使用集体投资举办的企业以及部分个人通过集体自愿放弃所有权并依法经工商管理机关认定为集体所有制的企业。

（三）私营企业

私营企业是指生产资料归公民私人所有，以雇用劳动为基础的一种企业类型，包括所有登记注册的私营独资企业、私营合作企业和私营有限责任公司。其特点是完全自主经营、自负盈亏。

（四）合营企业

合营企业是指两个或两个以上不同单位或个人共同投入资金、设备、技术及其他资源，通过协议共同经营的企业。它的主要特点是共同投资、共同经营、共分利润、共担风险。合营的形式有：同一所有制或不同所有制的合营、公私合营、中外合营等。

（五）外资企业

外资企业是指外国投资者或企业和其他经济组织与个人，根据我国涉外经济的法律、法规规定以合资、合作和独资的形式在中国境内开办的企业，包括中外合资经营企业、中外合作经营企业和外商独资经营企业三种形式。

三、按照企业所属经济部门分类

按企业所属的经济部门可将其划分为农业企业、工业企业、建筑安装企业、运输企业、商业企业、物资企业、邮电企业、旅游企业和金融企业。

（一）农业企业

农业企业是指从事农、林、牧、副、渔和采集等生产经营活动的企业。

（二）工业企业

工业企业是指从事工业性生产和劳务等生产经营活动的企业。工业性生产和劳务活动主要指运用物理、化学和生物等技术，对自然资源、农业产品以及它们的中间产品进行加工，使其转化成生产资料或消费资料或维系其功能的活动。

（三）建筑安装企业

建筑安装企业是指从事土木建筑和设备安装工程施工的企业。

（四）运输企业

运输企业是指利用运输工具专门从事运输或直接为运输生产服务的企业。

（五）商业企业

商业企业是指在社会再生产过程中专门从事商品交换活动的企业。商业企业主要通过商品的买卖活动，把商品从生产领域转移到消费领域，实现商品的价值，满足社会生产和人民生活的需要。

（六）物资企业

物资企业是指组织物资流通并从事物资经营业务的企业。

（七）邮电企业

邮电企业是指通过邮政和电信传递信息，办理通信业务和邮政业务的企业。

（八）旅游企业

旅游企业是指以旅游资源、服务设施为条件，通过组织游览活动向游客出售劳务的服务性企业。

（九）金融企业

金融企业是指专门从事经营货币或信用业务的企业。其经营范围主要包括：吸收存款，发放贷款，发行有价证券，从事保险、投资、信托业务，发行银行券、支票，办理货币支付、转账结算、国内外汇兑换和提供咨询服务等。

四、按生产力各要素所占比重分类

按生产力各要素所占比重可将企业分为劳动密集型、资金密集型和技术密集型企业。

（一）劳动密集型企业

劳动密集型企业是指技术装备程度较低，用人较多，产品成本中活劳动消耗所占比重较大的企业。换言之，劳动密集型企业是指那种单位劳动力占用的固定资产少，活劳动占产品成本比重大以及资本有机构成较低的企业。如纺织、食品、服装等企业。

（二）资金密集型企业

资金密集型企业是指在生产中需要投入较多的资金，工人的技术装备程度较高的企业。通常用资金与劳动力的比率来衡量，比率高的为资金密集型企业。随着社会生产力的发展和科学技术的进步，各个国家的工业在发展过程中都有一个从劳动密集型转变为资金密集型的过程。资金密集型企业具有技术装备先进、工艺过程复杂、原材料消耗量大和劳动生产率高等特点。如钢铁企业、石油化工企业等。

（三）技术密集型企业

技术密集型企业又称知识密集型企业，是指综合运用先进科学技术成就的企业。这类企业拥有大量的科技人才，需要花费较多的科研时间和产品开发费用，能生产高、精、尖产品。如宇航工业企业、大规模集成电路工业企业等。

五、按照企业规模分类

按照企业规模可将企业划分为大型企业、中型企业和小型企业。这主要是根据企业的资产规模、生产能力、销售收入、盈利水平等条件划分的。企业规模大有利于实现规模效益，但是管理复杂，对管理者的素质要求高。

六、按实体的集约程度分类

即按构成最终实体数量的多少和形式予以分类，根据此种分类方法可把企业分为以下几类。

（一）单一企业

单一企业是指由一个工厂或一个商店构成的企业。单一企业经营范围和产品线往往比较狭窄，规模小，专业化程度高。其优点是：可以组织大批量生产，劳动生产率高，有利于降低成本。缺点是：品种单一，适应市场需求变化的能力差。单一企业具有法人地位，独立承担财产和经营责任。

（二）多元企业

多元企业是指由两个以上的工厂和商店组成的企业。它是按照专业化、联合化及合理性原则，由若干个分散的经济实体所形成的法人组织。多元企业有的是纵向联合，有的是横向联合，一般比单一企业规模大些。其优点是：能扩大经营范围或增宽产品线，使企业资源的利用程度提高，适应市场变化的能力增强，降低经营风险。缺点是：增加了管理难度，提高产品质量的任务艰巨。

（三）经济联合体

经济联合体是松散的、相对稳定的经济联合组织。联合的形式多种多样，包括生产要素的联合、工艺手段的联合、不同行业的联合和不同产业的联合等。其特点是：参加联合的各方本着自愿、互利、效益原则，在生产、科研、技术、设备、劳力、物资及销售等方面彼此联合；联合各方用契约的方式形成法律约束，独立核算、自负盈亏；各成员之间按等价有偿原则进行产品配套、物资协作以及技术转让等生产经营活动。

（四）企业集团

企业集团是在经济联合的基础上组建起来的、具有较紧密联系的企业群体组织，其核心是技术、经济和资金实力较雄厚的集团公司。集团公司本身是企业法人，且通过控股、参股来影响一批企业的经营方向和经营活动。其主要特点是：企业集团是以资产为纽带联结起来的若干独立企业法人所组成的集合体，是独立核算企业的复合型组织；集团成员可分为核心层、紧密层、松散层，在经营上共担风险，在利益上共负盈亏；集团核心一般为实力较强的大型企业，且成员众多，优势互补，因而经营范围广泛，产品线较宽并向多样化发展，企业对市场需求变化的应变能力较强，但投资多且分散，管理工作复杂。

七、按照企业面向市场范围分类

按照企业面向市场范围可将企业划分为内向型企业、外向型企业和跨国公司。内向型企业一般是指经营活动主要立足于国内市场。外向型企业一般是指生产过程基本立足于国内，商品销售主要面向国外市场。跨国公司是指通过对外直接投资的方式，在国外设立分公司或控制东道国当地企业，使之成为其子公司，并从事生产、销售和其他经营活动的国际化企业。当前，中国要大力发展外向型企业和跨国公司，积极开拓国际市场，积极参与和利用国际分工，以加快我国的经济发展。

第三节　现代企业制度

一、企业制度

（一）企业制度的概念

企业制度是指以产权为核心的企业组织与管理制度。产权，即财产权。通常产权包括财产的所有权，财产的占有、使用、收益和处置的权利。也可以说，产权是指建立在一定生产资料所有制基础上的财产的归属权利和经营权利。

产权的结构关系和内涵，经历了一个发展和变化的过程。小商品生产者，既是所有者又是经营者，还是劳动者，所有权与经营权合一。随着社会化大生产的发展、市场体系和功能的完善，产权当中的所有权与经营权产生了分离。即资产所有者以一定的形式将资产委托他人经营，从而使资产归属权和经营权都实现了独立。现代企业制度的一切变化都根源于这种产权关系的变化。

企业制度实质上是企业的特定属性与功能的内在机制。这种机制构建了企业相关权益主体或要素之间的关系及作用的性质与形式，从而形成相应的经营管理制度。

我国确立了市场经济体制，企业制度也随之发生了变化，产权演变成两种存在形态：资产归属权和资产经营权。其中，资产归属权最终归属出资人，即资产所有者。我国国有企业实行股份制改造之后，根据投资主体的不同，股权设置有四种形式，即国家股、法人股、个人股和外资股。

国家股为有权代表国家投资的部门或机构以国有资产向公司投资形成的股份，归属权为国家。

法人股为企业法人以其依法可支配的资产向公司投资形成的股份，或具有法人资格的事业单位和社会团体以国家允许用于经营的资产向公司投资形成的股份，归属权为投资的法人。

个人股是以个人的合法财产向公司投资形成的股份，归属权为投资者个人。

外资股是经批准，由外国和我国香港、澳门、台湾地区投资者向公司投资形成的股份，归属权为投资的外商。

资产经营权就是人们通常所说的企业产权或法人产权，即企业对一定属性资产所具有的资产占有、使用、收益和处分的权利。企业产权是经法律规定、社会认可的权利，不能由人们随意规定或改变。这种以法律界定和规范企业经营一定属性资产的责任、权利和义务的制度，就是企业产权制度。投资人不同，资产的属性就不同。企业产权制度的确立，使得不同属性的资产一经进入企业，就成为企业的法人财产，企业便在事实上获得了实际营运这些资产的权利。企业作为资产营运组织，无论采取何种产权组织形式，界定或规范的都是经营法人资产的责、权、利，而不是要改变资产的最终归属权。

（二）企业制度的构成

企业制度包括企业形态和企业管理制度两个方面内容。

（1）企业形态。企业形态是指企业产权关系和反映这种经济内容的法律表现。产权关系是企业制度的核心内容，它规定了投资人的出资方式、对资产的占有状况、权益实现的规则、企业资产的支配权如何行使以及企业资产的支配权同出资者的关系。法律表现是指依法确立的企业形态，它确定了企业市场主体资格，这是企业制度的基础。一般包括独资企业、合伙企业和法人制公司企业三种基本法律形式。

（2）企业管理制度。企业管理制度是指企业领导体制、组织结构以及各项经营管理制度。它是保证企业正常经营的基础。企业领导体制是关于企业领导层的构成、职责分工、权力划分以及相互关系的规定。企业组织结构是关于企业内部各部门、各单位以及工作岗位的设置和人员配备的规定。经营管理制度是关于企业生产经营活动的具体规定。

二、现代企业制度

（一）现代企业制度的概念

现代企业制度是相对于传统企业制度而言的，并从传统企业制度发展而来，是商品经济或市场经济及社会化大生产发展到一定阶段的产物。从企业组织发展的历史来看，企业组织形式经历了从独资企业到合伙企业再到公司企业的过程，公司制企业是现代企业制度的典型企业组织形式，除此之外，能够适应现代市场经济体制要求的其他企业组织形式也是现代企业制度中的重要组成部分。

简单地说，现代企业制度是指以完善的法人财产权为基础，以有限责任为基本特征，以专家为中心，以法人治理结构为保证，以公司企业为主要形态的企业制度。

建立现代企业制度是国有企业改革的方向。国有企业建立现代企业制度，就是要理顺企业模糊的产权关系，建立健全企业法人制度，按照市场经济的要求，解决和规范企业与投资者、企业与政府、企业与市场、企业与社会、企业与企业、企业与职工等一系列基本关系。做到产权清晰、权责明确、政企分开、管理科学，使国有企业真正成为独立的市场主体，增强企业活力和实力，从而提高企业市场竞争力。

（二）现代企业制度的基本特征

（1）产权清晰。产权清晰是指企业资产的归属权和营运权清楚明确，谁是投资者，谁就是企业资产的最终所有者，资产的营运权则由企业法人行使。对产权主体的权利、义务和责任都做出明确规定，保证企业各方面关系的制度化、规范化，保证了企业各项活动的公平、公正和公开，同时也保证了企业能够按照市场需要组织生产经营活动的自主权。产权不明晰往往造成企业产权在变动过程中无人对其真正负责的情况，国有产权的合法权益得不到有效保障，资产经营效率低下，国有资产从各种途径流失严重，企业的相关各方权责不明确，对企业资产产权归属发生纠纷。

（2）权责明确。现代企业制度形成了相互制衡的法人治理结构，这就是用法律来界定投资者、经营者、生产者的相互关系，明确各自的责、权、利，做到利益分配合理，各方权力相互制衡。投资者按照出资比例依法享受股东权益，并以出资额为限承担责任。企业拥有全部法人财产权，独立经营、自负盈亏，并以全部法人财产权为限承担企业债务责任。公司制度、法人制度与有限责任制度是现代企业制度在组织方面的三个典型特征，也是权责明确的基础。

（3）政企分开。政企分开是指在理顺企业国有资产产权关系、产权明晰的基础上，实行企业与政府的职能分离，建立新型的政府与企业的关系。在市场经济条件下，政府的主要职责是对国民经济进行宏观调控，通过经济手段、法律手段对企业的经济活动进行引导和有效监督。政府制定法律法规和宏观规划，并当好“裁判员”。企业则完全按照市场规则、市场信号自主经营、自负盈亏、自我约束和自我发展。企业与政府之间的关系不再是纵向的行政隶属关系，而应当是横向的经济关系。

（4）管理科学。管理科学是建立现代企业制度的保证，是指要把改革与企业管理有机地结合起来，在产权明晰、责权明确、政企分开的基础上，加强企业内部管理，形成企业内部的一系列科学管理制度，尤其要形成企业内部涉及生产关系方面的科学的管理制度。

企业的生产经营活动必须严格按照客观经济规律办事，体现社会化大生产和市场经济的客观要求，形成一套严格、科学、系统的经营管理制度，运用科学的管理方法进行管理。一是保证权力相互制衡，有效防止权力腐败；二是保证各项工作的标准化、规范化、制度化、民主化；三是理顺投资者、经营者、生产者的关系，做到投资者放心，经营者精心，生产者用心。

（三）现代企业制度的主要形式

公司制度是一种现代的企业组织形式，它仅仅是现代企业制度的一项组成内容，而不是现代企业制度的唯一内容。这是指：首先，不能认为建立了公司制就建成了现代企业制度，因为它还有其他丰富的内容；其次，股份有限公司和有限责任公司只是现代企业制度的典型形式，即并非其他符合现代企业制度内容的形式不算现代企业制度。强调这一点是重要的，因为我们要在绝大多数国有企业中建立现代企业制度，但并不是把它们都改成股份有限公司或有限责任公司，还可以探索其他有效形式。如我国 2006 年 8 月重新修订的《合伙企业法》中，把一方面集资功能强另一方面又能激发创业热情的有限合伙企业（即两合公司）加入合伙企业形式当中，就是丰富现代企业制度的有益尝试。

（四）公司制企业的法人治理结构

（1）股东大会。我国《公司法》规定，股份有限公司由全体股东组成股东大会。股东大会是公司的权力机构，依法行使职权。这些职权包括：①重要的人事决定权。选举和更换非由职工代表担任的董事、监事，决定有关董事、监事的报酬事项。②重大事项决定权。包括修改公司章程，审议批准董事会和监事会的报告，决定公司的经营方针和投资计划，审议批准公司年度财务预算、决算方案等。③利润分配权。讨论批准利润分配方案和亏损弥补方案。④公司资本重大变动的处置权。如公司增加或减少注册资本，发行公司债券的决议，公司的合并、分立、解散或破产清算等涉及股东财产重大变动的事项等，必须经股东大会讨论决定。

（2）董事会。我国《公司法》规定，股份有限公司设董事会，董事会由股东大会选举产生，并对股东大会负责。董事会要代表全体股东利益，执行股东大会的决议。在公司经营管理方面，董事会是公司的决策机构，对外代表公司。公司法定代表人依照公司章程的规定，由董事长、执行董事或者经理担任。董事会的职权包括：①制订公司的经营计划和投资方案，决定公司内部管理机构的设置，制定公司的基本管理制度。②制订公司财务预算和决算方案，制订公司利润分配方案和弥补亏损方案，拟定公司增加或减少注册资本的方案以及发行公司债券的方案，拟定公司合并、分立、解散的方案等。③决定聘任或者解聘公司经理及其报酬事项，并根据经理的提名决定聘任或者解聘公司副经理、财务负责人及其报酬事项。

（3）以经理为首的执行机构。经理主持公司的生产经营管理工作，组织实施董事会决议，对董事会负责。主要职权有：①组织实施董事会决议。②组织实施公司年度经营计划和投资方案。③拟定公司内部管理机构设置方案和基本管理制度，制定公司的具体规章。④提请聘任或者解聘公司副经理、财务负责人；决定聘任或者解聘除应由董事会决定聘任或者解聘以外的负责管理人员。

（4）监事会。监事会是公司的监督机构，负责监督董事会和以经理为首的执行机构。它与董事会并立，直接向股东大会报告，对股东大会负责。为了保证监督的独立性和公正性，公司的董事、高级管理人员不得兼任监事。为保护企业职工权利，监事会成员中职工代表的比例不得低于 1/3。监事会的主要职权有：①提议召开临时股东大会会议，向股东大会会议提出提案；当董事、高级管理人员的行为损害公司的利益时，要求董事、高级管理人员予以纠正。②检查公司财务，对董事、高级管理人员执行公司职务的行为进行监督，对违反法律、行政法规、公司章程或者股东大会决议的董事、高级管理人员提出罢免的建议。③对董事、高级管理人员执行公司职务时违反法律、行政法规或者公司章程的规定，给公司造成损失的提起诉讼。

由于一些股份公司股本结构集中度偏高，“一股独大”的局面司空见惯，在这种股本结构下，许多股份公司的监事会形同虚设，董事会几乎无人监督，“内部人控制”问题严重，中小股东利益被侵犯的事件频繁发生，上市公司由“绩优”到“绩差”的速度越来越快。为了完善股份公司的法人治理结构，加强股份公司内部监管力度，许多国家和地区已在股份公司中推行累积投票制，在上市公司中推行独立董事制度。所谓累积投票制，是指股东大会选举董事或者监事时，每一股份拥有与应选董事或者监事人数相同的表决权，股东拥有的表决权可以集中使用。独立董事的职能主要有两项：一是检查和监督公司的长期投资战略；二是减轻和缓和股东与最高管理层之间的冲突。独立董事有义务对可能发生的利益冲突事件做出独立判断，对董事会和经理层的业绩作出客观公正的评价。

为了保证独立董事充分发挥监督作用，对独立董事的人选有严格的标准，即与公司或经营管理者没有任何重要的业务关系才可以被认为是独立的。美国通用汽车公司独立董事的标准是：①本人在选举董事会成员的年会召开之前5年内未被公司或其分支机构聘为公司高级行政人员。②本人非公司或公司分支机构的重要顾问人员，也非公司或公司分支机构重要顾问的关联人员。③本人非公司或公司分支机构的重要客户或供应厂商的关联人员。④与公司或公司分支机构无重大个人服务合同。⑤本人非由公司或公司分支机构提供主要赞助的免税团体的关联人员。⑥不是上述各项中人员的配偶、父母、兄弟姐妹或子女。

独立董事的报酬一般由津贴和车费构成，与公司业绩无关。为了使独立董事的利益与股东的利益保持一致，国外主要是向独立董事提供股票期权，从而为独立董事的报酬总额引入极大的变量，使独立董事参与监督和制约的积极性大大增加。

由于各国的国情不同，公司具体条件不同，有关公司法人治理结构各组成部分的规定也不尽一致。但是，实行市场经济的国家都有关于公司的一系列法律，公司法人治理结构在基本方面都是规范化的。我国已经加入了世界贸易组织，必须遵守世界贸易组织的原则和有关规定。因此，在建立现代企业制度的过程中，应当与国际接轨，按照国际通行的运作规则办事。这样，既有利于完善法人治理结构，保证企业正常运行；同时又有利于企业走向国际市场，提高国际市场的竞争能力。

◎思考题：

1. 简述企业的概念和一般特征。
2. 简述股份制企业的主要特点。
3. 按生产要素的密集程度划分，企业有哪些类型？

◎案例分析：

杜邦公司的治理结构

一、公司概况

杜邦公司是世界上最大的化学公司，也是美国最古老、最有权势的巨型工业企业之一。杜邦公司最初是一家制造火药的垄断企业，后来逐步发展成为美国乃至世界上最大的综合性化学产品公司。现在其业务活动主要包括生产和销售生物医药产品、工业和消费者产品、纤维、泡沫产品、农用和工业用化学品、石油勘探和石油生产及精炼、运输等。

二、股权结构状况

1802年，厄留梯尔·伊雷内·杜邦和合伙人在特拉华州的威尔明顿买进布鲁姆农场，着手创立了一个火药工厂。由于1812年爆发了英美战争，杜邦公司借助于同托马斯·杰斐逊的特殊关系，赢得了大批政府合同，迅速成为美国最大的火药厂。

1834年伊雷内死后，其子阿尔费雷德和亨利接管了公司并买下了其合伙人的股份，从而奠定了杜邦家族控制企业的基础。亨利是军人出身，接管公司后实行“恺撒型”的管理方式。

亨利死后，由其侄子尤金继承，但由于缺乏经验，公司陷入危机之中。正当无人敢接重任、杜邦家族拟将公司全部卖给别人的时候，三位堂兄弟廉价买下了公司，并于1899年开始，把杜邦公司由合伙制企业改组为公司制企业。1902年改组完毕，使之成为一家实行单一性集权式管理的工业企业。当时杜邦公司只有六名股东，全是杜邦家族成员。同时，它在美国火药市场上居支配地位，占有50%以上的市场份额。第一次世界大战给杜邦公司带来了神话般的利润，它供应盟国军队所需火药的40%以上。第一次世界大战后，杜邦公司以其战争期间所获巨额利润为基础，在国内外进行大规模的扩张并实行多样化经营战略。

到1984年，杜邦公司股东资本为122.3亿美元，普通股票为2.4亿股，股东人数达24.4万人，机构投资者拥有34%的股份，其中西格雷姆公司（酿酒业）拥有21%的股份，杜邦家族控制着44%的股份。目前，西格雷姆公司拥有24.5%的股份，杜邦家族仍持有22%的股份。

三、治理结构变革

长期以来，杜邦公司一直都在杜邦家族的直接控制之下，其董事长和总经理都是杜邦家族的人，只是到了20世纪70年代初才由培养出来的亲信代替。

在19世纪中叶，杜邦公司基本上是单人决策式经营，这一点在亨利这一代尤为明显。公司所有的主要决策和许多细微决策都由他亲自做出，所有支票都得由他亲自开，公司所有契约都由他签订，他一人决定利润的分配。

1902年，三位堂兄弟获得了这一家族公司的控制权以后，开始了组织机构的变革，果断地放弃了“亨利将军”的那种单枪匹马式的管理方式，精心设计了一个集团式经营的管理体制。在美国，杜邦公司是第一家把单人决策改为集团式经营的公司，曾成为美国各公司特别是著名大公司的模式，这反映了企业组织机构发展演变的一般特点。集团式经营最主要的特点是建立执行委员会，隶属于最高决策机构董事会之下，是公司的最高管理机构。

1967年，科普兰把杜邦公司总经理一职史无前例地让给了非杜邦家的马可，财务委员会议议长也由别人担任，自己专事董事长一职，从而形成了一个“三驾马车式”的体制。1971年，他又让出了董事长的职务。这一变革对于美国典型的家族公司而言，不能不说是一个重大的改革。虽然杜邦公司仍由家族力量所控制，但是董事会中家族比例越来越小。在庞大的管理等级系统中，如果不是专门受过训练的杜邦家族成员，那么就没有发言权了。

四、董事会

董事会是杜邦公司的最高决策机构，是治理结构的核心组成部分。1984年，杜邦公司董事会由29人组成，其董事长为爱德华·G. 杰斐逊（1981年连任董事长一职），他还兼任纽约化学银行、美国电话电报公司、西格雷姆公司董事，其他董事会成员中执行董事有5名，分别为2名副董事长和3名执行副总裁。其余为非执行董事，其中有2名杜邦家族成员，他们分别担任威乐明格信托公司的董事和副总经理。1995年，杜邦公司董事会成员变为17人，其中非执行董事13人。

五、执行委员会

董事会下设执行委员会，作为公司的最高管理机构。在董事会闭会期间，大部分权力由执行委员会行使。董事长一般兼任执行委员会首席执行官。其成员除董事长外，还包括负责经营部门、销售部门、开发部门及财务部门的副董事长，而且这些执行委员会成员都负有双重责任。作为副董事长，他们要对其分管的职能部门的业绩负责；而作为执行委员会成员，又要对公司进行全盘的管理。这二者中，后者居于优先地位。每名副董事长配备了一名负责处理该部门日常工作的总监，而副董事长则将精力集中于制定全面性的政策、进行规划和工作评估。在执行委员会下，还设有由副董事长领导的财务和咨询两个总部以及按各产品种类设立的分部，在各分部下，则有会计、供应、生产、销售、运输等职能处。各分部是独立核算单位，分部的经理可以独立自主地统管所属分部的采购、生产和销售。

资料来源：http://www.doc88.com/p-993353446398.html.

问题：

1. 杜邦公司自成立以来企业制度经历了怎样的变化？为什么要进行变革？

2. 1902年以后杜邦公司在公司治理结构上进行了怎样的变革？变革后的公司治理结构具有什么样的特征？

第二章 | 现代企业管理概述

☞**内容提要：**

本章包括管理概念、管理理论等内容，阐释了管理的内容、作用和功能，介绍了古典管理理论、现代管理理论、当代管理理论及管理理论发展的新趋势。

☞**学习目标：**

1. 认识管理的基本内涵；
2. 了解管理理论产生、发展的大致过程；
3. 了解中国企业管理现状；
4. 思考如何做一个合格的管理者。

☞**学习提示：**

1. 学生应结合“管理学原理”的相关内容学习；
2. 选择一两家企业实地了解其管理状况。

第一节　管理与企业管理

纵观历史，一切社会现象都与管理活动密切相关。近百年来世界的发展变化更是表明：有效的管理是一个组织走向成功的基础之一。正如彼得·德鲁克所说，在人类历史上，几乎没有一种制度规范能像管理那样迅速兴起并产生巨大影响。在不到150年的时间里，管理已改变了世界上所有发达国家的社会与经济结构。

一、管理的定义

虽然管理实践几乎在人类产生时就已经存在了，但是人们对管理的科学认识的时间还很短暂，管理的理论还很不完善。对于什么是管理，众多学者从各个不同的角度提出了自己的看法。

管理就是领导。这种说法强调了管理者个人在管理活动中的领导作用。

管理就是经由他人完成任务。这种说法强调了管理者发挥下属人员作用的重要性。

管理是由计划、组织、指挥、协调及控制等职能要素组成的活动过程。这一观点是由法国管理过程理论学派创始人法约尔提出的，他强调管理是由若干职能所组成的活动过程，他的观点对日后管理学的研究产生了深刻的影响。

管理是一种以绩效责任为基础的专业职能。该观点来自德鲁克，强调管理是一种专业性工作，有自己专有的技能、方法和技术，突出管理的自然属性。

管理就是协调人际关系，激发人的积极性，以达到共同目标的一种活动。该理论从组织行为学的观点出发，强调管理的核心是协调人际关系，管理通过激励、沟通等方法激发人的积极性，以完成组织目标。

管理就是决策。这是由著名经济学家、诺贝尔奖获得者西蒙提出的，他认为任何管理活动都是一个包括调查研究、制订方案、选择方案以及执行方案的过程，因此管理活动过程就是管理各个阶层制定和执行决策的过程。

以上这些观点从不同的角度表述了对管理的认识和理解。

管理一词还有很多定义，这些定义既反映了人们研究立场、方法、角度的不同，也反映了管理科学的不成熟性。综合上述研究，本书对管理作如下定义：

管理是指在特定的环境条件下，通过计划、组织、领导和控制等职能来协调人力、物力和财力等资源，以期更好地实现组织目标的过程。

这个定义有四层含义：

第一层含义说明了管理采用的措施是计划、组织、领导和控制四项基本活动。这四项活动又被称为管理的四项基本职能。

第二层含义是第一层含义的目的，即利用上述措施来协调人力、物力和财力等方面的资源。

第三层含义又是第二层含义的目的。协调人力、物力和财力资源是为使整个组织活动更加富有成效，这也是管理活动的根本目的。

第四层含义是管理是在特定环境下进行的，有效的管理必须与所处的环境相适应，并根据环境的特点开展活动。

二、企业管理

（一）企业管理的概念

所谓企业管理，就是由企业管理人员或管理机构对企业的经济活动过程进行计划、组织、领导和控制，以提高经济效益，实现赢利这一目标的活动总称。

企业管理大体可分为两个部分，对内的运营管理和对外的经营管理。因此，企业管理的任务是，不仅要合理地组织企业内部的全部生产活动，而且还必须把企业作为整个社会经济系统的一个要素，按照客观经济规律，科学地组织企业的全部经营活动。

（二）企业管理的内容

企业管理的职能体现在企业管理的各个具体内容之中。企业管理的内容有各种不同的划分方法，通常认为现代企业管理由五个方面的内容构成。除了这五个方面的内容外，本教材还补充了质量管理、信息化管理、物流管理等相关内容，以适应现代企业管理的需要。

1. 战略管理

现代企业所处的竞争环境与整个社会经济的发展已经变得比以往更加复杂和更具动态性，现代企业追求的目标是企业价值的可持续增长。为了企业的长期生存和发展，企业不能只关注于眼前的短期和局部利益，必须具有前瞻性和全局观念，战略管理正好满足了这种需要。

2. 营销管理

营销管理主要是根据企业的战略方向，进行市场需求的调查与研究，发现市场机会，并在此基础上，对市场购买行为和市场竞争者进行综合分析，制订出相应的市场开发方法、销售的组织与管理、售后服务的组织与管理等方面的营销计划，并予以实施和控制的过程。

3. 生产运作管理

生产运作管理结合产品从原材料直到成品的整个制造过程，研究如何高效率、高质量、低成本地生产产品或提供服务，以满足用户需要的问题。具体包括生产组织、生产计划与控制、物料管理、设备管理以及质量控制等内容。

4. 财务管理

财务管理主要是以企业资金运动的管理为研究对象，包括资金的筹集管理、资金的使用管理、资金的分配管理以及企业的财务关系管理等。

5. 人力资源管理

人力资源管理将人作为最重要的生产要素，并结合企业的战略需要，制订人力资源的需求计划和开发计划；研究员工的选择与聘任、员工的教育与培训、员工的使用与管理、员工的绩效考核与薪酬制度等。

第二节　企业管理的性质与原则

一、企业管理的性质

管理是劳动协作的需要。在个体手工业劳动条件下，个体劳动者是自己指挥自己。为了实现共同的目标，就需要协同动作，于是产生了管理。企业管理，是在人类发展史上有了企业这个事物后才出现的，是随着家庭个体手工业发展为工场手工业，再发展到机器大工业逐步发展起来的，即以个体劳动生产发展为简单协作生产，再发展到机器协作生产而逐步形成并发展起来的。企业管理的产生与发展既是生产力进步的结果，也是不断调节人与劳动资料关系、人与人之间关系的结果。企业管理就是适应生产力进步、生产关系调节的需要而存在和发展的，因此，企业管理的性质是双重的。一方面，企业管理是由许多人协作劳动而产生的，它是有效组织共同劳动所必需的，具有同生产力、社会化大生产相联系的自然属性；另一方面，企业管理体现着生产资料所有者指挥劳动、监督劳动的意志，它具有同生产关系、社会制度相联系的社会属性。

认识和掌握企业管理的两重性，有利于我们正确处理国外先进企业管理经验与我国企业管理实际之间的关系，实事求是地研究和吸收国外企业管理理论中先进的成分，做到兼收并蓄，互为借鉴。

二、企业管理的原则

（一）经济效益原则

追逐利润是企业存在的原始动力，讲求经济效益是社会主义经济规律的客观要求，是一切经济组织和经济工作都应遵循的一项基本原则。提高企业经济效益，就是要以尽量少的劳动和物质消耗，生产出更多满足社会需要的产品，为国家提供更多的税收，为企业的自我发展提供更多的资金积累，为企业的员工提供更多的报酬。这是衡量一个企业经营管理水平高低、经济行为是否正确的一个重要标准。

企业管理要贯彻经济效益的原则，就是要努力做到以客户为中心，以市场为导向，合理配置企业的资源，搞好经营决策，从品种、质量、服务、信誉上求效益，从技术进步中求效益，从加速资金周转中求效益，从增收节支中求效益，从降低劳动消耗中求效益。

（二）优化劳动组合原则

所谓优化劳动组合，是指企业采用双向选择、平等竞争、“三定”原则（定编、定岗、定责）等一系列方法和手段，使企业的劳动组合达到最优化。它的一个明显特点就是双向选择，自愿结合，不仅部门和领导要选择职工，而且职工要选择部门和领导。这对提高企业职工的业务素质、合理配置劳动力、提高劳动效率具有重要的作用。

为了贯彻优化劳动组合原则，首先，职工要树立竞争意识，努力提高自己的业务素质；其次，要用合同的形式明确规定职工的责、权、利，使岗位责任制进一步得到完善，让职工在责任、竞争压力和利益驱动的多重作用下，充分发挥其积极性和创造性；最后，要实行科学的劳动定员和劳动定额，使企业以此为依据而合理地组织劳动，有效地利用人力资源和提高劳动效率。

（三）系统性原则

所谓系统，是指由若干相互联系、相互制约、相互影响的因素组成的一个有机整体。在企业管理中，系统性原则是指将企业作为一个有机整体，把各项管理业务看成相互联系的网络的一种管理思想。

为了贯彻系统性原则，首先，要树立综合观念，企业是一个由人、财、物、科技、信息等生产要素组成的综合体，这些生产要素之间相互影响和相互作用，管理人员要力求保持各部分之间的动态平衡、相对稳定和一定的连续性，以便适应环境的变化。其次，要树立开放的观念，不能把企业看成是一个封闭的系统，而应把企业看成是一个与外界环境密切联系的开放系统，企业通过与外界发生物质和信息交换而发挥作用；企业本身是一个小的社会系统，它存在于更大的社会系统中。最后，要树立投入产出观念，把企业看成是一个投入产出系统，投入的是物资、资金、劳动力和各种信息，产出的是各种产品或服务。

（四）民主管理原则

实行民主管理是现代企业管理的一个重要理念。实行民主管理，即保障职工参与企业重大事项管理的权利，依靠他们当家做主，共同管理好企业，这是社会主义企业管理的本质特征，也是由现代企业的性质所决定的。

（五）责、权、能、利相结合原则

责、权、能、利相结合的原则，是企业管理的一个基本原则。该原则要求在管理过程中，始终将责、权、能、利紧密地结合在一起，以经济责任为核心，以经济权力为保证，以能力素质为基础，以经济利益为动力。首先明确企业对国家和社会承担的经济责任以及企业内部各部门和个人向企业承担的经济责任，然后授予企业和企业内部各部门和职工完成经济责任的相应权力，并将企业、企业内部各部门和企业职工的经济利益与他们承担的经济责任和实现的经营成果挂钩，使他们有职有责、有权有利，责大权大、责大利大，实现责任、权力、能力、利益相匹配，使企业和企业内部各部门和职工个人外有压力、内有动力，充分调动其积极性和创造性，为企业搞好管理和实现其目标创造条件。

企业管理遵循责、权、能、利相结合的原则，主要应做好两方面的工作：一是在企业内部普遍推行各种形式的经济责任制；二是要正确处理国家、社会与企业之间和企业内部各部门之间的经济利益关系。

（六）权威性原则

所谓管理的权威性原则，简单地说，就是在企业管理中，讲纪律、讲服从、讲集中，这是现代化大生产的客观要求。随着现代科学技术的迅速发展，劳动社会化的程度在不断提高，生产过程的连续性、时间性和准确性的要求加强。所有这些要求企业管理必须高度集中，发挥权威的作用，以保证令行禁止，使企业的生产经营活动得以顺利进行。

在企业管理工作中贯彻权威性原则时应注意：首先，要正确认识和处理企业领导者的权威同劳动者的主人翁地位的统一关系，在实行集中领导和严格纪律的同时，确保职工民主管理的权利的贯彻和落实；其次，要有一个得力的领导班子，建立有权威的生产经营指挥系统和各项严格的责任制度和规章制度，把权威建立在严密的组织和严明的纪律上，以保证企业的各项工作有序展开；最后，要使管理具有权威性，保证指挥正确，管理者自身素质必须提高，要从法定权利和个人权利两方面赢得权威，这样的权威在企业管理中才能得以持久。

（七）塑造企业精神原则

企业精神是企业发展的灵魂。一个企业要想兴旺与发达，就要有独具特色的企业精神。企业精神，一般是指企业在生产经营管理活动中，为谋求自身的生存与发展，长期形成并为职工所认可的一种群体意识。它是企业生存的基础，发展的动力，行为的准则，成功的核心；它具有鲜明的民族特点、时代特点和企业个性。企业精神既属于管理学范畴，又属于政治思想工作学范畴，其实质就是相信人、尊重人，使企业产生凝聚力、吸引力，使职工产生责任感、光荣感和自豪感。

三、企业管理的职能

（一）决策

决策就是为了实现组织目标，运用科学的理论和方法，拟出两个以上的可行性方案，从中选择或综合出一个优化方案并付诸实施的活动总称。

决策在管理各职能中占有重要地位。决策是组织行动前必不可少的管理活动，决策正确与否，决定着组织行动的成败。决策的实质是对未来行动方向、路线、措施等的选择，正确的决策能指导组织沿着正确的方向、合理的路线前进，遇到困难、问题，可以采取有效的措施予以解决；错误的决策，就会使组织走上错误的道路，发展下去可能会导致组织的失败、消亡。

决策贯穿管理的全过程。管理的决策职能不仅分布在各项管理活动中，并且各个层次的管理者都有。无论是计划、控制、组织，还是领导、沟通、激励，都不可能离开决策职能。任何社会组织的管理活动从最高层管理者到最基层的工作者都有决策职能，一切管理人员都是决策者，每一个职能管理者都必须掌握决策职能和运用决策职能，都必须在自己的职责范围内作出决策、实施决策，不同的只是决策内容，越往高层战略性决策越多，越往基层执行性决策越多。大多数战略性决策是非程序性的，比较复杂、难度较大；大多数执行性决策是程序性的，难度相对较小。

（二）计划

计划是对既定的目标进行具体安排，作为全体职工在一定时期内的行动纲领，并规定实现目标的途径与方法的管理活动。

要制订科学的计划，就必须对企业的内外条件进行严格的科学分析。要通过调查研究，全面分析，综合平衡，并在长期实践过程所取得的经验中找出规律，从而保证计划的科学性和预见性。计划的形式多种多样，既要编制综合的经营计划，又要编制各项专业活动的具体计划；既要有长远计划，又要有短期计划，并把计划指标分解落实。只有这样，才能把企业各方面的工作有机地结合起来，充分发挥计划的指导作用，实现决策所规定的目标。

（三）组织

所谓组织，是指为了有效地完成既定的计划，通过建立组织机构，确定职能、职责和职权，协调相互关系，从而将组织内部各个要素联结成一个有机整体，使人、财、物得到合理使用的管理活动。其目的是使企业的生产经营活动协调、有序地进行，不断提高生产经营活动的效益。建立高效、精干的管理组织，并使之得以正常运行，这是实现管理目标的重要条件和依托。组织职能的内容主要有：

（1）确立合理的管理体制，建立合理的组织结构，正确划分管理层次，设置职能机构；

（2）按照业务性质，确定各部门的职责范围，并按所负责任给予各部门、各管理人员相应的权力；

（3）明确上下级之间的领导关系和相互之间的协作关系，建立信息沟通渠道；

（4）正确挑选和配备各类人员；

（5）加强考核培训，实行合理的奖惩制度等。

（四）指挥

管理作为一种独立的社会职能，是协作劳动的产物。所谓指挥，是指通过下达命令、指示等形式，使系统内部各个人的意志服从于一个权威的统一意志，将计划和领导者的决心变成全体成员的统一行动，使全体成员履行自己的职责，全力以赴地完成其所担负的工作。

要实现组织的有效运作，必须从实际出发，建立统一的、强有力的、高效率的指挥系统，对生产经营活动实行统一领导、统一指挥，及时解决生产经营过程中出现的问题。要充分发扬民主，经常听取广大职工对生产、经营、技术、经济等各方面的意见，使指挥建立在发挥群众智慧的基础上。同时，还要注意加强思想教育，不断提高职工的责任感和积极性，正确处理民主与集中、自由与纪律的关系，增强社会化大生产的组织性和纪律性。

（五）协调

所谓协调，是指为了使组织的各种要素和各种活动不产生重叠、重复、冲突，保证各要素和各活动的良好配合关系而采取各种调整措施的行为和状态。一言以蔽之，协调是为了实现良好的配合，即一旦发生问题，就能够及时发现问题、解决问题，保证各部门、各环节之间能协调发展，以实现共同的目标。所以，良好的协调应表现为一个组织有明确、一致的目标和人所共知的计划；要有一支精明强干、互相信任、团结一致的职工队伍；领导方式和组织机构受绝大多数人拥护。尤其是后者，对协调有着重大影响，因为组织机构支配着所有的命令路线、信息传递渠道和关系框架。

就协调的形式而言，协调可分为纵向协调和横向协调，内部协调和外部协调。所谓纵向协调是指上下级领导人员之间及其与职能部门之间的协调；横向协调是指同级单位或部门之间的协调；内部协调是指对企业内部各种关系的协调；外部协调则是指企业与上级部门及其他单位之间进行的协调。协调是企业管理的一项综合职能，在发挥决策、计划、组织、指挥和控制的职能作用过程中，都存在协调问题，只有做到上下左右、纵横内外各种关系都协调一致，才能保证企业工作有条不紊地进行。

（六）控制

最早给控制下定义的是法约尔。他认为，在一个企业中，控制就是所发生的每一件事是否符合所规定的计划、所发布的指标以及所确定的原则。其目的就是要指出计划实施过程中的缺点和错误，以便加以纠正和防止重犯。控制对每件事、每个人、每个行动都起作用。

所谓控制，就是使计划按预定的轨迹运行的管理活动。人们在执行计划的过程中，由于受到各种因素的干扰，常常偏离原来的计划。为了保证目标及为此而制订的计划得以实现，就需要对管理过程进行控制。即要按既定的目标、计划，对企业生产经营活动过程中各方面的实际情况进行检查，发现差距，分析原因，并采取措施予以纠正，使各项工作能够按原计划进行；或根据客观情况的变化，对计划做适当的调整，使其更符合实际。

第三节　企业管理的对象与方法

一、企业管理的对象

企业管理的对象总类多，总量大，但总体而言，有五大管理对象。

（一）人力资源

人是最宝贵的资源，是生产要素中最有活力的要素。在管理系统中，人是最重要的管理对象。现代管理理论倡导管理要以人为本，即以人为中心。在一个组织中，人力资源管理的效率如何，组织成员热情是否高涨，直接决定着组织的目标能否实现。管理的首要任务就是要充分开发、利用组织内的人力资源，争取组织外的人力资源。在这里要指出的是，人力资源的开发与管理并不仅仅指对人的劳动能力的简单运用，而是包含工作分析、人员招聘、培训、绩效管理、薪酬管理等广泛内容。

（二）物力资源

物力资源是企业从事生产的物质基础。对物力资源管理的基本任务就是：遵循客观事物发展规律，根据组织目标和组织的实际情况，对各种物力资源进行最优配置和最佳利用，从而做到开源节流，物尽其用。

（三）财力资源

在市场经济中，财力是各种经济资源的价值表现。人类自进入文明社会以来，无论从事哪类实践活动，都离不开对财力资源价值的正确认识与合理使用。财力资源的使用和分配是否合理，直接影响甚至决定着物力资源、人力资源的使用效果。因此，任何一个组织的效率，都可以从其财力资源的运用效率上来考察、衡量。在经济组织中，财力资源的管理尤为重要，管好财力资源就是要做到财尽其力，通过聚财、用财而不断生财。

（四）信息资源

信息是物质属性和关系的表征。宇宙中的万事万物都是通过各自的信息来显示其固有特征的。在一个社会组织中，信息更是不可缺少的构成要素。没有信息的传递，组织就会死亡。在管理过程中，管理者的决策、计划、指令都要以种种形式的信息传递给被管理者，被管理者执行决策、计划的情况也要借助于各种信息形式和传递渠道反馈给管理者。并且，一个组织同外部交换的不仅是组织的各种有形产出，也包括各种形式的信息。

组织中的信息资源是指各种消息、情报、数据、资料等。信息资源管理的主要任务就是要按照管理目标的要求，建立完善高效的信息沟通网络，保证管理所必需的各种信息准确、完整、及时地传递。

（五）时间资源

时间反映为速度和效率，有效的管理系统，必须考虑充分利用时间，力争在尽可能短的时间内获得较好的效益。

二、企业管理的基本方法

（一）行政方法

行政方法是指依靠行政组织的权威，运用命令、规定、指示、条例等行政手段，按照行政系统和层次，以权威和服从为前提，直接指挥下属工作的管理方法。

行政方法的实质是通过行政组织中的职务和职位来进行管理。它特别强调职责、职权、职位，而并非个人的能力或特权。任何部门、单位总要建立起若干行政机构来进行管理，它们都有严格的职责和权限范围。由于在任何行政管理系统中，各个层次所掌握的信息绝对也应当是不对称的，所以，才有了行政的权威。上级指挥下级，完全是由于高一级的职位所决定的；下级对上级所拥有的管理权限要服从。行政方法具有以下特点：

（1）权威性，行政方法是否有效，在很大程度上取决于行政机构和领导者权力的大小；

（2）强制性，以行政权力为基础，以下级服从上级为原则；

（3）范围性，只能在所属的行政系统中才能生效；

（4）速效性，下级必须服从上级因而见效很快。

行政方法有利于对全局活动实施有效的控制，在组织内部统一目标、统一步调、统一行动，强化管理职能。这种管理方法在高度集中统一的和需要适当保密的领域，有其独特的作用。另外，其具有很强的时效性，能较好地处理在管理活动中所遇到的特殊问题与紧急问题。应注意的是，由于行政管理方法借助于权力和权威，会受到领导水平的制约，如处理不当，容易产生官僚主义，忽视下级的实际利益，甚至以权谋私，不利于管理工作。因此，在执行中需要有发达和完备的信息系统，领导者要不断完善个人的综合素质。

（二）经济方法

经济方法是根据经济运行的客观规律，运用各种经济手段，调节各种不同经济利益之间的相互关系，以取得较高经济效益与社会效益的管理方法。这些经济手段包括价格、税收、信贷、利润、工资、奖金和罚款等。

运用经济方法的最终目的是围绕物质利益，正确处理好各种关系。经济方法直接涉及管理者和每一个员工的利益，处理得当，能最大限度地调动各方面的积极性，协调和正确处理国家、集体和个人三者之间的关系。但如果处理不当，则会导致人们过度地追求个人利益和本位主义，不利于精神文明的建设。因此，在运用经济方法的同时，应注意与教育方法等有机地结合起来，把员工的精神和需求引导到一个正确的方向上来。经济方法具有以下主要特点：

（1）客观性，符合商品经济社会客观经济规律的要求。

（2）利益性，通过利益机制引导被管理者去追求某种利益，间接影响被管理者的行为。

（3）规范性，总是采用某些规范的经济指标来进行管理，如工资水平、罚款数额、奖金数额、利率、税率等。

（4）关联性，每一种经济手段的变化都会造成多方面经济关系的连锁反应。

（5）灵活性，所采用的具体形式因管理的主体及管理范围的不同而异。宏观领域较多采用的是价格、税收、信贷、利率、汇率等；微观领域较多使用的是工资、奖金、罚款等。

（三）法律方法

法律方法是通过法律、法令、条例以及司法、仲裁等工作，来调整社会经济与企业在宏观和微观活动中所发生的各种关系的管理方法。法律方法在管理活动中具有以下特点。

（1）严肃性，法律与法规的制定必须严格按照法律规定的程序进行，一旦制定和颁布，就具有相对的稳定性。

（2）规范性，它对所有的组织和个人的行动都具有同等的约束力，使管理活动有章可循。法律和法规都是用极严格的语言，准确阐明一定的含义，并且只允许对它作出一种意义的解释。法律与法规之间不能互相冲突，法规应服从法律，法律应服从宪法。

（3）强制性，法律、法规一经制定就要强制执行，各个企业、单位以至于每个公民都必须毫无例外地遵守；否则，要受到国家强制力量的惩处。

同世界上任何事物一样，法律方法也有一定的局限性。其缺乏灵活性和弹性，使管理工作僵化，不利于基层单位在实际工作中因地、因时、因人制宜地发挥其主观能动性和创造性。特别是当法律和法规已不适应变化了的环境时，就有可能成为社会与经济发展的障碍。

尽管法律方法存在着两面性，但从我国发展社会主义市场经济的需要出发，目前其仍需大力发展和加强。市场经济是法制经济，需要有完善配套的法规来规范企业和个人的行为。如公司法、劳动法、环保法、商标法、证券交易法、合同法、税法、国际商法等，它们的出台在管理活动中已经发挥了重要作用，并亟待进一步的推行和完善。

（四）教育方法

教育方法是指出于一定的目的，通过多种形式的教育和培训，对员工在德、智、体诸方面施加影响，以提高其素质的一种方法。教育方法的内容极为广泛，包括人生观、价值观、民主、法制、思想政治、科学技术与企业文化教育等许多方面。

教育方法在管理活动中是一项最根本的方法。人们常说“百年大计，教育为本”，这说明教育的方法具有基础性和长期性的特点。任何有远见的管理者，必须高度重视对员工的教育与管理，对人的培训要有明确的目标、计划、资金投入和必要的考核手段。由于现代管理是以人为中心的管理，只有人的素质不断提高，企业才有活力和后劲，其生产经营活动才能立于不败之地。教育方法的主要特点是：

（1）启发性。工作的重点不是强迫人们必须如何去做，而是通过宣传教育启发人们的自觉性，引导人们的行为。

（2）灵活性。教育方法的具体内容与形式可因管理活动的特点而不同，管理者可在管理目标导向下，因时、因地、因人、因事地采取灵活的方式方法。

（3）长期性。教育不应只追求短期效果，更不可急功近利，应耐心细致、逐步渗透、长期坚持。

教育方法的不足是不具备约束机制，因此在管理工作中，必须与其他管理方法有机地结合起来，如经济与行政手段，督导人们努力学习和提高，以充分发挥教育方法的作用。

（五）技术方法

技术方法是指组织中各个层次的管理者（包括高层管理者、中层管理者和基层管理者）根据管理活动的需要，自觉运用自己或他人所掌握的各类技术，以提高管理的效率和效果的管理方法。这里所说的各类技术，主要包括信息技术、决策技术、计划技术、组织技术和控制技术等。技术方法的实质是把技术融进管理中，利用技术来辅助管理。善于使用技术方法的管理者通常能把技术与管理很好地结合起来。技术方法具有以下特点：

（1）客观性。技术是客观存在的，它不依赖人的意志并不以人的意志为转移。此外，技术方法产生的结果也是客观的。

（2）精确性。技术方法的精确性是指只要基础数据是正确无误的，由技术方法产生的结果就是精确的。正是因为其精确性，技术方法才日益受到人们的青睐。

（3）动态性。管理者在管理过程中时时会遇到新情况、新问题，这就要求管理者必须紧密追踪技术的发展，不断更新自己手中掌握的技术武器，防止用过时、落后的技术方法来解决新问题。

技术方法不是万能的，并不能解决一切问题，管理者在解决管理问题时，不能仅仅依靠技术方法，应该把各种管理方法结合起来使用，“多管齐下”以取得良好的管理效果。

第四节　企业管理理论

一、企业管理理论的发展

（一）传统的经验管理理论

工业革命不仅引起了生产技术的变革，形成了机器大工业，也引起了生产组织的变革，建立了工厂制度，使工厂代替了手工业作坊，促进了生产力的迅速发展。但是工厂制的出现也给管理带来了许多新的问题，随着生产规模的扩大，雇用工人的日益增加，管理工作变得更加复杂。在这一背景下，管理者逐步从资本家和工人当中分离出来，出现了特殊的雇用人员，如经理、厂长、监工和领班等，这些特殊的雇用人员作为资本家的代理人，承担起经营企业和管理企业的责任，使企业的管理工作逐渐成为一种专门的职能。一些经济学家和工厂的管理者开始在实践的基础上提出了一些管理思想。

英国经济学家亚当·斯密（Adam Smith）于1776年出版了《国富论》一书。在这本著作中他以制针业为例详细分析了劳动分工带来的好处。亚当·斯密认为，工人只重复简单的操作，可以提高劳动的熟练程度，从而节省了工序转换所需的时间；能够使工具专门化，有利于设计和改进工具设备，使劳动进一步地简化和减少。亚当·斯密劳动分工的思想至今仍然被人们广泛采用。

英国剑桥大学的教授查尔斯·巴贝奇（Charles Babbage）在1832年出版的著作《论机器和制造业的经济》中继续了对劳动分工的研究，他认为，分工不仅可以提高劳动效率，还可以为资本家减少工资支出，因为分工不同，劳动强度和技术要求不同，工资标准不同，这样可以使工资总额减少。此外，他也强调重视人的因素，认为企业与工人之间有一种共同的利益，主张实行分红制度，使提高劳动效率的工人们能分享一份利润，并对提出合理化建议者进行奖励。

英国著名的工业家和改革家罗伯特·欧文（Robert Owen）是19世纪最有成就的实业家之一。他最早注意到企业内人力资源的重要性。他提倡人道主义，认为工人是人而不是机器，并在自己的工厂里试行了一系列的改革措施，如改善工作条件、缩短工作时间等。他提出，把钱花在提高劳动者的素质上是最佳投资之一，关心员工会得到更多的利润回报。罗伯特·欧文的这些思想后来被发展为人群关系论，而他本人也被称为现代人事管理的先驱者和创始人。

（二）古典管理理论

19世纪末到20世纪20年代，被视为管理理论体系正式形成的时期，这一时期通常被称为古典管理理论阶段。这一阶段的主要代表人物有泰勒、法约尔和韦伯。

1．泰勒的“科学管理”理论

泰勒（F. W. Taylor，1856—1915年）是“科学管理”理论的创始人，被后人称为“科学管理之父”。泰勒经过长期实践摸索和总结出了一整套管理技巧与方法，并加以系统化，逐步形成了他的“科学管理”理论。1911年泰勒将他的观点写进了《科学管理原理》一书，这本书的出版标志着管理理论的正式诞生。

泰勒“科学管理”的基本内容大体可以分为作业管理和组织管理两个方面：

（1）作业管理。泰勒以生产操作过程为研究对象，确定最合理有效的方式、方法、工具和作业环境以及最符合人的生理规律而又最节省时间的劳动间歇。

作业管理具体有以下几项内容：①工作定额原理；②标准化原理；③第一流工人原理；④差别计件工资原理。

（2）组织管理。泰勒对组织管理的研究设想主要有：①把计划职能与执行职能分开；②实行“差别费率”；③实行“例外原则”。

泰勒的科学管理理论以工厂管理为对象，以提高工人劳动生产率为目标，在对工人的工作和任务进行研究的基础上制定出标准的操作方法，并用其对工人进行指导、训练来提高劳动生产率。科学管理理论对以后的管理理论的发展产生了广泛而深远的影响。

2. 法约尔的经营管理理论

亨利·法约尔（Henri Fayol，1841—1925 年）被后人称为“管理过程之父”。法约尔对管理理论的贡献，可以从以下两个方面来表述：

（1）管理的职能和过程。法约尔在《工业管理与一般管理》一书中，提出了管理的五项基本职能和企业生产过程的六种基本活动。

管理的五项基本职能是：计划、组织、指挥、协调、控制。

企业生产过程的六种基本活动是：①技术活动：即生产、制造、加工活动。②商业活动：即购买、销售、交换活动。③财务活动：即资金的筹集和使用活动。④安全活动：即设备维护和职工安全方面的活动。⑤会计活动：即货物盘存、成本统计、核算等活动。⑥管理活动：即计划、组织、指挥、协调和控制。

（2）管理的一般原则。法约尔在《工业管理与一般管理》一书中，还提出了管理的一系列原则：①劳动分工；②职权与职责；③纪律；④统一指挥；⑤统一管理；⑥个人利益服从整体利益；⑦个人报酬；⑧集中化；⑨等级链；⑩秩序。

法约尔是概括和阐述一般管理理论的先驱者，他认为管理是一门科学，适用于所有具有组织性质的机构。他在管埋过程和管理组织方面的开创性研究成果，特别是关于管理职能的划分和管理原则的论述，对管理理论的发展产生了深远的影响，至今仍被人们奉为信条。

3. 马克斯·韦伯的理想的行政组织体系理论

韦伯是德国社会学家，与泰勒、法约尔是同时代的人，是德国古典管理理论的代表人物之一。韦伯在管理理论方面的贡献是在《社会组织与经济组织理论》一书中提出了理想的行政组织体系理论，在组织体系和组织原则方面提出了若干新的理论，由此被人们称为“行政组织理论之父”。韦伯行政组织理论的主要内容如下。

（1）理想的行政组织体系的权力基础。韦伯主张建立一种高度结构化的、正式的、非人格化的“理想的行政组织体系”，他认为这是对个人进行强行控制的最合理手段，是实现目标、提高劳动生产率的最有效形式，而且在精确性、稳定性、纪律性和可靠性方面优于其他组织。

（2）理想的行政组织体系的特征。韦伯的理想的行政组织体系或理想组织形式具有以下一些特点：

①存在明确的分工。把组织内的工作分解，按职业专业化对成员进行分工，明文规定每个成员的权力和责任。

②按等级原则对各种公职或职位进行法定安排，形成一个自上而下的指挥链或等级体系。每个下级都处在一个上级的控制和监督下。每个管理者不仅要对自己的决定和行动负责，而且要对下级的决定和行动负责。

③根据经过正式考试或教育培训而获得的技术资格来选拔员工，并完全根据职务的要求来任用。

④除个别需要通过选举产生的公职（例如，选举产生的公共关系负责人，或在某种情况下选举产生的整个单位负责人等）以外，所有担任公职的人都是任命的。

⑤行政管理人员是“专职的”管理人员，领取固定的“薪金”，有明文规定的升迁制度。

⑥行政管理人员不是其管辖的企业的所有者，只是其中的工作人员。

⑦行政管理人员必须严格遵守组织中的规则、纪律和办事程序。

⑧组织中成员之间的关系以理性准则为指导，不受个人情感的影响，组织与外界的关系也是这样。

（三）行为科学理论

科学管理强调物质因素的作用，却忽视了人的主观能动性，强调物质激励，却忽视了人的社会需要。在这种情况下，一种把人类学、社会学和心理学等运用于企业管理的新理论——行为科学理论便诞生了。

所谓行为科学，是指研究人类行为规律的学科。行为科学理论的创始人是美国哈佛大学的梅奥（Mayol）教授。1927 年，他在西方电气公司所属的霍桑工厂进行了著名的霍桑试验。试验主要是通过改变工人的工作环境、工作气氛、休息时间、工资支付方法等，来观察研究影响工人工作积极性的因素。

梅奥以试验结果为依据，提出了以下几条原理：

第一，工人是“社会人”；第二，企业中除了“正式组织”之外，还存在着“非正式组织”，“非正式组织”和“正式组织”一样影响着企业成员的行为；第三，新型的领导能力在于正确处理人际关系，善于倾听和沟通职工的意见，并通过提高职工需求的满足程度而激励职工的“士气”，从而达到提高生产率的目的。

梅奥的人际关系学说为后来行为科学的进一步研究奠定了基础，并且，很快便引发了一系列研究成果，主要表现在以下几个方面：

（1）人性理论

人性理论主要有道格拉斯·麦格雷戈的“X、Y 理论”、约翰·莫尔斯和乔伊·洛尔德的超 Y 理论以及威廉·大内的 Z 理论。

①X、Y 理论。美国著名的行为科学家、人性假设理论创始人道格拉斯·麦格雷戈（Douglas McGregor，1906—1964 年）提出了 X 理论和 Y 理论。

X 理论的观点是：人的本性是懒惰的，一般人都好逸恶劳，尽可能逃避工作；由于人有厌恶工作的特性，因此对大多数人来说，仅用奖赏的办法不足以克服其厌恶工作的倾向，必须对其进行强制监督，并以惩罚为主要管束手段，迫使他们付出足够的努力去实现组织的目标。

Y 理论的观点是：人性并非生来就是懒惰的，要求工作是人的本能，只要给予一定的外界条件，就能激发人的能动性并使其努力工作，以实现确定的目标；如果职工的工作没干好，应从管理者本身去寻找妨碍劳动者发挥积极性的原因，主张以“诱导与信任”代替“强制与管束”，去鼓励职工发挥主动性和积极性。

②超 Y 理论。麦格雷戈提出 X、Y 理论之后，美国的约翰·莫尔斯（John Morse）和乔伊·洛尔德（Joy Lord）提出了超 Y 理论。该理论的其主要观点是：不同的人对管理方式的要求是不同的，应针对不同的工作性质和人员素质等实际情况，采用不同的管理方式。

③Z 理论。美国加州大学管理学院日裔美籍教授威廉·大内（William Ouchi）在对比了日本企业和美国企业后，提出了他所设想的 Z 理论。其理论的主要内容是：第一，企业应实行长期或终身雇用制度，以便使员工感到职业有保障，愿意与企业同甘苦、共命运；第二，采用集体研究与个人负责相结合的决策方式，鼓励员工参与企业的管理工作；第三，强调对员工实行长期考察和逐步提升的制度；第四，上下级关系要融洽，平等对待员工，领导者要处处显示对员工的全面关心，使员工心情舒畅、愉快；第五，加强对员工知识的全面培训，使员工具有多方面的工作能力；第六，管理过程既要运用必要的控制手段，又要注重对人的经验和智能进行细致而积极的启发诱导，要求管理人员不是机械地执行上级命令，而要创造性地去执行。

（2）激励理论

激励理论主要研究人的积极性的形成及变化规律，比较著名的理论有：美国心理学家马斯洛提出的“需要层次理论”、美国心理学家赫茨伯格提出的“双因素理论”、美国心理学家弗罗姆提出的“期望理论”和美国学者亚当斯提出的“公平理论”。

①需要层次理论。需要层次理论是美国心理学家马斯洛在 1943 年出版的《人的动机理论》一书中提出的。

他把人的需要分为以下五个层次：生理需要、安全需要、情感和归属的需要、尊重需要和自我实现需要。马斯洛认为，人们一般是按这个顺序从低级到高级来追求各种需要的满足的，因此，在管理过程中，应尽可能在客观条件许可的情况下，针对不同人的不同层次需要给予相对的满足，这样才能促使人们不断努力。

②双因素理论。双因素理论是美国的行为科学家赫茨伯格（Fredrick Herzberg）1959 年提出的。

赫茨伯格发现，使人们感到不满意的因素都是工作环境或工作关系方面的，这些因素处理得好，可以消除或避免企业员工的不满，使其安心工作，但不能激发其积极性，我们称其为保健因素；而使他们感到满意的因素都是工作性质和内容方面的，这些因素的改善能激发员工的积极性，从而提高劳动生产率，我们称其为激励因素。激励因素是以工作为中心的，即对工作本身是否满意；而保健因素则与工作环境有关，属于保证工作完成的基本条件。

③期望理论。期望理论是美国心理学家弗罗姆（Victor H. Vroom）于 1964 年在《工作与激励》一书中提出来的。弗罗姆认为当人们有需要，又有实现目标的可能性时，其

积极性才能提高，激励水平取决于期望值与效价的乘积。

④公平理论。公平理论是美国心理学家亚当斯（John Stacey Adam）于1965年提出的。亚当斯认为员工的工作动机和积极性，不仅受其所得报酬的绝对值的影响，而且受其相对值的影响。人们会把自己付出的劳动和所得报酬与他人付出的劳动和所得报酬进行社会比较。当发现比例相等时，心理就平衡，认为公平，从而积极工作；当发现比例不相等时，特别是发现比例低于他人时，就会产生不公平感，从而导致内心不满。

其他的行为科学理论还有“群体动力学理论”、“群体行为理论”、“领导行为理论”等，这些理论从不同角度研究领导者的领导行为对被领导者的影响及其与工作效率的关系，为管理理论的发展作出了重要贡献。

（四）现代企业管理理论

从第二次世界大战到现在是现代企业管理理论时期。这是西方企业管理理论的成熟期，也可以叫做民主期或综合期。

这一时期，旧殖民体系解体，民族、民主革命兴起，政治自由化、世界多元化、人民民主化，个性张扬化，传统的金字塔形阶层结构变化为橄榄形阶层结构，工人自我意识增强。

随着知识经济的到来，人类进入了信息社会，智力劳动比重明显加大，在一些工业发达的资本主义国家，科学技术进步很快，出现了许多现代自然科学技术的新成果。运筹学、数理统计等方法应运而生，特别是电子计算机的出现和应用，使生产过程的自动化、连续化程度空前提高，企业的技术更新和产品更新大大加快；大型复杂的重大工程不断出现，生产社会化程度越来越高；跨国公司进一步发展，企业规模迅速扩大；企业面临的环境变化多端，竞争十分激烈；阶级矛盾和阶级斗争进一步加剧等，在这种形势下，为了调和阶级矛盾，为了在多变的环境中找到出路，为了使企业长期稳定地发展，资本主义世界中出现了种种管理理论和派别，资本主义企业管理理论出现了一些新的特点，进入现代管理理论阶段。

现代管理学派很多，如行为科学学派、社会系统学派、决策理论学派、经验管理学派、权变理论学派、管理科学学派等。但在上述种种管理理论与派别中，从其主要思想倾向看，不外乎分为两个管理理论派别：一个是以泰勒为代表的科学管理理论和以法约尔、韦伯为代表的组织管理理论延伸、演变发展起来的管理科学学派；另一个是以梅奥为代表的人际关系理论发展起来的行为科学学派。这两个管理理论派别各自研究问题的出发点不同，得出的观点也不同，各有其道理，各有其作用。

上述种种管理理论派别，按倾向而言归属哪个大的派别都是相对的，各学派都吸收了别的学派中一些有用的观点来充实自己，如社会系统学派、经验管理学派都吸收了不少行为科学的思想，现代企业管理理论成为“科学管理”和“人际关系”相结合的管理理论，并趋向于全面管理和综合管理。

二、企业管理理论发展的趋势

1. 管理的人性化趋势

管理离不开人，而人的复杂性决定了管理的复杂性。管理的困难在于准确地把握人性，对人性的认识是随着社会发展而逐步深化的。在经济全球化条件下，文化上也出现了一些变化：强调个性、人的本性和人的独立性，导致人的需求的多样化；传统文化和外来文化的融合使得社会文化的多样性、人的心理的复杂性和人的行为的不确定性等问题更加突出。在此条件下，管理理论的发展也出现了新的趋势，其中一个重要的趋势就是重视人的趋势，提出了“人本管理”的新思想。

“人本管理”强调理解人、尊重人、充分发挥人的主动性和积极性。有的学者将人本管理概括为“3P”管理，即“of the People”（企业是由人组成的）、“by the People”（企业要依靠人进行管理）、“for the People”（办企业是为了满足人的需要）。也有学者将“人本管理”分为五个层次即情感管理、民主管理、自主管理、人才管理和文化管理。

2. 生产经营系统和管理组织结构的革命性变革

长期以来，人们对生产经营系统和管理组织结构的变革都持一种比较慎重的态度，主张用改良、完善的办法来改善和加强企业管理，对管理组织结构也是要求保持稳定性和灵活性的统一，避免出现大的震动，造成工作秩序的混乱。“企业再造”理论，主张对企业的生产工艺流程、管理组织系统进行重组、再造。

企业再造也译为“公司再造”、“再造工程”（Reengineering）。它是由美国麻省理工学院教授迈克尔·哈默（M. Hammer）与詹姆斯·钱皮（J. Champy）在1993年提出的关于企业经营管理方式的转变的一种新的理论和方法。再造工程的定义是：将组织的作业流程，做根本的重新思考与彻底翻新，以便在成本、品质、服务与速度上获得戏剧化的改善。他们还强调企业流程要“一切重新开始”，摆脱以往陈旧的流程框架，并认为企业再造工程必须组成团队来进行，要使信息在各个部门得到充分运用。再造工程一旦推行，就会给企业带来一些根本性的变化。

3. 企业竞争由传统的要素竞争转向核心能力的竞争

提高企业的整体竞争优势和整体竞争能力是企业持续发展的源泉，而核心竞争力是企业获得可持续竞争优势与新事业发展的源泉，它们应成为公司战略的焦点。企业的知识被视为企业最重要的资源，未来真正出色的企业是使全体员工全身心投入学习并善于学习、持续学习的组织，即学习型组织。

通过营造学习型组织的工作氛围和企业文化，树立不断学习、不断进步、不断调整的新观念，从而使组织更具有长盛不衰的生命力。企业需要更多地通过建立学习型组织、进行知识管理来帮助企业汇集员工的知识和技能，采用新的知识积累方式，将现有的组织、知识、人员、流程与知识管理紧密结合起来，以应对未来的竞争和知识经济的挑战。学习型组织和知识管理要求企业更加注重对人才的管理。企业管理的对象已经从“劳动力”转变为“人力资源”。

4. 企业之间的关系由竞争转向合作

虚拟组织与传统的实体组织不同，它是围绕核心能力，利用电脑资讯技术、网络技术及通信技术与全球企业进行互补、互利的合作，合作目的达到后合作关系随即解散，此种形式能够快速获取处于全球各处的资源。灵活的“虚拟组织”可避免环境的剧烈变动给组织带来的冲击。

5. 企业信息化成为企业管理的平台

信息化给企业管理带来的变化是革命性的。莫顿（Morton）的研究表明，这种变化至少可以归纳为六个方面：

（1）信息化给企业生产、管理活动的方式带来了根本性的变革；

（2）信息技术将企业组织内外的各种经营管理职能、机制有机地结合起来；

（3）信息化将在许多方面改变产业竞争格局和态势；

（4）信息化给企业带来了新的战略性机遇，促使企业对其使命和活动进行反思；

（5）为了成功地运用信息技术，必须进行组织结构和管理方法的变革；

（6）对企业管理的重大挑战是如何改造企业，使其有效地运用信息技术，适应信息社会，在全球竞争中立于不败之地。

◎思考题：

1. 管理通常包括哪些职能活动？它们之间的关系如何？
2. 企业管理理论发展的趋势有哪些？
3. 简述泰勒的科学管理理论的主要内容。

◎案例分析：

某企业的机关部（室）目标管理

为了加强某企业机关部（室）目标管理，促进某制造企业机关部（室）岗位绩效考核办法的实施，依据企业长远目标与年度目标相结合、企业年度目标与部（室）年度目标相结合的原则，进一步明确责任，将公司年度经营目标落实到每个机关部（室），层层分解，责任到人，以确保公司年度各项生产经营目标的完成，特制定本办法。

一、适用范围

本办法适用于某企业各机关部（室）。

二、目的和地位

制定本办法的目的是进一步落实各机关部（室）的目标，加强集团公司目标管理。本办法是某制造企业岗位绩效考核办法的重要补充。

三、责任单位

人事部是负责起草本办法的责任单位，公司各机关部（室）的目标考核办法草案，经有关单位及总经理办公会议讨论确认后执行。各机关部（室）目标考核由公司主管领导负责，考核结果作为部（室）领导业绩评价的依据。

四、信息传递

公司主管领导对下属部（室）生产经营目标进行考核时，所需要的各种业务信息由以下部门提供。

人事部负责提供相关部（室）目标管理考核办法。

经营管理部负责提供相关部（室）经济技术指导考核结果。

财务部负责提供相关部（室）财务分析报告。

发展规划部负责提供相关部（室）业务规划、管理制度建立与完善情况。

科技质量部负责提供科研信息、科技项目进展情况、质量体系运行状况、质量指标完成情况及产品质量市场反应报告等。

五、评价结果

公司主管领导对下属部（室）进行目标管理考核的结果，直接与部（室）领导岗位绩效考核挂钩。原则上部（室）正职领导业绩考核分与部（室）目标管理考核分一致，副职领导业绩考核分相当于正职领导业绩考核分的80%。

六、其他

本办法仅对岗位绩效考核中的目标管理进行补充说明，作为某制造企业岗位绩效考核办法的附件。本办法旨在建立目标管理的框架，具体指标的考核细则由公司主管领导和相关部（室）领导共同制定。

资料来源：胡登峰．现代企业管理．南京：南京大学出版社，2010.

问题：

请简要说明该企业目标管理中的有关活动反映了哪些管理职能。

第三章 企业战略管理

☞内容提要：

本章内容包括企业战略管理的基本概念、企业战略环境的分析方法、企业总体战略、企业竞争战略及企业战略的实施与控制。

☞学习目标：

1. 掌握企业战略的基本概念及特征；
2. 掌握企业战略环境分析的方法与工具；
3. 熟悉企业总体战略的类型；掌握企业的三种竞争战略；
4. 了解企业战略实施与控制的内容。

☞学习提示：

建议浏览相关网站以更好地理解企业战略管理的内容。

第一节 企业战略及环境

一、战略的定义

战略一词来源于希腊语“strategos”，其含义是“将军”。它最初被用于研究战争，后来被广泛地应用到政治领域和经济领域。一般意义上的战略，泛指一个组织为了实现它的长远目标和重要使命而做的带有全局性、长远性和根本性的行动谋划和策略。将战略一词运用于企业经营管理中去，便是企业战略。它是指导企业行为的总体规划或计谋，是企业一定时期内带有全局性的方针政策。

二、战略管理的概念及特点

（一）战略管理的概念

战略管理是组织高层管理人员为了组织长期的生存和发展，在充分分析组织外部环境和内部条件的基础上，设定组织的战略目标，并为保证目标的实现而进行战略决策、实施战略方案、控制战略绩效的一个动态管理过程。

（二）战略管理的特点

战略管理是一种管理思想和管理方式，它的特点是动态性管理、全局性管理、高层次性管理和长远性管理。

1. 动态性管理

战略管理的关键不是战略而是动态性管理。战略管理活动的重点是制定战略和实施战略。而制定战略和实施战略的关键就在于对组织外部环境的变化进行分析，对组织的内部条件和素质进行审核，并以此为前提确定组织的战略目标，使三者之间达成动态平衡，从而实现战略管理。

2. 全局性管理

战略管理是以组织的全局为对象，根据组织总体发展的需要而制定的。具体地说，战略管理不强调组织某一职能部门的重要性，而是通过制定组织的使命、目标和战略来协调组织各部门的活动。

3. 高层次性管理

战略管理的主体是组织的高层管理人员。由于战略决策涉及组织活动的各个方面，虽然它也需要组织上下层管理者和全体员工的参与和支持，但组织的最高层管理人员介入战略决策是非常重要的。这不仅是由于他们能够统观组织全局，了解组织的全面情况，而且更重要的是他们具有对战略实施所需资源进行分配的权力。

4. 长远性管理

没有长远考虑的决策不是战略决策。长远性的意思是要有三年或者五年或更长时间的发展战略规划。对于传统产业一般要求有五年规划；对于高新技术产业，因为发展比较快，一般要求有三年规划。从这一点上来说，战略管理也是面向未来的管理，战略决策要以经理人员所期望或预测将要发生的情况为基础。在迅速变化和竞争性的环境中，组织要取得成功，就必须对未来的变化采取预见性的态势，这就需要组织制订长期性的战略计划。

三、企业战略环境分析

（一）企业经营环境分析的基本方法

1. 经营环境的定义

企业经营环境是指企业所处的外部总体环境和经营环境。企业的经营环境一般包括外部环境和内部环境。

（1）企业的外部环境是企业所面临的外部条件与环境因素的总称，它又可分为企业的宏观环境和产业环境。前者是众多企业所共同面对的环境，间接地或潜在地对企业发生作用和影响；后者是企业微观的外部环境，是指某类或个别企业所面对的特殊经营环境，对个别企业的生产经营活动产生直接影响。

（2）企业内部环境是企业自身的各种条件因素的总和。

2. 研究企业经营环境的方法——SWOT 分析法

企业经营环境分析常见的方法主要是 SWOT 分析法。

SWOT 分析法是研究企业经营环境的一种基本方法，是用来识别企业内部优势与劣势和企业外部机会与威胁的一种有效方法。S 指企业的内部优势（Strength）；W 指企业的内部劣势（Weaknesses）。O 指企业外部环境的机会（Opportunities）；T 指外部环境的威胁

(Threats)。将这四种因素综合起来分析，就简称为SWOT分析法。

从整体上看，SWOT可以分为两部分：第一部分为SW，主要用来分析内部条件；第二部分为OT，主要用来分析外部条件。利用这种方法可以找出对自己有利的、值得发扬的因素以及对自己不利的、要避开的东西，发现存在的问题，找出解决办法，并明确以后的发展方向。

根据这个分析，可以将问题按轻重缓急分类，明确哪些是目前急需解决的问题，哪些是可以稍微拖后一点儿的事情，哪些属于战略目标上的障碍，哪些属于战术上的问题，并将这些研究对象列举出来，依照矩阵形式排列，然后用系统分析的思想，把各种因素相互匹配起来加以分析，从中得出一系列相应的结论，而结论通常带有一定的决策性，有利于领导者和管理者做出较正确的决策和规划。

SWOT分析法常常被用于制定集团发展战略和分析竞争对手的情况，在战略分析中，它是最常用的方法之一。

进行SWOT分析时，主要涉及以下几个方面的内容：

(1) 分析环境因素

运用各种调查研究方法，分析公司所处的各种环境因素，即外部环境因素和内部能力因素。外部环境因素包括机会因素和威胁因素，它们是外部环境对公司的发展直接有影响的有利和不利因素，属于客观因素。内部环境因素包括优势因素和劣势因素，它们是公司在其发展中自身存在的积极和消极因素，属于主动因素。在调查分析这些因素时，不仅要考虑历史与现状，而且更要考虑未来发展问题。

优势，是组织机构的内部因素。具体包括：充足的资金来源，良好的企业形象，雄厚的技术力量，规模经济，良好的产品质量，市场份额优势，成本优势，广告优势等。

劣势，也是组织机构的内部因素。具体包括：设备老化，管理混乱，缺少关键技术，研究开发落后，资金短缺，经营不善，产品积压，竞争力差等。

机会，是组织机构的外部因素。具体包括：新产品，新市场，新需求，外国市场壁垒解除，竞争对手失误等。

威胁，也是组织机构的外部因素。具体包括：新的竞争对手，替代产品增多，市场紧缩，行业政策变化，经济衰退，客户偏好改变，突发事件等。

SWOT分析法不是仅仅列出以上四项清单，最重要的是通过评价公司的优势、劣势、机会、威胁，最终解决以下问题：(1) 在公司现有的内外部环境下，如何最优地运用自己的资源；(2) 如何获取公司未来发展所需资源。

(2) 构造SWOT矩阵

将调查得出的各种因素根据轻重缓急或影响程度等排序，构造SWOT矩阵。在此过程中，将那些对公司发展有直接的、重要的、大量的、迫切的、久远的影响因素优先排列出来，而将那些间接的、次要的、少许的、不急的、短暂的影响因素排列在后面。

(3) 制订行动计划

在完成环境因素分析和SWOT矩阵的构造后，便可以制订出相应的行动计划。制订计划的基本思路是：发挥优势因素，克服劣势因素，利用机会因素，化解威胁因素；考虑过去，立足当前，着眼未来。运用系统分析的方法，将排列与考虑的各种环境因素相互匹配起来加以组合，得出一系列公司未来发展的可选择对策。

（二）企业外部经营环境分析

1. 宏观环境分析

企业的宏观环境是企业经营所共同面对的环境，对每一个企业的经营活动都会产生间接但却极为重要的影响。它一般包括经济环境、技术环境、政治法律环境、社会文化环境、自然环境等。

（1）经济环境

经济环境与企业经营的关系是最为直接的，对经营的影响也是最大的。经济环境对企业的影响主要表现在以下几个方面。

①宏观经济周期。在衡量宏观经济形势的诸多指标中，国民生产总值（GNP）是最常用的一种，它是衡量一个国家或地区经济实力的重要参考指标，它的总量及增长率与工业品市场购买力及其增长率之间有着较高的正相关关系。

②人均收入。人均收入是一个重要的参考指标，它与消费品市场的购买力有着很大的正相关关系。

③人口因素。人口因素也是一个很重要的参考指标，一个国家的人口总量往往决定着该国许多行业的市场潜力，特别是在生活必需品和非耐用消费品方面更是如此。因此，市场潜力与人口因素之间呈正相关关系。

④价格因素。价格是经济环境中的一个敏感因素，价格的升降和货币的升贬之间呈负相关关系。

此外，国家的经济性质、经济体制等因素也与企业经营管理有着密切的关系，但此类经济因素因其与一个国家的政治因素相关，因此，在进行经济活动分析时，应结合政治因素来考虑。另外，还需要考虑财政政策、货币政策、国家经济规划产业政策因素，如失业率水平、工资和物价的控制状况、汇率的升降情况、能源供应与成本、市场机制的完善程度等，对这些因素企业都应根据实际情况进行分析。

（2）技术环境

经济增长率的提高主要取决于技术的进步。技术的进步将给企业提供有利的机会，但也给某些企业带来威胁。一项新技术的出现有时会形成一个工业部门，但同时也会摧毁一个工业部门。影响企业的技术因素主要包括：技术发展现状、技术发展结构、技术人员的素质和数量、技术知识的普及程度、工业技术基础的水平和产业构成。在知识经济时代，企业提高效益，寻求发展，越来越依靠技术进步。当今无论是国内还是国外，获得突飞猛进的发展的大企业，无不是靠先进的技术取得优势的。技术环境已成为企业环境中的主要因素。

（3）政治法律环境

政治法律环境包括一个国家或地区的社会制度和政治体制、对外关系以及国家或地区的方针、政策、法律和法规。政治法律环境的好坏影响着宏观经济形势，从而也影响着企业的生产经营活动。影响企业生产经营活动的政治法律环境的主要内容如下。

①国家政治体制。这是指国家的基本制度以及国家为有效运行而设立的一系列制度，如国家的政治和行政管理体制、政府部门结构以及选举制度、经济管理体制等。

②政治的稳定性。包括政局的稳定性（国家领导人是否经常更换等）和政策的稳定性（政府的政策是否朝令夕改）两个方面。

③国际关系。国际关系也对企业生产经营活动产生着直接和间接的影响。军工企业、外向型企业与国际环境密切相关。良好的国际和平环境，有利于我国企业走向国际市场，也有利于企业引进资金和技术。

④法律体系。政府、企业、消费者的行为都需要用法律制度来规范。法律对企业的生产经营活动起着制约和规范作用，可以这样说，企业的每一项生产经营活动，都会面对一系列的法律或法规。企业必须在合法的范围内经营，否则就可能受到处罚和制裁。

(4) 社会文化环境

企业生产经营活动还在一定的社会文化环境中进行。社会文化环境主要指人们的价值观念、道德规范、风俗习惯、宗教信仰、生活方式、语言文字、受教育水平等。它是历史的沉淀，是不易理解但又时刻影响着企业的复杂体，社会文化既包括核心文化，又包括亚文化。所以，企业经营既要考虑整个社会价值观念、风俗习惯、文化传统的影响，又要考虑各种亚文化及其综合影响，以便制定正确的经营发展战略。

(5) 自然环境

这是指一个国家或地区的客观环境因素。主要有：自然资源、气候、地形、地质（山区和平原）、地理位置（沿海、内地，城市、乡村）以及离交通干线的远近等。在自然资源有限的今天，企业对自然环境的分析主要涉及日益减少的自然资源蕴藏量、日益严重的环境污染和政府对自然资源管理的干预日益加强等三个大问题。

2. 行业环境分析

(1) 行业环境分析概述

行业环境是指能直接影响企业生产经营的企业外部环境。与宏观环境相比，行业环境对企业的经营更具有针对性，对企业的经营发挥着更为直接的作用。宏观环境因素一般是通过行业（直接）环境因素对企业产生影响。企业在经营过程中所直接面对的行业环境因素主要包括以下几个方面。

①消费因素。消费因素构成了市场对企业的产品或劳务的需求因素，其主体是消费者（包括个人、政府和社会团体）。它是企业服务的对象，是企业生存的衣食父母，消费者的购买能力、需求强度以及爱好和习惯等，决定着企业生产与经营的方向。所以，消费因素是企业最主要的行业环境因素。

②竞争因素。企业在市场上，只要不是独家经营，便有竞争对手。即使在某一市场上只有一个企业在提供产品或劳务，没有现实的对手，也很难断定这个市场上没有潜在的竞争企业。企业竞争对手的状况将直接影响企业的生产经营活动。因此，企业在进行经营决策前必须搞清楚竞争企业的数目、规模和能力、竞争企业对竞争产品的依赖程度及竞争企业的营销策略，潜在竞争对手、产品或服务的替代者等问题。

③供应因素。供应因素又称资源因素，主要是指外部向企业提供的各种资源的总和。供应因素的主体是向企业及其竞争者提供生产经营所需资源的组织或个人。因此，供应因素包括供应资源的丰富程度、资源质量和价格、供应渠道、供应商的规模、能力、协作关系和激励方式等。供应因素对企业经营发展有实质性的影响，如影响企业产品的质量、成

本和利润等。

④分销因素。分销因素又称营销中介因素，是指协助企业促销和分销其产品给最终消费的企业的总和。分销因素的主体由中间商（批发商、代理商、零售商）、实体分配企业（运输、仓储）、营销服务机构（广告、咨询、调研）和金融中介机构（银行、信托、保险）等构成，是决定企业能否进入和占领某一特定市场的重要因素。

⑤公众因素。公众因素是指对一个组织实现其目标的能力，具有实际或潜在利害关系和影响力的一切团体和个人的总和。企业所面临的公众包括金融、媒体、政府、群众团体、当地公众、一般公众、内部公众。所有以上这些公众，都与企业的经营活动有直接或间接的关系。现代企业是一个开放的系统，在经营活动中必然与各方面发生联系，处理好与各方面的关系，是企业管理中一项极其重要的任务。因此，企业要注意对公众因素的分析与了解。

（2）行业环境分析的方法

行业环境分析的方法为五力分析法。五力分析法是分析行业环境中竞争因素的重要方法。

五力分析法，又称波特模型分析法，它是由美国哈佛大学的迈克尔·波特教授于1980年提出来的，他认为一个行业存在着五种基本竞争力量，即新加入者的威胁、现有企业之间的竞争、替代品的威胁、供应商讨价还价的能力和购买者讨价还价的能力。

系统地考察这五种竞争力量，就可以正确地估计该行业的竞争结构。这五种竞争力量简要分析如下。

①新加入者的威胁。新加入者的威胁指潜在的竞争对手进入本产业的可能性。新加入者的威胁有两种形式：行业中增加新的企业和行业中已有企业扩大生产规模新增生产能力。新的加入者会带来新的生产能力，这种情况可能造成价格暴跌或行业内部企业生产成本的飞涨，由此减少了获利，更为严重的甚至还会危及企业的生存。

新加入者的威胁状况取决于进入障碍和原有企业的反击程度。如果进入障碍大，原有企业激烈反击，潜在的加入者难以进入该行业，新加入者的威胁就小。决定进入障碍大小的因素主要有：规模经济、产品差异优势、资金需求、转换成本、销售渠道等。

②现有企业之间的竞争。企业所处的行业总会有若干数量的企业，它们之间存在着正面的竞争。现有企业之间采用的竞争手段主要有价格战、广告战、引进产品以及增加对消费者的服务和保修等。在大多数的行业内，某家企业所采取的竞争性行为会对其竞争对手产生消极的影响，从而触发竞争对手报复或抵制该项行动。如果报复、抵制行动逐步升级，那么行业内所有的企业都会蒙受损失，各竞争厂家将“重新洗牌”。

③替代品的威胁。替代品是指那些与本行业的产品有同样功能的其他产品。替代品的价格如果比较低，它投入市场就会使本行业产品的价格上限只能处在较低的水平，这就限制了本行业的收益。替代品的价格越是有吸引力，这种限制作用也就越牢固，对本行业构成的压力也就越大。

④供应商讨价还价的能力。供应商是指向特定企业及其竞争对手提供产品或者服务的企业。供应商讨价还价的能力是指供应商通过提高价格或者降低所售产品或服务的质量等手段对行业内的企业所产生威胁的大小。供应商对企业的经营具有很大的影响力，特别在

企业所需资源供应来源十分稀缺时。供应商可以通过提价、限制供应、降低供货质量等条件来向企业施加压力，所以企业既要保证与一些主要的供应商建立长期稳定的供货关系，以获得稳定的供应渠道及某些优惠条件，同时又要避免单边垄断。

⑤购买者讨价还价的能力。这是指顾客在交易中讨价还价的能力。在买方市场占据有利条件时，顾客就会有非常强的议价能力，从而使企业处于更加被动的地位，其结果是使得企业之间互相残杀，导致企业利润下降。

（三）企业内部环境分析

1. 企业内部环境概述

企业内部环境主要是指企业所拥有的客观物质条件和工作情况。它是企业开展生产经营活动的重要基础，是企业进行经营决策和战略规划的重要依据。进行企业内部环境分析，目的在于认清企业自身的优势和劣势，搞清造成劣势的原因，找出企业可挖掘的内部潜力，为企业正确地制定经营战略、编制经营计划提供科学的依据。

企业内部环境因素一般包括：物力资源因素、生产能力因素、企业组织管理能力因素、企业经营能力因素和企业文化建设因素等。

（1）物力资源因素

物力资源因素是指企业从事生产经营活动的物质基础，它包括物资因素和资金因素。任何企业，如要从事生产经营活动，都必须拥有一定的物力资源。一定的人力只有同一定的物力相结合，企业的生产经营活动才能进行。

（2）生产能力因素

生产能力是指企业运用各种资源从事产品生产的能力。它包括企业原先设计的生产规模、生产效率、生产技术条件以及可能采取的变更生产能力的策略等。

企业生产能力涉及产品生产的计划、组织和控制。它是企业固定资产在一定时期内在一定的技术组织条件下所能生产的一定种类和一定质量的产品的最大数量。它一般由生产计划能力、产品设计与创新能力、产品检验与控制能力所组成。

（3）企业组织管理能力因素

企业组织管理能力是指企业合理配置人力资源、建立高效组织机构的能力。它包括企业人员的素质、管理人员和技术人员的素质、生产工人的素质以及企业以何种方式将这些人连接起来。企业中人的素质，对整个经营活动的影响是极大的。分析企业内部环境决不可忽视人的因素。企业要提高效益，要维持生存和发展，就要有一支合格和具有竞争性的员工队伍。企业组织管理能力强，则能科学、合理地配置人力资源，有效地发挥企业员工的积极性与创造性。

（4）企业经营能力因素

企业是否存在优势，集中反映在企业的经营实力上。这方面的因素主要包括企业经营管理能力、产品竞争能力、技术开发能力、企业应变能力、市场营销能力和产品获利能力。

（5）企业文化建设因素

①企业文化现状分析。应对企业的物质文化层、制度文化层、精神文化层逐一进行分析。例如精神文化层需重点分析已为绝大多数员工认同的经营宗旨、价值观、思维方式、

行为道德准则、心理期望、信念以及具有企业个性特点的群体意识等内容。

②企业文化建设过程分析。主要分析企业领导人是如何塑造企业文化的，是否有科学的文化建设目标、工作内容、预算保证等，企业是如何宣传、贯彻现行企业文化的，现行文化是否为广大员工接受并付诸实践等。

③企业文化特色分析。企业文化是企业独特的传统、习惯和价值观的积淀。企业文化的生命力和感召性在于其独具特色、震撼人心。例如海尔文化中生存理念的特色是突出危机意识、居危思进、开拓进取。做好企业文化特色分析，准确把握企业文化的特色，是成功地进行文化建设的关键。

④企业文化形成机制分析。分析研究现有企业文化的形成机制，弄清企业未来战略目标、战略方向、战略业务选择以及政策方针与员工接受的企业文化的相容或相悖程度，进而明确下一步文化建设的方向与思路。

2. 企业内部环境分析的方法

企业内部环境分析的方法主要为价值链分析法。价值链分析法由波特教授提出。他认为企业的生产是一个创造价值的过程，企业的价值链就是企业所从事的各种活动：设计、生产、销售、储运以及支持性活动的集合体。

价值链中的价值活动可分为两大类，即基本活动和支持性活动。基本活动主要有采购、生产、储运、营销、服务等活动；支持性活动主要有技术开发、人力资源管理、财务等活动。

所谓价值链分析，就是对上述企业各种经营活动（主要是基本活动与支持性活动）领域与环节，进行深入的分析。一方面是对每一项价值活动进行分析，另一方面是对各项价值活动之间的联系进行分析。通过分析，找出企业的优势与劣势，以提高其创造价值的能力。

第二节 企业总体战略

一、战略结构

一般来说，一个企业的战略可划分为三个层次，即公司战略、经营（事业部）战略和职能战略。

1. 公司战略

公司战略，又称企业总体战略。在大企业，特别是多种经营的企业，它是企业最高层次的战略。它需要根据企业使命，选择企业参与竞争的业务领域，合理配置企业资源，使各项经营业务相互支持、相互协调。总体战略主要指明企业应在哪些领域进行活动。经营范围选择和资源合理配置是其中的重要内容。通常，总体战略是企业高层负责制定、落实的基本战略。

2. 经营（事业部）战略

在大企业，特别是企业集团，往往从组织形态上，把一些具有共同战略因素的二级单位（如事业部、子公司等），或其中的某些部分组合成一个战略经营单位（Strategic

Business Units，SBU）。在一般的企业，如果各个二级单位的产品和市场具有特殊性，也可以视做独立的战略经营单位。因此，经营战略是各个战略经营单位或者有关的事业部、子公司的战略。

3. 职能战略

即职能部门战略，又称职能层战略，是企业各个职能部门的短期性战略。职能战略可以使职能部门及其管理人员，更加清楚地认识本部门在实施企业总体战略、经营战略过程中的任务、责任和要求，有效地运用有关的管理职能，保证企业目标实现。

职能战略通常包括研究与开发管理、生产管理、市场营销管理、财务管理和人力资源管理等战略。每一种职能战略，都要服从于所在战略经营单位的经营战略以及为整个企业制定的总体战略。

三个层次的战略都是战略的重要组成部分，它们之间相互作用、紧密联系。一个组织要想获得成功，就必须将三者有机地结合起来。组织中每一层次的战略构成下一层次的战略环境。同时，低一级的战略为上一层次的战略目标的实现提供保障和支持。

二、企业总体战略

（一）稳定型战略

1. 稳定型战略的概念及特征

稳定型战略是指在内外环境的约束下，企业准备在战略规划期使企业的资源分配和经营状况基本保持在目前状态和水平上的战略。

从企业经营风险的角度来说，稳定型战略的风险是相对较小的，对于那些曾经成功地在一个处于上升趋势的行业和一个变化不大的环境中活动的企业会很有效。

2. 稳定型战略的优点、缺点分析

稳定型战略的优点：

（1）企业的经营风险相对较小。由于企业基本维持原有的产品和市场领域，从而可以利用原有的生产领域、渠道，避免开发新产品和新市场的巨大资金投入、激烈的竞争抗衡和开发失败的风险。

（2）能避免因改变战略而导致的资源分配的困难。由于经营领域主要与过去大致相同，因而稳定型战略不必考虑原有资源的增量或存量的调整，相对于其他战略态势来说，显然要容易得多。

（3）能避免因发展过快而导致的弊端。在行业迅速发展的时期，许多企业无法看到潜伏的危机而盲目发展，结果造成资源的巨大浪费。

（4）能给企业一个较好的修整期，使企业积聚更多的能量，以便为今后的发展做好准备。从这个意义上说，适时的稳定型战略将是增长性战略的一个必要的酝酿阶段。

但是，稳定型战略也有不少缺陷：

（1）稳定型战略的执行是以市场需求、竞争格局等内外条件基本稳定为前提的。一旦企业的这一判断没有得到验证，战略目标、外部环境、企业实力之间的平衡就会被打破，使企业陷入困境。因此，如果环境预测有问题的话，稳定型战略也会有问题。

（2）特定细分市场的稳定型战略也会有较大的风险。由于企业资源不够，企业会在部分市场上采用竞争战略，这样做实际上是将资源重点配置在这几个细分市场上，因而如果对这几个细分市场把握不准，企业就可能会更加被动。

（3）稳定型战略也会使企业的风险意识减弱，甚至形成害怕风险，回避风险的企业文化，这就会大大降低企业对风险的敏感性、适应性和冒风险的勇气，从而增加了以上风险的危害性和严重性。

稳定型战略的优点和缺点都是相对的，企业在具体的执行过程中必须权衡利弊，准确估计风险和收益，并采取合适的风险防范措施。只有这样，才能保证稳定型战略的优点的充分发挥。

（二）增长型战略

1．增长型战略的概念及特征

增长型战略是一种使企业在现有的战略基础水平上向更高一级的目标发展的战略。它以发展作为企业的核心内容，引导企业不断开发新产品，开拓新市场、采用新的生产方式和管理方式，以便扩大企业的产销规模，提高竞争地位，增强企业竞争力。

从企业发展过程分析，任何企业都应经历一个增长型战略实施期，因为企业从竞争力弱小的小企业发展到实力雄厚的大企业，只有依靠实施增长型战略才能实现。

2．增长型战略的利弊分析

增长型战略的优点体现在以下几个方面：

（1）企业能通过不断变革来实现更高的生产经营效率与效益；

（2）增长型战略能保持企业的竞争实力，实现特定的竞争优势。

增长型战略也有以下弊端：

（1）导致盲目的发展；

（2）可能降低企业的综合素质；

（3）忽视产品和服务的质量。

（三）紧缩型战略

1．紧缩型战略的概念和特点

所谓紧缩型战略是指企业从目前的战略经营领域和基础水平收缩和撤退，且偏离起点战略较大的一种经营战略。与稳定型战略和增长型战略相比，紧缩型战略是一种消极的发展战略。一般来讲，企业实施紧缩型战略只是短期的，其根本目的是使企业挨过风暴后转向其他的战略。有时，只有采取收缩和撤退的措施，才能抵御竞争对手的进攻，避开环境的威胁和迅速地实现自身资源的最优配置。可以说，紧缩型战略是一种以退为进的战略。

2．紧缩型战略的利弊分析

紧缩型战略的优点有：

（1）能帮助企业在外部环境恶劣的情况下，节约开支和费用，顺利地度过其所面临的不利处境。

（2）能在企业经营不善的情况下最大限度地降低损失。在许多情况下，盲目而且顽固地坚持经营无可挽回的事业，而不是明智地采用紧缩型战略，会给企业带来致命的打击。

（3）能帮助企业更好地实行资产的最优组合。如果不采用紧缩型战略，企业在面临一个新的机遇时，只能运用现有的剩余资源进行投资，这样做势必会影响企业在这一领域发展的前景；相反，通过采取适当的紧缩型战略，企业往往可以将不良运作处的资源转移一部分到这一发展点上，从而实现企业长远利益的最大化。

与上述优点相比，紧缩型战略也可能为企业带来一些不利影响。

（1）实行紧缩型战略的尺度较难把握，因而如果盲目地使用紧缩型战略的话，可能会扼杀具有发展前途的业务和市场，使企业的总体利益受到伤害。

（2）一般来说，实施紧缩型战略会引起企业内外部人员的不满，从而导致员工情绪低落。因为实施紧缩型战略常常意味着不同程度的裁员和减薪，而且实施紧缩型战略在某些管理人员看来意味着工作的失败和不利。

第三节　企业竞争战略

在组织总体战略的指导下，组织内的战略经营单位要制定构建竞争优势的竞争战略。波特提出的竞争战略主要有成本领先战略、差异化战略、集中化战略。

一、成本领先战略

成本领先战略要求企业力争使其总成本降到行业最低水平，以此作为战胜竞争者的基本前提。采用这种战略，核心是争取最大的市场份额，以达到单位产品成本最低，从而以较低售价赢得竞争优势。实现成本领先的战略目标，要求企业具有良好、通畅的融资渠道，能够保证资本持续不断地投入；产品设计便于制造，工艺过程精简；拥有低成本的分销渠道；实施紧张的劳动管理。更加先进的技术、设备，更加熟练的员工，更高的生产效率，更加严格的成本控制体系，结构严密的组织体系和责任管理，以实现严格的数量目标为基础的激励制度，都是重要的战略条件。这样，企业依靠成本低廉的差别形成战略特色，并在此基础上争取有利的价格地位，在与对手的抗争中也就能够占据优势。

二、差异化战略

实施这种战略，竞争优势主要体现为产品设计、工艺、品牌、特征、款式和顾客服务等各个方面或几个方面，与竞争者相比能有显著的独到之处。由于不同的企业各有特色，顾客难以直接比较其产品的“优劣”，故而可以有效抑制市场对价格的敏感性，企业同样有可能获得不亚于成本领先企业的经济效益。一旦消费者对企业或者品牌建立较高的信任度，就能为竞争者的进入设置较高的障碍。有效地实施这一战略的前提是企业在市场营销、研究与开发、产品技术和工艺设计等方面，具有强大的实力；在质量、技术和工艺等方面，享有优异、领先的良好声誉；进入行业的历史久远，或者从事其他行业时积累的许多独特的能力依然有用；可以得到来自销售渠道各个环节的大力支持和合作。因此，实施这种战略要求企业必须能够对它的基础研究、新产品开发和市场营销等职能进行有效的协调和控制，可以吸引高技能的员工、专家和其他创造性人才以及具备有助于创新的激励机制。

三、集中化战略

一般的成本领先和差别化战略，多着眼于整个市场、整个行业，在大范围内谋求竞争优势。集中化战略则是把目标放在某个特定的、相对狭小的领域内，争取成本领先或者争取差别化，从而建立相对的竞争优势。一般来说，它是中小企业常用的一种战略。虽然在整个市场上没有低成本和差异化的绝对优势，但在一个较狭小的领域中，却能取得这些方面的相对优势。只是一旦需求发生变化，或强大的竞争者执意一决雌雄，采用这种战略的企业就可能面临较大风险。

在同一市场上，采用同一战略的企业之间，事实上形成了一个“战略群落”。由于使用相同的“武器”，运用最佳的企业一般来说收益最高。那些采用模糊的、非此非彼的战略的企业，则往往经营最差。它们想集所有战略的优势于一身，结果在哪一方面都毫无突出成效。

◎思考题：

1. 企业存在什么样的战略层次？
2. 何谓价值链？价值链分析的目的是什么？
3. 何谓五力分析法？
4. 何谓成本领先战略？成本领先战略的收益与风险有哪些？
5. 什么是差异化战略？差异化战略的适用条件与组织要求有哪些？

◎案例分析：

俄亥俄州牛排包装公司

在牛排包装行业中，传统的成本链包括：在分布很稀疏的各个农庄和农场饲养牛群，将这些活牛运到劳动密集型的屠宰场，然后将整块牛排送到零售商处，他们的屠宰部再把牛排砍小一些，包装起来卖给购物者。俄亥俄州牛排包装公司采用了一个完全不同的战略改造了传统的价值链：建立大型的自动化屠宰场，并将屠宰场建在便于运输牛群的地方，在加工厂将部分牛肉砍成更小一点从而数量会随之增多的牛肉块，之后装盒，然后再装运到零售商那里。该公司的入厂牛群运输费用在传统价值链中是一个主要的成本项目，但现在可以因减少了长途运输而大大降低；同时，不再整块运送牛肉，因而也减少了高额的牛肉废弃，大大降低了出厂成本。

该公司采取的战略非常成功，获得了美国最大的牛肉包装公司的地位，一举超越了先前的行业领先者。

资料来源：http://www.docin.com/p-204646585.html.

问题：

根据以上案例简要说明如何实现低成本战略。

第四章 企业人力资源管理

☞内容提要：

本章内容包括企业人力资源管理概述、企业人力资源规划、企业岗位分析、企业人力资源的招聘与培训、企业人力资源的绩效考核与薪酬管理。

☞学习目标：

1. 了解当代人力资源管理的基本概念；
2. 了解并掌握人力资源管理的基本职能；
3. 提高分析和解决有关人力资源管理问题的能力。

☞学习提示：

1. 课外查阅相关资料，关注相关热点话题，更好地理解人力资源管理理论；
2. 关注我国企业人力资源管理的现状。

第一节 企业人力资源管理概述

一、企业人力资源管理的基本概念及特点

（一）人力资源的概念

1954 年，全球知名的管理学家彼得·德鲁克（Peter F. Ducker）在其出版的《管理的实践》一书中首次提出了“人力资源”的概念，提出人力资源与其他资源相比拥有独特的“协调能力、融合能力、判断能力和想象能力”，管理者必须考虑人力资源这一“特殊资产”，并且要注意人力资源只能为人力资源所有者自己利用的特性。在此书中，德鲁克虽然提出了人力资源的概念并指出了其重要性，但却未对人力资源这一概念给出详细的定义。后来不同的学者从不同的角度给出了不同的定义，但并没有统一的看法。人力资源最一般的含义是：能够推动整个经济和社会发展、具有劳动能力的人口总和。人力资源的最基本方面，包括体力和智力。如果从现实的应用形态来看，则包括体质、智力、知识和技能四个方面。具有劳动能力的人，不是泛指一切具有一定的脑力和体力的人，而是指能独立参加社会劳动、推动整个经济和社会发展的人。所以，人力资源既包括劳动年龄内具有劳动能力的人口，也包括劳动年龄外参加社会劳动的人口。

（二）人力资源的特点

人本身所具有的生物性、能动性、智力性和社会性，决定了人力资源具有以下特点。

（1）人力资源是主体性资源或能动性资源。主体性或能动性是人力资源的首要特征，是它与其他一切资源最根本的区别。所谓主体性，就是说人力资源在经济活动中起着主导作用。一切经济活动首先是人的活动，由人的活动才引发、控制、带动了其他资源的活动。另外，在经济活动中，人力资源是唯一起创造作用的因素。经济活动的生命是发展、进取和创新，而只有人力资源才能担负起这种发展、进取和创新的任务，其他任何生产要素都不具有这样的能力。

（2）人力资源是特殊的资本性资源。人力资源作为一种经济性资源，具有资本属性，与一般的物质资本有共同之处。即：①人力资源是公共社会、企业等集团和个人投资的产物，其质量高低主要取决于投资程度。从根本上说，人力资源的这个特点起因于人的能力获得的后天性。因为任何人的能力都不可能是先天就有的，为了形成能力，必须接受教育和培训，必须投入资金和时间。②人力资源也是在一定时期内可能源源不断地带来收益的资源，它一旦形成，就能够在适当的时期内为投资者带来收益。③人力资源在使用过程中也会出现有形磨损和无形磨损。例如劳动者自身的衰老就是有形磨损，劳动者知识和技能的老化就是无形磨损。但是，人力资源又不同于一般资本，对一般实物资本普遍适用的收益递减规律，不完全适用于人力资源。在现代社会的经济发展中，呈现的是人力资本收益递增规律，这使得当代经济的增长主要应当归因于人力资源。

（3）人力资源的社会性。每个人都生活在一定的社会环境中，不可避免地会受到社会文化的影响，形成特有的价值观念和行为方式，它们既可能与企业所倡导的文化价值一致，也可能与之冲突。这就增加了人力资源管理的复杂性和难度。

（4）人力资源开发的持续性。人力资源是可以不断开发的资源，它不像物质资源那样，形成最终产品之后就无法继续开发了。不断地对人进行培训的过程就是人力资源持续开发的过程。对个人而言，在其职业生涯结束前，个人所拥有的人力资源都是可以持续开发的资源。

（三）企业人力资源管理的概念及基本功能

1. 企业人力资源管理的概念

企业人力资源管理是企业的基本管理职能之一，其基本任务是：吸引、保留、激励、开发企业所需的人力资源，促成企业目标的实现，从而使企业在市场竞争中得以生存和发展。简单地说就是把企业所需的人力资源吸引到企业中来，调动他们的工作积极性，并开发他们的潜能，从而使人力资源得以高效率的利用。

2. 企业人力资源管理的基本功能

企业人力资源管理应该具备以下五项基本功能：

（1）人力获取。人力获取包括招聘、选拔、委派。

（2）整合。整合是指让被招收的员工了解企业的宗旨与价值观，使之内化为他们自己的价值观，从而建立和加强他们对组织的认同感和责任感。

（3）保持与激励。保持和激励包括为员工提供所需奖励，增加其满足感，使之安心和积极工作。

（4）控制与调整。控制与调整包括评估员工的素质，考核其绩效，然后做出相应的奖惩、升降、辞退、解聘等决策。

（5）开发。开发是对员工实施培训，并为他们提供发展的机会，指导他们明确自己的长短处与今后的发展方向和道路。

这五项功能密切关联、相辅相成。管理者在某一方面的决策常常会影响到其他方面。例如：激励可以使员工对工作满意、安心，从而促进了整合；开发使员工看到自己在本企业的前途，从而更积极和安心，等等。

二、企业人力资源管理沿革

企业人力资源管理是生产力发展到一定阶段的产物，随着生产力的进一步发展、人力资源素质的提高，其管理理念和模式也在不断地被调整以适应新的管理环境的要求。

（一）企业人力资源管理的发展阶段

企业人力资源管理活动的起源可以追溯到非常久远的年代，它伴随着组织的出现而产生。组织中对“人”的管理发展至今，大致经历了三个阶段：雇用管理、人事管理、企业人力资源管理。

（1）雇用管理

在古埃及和古巴比伦时代，经济中的主要形式是家庭手工工场的生产模式。当时，工场主有组织地对工人进行技能培训，以保证具有合格技能的工人的供给。到了13世纪，西欧的手工艺培训非常流行，与此同时开始出现手工业行会，这是管理机构的雏形。当时的手工业行会负责监督生产的方法和产品的质量，并对各种行业的员工所需具备的条件做出不同的规定。这种家庭手工业占主导地位的产业结构一直持续到产业革命前，产业的所有者就是管理者，而不需要专职的人事管理者。

18—19世纪，随着英国及其他一些资本主义国家工业革命的兴起，农村人口大量涌入，出现产业阶层，雇用劳动随之产生。这一时期出现了一些不做工的工头，他们的主要任务就是凭借个人经验招聘雇用工人，并监督他们的工作，实行的是以录用、安置、调动、退职和教育训练为中心的劳动力管理。因此，这个阶段对人的管理只能称为雇用管理，雇用管理的显著特点是：把劳动者当做商品来买卖而完全无视他们的心理需要，雇用工人只是在固定的岗位上从事简单的、机械的劳动，没有形成系统的人力资源管理理论与方法。

（2）人事管理

19世纪末20世纪初，欧洲工业革命促进了大机器生产方式的形成，导致了劳动专业化水平的提高和生产率的提高，用机器取代人力和寻求更高效率的工作方法，成为管理的首要问题，人事管理应运而生。同时，工业革命还对生产过程提出了建立监督层级的要求，因此生产过程中出现了管理人员。从这一时期开始，人事管理被组织所接受，人事管理作为一种管理活动也正式进入了企业的管理活动范畴。

①科学管理阶段。从管理阶段上看，人事管理始于科学管理，20世纪初，泰勒提出的科学管理理论在美国被广泛地采用，引起了人事管理理论和实践上的一次革命。科学管理作为一种管理理论，对工人的基本假定是“经济人”，把人当做纯粹的生产工具，管理

的中心问题是提高劳动生产率。科学管理提出的劳动定额、工时定额、工作流程图、计件工资制等一系列管理制度与方法奠定了人事管理的基础。就人事管理而言，这一时期人事管理的主要目的是激励、控制和提高员工，尤其是新员工的劳动生产率水平。实施科学管理成为人事管理的主要工作。人事管理人员开始进行时间和运动姿势及特征的研究，并以此为基础来进行职务分析，通过工作分析制定工作说明书。在员工招聘和选择中，开始考虑员工的体力、脑力和工作相匹配的问题，生理和心理测试逐渐成为员工招聘的辅助手段。

但科学管理理论没有顾及员工的感受，使员工对工作开始产生不满情绪，因此并没有真正起到激励效果。在这种情况下，一些企业开始实施早期的员工福利计划，如提供休闲娱乐设施、员工援助项目和医疗服务项目。但当时的家长式管理方式使这些福利设施不能完全为企业所接受，大工业生产的工作体系决定了工人只能沦为机器的附庸，同时20世纪30年代美国经济大萧条以及全球经济危机，使得原有的一些计划被取消，科学管理理论也逐渐被新的理论所代替。

②人际关系管理阶段。社会因素在机器化大生产中的作用是在著名的霍桑实验中被发现的。由于科学管理理论中关于金钱是激励员工和提高员工生产率的因素的理论在实践中难以得到证实，人们开始寻找新的领域和研究方向。20世纪30年代霍桑实验的结果使人事管理从科学管理转向人际关系的研究，人事管理进入了人际关系管理阶段。

1924—1932年，哈佛商学院的梅奥（E. Mayo）等人在芝加哥的西方电器公司霍桑工厂进行实验，这一实验的目的本来是研究照明对工人生产率的影响，但结果有了新的发现：员工的生产率不仅受到工作方式设计和员工报酬的影响，而且受到某些社会和心理因素的影响。

实验中，请员工们进行合作，使员工感到自己是被公司重视的一个组成部分，自己的建议和帮助对公司有重要意义，正是因为员工对公司的积极态度，使得实验中生产率得到了很大的提高。

霍桑实验的研究结果启发人们进一步研究与工作有关的社会因素的作用，这些研究的结果导致了所谓的人际关系运动，它强调组织要理解员工的需要，对员工要关心、支持，要增强员工与管理人员之间的沟通，这样才能提高员工的生产率。这些管理理念被许多企业所采用，但后来的实践证明，良好的人际关系对生产率提高的作用并不是很明显，其原因主要有以下几点：

a. 这种方法是建立在简单组织中人的行为分析基础之上的，然而“快乐的员工就是一个好员工”的推论并没有得到证实。

b. 没有考虑到个体的差异性，对每一个员工有激励作用的事务是不同的。

c. 这种方法也未能认识到对于工作结构和员工行为进行控制的重要性。在很大程度上，它忽视了生产过程、标准和指导员工朝组织目标努力的规章制度的重要性。

d. 这种方法没有看到人际关系只是保持高水平员工激励的许多必要条件之一，生产率的提高还可以通过绩效管理等方式来得以实现。

从20世纪50年代开始，人际关系管理方法逐渐衰落，已经不能适应当时的人事管理的需要，不再成为组织中的主要管理方法，但追求良好的人际关系仍然是组织的一个重要目标。

③行为科学管理阶段。人际关系管理理论建立在简单的员工行为分析的基础上，认为组织中员工的行为方式就是人际关系，这种认识是不全面的。因为组织本身对人们的表现就具有造就、限制和调整的作用，而且人的行为还要受到各种职位上的权威、工作和技术要求的影响，组织中员工的行为也是多种多样、复杂多变的。人际关系管理理论衰退后企业急需新的理论指导。

组织行为学的发展使人事管理对个体的研究与管理扩展到了对群体与组织的整体研究与管理，人事管理进入了行为科学管理阶段，并在20世纪60—70年代达到了顶峰。在“霍桑实验”基础上又相继出现了赫兹伯格的“双因素理论”、马斯洛的“需求层次理论”，这些理论将工人设想为有各种需求的“社会人”、“自我实现人”，把人作为影响劳动生产率的一个重要因素，提出要充分尊重工人的各种需要来提高士气，进而提高劳动生产率。

总而言之，人事管理阶段的重点放在劳动效率的提高上，组织一味追求效用最大化，对员工的重视更多地体现在“工作”中，早期的人事管理仍然掩盖着人力资源管理的重要性。直到20世纪60年代，人事管理还被认为只与蓝领或操作工人有关，它的作用就是记录活动、颁发奖章和协调每年一次的公司野餐会。彼德·德鲁克对人事管理进行的综述也反映了人事管理的蓝领倾向。德鲁克说，人事工作“部分是档案员的工作，部分是管家的工作，部分是社会工作者的工作，部分是消防员的工作，不顾一切地解决工会的问题”。

(3) 企业人力资源管理

随着科学技术的发展，人类进入后工业化社会。在后工业化社会中，组织中员工的素质和需求发生了变化，具有相当知识基础和技能的员工大量出现，经济需求不再成为人们的唯一需求，员工在组织中的地位发生了变化。人们逐步认识到，相对于资金、技术、原料、能源等其他资源而言，人力资源更加需要管理者重视，因为这个资源具有强大的主观能动性，只要善于发掘，就可以发挥巨大的作用。

考夫曼（B. E. Kaufman）认为，美国最早用人力资源代替人事管理是在1964年，当时梅耶斯（Mayers）等人把他们所著的人事管理教材更名为《人力资源管理：人事管理阅读材料》。到20世纪70年代，人事管理和人力资源管理两个术语被交替使用，但从20世纪80年代初开始，人们开始快速地转向并青睐人力资源管理。不仅一些专业协会开始更名，而且企业中人事副总裁也开始被人力资源副总裁所取代。在学术界，到20世纪90年代中期，绝大多数商学院都把专业和课程设置中的人事管理更名为人力资源管理，绝大多数教材都放弃了人事管理而选择了人力资源管理。

人力资源管理关注人力资源对组织的影响，人力资源管理的目标则更关注组织在竞争力、利润、生存能力、竞争优势和劳动力的灵活性等方面的提高。相对于物质资料人的知识和经验才是唯一的竞争优势，曾经作为组织生产资料的劳动力——员工开始成为组织的一种资源。因而，人事管理也就开始向人力资源管理转变，但是这种转变经历了一段相当长的时间，并且现在仍然在进行之中。

在中国，对人力资源管理的研究可以追溯到20世纪80年代中期。1984年，中国人力资源开发研究会的前身——中国人力资源开发研究中心成立，任务是“组织研究中国人力资源开发问题的理论和政策，探索具有中国特色的人力资源开发和管理体系，开展有关人力资源研究和开发的国际合作，提供咨询服务等”。但是系统地研究人力资源管理理论实际上是从20世纪90年代初期才开始的，一些学者出版了一些人力资源管理方面的专著。目前，中国主要大学的商学院都设有人力资源专业或研究方向；许多企业的人事部门也逐渐被人力资源部门所代替，因为不仅大公司意识到了人力资源管理的重要性，小企业也不例外。越来越多的企业已经认识到“企业的成败最终归结为企业中的人”。

（二）企业人力资源管理与传统人事管理的比较

传统人事管理与现代企业人力资源管理的区别见表4-1。

表4-1　**传统人事管理与现代企业人力资源管理的区别**

	传统人事管理	现代企业人力资源管理
管理观	视员工为成本负担	视员工为有价值的重要资源
管理模式	以事为中心	以人为中心
工作方式	控制	参与、透明
管理方式	制度控制和物质刺激	人性和激励管理
管理策略	近期、战术性	长远、战略性
管理技术	传统方法、机械式、单一	科学性、艺术性、多样性
管理体制	被动反应型，注重管好	主动开发型
部门属性	非生产、非效益部门	生产与效益部门
管理层次	上级决策、下级执行	参与决策

（1）人事管理多从事战术性和事务性的工作，内容相对简单，主要是招聘、选用、为事择人，人事相宜后就是对薪资福利、安全保健等的管理监督；企业人力资源管理更重视战略性管理工作，内容丰富化、扩大化，除担当传统的职责外还负责分析职务、设计工作、预测人力资源的需求与供给、制订人力资源计划、协调工作关系等多项工作。

（2）人事管理实行的是控制型管理，将人单纯地看做成本负担，其管理以降低成本为宗旨，缺乏激励机制；企业人力资源管理则将人看做一种在生产过程中起能动作用的经济资源，实行的是开发型管理，以人为本成为企业人力资源管理的指导思想。

（3）人事管理将企业看做一个不受环境影响的封闭系统，实行封闭型管理；企业人力资源管理将企业看做一个开放的系统，实行的是开放型管理。

（4）传统人事管理中，管理者与被管理者身份界限分明，员工只能被动地接受管理，无责任主动参与管理，而且管理手段是硬性控制，制定的规章制度和惩罚手段具有不可抗拒性；在企业人力资源管理中，管理者与被管理者双向沟通，员工积极参与企业管理，而且实行柔性管理，使员工把实现企业的目标作为一种自觉的行为。

第二节　企业人力资源规划

一、企业人力资源规划概述

（一）企业人力资源规划的概念

企业人力资源规划，有时也叫人力资源计划，是指根据企业的人力资源战略目标，在分析企业人力资源状况的基础上，科学预测企业在未来环境变化中人力资源的供给与需求状况，制定必要的人力资源获取、利用、保持和开发策略，确保企业对人力资源在数量上和质量上的需求，保证企业和个人获得长远发展。企业人力资源规划作为企业人力资源管理的一项核心工作，其关键在于科学分析企业人力资源现状，有效进行企业人力资源的需求和供给预测，并制订相应人力资源开发方案。企业人力资源规划工作需要在企业人力资源战略的指引下进行。

（二）企业人力资源规划的基本内容

表 4-2　　企业人力资源规划的基本内容

计划内容	目标	政策	预算
总体规划	数量、素质、结构、绩效、满意度	扩大、收缩、稳定、改革	资金安排
人员补充计划	类型、数量、结构、绩效的改善等	人员标准、来源、起点待遇	招聘选拔费用
人员配置计划	部门编制、HR 结构优化、职位匹配、职务轮换	任职条件、职务轮换范围及时间	薪酬预算
接替提升计划	保持一定数量的后备人才、提高人才结构	选拔标准、资格，使用期，提升比例，未提升的资深人员安置	职务变更引起的工资变化
培训与开发计划	素质及绩效改善，培训类型、数量，培训内容	培训时间保证，培训效果保证（待遇、考核、使用）	培训开发的总成本
工资激励计划	人才流失率降低，士气提高，绩效改进	工资政策、激励政策、激励方式	增加工资、奖金的数额
员工关系计划	减少非期望离职率，劳资关系改进，减少投诉率及不满	参与管理、加强沟通	法律咨询费、诉讼费
退休解聘计划	劳务成本降低及生产率提高	退休政策、解聘程序	安置费

二、企业人力资源规划的程序

（1）收集人力资源规划所需的信息；

（2）预测人员需求；
（3）清查和记录内部人力资源情况；
（4）确定招聘需求；
（5）与其他规划协调；
（6）评估人力资源规划。

三、企业人力资源的预测方法

（1）经验预测法。经验预测法是人力资源预测中最简单的方法，它适合于较稳定的小型企业。经验预测法就是用以往的经验来推测未来的人员需求。不同的管理者的预测可能有偏差，但可以通过多人综合预测或查阅历史记录等方法来提高预测的准确率。要注意的是经验预测法只适合于企业在一定时期的发展状况，对于新的职务或者工作的方式发生变化的职务该办法不合适。

（2）现状规划法。现状规划法假定当前的职务设置和人员配置是恰当的，并没有职务空缺，所以不存在人员总数扩充的问题。人员的需求完全取决于人员的退休等情况的变化。所以，人力资源预测就相当于对人员退休等情况的预测。人员的退休是可以准确预测的，人员的离职包括人员的辞职、辞退、重病等情况是无法预测的，通过对历史资料的统计和分析，可以更为准确地预测离职人数。现状规划法适合于中、短期的人力资源预测。

（3）模型法。模型法是通过数学模型对真实情况进行实验的一种方法。模型法首先要通过分析自身和同行业其他企业的相关历史数据以建立数学模型，然后根据模型来确定销售额增长率和人员数量增长率之间的关系，这样就可以通过企业未来的计划销售额增长率来预测人员数量增长率。模型法适合于大、中型企业的长、中期人力资源预测。

（4）专家讨论法。专家讨论法适合于技术型企业的长期人力资源预测。现代社会技术更新非常迅速，用传统的人力资源预测方法很难准确预测对未来的技术人员的需求。相关领域的技术专家由于把握了技术发展的趋势，所以能更加容易地对该领域的技术人员状况作出预测。为了增加预测的可信度，可以采用二次讨论法。在第一次讨论中，各专家独立拿出自己对技术发展的预测方案，管理人员将这些方案进行整理，编写成企业的技术发展方案。第二次讨论，主要根据企业的技术发展方案来进行人力资源预测。

（5）定员法。定员法适用于大型企业和历史久远的传统企业。由于企业的技术更新比较缓慢，企业发展思路非常稳定，所以每个职务和人员编制也相对确定。这类企业可以根据企业人力资源现状来推测出未来的人力资源状况。在实际应用中，有设备定员法、岗位定员法、比例定员法和效率定员法等几种方式。

（6）自上而下法。自上而下法就是从企业组织结构的底层开始逐步进行预测的方法。具体方法是先进行企业组织结构中最底层的人员预测，然后将各个部门的预测层层向上汇总，最后进行企业人力资源总体预测。由于组织结构最底层的员工很难把握企业的发展战略和经营规划等，所以他们无法进行中长期的人力资源预测。这种方法适合于短期人力资源预测。

第三节　企业职务分析

一、企业职务分析的基本概述及内容

企业职务分析又称为企业工作分析，它作为全面了解一项职务的管理活动，是对该项职务的工作内容和职务规范（任职资格）的描述和研究过程，即制定职务说明和职务规范的系统过程。

具体地讲，企业职务分析就是全面收集某一职务的有关信息，然后再将该职务的任务要求进行书面描述、整理成文的过程。对职务分析主要从七个方面进行：工作内容(What)、责任人（Who)、工作目的（for What)、工作岗位（Where)、工作时间(When)、怎样操作（How)、为何要这样做（Why)。

二、企业职务分析相关术语

在企业职务分析中，会涉及一些常用术语，它们常被人们混淆，因此掌握和了解这些术语对企业职务分析是十分必要的。

(1）工作要素。工作要素是指工作中不能继续再分解的最小动作单位。例如，饭店的迎宾服务工作要素：开门、请客人进来。

(2）任务。任务是指工作中为了达到某种目的而进行的一系列活动。任务可以由一个或多个工作要素组成。例如工人给产品贴标签这一任务只有一个工作要素。上面提到的迎宾员，任务是迎接客人，它包括两个工作要素。

(3）工作。工作就是组织为实现目标必须完成的若干任务的组合。

(4）职责。职责是指任职者为实现一定的组织职能或完成工作使命而进行的一项或一系列的工作。

(5）职位。职位也叫岗位，是指担负一项或多项责任的一个任职者所对应的位置。一般情况下，有多少个职位就有多少个任职者。例如，经理、秘书、财务总监等。应该注意的是职位是以事为中心而确定的，它强调的是人所担任的岗位，而不是担任这个岗位的人。职位是确定的，而职位的任职者是可以更换的。

(6）职务。职务是由一组主要责任相似的职位组成的，也称为工作。在不同的组织中根据不同的工作性质，一种职务可以有一个或多个职位。例如，处长这一职务，在不同的部门都设有这个职位。职务具有职务地位和职务位置的双重含义。即在同一职位，职务可以不同，如同是副厂级干部，却分为第一副厂长、第二副厂长等。虽然都是副厂级，但其职务地位却不同。一个职务也可以有多个职位。如办公室需要两个秘书，即一个职务有两个职位或需要更多的人来承担这一工作。而对于科长，则由一人担当，它既表示职位又表示职务。一般情况下，职务与职位是不加以区别的。但是，职务与职位在内涵上是不同的，职位意味着要承担任务和责任，它是人与事的有机结合体；而职务是指同类职位的集合体，是职位的统称。如行政管理部门的处级干部，职务都是处级干部，但是职位却相当多。职位又称为编制，职位的数量是有限的。一个人担当的职务不是终身制，但对这一职务他可以是专任也可以是兼任，可以是常设的，也可以是临时的，所以职务是经常变化的。但是职位不随人员的变动而变动，它是相对稳定的。职位可以进行分类，而职务一般不进行分类。

（7）职位分类。职位分类是指将所有的工作岗位（职位），按其业务性质分为若干职系、职组（横向），然后按责任大小、工作的难易程度和技术高低又分为若干个职级、职业等。对每一职位给予准确的定义和描述，制成职务说明书，以此作为对聘用人员进行管理的依据。

①职系。职系是指一些工作性质相同，而责任轻重和困难程度不同的工作。

②职组。职组是指工作性质相近的若干职系的总和。

③职级。职级是分类结构中最重要的概念，是指将工作内容、难易程度、责任大小、所需资格皆很相似的职位划为同一职级，给予同样的报酬。

④职业。职业是一个更广泛的概念，它是指在不同的组织中从事相似活动的一系列职务。职业的概念有较大的时间跨度，处在不同时期，从事相似工作的人都可以被认为具有相同的职业。例如，教师、工程师、工人、服务员等都属于职业。

（8）职权。职权是指依法赋予的完成特定任务所需要的权力，职责与职权紧密相关。特定的职责要赋予特定的职权，甚至特定的职责等同于特定的职权。例如，企业的安全检查员对企业的安全检查，这既是他的职责又是他的职权。

三、企业职务分析的意义

企业职务分析是现代企业人力资源管理所必有的职能，它是人力资源获取、整合、保持与激励、控制与调整、开发等职能工作的基础和前提，只有做好了企业职务分析与设计工作，才能有效地完成企业人力资源管理的其他工作。具体来讲，企业职务分析有如下几个方面的意义。

（1）对招聘而言，企业职务分析能为应聘者提供真实的、可靠的企业所需职位的工作职责、工作内容、工作要求和人员的资格要求；同时也为选拔应聘者提供了客观的选择依据，提高了选择的可信度和效率，降低了人力资源选择成本。

（2）对绩效考核而言，企业职务分析能为绩效考核标准的建立和考评的实施提供依据，使员工明确企业对其工作的目标要求，从而减少因考评引起的员工冲突。

（3）对薪酬管理而言，企业职务分析明确了工作的价值，为工资的发放提供了可参考的标准，保证了薪酬的内部公平，减少了员工间的不公平感。

（4）对管理关系而言，企业职务分析明确了上级与下级的隶属关系，明晰了工作流程，为提高职务效率提供了保障。

（5）对员工发展而言，企业职务分析使员工清楚了其工作的发展方向，便于员工制订自己的职业发展计划。

由此可见，企业职务分析是企业人力资源管理最基本的工具之一。

四、企业职务分析的过程

企业职务分析是一个对工作进行全面评价的过程，这个过程可以分为准备阶段、调查阶段、分析阶段和总结及完成阶段四个阶段。

（一）准备阶段

准备阶段的任务是了解有关情况，建立与各种信息渠道的联系，设计全盘的调查方案，确定调查的范围、对象与方法。

（1）确定企业职务分析的意义、目的、方法与步骤。

（2）组成由企业职务分析专家、岗位在职人员、上级主管参加的工作小组，以精简、高效为原则。

（3）确定调查和分析对象的样本，同时考虑样本的代表性。

（4）根据企业职务分析的任务、程序，将企业职务分析分解成若干工作单元和环节，以便逐项完成。

（5）做好其他必要的准备工作。在进行企业职务分析之前，应由管理者向有关人员做出说明，使他们消除对分析人员的不必要的误解和恐惧心理，帮助两者建立起相互信任的关系。

（二）调查阶段

调查阶段是企业职务分析的第二个阶段。主要工作是对整个工作过程、工作环境，工作内容和工作人员等做一个全面的调查。具体工作如下：

（1）编制各种调查问卷和提纲。

（2）在调查中，灵活运用面谈法、问卷法、观察法、参与法、实验法、关键事件法等不同的调查方法。

（3）根据企业职务分析的目的，有针对性地搜集有关工作的特征信息及所需要的各种数据。

（4）重点收集有关工作人员的特征信息。

（5）要求被调查人员对各种工作特征和人员特征的重要性做出等级评定。

（三）分析阶段

分析阶段是对调查阶段所获得的信息进行分类、分析、整理和综合的过程，也是整个企业职务分析活动的核心阶段。具体工作如下：

（1）整理分析资料。对有关工作性质与功能调查所得资料，进行加工整理分析，分门别类，编入工作说明书与工作规范。

（2）创造性地分析、揭示各职位的关键因素。

（3）归纳、总结出企业职务分析必需的材料。

（四）总结及完成阶段

总结及完成阶段是企业职务分析的最后阶段。这一阶段的主要任务是：在深入分析和总结的基础上，编制工作说明书和工作规范。

（1）根据信息处理结果编制工作说明书，并对其内容进行检验。

（2）召开工作说明书和工作规范的检验会时，将工作说明书和工作规范初稿复印，分发给到会的每位人员。

（3）将草拟的工作说明书和工作规范与实际工作对比，以决定是否需要进行再次调查。

（4）修正工作说明书和工作规范，对特别重要的岗位，还应按前面的要求进行再修订。

（5）将工作说明书和工作规范应用于实际工作中，并注意收集应用后的反馈信息，不断完善这两份文件。

（6）对职务分析工作进行总结评估，以文件形式将工作说明书和工作规范确定下来并归档保存，为今后的企业职务分析提供经验。

工作职务说明书和工作规范要定期进行评审，同时要让员工参与企业职务分析的每个过程，和他们一起探讨每个阶段的问题，共同分析原因。需要调整时，也要让员工加入调整工作。只有亲身体验才能加强员工对企业职务分析的认同，从而在实践中有效进行企业职务分析。

五、企业职务分析的常用方法

（一）观察法

观察法是企业职务分析人员在不影响被观察人员正常工作的条件下，通过观察将有关的工作内容、方法、程序、设备、工作环境等信息记录下来，最后将其获得的信息归纳整理为适合使用的资料的方法。

采用观察法进行企业职务分析时，应力求结构化，根据企业职务分析的目的和组织现有的条件，事先确定观察内容、观察时间、观察位置、观察所需的记录单，做到省时高效。

观察法的优点是取得的信息比较客观和正确。但它要求观察者有足够的实际操作经验；主要用于标准化的、周期短的以体力活动为主的工作，不适用于工作循环周期长的、以智力活动为主的工作；不能得到有关任职者资格要求的信息。观察法常与访谈法同时使用。

（二）访谈法

访谈法是企业职务分析人员就某一职位与访谈对象，按事先拟定好的访谈提纲进行交流和讨论的方法。访谈对象包括：该职位的任职者、对工作较为熟悉的直接主管人员、与该职位工作联系比较密切的工作人员、任职者的下属。为了保证访谈效果，一般要事先设计访谈提纲交给访谈者准备。

访谈法通常用于企业职务分析人员不能实际参与观察的工作，其优点是既可以得到标准化工作信息，又可以获得非标准化工作信息；既可以获得体力工作的信息，又可以获得脑力工作的信息；同时可以获取其他方法无法获取的信息，比如工作经验、任职资格等，尤其适合对文字理解有困难的人。其不足之处是被访谈者对访谈的动机往往持怀疑态度，回答问题时有所保留，信息有可能会被扭曲。因此，访谈法一般不能单独用于信息收集，需要与其他方法结合使用。

（三）问卷调查法

问卷调查法是根据企业职务分析的目的、内容等事先设计一套调查问卷，由被调查者填写，再将问卷加以汇总，从中找出有代表性的回答，形成对企业职务分析的描述信息的方法。问卷调查法是企业职务分析中最常用的一种方法。问卷调查法的关键是问卷设计，主要有开放式和封闭式两种形式。开放式调查由被调查人自由回答问卷所提问题；封闭式调查则是调查人事先设计好答案，由被调查人选择确定。

设计问卷的要求：

（1）提问要准确；

（2）问卷设计要精练；

（3）语言通俗易懂，问题不能模棱两可；

（4）问卷前面要有导语；

（5）问题排列应有逻辑，能够引起被调查人兴趣的问题放在前面。

问卷调查法的优点是费用低、速度快、调查范围广，尤其适合对大量工作人员进行企业职务分析；调查结果可以量化，并用计算机进行处理，以开展多种形式、多种用途的分析。但是，这种方法对问卷设计要求比较高，设计问卷需要花费较多的时间和精力，同时需要被调查者的积极配合。

（四）工作日志法

工作日志法是指任职者按照时间顺序详细记录下自己的工作内容和工作过程，然后经过企业职务分析人员的归纳、提炼，获取所需工作信息的一种企业职务分析方法。根据不同的企业职务分析目的，需要设计不同的“工作日志”格式，这种格式常常以特定的表格体现。通过填写表格，提供有关工作的内容、程序和方法，工作的职责和权限，工作关系以及所需时间等信息。

（五）关键事件法

关键事件法是通过收集、整理导致某工作成功或失败的典型、重要的行为特征或事件从而进行企业职务分析的方法。

它是在第二次世界大战期间由 John C. Flanagan 开发出来的用于识别各种军事环境下提高人的绩效的关键性因素的手段和方法。John C. Flanagan 认为，关键事件法应对完成工作的关键性行为进行记录，以反映特别有效和特别无效的工作行为。

关键事件法需要专业人员对“关键性事件和行为”进行信息收集、概括和分类；没有提供对工作全方位的描述，主要应用于下述企业职务分析目的：绩效评价标准和甄选标准的建立以及员工培训。

第四节　企业人力资源的招聘

一、招聘的含义及意义

（一）招聘的含义

招聘指企业在面临人力资源需求时，通过不同媒介寻找、吸引那些有能力、有兴趣的人前来应聘，并从中挑选出满足工作岗位要求的合格候选人的过程。

（二）招聘的意义

（1）招聘关系到组织的生存和发展；

（2）确保员工队伍具有良好的素质；

（3）获取企业所需要的人，促进企业创新与发展；
（4）履行企业的社会义务，提供就业岗位。

二、人才招聘的渠道

1. 常见的招聘渠道

（1）人才招聘会。企业参加招聘会，有几个基本原则要把握：第一，高层职位不要选择普通的招聘会，这会降低这个职位的含金量，事实上在普通的招聘会上企业也招不到这类人才。第二，不要频繁地参加招聘会，因为求职者都会判断：天天去参加招聘会的企业，要么就是员工队伍不稳定，要么就是企业管理有问题，这样容易导致企业的名声受损。

（2）报纸招聘。报纸招聘曾经是很重要的渠道，不少报纸都辟有招聘专版。不过随着网络的大面积普及，报纸招聘的重要性越来越低。但是如果要取得宣传企业的效果，那就另当别论。就单次招聘成本来说，报纸招聘是比较昂贵的。是否选择这个传统媒体，要取决于找什么样的人才。很多专业人士都有阅读专业刊物的习惯，比如，企业要找一个市场方面的人才，就应分析一下这种目标人才主要聚集在什么区域，然后把目标区域最具影响力的专业刊物找出来，从中选择一个最合适的投放招聘广告。

（3）网络招聘。网络招聘是目前相当普及的一个招聘渠道。较具规模的网站有前程无忧、中华英才网、中国人才热线、智联招聘等。是否选择网络招聘，取决于公司人才招聘层次以及人才需求战略，企业应该根据自身的状况去寻找最适合的网站，以实现较好的招聘效果。

（4）委托猎头。猎头公司在企业人才争夺战中起到了资源优化的作用——让适合的人到合适的岗位上，也为高级人才的身价增长起到了积极的推动作用。但随着猎头公司不断地增多，市场鱼龙混杂，猎头的服务质量大大下降，许多猎头顾问胡乱推荐，其服务的专业性和职业性受到破坏。所以在选择猎头公司时，考察其实力和口碑是至关重要的。

（5）人才中介。中介机构的价值就是为招聘企业和求职者提供一个信息交换平台，中介机构通过将求职者推荐到有需要的企业去应聘而获利。选择人才中介，最关键要看它是否合法和诚信经营，其次看它提供的求职者的质量及提供的速度是否符合企业的要求。不少人才中介存在欺骗求职者、骗取求职者服务费的现象，这种中介的服务质量必然会严重影响招聘单位的声誉。

（6）内部推荐。通过内部推荐企业支付的招聘成本非常低，被介绍的人也因为有熟人在这个企业工作而信任这个企业。最适合通过内部推荐得到的人才，应该是一些专业技术人员和中高层管理人员。这些人在市场上很难招聘，或者说在市场上招聘成本高昂，招聘周期长。对于管理系统比较健全、管理团队职业化程度较高的企业，应大力推荐此招聘方式，而且应形成内部推荐制度，对推荐成功的内部员工给予奖励。但是大量地采用这种招聘方式也有一定负面影响：员工集体跳槽或者在企业内形成多种“帮派”，互相拆台，导致企业很多管理工作无法开展。所以，对于在社会上容易招聘的员工，不要轻易接受内部员工推荐，如果接受，一定要适度控制。

（7）校园招聘。已在中国投资的跨国公司以及国内部分知名企业，其人才争夺战早已在校园中开始了。名校的高才生基本上还没毕业就已名花有主了。在各高等院校，每年底的企业招聘宣传会一浪接一浪，一家又一家的企业粉墨登场，向即将毕业的学子推销其企业，以吸引学子们的兴趣和热情。对于计划招收应届毕业生的企业，校园招聘是不错的选择。

2. 不同招聘渠道的比较（如表4-3所示）

表4-3 不同招聘渠道的比较

招聘渠道	优 点	缺 点
校园招聘	可信度大，省时省力	受时间限制，竞争范围较小
在转业军官中招聘	可信度大，省时省力	受时间限制，竞争范围较小
人才流动中心	工作量小	成功率低
电视、电台广告	能取得广告宣传效果	资金投入大
杂志广告	便于保存	仅限杂志阅读者范围
报纸广告	发行量大，读者多	易于被遗忘
街头散发广告单	投入少	效果差
关系介绍	成功率较高	易受人情困扰
人才信息网络	方便快捷、信息量大	受储备的信息量限制
猎头公司	方便快捷	收费较高，可能危及原单位利益

三、人力资源招聘中常见的甄选方法

在现代人力资源管理中，招聘时所采用的甄选方法大致可以分为两大类：面试法和测评法。

1. 面试法

面试法是指企业与应聘者正式地交谈，以使企业能够客观地了解应聘者的业务知识水平、外貌风度、工作经验、求职动机等信息，同时，也使应聘者更全面地了解企业信息的方法。面试法是企业最常用的一种甄选方法，其灵活性强，可以对被面试者的多种能力进行综合考察，但随意性较大，会受到被面试者主观因素的影响，从而影响甄选的公平性。

根据被面试者参与面试的方式，面试可分为个别面试、小组面试、集体面试；根据面试可能取得的效果，面试可以分为初步面试、诊断性面试；根据面试的组织形式，面试可以分为压力面试、行为描述面试、能力面试。美国人力资源顾问公司 HR Chally 的商业发展副总裁约翰·伍德说："面试是有难度的，而招聘面试可能是一名经理最重要的工作。"

2. 测评法

测评法，也叫测试法。通过测评可以消除面试过程中主考官的主观因素对面试的干扰，增加招聘的公平性，更加客观地验证应聘者的能力与潜力，有效地剔除应聘者资料和面试中的一些"虚假信息"。现代测评方法源于美国的人才测评中心，主要分为心理测评与能力测评。

（1）心理测评

心理测评主要是针对被测评人的个性特征和素质进行的。个性是一个人能否施展才华、有效完成工作的基础，某人的个性缺陷会使其所拥有的才能和能力大打折扣。对于企业而言，一个干劲十足、心理健康的员工，远比一个情绪不稳定、积极性不高的员工更具有价值。因此心理测评已经成为当代人力资源甄选中一个不可缺少的重要组成部分。很多人提到心理测评，想到的就是做卷子。甚至不少企业也认为心理测评只要有几套题就可以所向无敌了。其实不然，不同的岗位对人才个性的要求是千差万别的，比如同样是销售人员，卖计算机设备的和卖矿泉水的就有很大区别。而且即使是最权威的人格测试，也只能测试人的大概性格特征，并且很难把人的个性与具体的岗位联系起来。所以，在企业招聘中，心理测试并不是找几套题目那么简单的事，而是一个系统的工作过程。

（2）能力测评

能力测评用于对应聘者的职业能力、工作技能和专业知识的测评。

①职业能力倾向测评。这是用于测定从事某项特定工作的人所应具备的某种潜在能力的一种心理测评。这种测评可以有效地测量人的某种潜能，从而预测他在某职业领域中适应的可能性，或判断哪项工作更适合他。

②工作技能测评。工作技能测评是对特定职位所要求的特定技能的测评。其内容因岗位不同而不同。如对财会工作者需测评计算、记账、核算能力，对秘书则需测评打字、记录速度和公文起草能力。技能测评有许多种形式，可以进行现场测评，也可验证应聘者已经获得的各种能力证书，如会计的会计上岗证、会计等级证等。

③专业知识测评。专业知识测评是对特定职位所要求的特定知识的测评。其内容也因岗位不同而不同。如对国家公务员要进行行政管理知识、国家方针政策、法律法规知识的考核、对管理人员要测评管理的基本知识等。

总而言之，不管是何种甄选方式，都是通过一系列科学的手段和方法对人的基本素质和能力实施测评的人力资源管理活动。但是就目前而言，人才测评在我国还处于初级阶段，测试人的综合素质和专业水平还有待进一步提高，测评工具还有待进一步完善。对企业而言，在使用这些测评工具的时候更要慎重，最好是在专业咨询公司的帮助下，首先弄清楚本公司的实际情况，再结合这些情况科学地使用测评工具，这样才能使其在招聘中充分发挥作用，否则会适得其反。

第五节　员工培训

一、员工培训的概念及特征

作为企业人力资本投资的主要形式，员工培训在企业发展中起着至关重要的作用。我们通常所说的员工培训是指企业实施的、有计划的、连续的系统学习行为或过程，其目的是通过培训使员工的知识、技能、态度，乃至行为发生定向改进，从而确保员工能够按照预期的标准或水平完成其所承担的工作任务。其终极目标是实现员工个人发展与企业发展的双赢。

由此可见，员工培训有三个基本特征。

（1）培训是有目的的。通过培训，人们可以系统地获得技能、知识和态度，这种获得可以提高个人、团队与企业的绩效。

（2）培训本身是一个系统。这一系统始于对培训需求的分析评价，通过确定培训目标，选择、设计培训方案，实施培训，最后对培训效果进行检验，进而反馈、修正。

（3）培训系统总是与企业的其他系统功能发生相互作用，培训效果是这种相互作用的结果。培训不是在真空中发生的，而是在实实在在的企业环境中发生的。根据系统的观点，企业本身是一个非常复杂的系统，而培训就是一系列相互作用的系统中的一个子系统。而人力资源管理又包括招聘、培训、绩效、薪酬等子系统。任何一个系统的变化都有可能会影响到培训项目的计划、实施与评估，因此，必须强调培训要与企业战略相适应，同企业人力资源各方面的行动相配合，同整个社会政治、文化和具体行业的各种外部制约条件相适应。

二、员工培训的基本原则

为有效增进员工的知识、技能和能力，企业的培训需要符合以下四大原则。

（1）学以致用原则。员工培训应该有明确的目的，培训计划的设计应基于实际工作的需要，并考虑工作岗位的特点、员工的年龄、知识结构、能力结构等因素，全面地确定培训和发展的内容。

（2）专业知识技能和企业文化并重原则。员工培训的内容，除了包括知识和技能外，还需包括企业的信念、价值观和道德观等，以便培养员工符合企业要求的工作态度。

（3）全员培训和重点提高相结合原则。全员培训是指有计划和有步骤地培训所有员工，以提高全员素质。在资源的使用下，则应按照职务的高低安排培训的先后次序，从上而下，先培训和发展管理骨干，特别是中上层管理人员，以加强领导素质，继而培训基层员工。

（4）严格考核和择优奖励原则。严格考核和择优奖励原则是不可缺少的环节。前者可确保培训的质量，后者可调动员工的积极性。

三、员工培训的基本方法

实际工作中，员工培训的方法有很多，企业在实际培训时，应根据培训对象、培训内容、培训时间等选择合适的培训方法，这里对一些常见的员工培训方法做简单的介绍。

（1）讲授法。属于传统的培训方式，优点是运用起来方便，便于培训者控制整个过程。缺点是单向信息传递，反馈效果差。常被用于一些理念性知识的培训。

（2）视听技术法。通过现代视听技术（如投影仪、DVD、录像机等工具）对员工进行培训。优点是运用视觉与听觉的感知方式，直观鲜明。但学员的反馈与实践较差，且制作和购买的成本高，产品容易过时。它多用于企业概况、技能等培训内容，也可用于概念性知识的培训。

（3）讨论法。讨论法又可分成小组讨论与研讨会两种方式。研讨会多以专题演讲为主，中途或会后允许学员与演讲者进行交流沟通。优点是信息可以多向传递，与讲授法相比反馈效果较好，但费用较高。而小组讨论法的特点是信息交流的方式为多向传递，学员的参与性高，费用较低。它多用于巩固知识，训练学员分析、解决问题的能力与人际交往的能力，但运用时对培训教师的要求较高。

（4）案例研讨法。通过向培训对象提供相关的背景资料，让其寻找合适的解决方法。这一方式的使用费用低，反馈效果好，可以有效训练学员分析、解决问题的能力。另外，近年的培训研究表明，案例研讨法也可用于知识类的培训，且效果更佳。

（5）角色扮演法。受训者在培训教师设计的工作情境中扮演角色，其他学员与培训教师在学员表演后作适当的点评。由于其信息传递多向化，反馈效果好、实践性强、费用低，因而多用于人际关系能力的培训。

（6）企业内部电脑网络培训法。这是一种新型的利用计算机网络信息进行培训的方式，投入较大。但由于使用灵活，符合分散式学习的新趋势，节省了学员集中培训的时间与费用。这种方式信息量大，传递新知识、新观念的优势明显，更适合成人学习。因此，它特别为实力雄厚的企业所青睐，也是培训发展的一个必然趋势。

第六节　企业人力资源的绩效考核

一、绩效考核的基本概念

（一）绩效的含义及特点

1. 绩效的含义

从字面上看，“绩”是指业绩，即员工的工作结果；“效”是指效率，即员工的工作过程（行为和素质）。所谓绩效就是指员工在一定时间、空间等条件下完成某一任务所表现出的工作行为和所取得的工作结果。

2. 绩效的特点

①多因性——绩效优劣受多种因素影响；

②多维性——绩效应从多方面去分析与考评；

③动态性——绩效有时效性，会变化。

（二）绩效考核的概念

绩效考核是指按照一定的标准，采用科学的方法，检查和评定企业员工对其职务所规定的职责的履行程度，以确定其工作业绩的一种有效的管理办法。从内涵上讲，绩效考核就是对人和事的评价。它包含两层基本含义：一是对人及其工作状况进行评价；二是对人的工作结果，即对人在组织中的相对价值或贡献程度进行评价。绩效考核作为人力资源管理的重要组成部分，能为薪资管理和人事决策提供硬指标，提升组织的核心竞争力，促进员工良性发展。

（三）绩效管理的概念

绩效管理是指为了实现组织的目标，通过持续开放的沟通过程，形成组织目标所预期的利益和产出，并推动团队和个人做出有利于目标实现的行为。

（四）绩效考核与绩效管理的联系与区别（如表 4-4 所示）

表 4-4　　绩效考核与绩效管理的联系与区别

<table>
<tr><th colspan="2"></th><th>绩效管理</th><th>绩效考评</th></tr>
<tr><td colspan="2">联系</td><td colspan="2">绩效考评是绩效管理的基础、关键环节、重要支撑点，它为绩效的反馈和应用提供了前提和依据</td></tr>
<tr><td rowspan="3">区别</td><td>过程完整性</td><td>一个完整的管理过程，涉及所有的人员和活动</td><td>管理过程中的局部环节和手段</td></tr>
<tr><td>侧重点</td><td>侧重信息沟通与绩效提高，强调事先沟通与承诺</td><td>侧重判断和评估，强调事后的评价</td></tr>
<tr><td>出现的阶段</td><td>伴随着管理活动的全过程</td><td>只出现在特定的时期</td></tr>
</table>

二、常用绩效考核模式

企业目前使用的绩效考核模式很多，常用的绩效考核的模式归纳起来有以下几种。

（一）关键绩效指标考核法（Key Performance Indicator，KPI）

KPI 考核是通过对工作绩效特征的分析，提炼出最能代表绩效的若干关键指标体系，并以此为基础进行绩效考核的模式。KPI 必须是衡量企业战略实施效果的关键指标，其目的是建立一种机制，将企业战略转化为企业的内部过程和活动，不断增强企业的核心竞争力并使企业持续地取得高效益。KPI 考核的一个重要的管理假设就是："你不能度量它，就不能管理它。"所以，KPI 考核一定要抓住那些能有效量化的指标。而且，在实践中，应尽量做到"要什么，考什么"，抓住那些急需改进的指标，提高绩效考核的灵活性。当然，KPI 考核的指标也不是越多越好，KPI 是指关键绩效指标，不是一般的绩效指标，而是对业绩产生关键影响力的那部分指标。绩效指标中哪些是关键性的指标，哪些是一般性的指标，要根据公司战略目标进行层层分解才能确定。

（二）目标管理法（Management By Objective，MBO）

目标管理法是一种常见的绩效考核方法。目标管理是指由下级与上级共同确定具体的绩效目标，并且定期检查目标进展情况的一种管理方式。由此而产生的奖励或处罚则根据目标的完成情况来确定。

目标管理法属于结果导向型的考评方法之一，以实际产出为基础，考评的重点是员工工作的成效和劳动的结果。

目标管理法体现了现代管理的哲学思想，目标管理的过程是领导者与下属之间双向互动的过程。目标管理法是由员工与主管共同协商制定个人目标，个人的目标依据企业的战略目标及相应的部门目标而确定，并与它们尽可能一致。该方法用可观察、可测量的工作结果作为衡量员工工作绩效的标准，以制定的目标作为对员工考评的依据，从而使员工个人的努力目标与组织目标保持一致，减少了管理者将精力放到与组织目标无关的工作上的可能性。

目标管理法的优点是：目标管理法的评价标准直接反映了员工的工作内容，结果易于观测，所以很少出现评价失误，也适合对员工提出建议，进行反馈和辅导。由于目标管理的过程是员工共同参与的过程，因此，员工工作积极性大为提高，增强了责任心和事业心。其缺点是：目标管理法没有在不同部门、不同员工之间设立统一目标，因此难以对员工和不同部门之间的工作绩效进行横向比较，不能为以后的晋升决策提供依据。

（三）平衡记分卡法（The Balance Score Card，BSC）

BSC 法是美国的卡普兰教授创立的，据调查，在目前全世界前 500 强的企业中有 70% 的企业已运用了 BSC 法，可见其确实对企业绩效管理和运营有一定的作用。它主要包括四个考核维度：财务（投资报酬率、剩余收益、销售毛利率）、顾客（顾客满意度、顾客忠诚度、市场份额）、内部业务过程（质量、响应时间、成本、新产品开发周期）、学习与成长（员工满意度、员工流动率、信息系统有效性）。BSC 法考核企业的产出和企业未来成长的潜力，并从顾客角度以及内部业务角度两方面考核企业的运营状况，把公司的长期战略与公司的短期行动充分地联系起来，把远景目标转化为一套系统的绩效考核指标。

（四）360 度反馈法（360 Degree Feedback）

360 度反馈法也称全方位考核法，是指通过分析被考核人的上级、同级、下级和其服务的客户等对他的评价来了解其工作绩效并进行绩效评估的方法。实施 360 度反馈法要注意以下事项：

（1）保证考核者的多角化和考核主体、考核过程的公平。因为对于相同职位的被考核者，他的考核者一定是统一确定的，不能出现同一岗位的不同员工让不同的考核者来进行考核的情况。

（2）实行匿名考核。为了保证考核结果的真实、可靠，在整个考核过程中，必须实行匿名考核。

（3）考核一定要基于胜任特征。胜任特征是指能将工作中表现优秀者与表现平平者区分开来的个体潜在的深层次特征。由于不可能把员工所有的行为都一一进行概述和考核，因此只需把对员工绩效起主要影响的关键行为进行描述和考核就可以了。所以，运用该考核方法时，一定要建立企业内部职位的胜任特征考核模型。

（五）述职评价

述职评价是由岗位人员作述职报告，把自己的工作完成情况和知识、技能等反映在报告内的一种考核方法。这主要是针对企业中、高层管理岗位的考核。述职报告可以在总结本企业、本部门工作的基础上进行，重点是报告本人履行岗位职责的情况，即管理者在本企业、本部门完成各项任务的过程中所发挥的管理作用的情况。

三、绩效考核中常见问题及防范

（一）评价过程中的心理偏差（如表 4-5 所示）

表 4-5　　评价过程中的心理偏差

偏差类型	表现
居中趋势	把所有的员工都评为中等，或接近平均水平
偏松或偏紧	给所有员工的评价不是太高就是太低
近因效应	只根据员工最近的行为做出评价
对比效应	把当前员工与已经做过评价的员工相比而产生的偏差
晕轮效应	仅根据某一特征要素的情况就对员工做出全面的评价
个人偏见	故意提高对与自己有相似点的员工的评价结果；或对某特殊群体存在偏见
首因效应	员工在初期的绩效表现会对评价者评价其后续绩效产生延续性影响
自我比较偏差	将员工与自己进行比较，以自己作为衡量员工的标准

（二）绩效评价常见误差的规避措施（如表 4-6 所示）

表 4-6　　绩效评价常见误差的规避措施

误区	规避措施
工作绩效评价标准不清	采用目标管理法，用描述性语言界定评价要素；利用 SMART 原则等规范目标和标准
近因效应	分月度/季度考核和年终综合考核两种方式，并采用事实记录法
晕轮效应	提高评价者本人的意识；加强对主管人员的培训
居中趋势	采用强迫分布法，而不是图尺度评价法，对主管人员进行培训
偏松或偏紧	采用强迫分布法；以客观绩效标准为依据，通过两级考核进行监督
评价者个人偏差	建立员工投诉制度；加强绩效管理中的双向沟通
人际关系影响	建立员工投诉制度；以客观绩效标准为依据，通过两级考核进行监督

第七节　企业人力资源的薪酬管理

一、薪酬管理的概述

（一）薪酬

薪酬含有薪水和酬劳的意思，它是企业对员工提供劳务和所作贡献的回报。员工对企业的贡献包括客观绩效和付出的努力、时间、精力、学识和才能。回报包括工资、奖金、福利、津贴等具体形式。薪酬包括直接薪酬和间接薪酬。

1. 直接薪酬

（1）工资。工资由基本工资、岗位技能工资、工龄工资及若干种国家政策津贴构成。

（2）奖金。奖金是企业对员工超额劳动的报酬，可以与员工个人绩效挂钩，也可与群体以及整个企业效益结合。奖金包括全勤奖、年终奖、效益奖等。

（3）年薪。这是根据高层管理人员的职责和绩效而给予的报酬。

2. 间接报酬

（1）福利。这是对工资或奖金等难以包含、准确反映情况的一种补充性报酬，可以不以货币形式直接支付。如带薪节假日、医疗、工作午餐、保险等。

（2）红利。

（3）股权。

（二）企业薪酬管理

企业薪酬管理，就是企业管理者对本企业员工报酬的支付标准、发放水平、要素结构进行确定、分配和调整的过程。企业薪酬管理主要包括确定薪酬管理目标、选择薪酬政策、制订薪酬计划、调整薪酬结构四个方面的内容。

1. 确定薪酬管理目标

根据企业的人力资源战略规划，薪酬管理目标具体地讲包括以下三个方面：

（1）建立稳定的员工队伍，吸引高素质的人才；

（2）激发员工的工作热情，创造高绩效；

（3）努力实现组织目标和员工个人发展目标的协调。

2. 选择薪酬政策

薪酬政策，就是企业管理者对企业薪酬管理运行的目标、任务和手段的选择与组合，是企业在员工薪酬上所采取的方针策略。薪酬政策具体地讲包括以下三个方面：

（1）企业薪酬成本投入政策；

（2）根据企业的自身情况选择合理的工资制度；

（3）确定企业的工资结构以及工资水平。

3. 制订薪酬计划

薪酬计划，就是企业预计要实施的员工薪酬支付水平、支付结构及薪酬管理重点等内容，是企业薪酬政策的具体化。企业在制订薪酬计划时要坚持以下两个原则：

（1）与企业目标管理相协调；

（2）增强企业竞争力。

4. 调整薪酬结构

薪酬结构，就是企业员工之间的各种薪酬比例及其构成。薪酬结构具体地讲包括以下三个方面的内容：

（1）企业工资成本在不同员工之间的分配；

（2）职务和岗位工资的确定；

（3）员工基本、辅助和浮动工资的比例以及基本工资及奖励工资的调整等。

对薪酬结构的确定和调整要坚持给予员工最大激励的原则。

（三）影响薪酬管理的因素

(1) 外在环境因素。包括政府政令、经济、社会、工会、劳动市场、生活水平等因素。

(2) 组织内在因素。包括财务能力、预算控制、薪酬政策、企业规模、企业文化、比较工作价值、竞争力、公平等因素。

(3) 个人因素。包括年资、绩效、经验、教育程度、发展潜力、个人能力等因素。

二、薪酬管理的原则

薪酬管理是企业一项十分重要的管理，它应遵循以下原则。

（一）战略导向原则

战略导向原则强调企业薪酬管理必须从企业战略的角度出发，制定符合企业发展战略的薪酬政策和制度。薪酬管理可以驱动和鞭策那些有利于企业发展战略的因素的成长和提高，同时使那些不利于企业发展战略的因素得到有效的遏制、消退和被淘汰。因此，企业在实施薪酬管理时，必须从战略的角度分析哪些因素重要，哪些因素不重要，通过一定的价值标准，给予这些因素一定的权重，同时确定它们的价值分配即薪酬标准。

（二）公平性原则

行为学家认为，员工会对自己的付出与收获进行比较，甚至与其他人比较。如果他的所得与他的付出不相符合，他的积极性就会被打击。这里所指的公平主要是指同工同酬，不同工不同酬。这句话的意思是指：在企业内部及该行业中，相同资历、相同职务、相同付出应该获得同等报酬；不同资历、不同职务、不同付出应该获得不同报酬。

（三）激励性原则

薪酬管理的最终目的就是要激励员工，发挥他们的潜能。例如，同样是10万元，一种方式是发4万元的工资和6万元的奖金，另一种方式是发6万元的工资和4万元的奖金，其激励效果是完全不一样的。激励性原则就是强调企业在实施薪酬管理时必须充分考虑薪酬的激励作用，即薪酬的激励效果，要充分考虑各种影响因素，使薪酬的支付获得最大的激励效果。

（四）竞争性原则

一个企业的薪酬体系要吸引人，就必须保证企业的薪酬水平在市场上具有一定的竞争力，否则企业将无法吸引和留住企业发展所需的战略、关键性人才。

（五）经济性原则

企业的薪酬体系应充分考虑企业本身的实际情况，并进行成本分析与控制。它主要包括两个方面的含义，短期来看，企业的销售收入扣除各项非人工费用和成本后，要能够支付起企业所有员工的薪酬；从长期来看，企业在支付所有员工的薪酬，即补偿所用非人工费用和成本后，要有盈余，这样才能支撑企业追加和扩大投资，保证企业的可持续发展。

（六）合法性原则

薪酬管理政策要符合国家法律和政策的有关规定，例如我国企业要遵守《劳动法》中的最低工资标准等。

三、薪酬体系设计的基本程序

薪酬体系的建立是一项复杂而庞大的工程，不能只靠文字的堆砌和闭门造车的思考来完成薪酬体系的设计。通常情况下，企业的薪酬体系设计应该遵循以下几个基本程序。

（一）合理而详尽的职务分析

职务分析是企业薪酬管理的基础。员工的工资都是与自己的工作岗位所要求的工作内容、工作责任、任职要求等紧密相连的。因此，科学而合理地分配薪酬必须同员工所从事工作岗位的内容、责任、权利、任职要求所确立的该岗位在企业中的价值相适应。这个价值是通过科学的方法和工具分析得来的，它能够基本保证薪酬的公平性和科学性，也是破除平均主义的必要手段。

（二）公平合理的岗位评价

岗位评价是在对企业中存在的所有岗位的相对价值进行科学分析的基础上，通过分类法、排序法、要素比较法和要素点值法等方法对岗位进行排序的过程。岗位评价是新型薪酬管理体系的关键环节，要充分发挥薪酬机制的激励和约束作用，最大限度地调动员工的主动性、积极性和创造性，在设计企业的薪酬体系时就必须进行岗位评价。

（三）薪酬市场调查

薪酬的外部公平性是对企业薪酬水平与同行业、本地区劳动力市场价格相比较是否平衡的要求。企业的薪酬体系要达到这个目的，就必须在薪酬体系设计之初进行详细的薪酬市场调查，摸清行情，相机而动。只有这样，才能保证薪酬体系的激励性和吸引力，才能真正发挥其作用。

（四）薪酬体系方案的草拟

在完成了上述三个阶段的工作，掌握了详尽的资料之后，才能进行薪酬方案的草拟工作。薪酬体系方案的草拟就是指在对各项资料及情况进行深入分析的基础上，运用人力资源管理的知识开始薪酬体系的书面设计工作。

（五）薪酬体系方案的测评

薪酬体系方案草拟结束后，不能立刻实施，应通过模拟运行的方式来检验草案的可行性。

（六）薪酬体系方案的宣传和执行

必须对薪酬体系方案进行认真的测评。测评的主要目的是检验其可操作性，预测薪酬体系方案的作用能否发挥，对测评中发现的问题和不足进行调整，然后在企业内部对薪酬体系方案进行必要的宣传或培训。薪酬体系方案不仅要得到企业中上层的支持，更应该得到广大员工的认同。经过充分的宣传、沟通和培训，薪酬体系方案即可进入执行阶段。

（七）反馈及修正

在薪酬体系方案的执行过程中，需要对其实施效果进行及时的反馈和修正，这样才能保证薪酬制度长期、有效地实施。

总之，企业薪酬体系设计是一项复杂而庞大的工程，只有对薪酬体系进行多方面、全方位的设计，才能保证薪酬的公平性和科学性，充分发挥薪酬机制的激励和约束作用，使薪酬成为一种完成企业目标的强有力的工具。

四、常见的薪酬结构类型

（一）付薪理念和薪酬结构类型

1．以职位为导向

其付薪理念为：根据职位的不同而进行职位评价，确定职位的重要度，然后依据市场行情来确定“有竞争力”的薪酬。其优点为实现了同岗同酬，内部公平性较强；其缺点为员工的能力需要与职位任职资格相匹配。如果不胜任的员工在某一个职位上且获得同样的基于该职位的工资，对其他人来说就是不公平的。

2．以绩效为导向

其付薪理念为：薪酬根据绩效来确定，因工作绩效的不同而变化，处于同一职位的员工不一定能获得相同数额的劳动报酬。其优点是：首先，员工的收入与工作目标的完成情况直接挂钩，“干多干少干好干坏不一样”，激励效果明显。其次，员工的工作目标明确，通过层层分解目标，企业目标容易实现。最后，企业不用事先支付过高的人力成本，在整体绩效不好时能够节省人力成本；其缺点是：以绩效为导向的薪酬结构基于这样一个假设：金钱对员工的激励作用很大；这导致当企业增长缓慢时，员工得不到高的物质方面的报酬，对员工的激励力度下降；当企业困难时，很难做到“共渡难关”，造成离职率上升。

3．以技能为导向

其付薪理念为：根据员工所拥有的与工作相关的技能与知识水平来决定员工报酬。它与以职位为导向的薪酬结构的关键区别在于，员工的工资不是与职位而是与技能相联系。员工要想增加工资，必须证明自己已经掌握了高一级的技能。其优点是：员工能力的不断提升，使企业能够适应环境的变化，企业的灵活性增强。其缺点是：同样的工作由于每个人的技能不同而收入不同，容易造成不公平感；高技能的员工未必有高的产出，即技能工资的假设未必成立，这就要看员工是否投入工作；界定和评价技能不是一件容易做到的事情，管理成本高；员工着眼于提高自身技能，可能会忽视组织的整体需要和当前应实现的工作目标。

4．组合薪酬

其付薪理念为：薪酬分成几个组成部分，分别依据职位、绩效、技能、工龄等因素确定薪酬额。

（二）设计薪酬结构的比例

一般来说，薪酬中的固定收入可以保障员工的日常生活，使之产生安全感。但如果固定收入过高，有可能使员工产生懒惰情绪，不思进取，削弱薪酬的激励功能。而如果变动工资所占比例过大，又会使员工缺乏安全感及保障，不利于吸引和留住员工。因此，在薪酬设计过程中，必须合理地设计薪酬结构的比例。

1．不同层级员工的薪酬结构设计

（1）基层人员的薪酬结构在其总收入中，其固定比例应该最高，变动工资比例次之。而且在企业基层员工的收入中，短期薪酬往往占了绝大部分的比例。

（2）中级管理人员的薪酬结构在其总收入中，其固定工资比例有所降低，变动工资比例则相应提高。在企业中层管理人员的薪酬总额中，短期薪酬的比例有所下降，但仍是薪酬中的主要组成部分。

（3）高级管理人员的薪酬结构在其总收入中，其固定工资比例应该最低。在企业高层管理人员的薪酬总额中，短期薪酬的比例进一步下降，甚至可能会低于长期薪酬所占的比例。

2. 短、长期薪酬的考虑要素

（1）从行业因素的影响来看，一般在新兴行业、高科技行业中长期薪酬的实施比较普遍，长期薪酬占员工总收入的比例也较高。

（2）企业所处的经济发展阶段不同，员工总收入中长期薪酬所占的比例也会有较大的差异。

◎思考题：

1. 请简述人力资源及人力资源管理的含义。
2. 请简述企业人力资源规划的制定程序。
3. 企业职务分析的流程是什么？
4. 人力资源招聘有哪些方式？企业应如何吸引应聘者？
5. 企业员工培训的基本原则是什么？
6. 请简述几种常见的绩效考核模式。
7. 企业进行薪酬管理应遵循的基本原则有哪些？

◎案例分析：

微软研究院的人才管理方式

作为世界上最著名的计算机软件公司，微软研究院在人力资源管理方面有很多独到之处，主要有如下几点：

1. 引导，但不控制

微软研究院研究的项目、细节、方法都由研究员自己来决定。对于细节，领导层可以提出自己的意见，但决定权在研究员手中。研究员在研发过程中可以得到领导层的全力支持，即使领导层并不认同他们的决定。

2. 自由、真诚、平等

微软研究院不允许官僚作风、傲慢作风和明争暗斗的存在，鼓励不同资历、级别的员工互信、互助、互重，每一位员工都能够对任何人提出他的想法。就算是批评、争论，也是在互信、互助、建设性的前提下做出的。

3. 员工的满足

很多人可能认为良好的待遇是员工最大的需求。当然，良好的待遇是重要的，但对于一个研究员来说更重要的是能够有足够的资源来专门从事研究，能够得到学术界的认可，并能有机会将技术转化为成功的产品。

微软公司丰富的资源，让每一个研究员都没有后顾之忧，能够全心全意地做研究。这种资源是多元性的，如不但包括计算机、软件、仪器，还包括有足够的经费支持研究员出国开会、考察或回校学习。微软研究院深知研究员更希望全神贯注地做他热爱的研究工作，而不必做他不热衷也不专长的工作，因此，微软研究院雇用了多名技术支持人员、行政助理、图书管理员、数据搜索员等来支持研究员的工作。

一个研究队伍，除了拥有数名研究员之外，还有多名副研究员（类似博士后）、实习生、开发人员和访问学者。这样一个多元的队伍能够很快地做出成果。

有了开放的环境，员工就不必担心因公司把他们的重大发明变为公司机密，而丧失了与国外学者交流或被认可（获得论文奖）的机会。

4. 发掘人才

人才在信息社会中的价值，远远超过其在工业社会中的价值。原因很简单，在工业社会中，一个最好的、最有效率的工人，或许比一个一般的工人能多生产20%或30%。但是，在信息社会中，一个最好的软件研发人员，能够比一个一般人员多做出500%甚至1000%的工作。例如，世界上最小的Basic语言是由比尔·盖茨一个人写出来的。而为微软带来巨额利润的Windows也只是由一个研究小组做出来的。既然人才如此重要，微软研究院是如何去发掘人才的呢?

(1) 找出有杰出成果的领导者。这些领导者，有些是著名的专家，但有时候最有能力的人不一定是最有名的人。许多计算机界的杰出成果，经常是由一批幕后研究英雄创造的。无论是台前的名教授，还是幕后的研究英雄，只要他们申请工作，微软研究院都会花很多的时间去理解他们的工作，并游说他们来微软研究院工作。

(2) 找出最有潜力的人。在中国，因为信息技术起步较晚，所以，现阶段杰出的成果和世界级的领导者比起美国要少得多。但是，基于中国年轻人（如应届硕士或博士生）的聪明才智、基础和创造力，微软专门成立了中国研究院，在中国寻找专家，挖掘潜力。

5. 吸引、留住人才

很多人认为，雇用人才的关键是待遇。更多的人认为，微软来到中国可以“高薪收买人才”。微软认为，每一个人都应该得到适当的待遇，但是除了提供有竞争性的（但是合理的）的待遇之外，微软更重视研究的环境。微软为研发人员开辟的环境极富吸引力，包括：充分的资源支持，让每个人没有后顾之忧；最佳的研究队伍和开放、平等的环境，让每个人都有彼此学习的机会，造福人类的机会，让每个人都能为自己的研究所开发的产品自豪；长远的眼光和吸引人的研究题目，让每个人都热爱自己的工作；有理解并支持自己研究的领导，让每个人都能得到支持，在紧随公司的大方向的同时，仍有足够的空间及自由去发展自己的才能，追求自己的梦想。所以，微软认为，如果只是用高的待遇，或许可以吸引到一些人，但只有特别吸引人的环境，才能吸引到并且长期留住所有最佳的人才。在微软全部三个研究院中，人才流失率不到3%（美国硅谷的人才流失率在12%左右）。人们在微软的最大感触是，每一个人都特别快乐，特别热爱和珍惜他的工作。

资料来源：http://www.docin.com/p-100406014.html.

问题：

1．微软研究院在人力资源管理方面的独到之处的核心是什么？

2．如果你是微软中国研究院的人力资源主管，你将在哪些方面加强人力资源开发与管理工作？

第五章 企业市场营销管理

☞内容提要：

本章包括市场营销管理概述、目标市场战略和市场营销组合策略等内容。阐释了市场细分、目标市场、市场定位的相关知识；介绍了营销组合策略的相关内容。

☞学习目标：

1. 了解市场营销概念及市场营销观念的发展过程；
2. 掌握市场细分的标准、目标市场的营销策略以及市场定位策略；
3. 掌握市场营销组合策略。

☞学习提示：

1. 课外多阅读相关的杂志和网站上的资料，以开阔视野；
2. 关注实践中企业的营销战略和营销策略。

第一节 市场营销管理概述

一、市场营销的含义

国内外学者对市场营销的定义有上百种，企业界对市场营销的理解更是千差万别。美国学者基恩·凯洛斯曾将各种市场营销的定义分为三类：一是将市场营销看做一种为消费者服务的理论；二是强调市场营销是对社会现象的一种认识；三是认为市场营销是通过销售渠道把生产企业同市场联系起来的过程。这从一个侧面反映了市场营销定义的复杂性。

实际上，伴随着市场营销理论与实践的不断创新，市场营销的概念在不同时期有不同的主流表述。

美国市场营销学专家麦卡锡认为：市场营销是引导商品和服务从生产者到消费者或使用者的企业活动，以满足顾客并实现企业的目标。该定义把企业市场营销活动局限于流通领域的狭窄范围，而未包括企业市场营销活动的全过程，即包括市场营销调研、产品开发、定价、分销、促销等，有一定的局限性。

2004 年 8 月，美国市场营销协会在夏季营销教学者研讨会上公布了市场营销的新定义：市场营销既是一种组织职能，也是为了组织自身及利益相关者的利益而创造、传播、传递客户价值，管理客户关系的一系列过程。该定义中市场营销活动涉及方从企业和顾客扩大到所有利益相关者，并且不再仅仅关注需求的满足，还关注客户价值的创造和提升，较之以前的定义有很大进步。

本书采用著名营销学家菲利普·科特勒教授的定义：市场营销是通过创造和交换产品及价值，从而使个人或群体满足欲望和需要的社会过程和管理过程。

根据这一定义，可以将市场营销概念的要点归纳如下：

（1）市场营销的最终目标是“使个人或群体满足欲望和需要”。

（2）“交换”是市场营销的核心。交换过程是一个主动、积极寻找机会，满足双方需要和欲望的社会过程和管理过程。

（3）交换过程能否顺利进行，取决于营销者创造的产品和价值满足顾客需求的程度及其对交换过程管理的水平。

二、市场营销观念的发展历程

企业经营哲学（Business Philosophy）是指企业经营活动的指导思想。它是一种观念、一种态度或一种企业思维方式。企业经营哲学的核心是如何正确处理企业、顾客和社会三者之间的利益关系。无论是西方国家的企业，还是我国的企业，其经营哲学都经历了或将经历以企业为中心→以顾客为中心→以社会整体利益为中心的演变过程。企业经营哲学的演变过程，既反映了社会生产力及市场经济的发展过程，也反映了企业领导者对市场营销观念发展的客观规律的认识的深化。企业经营哲学的演进经历了三个阶段，包含五种观念。

（一）生产观念（Production Concept）

生产观念是一种古老的企业经营哲学，它产生于19世纪末20世纪初，当时，社会生产力仍较落后，市场表现为供不应求的卖方市场，企业产品价值的实现不成问题。因而，企业经营哲学不是从消费者需求出发，而是从企业生产出发，是以企业为导向。生产观念的主要表现是“我生产什么，就卖什么”，认为消费者喜欢那些可以随处买得到而且价格低廉的产品。因此，企业的任务是提高生产率、增加产量、降低成本及提高分销效率。例如，美国皮尔斯堡面粉公司，从1869年至20世纪20年代，一直运用生产观念指导企业的经营，当时这家公司提出的口号是“本公司旨在制造面粉”。

（二）产品观念（Product Concept）

产品观念也是一种较早的企业经营哲学，它和生产观念几乎在同一时期流行。这种观念认为，消费者最喜欢高质量、多功能及具有某些创新特色的产品，并认为只要企业生产这些产品就会顾客盈门，因而经常迷恋自己的产品，而未看到消费者的真正需求及其变化。这种观点必然导致“一孔之见”的营销近视症，致使企业营销陷入困境乃至失败。例如美国著名的爱尔琴国民钟表公司自1864年创立以来销售量一直上升，在美国享有盛名，支配了美国的钟表市场。但自1958年以后，消费者对手表的需求已发生变化，对手表的计时准确、名牌及耐用的观念已改变，只需要一个能告诉时间、外表吸引人及价格低的手表。其分销渠道由珠宝商店向大众化商店扩展。当竞争者适应市场需求变化而生产相应产品时，该公司仍陶醉于自己高质量的手表，从而导致了经营的失败。

（三）推销观念（Selling Concept）

这是20世纪20年代末至50年代盛行的企业经营哲学。这一时期，由于科技进步，社会生产力有了巨大的发展，市场趋势由卖方市场向买方市场过渡，尤其是在1929—1933年特大经济危机期间，大量产品卖不出去，因而驱使企业不能只注重大力发展生产，还必须重视采用广告术与推销术去推销产品。

推销观念认为，如果让消费者和企业自行抉择，他们不会大量购买某一企业的产品，消费者通常表现出一种购买惰性或者抗衡心理，因此，企业必须积极推销和大力促销，以刺激消费者大量购买其产品。

可见，推销观念既盛行于20世纪50年代以前的时期，也存在于50年代以后。以至于当今社会推销术依然大行其道。

这种观念虽然比前两种观念前进了一步，开始重视广告术与推销术，但其实质仍是以企业为导向，以生产为中心，以产定销，而不是以消费者的需求为导向。

以上三种观念都是属于以企业为中心的观念，虽然在特定的历史条件下存在过，但是随着买方市场的形成已经变得不合时宜。

（四）市场营销观念（Marketing Concept）

市场营销观念产生于20世纪50年代以后。第二次世界大战后，随着第三次科技革命的兴起，社会生产力迅速发展，市场趋势逐步呈现为供过于求的买方市场。同时，广大消费者的收入迅速提高，其需求不断变化，他们有能力对产品进行选择，企业之间为实现产品价值的竞争加剧，许多企业开始认识到，必须转变经营哲学，才能求得生存和发展。

市场营销观念认为，实现企业目标的关键在于确定目标市场的需求与欲望，并且能比竞争者更有效率地提供目标市场所期望的产品或服务。

市场营销观念的出现，使企业经营哲学发生了根本性的变化，哈佛大学教授西奥多·李维特（Theodore Levitt）对推销观念与市场营销观念作了深刻的比较：推销观念注重卖方需要，市场营销观念则注重买方需要；推销观念以卖方需要为出发点，考虑如何把产品变为现金，而市场营销观念则考虑如何通过产品以及提供、传递与最终消费品有关的所有东西，来满足顾客需要。推销观念与市场营销观念的比较见表5-1。

表5-1　　推销观念与市场营销观念的比较

观念	出发点	中心	方法	目标
推销观念	厂商	产品	推销和促销	通过扩大销售获取利润
市场营销观念	目标市场	顾客需求	整合营销	通过满足需求创造利润

由表5-1可见，市场营销观念基于四个支柱：目标市场、顾客需求、整合营销、赢利能力。从本质上说，市场营销观念是一种以顾客需求为导向的经营哲学。

（五）社会营销观念（Social Marketing Concept）

社会营销观念产生于20世纪70年代。市场营销的发展，一方面给社会及广大消费者带来了巨大的利益，另一方面造成了资源短缺、环境污染，破坏了社会生态平衡，同时出现了假冒伪劣产品及欺骗性广告，引起了广大消费者的不满，并掀起了保护消费者利益运动及保护生态平衡运动，迫使企业营销活动必须考虑消费者及社会的长远利益。

社会营销观念认为，企业的任务是确定各个目标市场的需求、欲望和利益，并以保护和提高消费者和社会福利的方式，比竞争者更有效、更有利地向目标市场提供消费者所期待的满足物。

社会营销观念要求企业在营销活动中考虑社会与道德问题。营销者必须不断平衡公司利益、消费者利益及公众利益。

三、市场营销管理及其过程

（一）市场营销管理

市场营销管理是指企业为实现其目标，创造、建立并保持与目标市场之间的互利交换关系而进行的分析、计划、执行与控制的过程。它的基本任务就是通过营销调研、计划、执行与控制来管理目标市场，以实现企业目标。为了保证营销管理任务的完成，营销管理者必须对目标市场、市场定位、产品开发、定价、分销、信息沟通与促销做出系统决策。

（二）市场营销管理的一般过程

1. 明确经营战略与目标

市场营销管理必须根据经营战略的要求进行。各个战略经营单位的市场营销部门，首先必须分析、解读本单位的基本战略和目标以及它们对市场营销管理的具体要求和各种约束，并将其作为制订各自市场营销计划的导向。如果企业经营战略和目标是成本领先和扩大市场占有率，那么其市场营销管理就必须与生产管理、财务管理、人力资源管理和研究与开发管理等职能一道，严格遵循、贯彻这一战略方针。

2. 形成市场营销战略

在明确经营战略与目标的基础上，各个战略经营单位的市场营销部门要全面分析本单位面临的各种机会，从中发现其在进行市场营销的过程中可用的有利条件，找出无法避免的威胁，提出市场营销的基本战略。其内容包括：

（1）决定目标市场。将市场进行细分，对各细分市场的价值进行客观、科学的评估；在市场细分的基础上，选择目标市场；在选定的目标市场上，为企业产品或品牌树立一定的特色，以突出显示本企业与竞争者的差别，从而进行市场定位。

（2）发展市场营销组合。各战略经营单位及市场营销部门还要根据目标市场特点和市场定位的要求，考虑实现目标的主要原则，决定使用哪些市场营销手段和如何整合它们，以赢得目标市场和顾客；决定市场营销预算以及如何在各种市场营销手段、各个市场营销环节分配资金。

3. 制订市场营销计划

“市场营销计划”是一个统称。从特定层面来看，一般分为品牌市场营销计划，即单个品牌的市场营销计划；产品类别市场营销计划，即关于一类产品、产品线的市场营销计划，它应当将已经完成或经过认可的品牌计划纳入其中；新产品市场营销计划，即在现有产品线上增加新产品项目、进行开发和推广活动的市场营销计划；细分市场营销计划，即面向特定细分市场、顾客群的市场营销计划；区域市场营销计划，即面向不同国家、地区、城市等的市场营销计划；客户市场营销计划，即针对特定的主要顾客的市场营销计划。这些不同层面的市场营销计划之间需要协调和有机整合。

从时间跨度看，市场营销计划分为长期的战略性计划和年度计划。战略性计划要考虑哪些因素会成为今后驱动市场的力量，可能发生的不同情境，企业希望在未来市场占有的地位及应采取的措施。它是一个基本框架，由年度计划使之具体化。必要时，企业需每年对战略性计划进行审计和修订。

各个经营单位需要分别为自己的产品（服务）、产品线、品牌、细分市场和区域市场，甚至客户，制订市场营销计划。

4. 实施与控制市场营销活动

实施与控制市场营销活动是指将市场营销计划转变为市场营销行动，并对市场营销活动的进程和各个方面进行控制和市场营销审计，以保证实现预定的市场营销目标。

第二节　目标市场战略

一、市场细分

消费者需求的多样性决定了企业只能为某一类或某几类需求服务，而消费者在同一需求上的差异性，决定了企业不可能满足所有消费者对某种产品的有差异的整体需求。如何科学、合理地对整体市场进行细分，并在此基础上选定企业的特定服务对象，即目标市场，是制定企业营销战略的基本出发点。

（一）消费者市场细分标准

一种产品的整体市场之所以可以细分，是由于消费者或用户的需求存在差异性。引起消费者需求差异的变量很多，实践中，企业一般是组合运用有关变量来细分市场，而不是单一采用某一变量。消费者市场细分标准可归纳为四大类。

1. 按地理变量细分

按照消费者所处的地理位置、自然环境来细分市场，比如，根据国家、地区、城市规模、气候、人口密度、地形地貌等方面的差异将整体市场分为不同的小市场。地理之所以作为市场细分的根据，是因为处在不同地理环境下的消费者对于同一类产品往往有不同的需求与偏好，他们对企业采取的营销策略与措施会有不同的反应。比如，在内蒙古这种缺水的内陆省份，鱼被视为上等佳肴，而在南方江河湖泊多的城市，消费者都觉得它是普通菜式。又如，由于居住环境的差异，城市居民与农村消费者在室内装饰用品的需求上大相径庭。

2. 按人口统计变量细分

按人口统计变量细分是以年龄、性别、家庭规模、家庭生命周期、收入、职业、教育程度、宗教、种族、国籍等为基础细分市场。消费者需求、偏好与人口统计变量有着很密切的关系，比如，高档服装、名贵化妆品、高级珠宝等产品通常是高收入人群在消费。人口统计变量比较容易衡量，有关数据相对容易获取，所以通常是市场细分的重要依据。

以年龄为例，不同年龄的消费者有不同的需求特点，如青年人对服饰的需求与老年人的需求差异较大。青年人需要鲜艳、时尚的服装，而老年人更看重服装的舒适与端庄优雅。一个家庭，按年龄、婚姻和子女状况，可划分为七个阶段：单身阶段、新婚阶段、满巢阶段Ⅰ、满巢阶段Ⅱ、满巢阶段Ⅲ、空巢阶段、孤独阶段。在不同阶段，家庭的购买力、支出重点、对商品的兴趣和偏好都有较大的差别。

3. 按心理变量细分

按心理变量细分是根据购买者所处的社会阶层、生活方式、个性特点等心理因素细分市场。社会阶层是指在某一社会中具有相对同质性和持久性的群体。处于同一阶层的成员具有类似的价值观、兴趣爱好和行为方式，不同阶层的成员则相互间存在较大的差异。心理因素十分复杂，包括生活格调、个性、购买动机、价值取向以及对商品供求状况和销售方式的感应程度等变量。

4. 按行为变量细分

按行为变量细分是根据消费者不同的消费行为来细分市场。消费行为的变量很多，包括消费者进入市场的程度、购买或使用产品的动机、消费的数量规模、对品牌的忠诚度等。

（二）生产者市场细分标准

许多用来细分消费者市场的标准，同样可用于细分生产者市场。如根据地理、追求的利益和使用率等变量加以细分。不过，由于生产者与消费者在购买动机与行为上存在差别，所以，除了运用前述消费者市场细分标准外，还可以用一些新标准来细分生产者市场。

1. 用户规模

在生产者市场中，有的用户购买量很大，而另外一些用户购买量很小。许多情况下，企业需要根据用户规模大小来细分市场，并根据用户或客户的规模不同，采用不同的营销组合策略。比如，对于大客户，宜于直接联系，直接供应，在价格、信用等方面给予更多优惠；而对众多的小客户，则宜于使产品进入商业渠道，由批发商或零售商去组织供应。

2. 产品的最终用途

产品的最终用途也是生产者市场细分标准之一，生产者市场用户购买产品，一般是供再加工使用，对所购产品通常有特定的要求。比如，同是钢材用户，有的需要圆钢；有的需要带钢；有的需要普通钢材；有的需要硅钢、钨钢或其他特种钢。企业此时可根据用户要求，将要求大体相同的用户集合成群，并据此设计出不同的营销策略组合。

3. 工业顾客购买方式

生产者市场还可根据工业顾客购买方式来细分。工业顾客购买的主要方式包括直接重购，修正重购及新购。不同的购买方式的采购程度、决策过程等不相同，因而可将整体市场细分为不同的小市场群。

（三）市场细分的原则

企业可根据单一因素，也可根据多个因素对市场进行细分。总体来说要遵循以下原则：

（1）可衡量性。指细分的市场是可以识别和衡量的，即细分出来的市场不仅范围明确，而且对其容量大小也能大致做出判断。有些细分变量，如具有“依赖心理”的青年人，在实际中是很难测量的，以此为依据细分市场就不一定有意义。

（2）可进入性。指细分出来的市场应是企业营销活动能够抵达的市场，是企业通过努力能够使产品进入并对顾客施加影响的市场。一方面，有关产品的信息能够通过一定媒体顺利传递给该市场的大多数消费者；另一方面，企业在一定时期内有可能将产品通过一定的分销渠道运送到该市场。否则，该细分市场的价值就不大。比如，生产冰淇淋的企业，如果将我国中西部农村作为一个细分市场，恐怕在一个较长时期内都难以进入。

（3）有效性。即细分出来的市场，其容量或规模要大到足以使企业获利。进行市场细分时，企业必须考虑细分市场上顾客的数量以及他们的购买能力和购买产品的频率。如果细分市场的规模过小，细分工作烦琐，成本消耗大，获利小，就不值得去细分。

（4）对营销策略反应的差异性。指各细分市场的消费者对同一市场营销组合方案会有差异性反应，或者说对营销组合方案的变动，不同细分市场会有不同的反应。否则就是细分得不合理。

二、目标市场

目标市场就是企业决定要进入的市场。市场细分之后，企业必须对不同的细分市场进行评估：各细分市场的规模和未来增长率；各细分市场的竞争结构；各细分市场的机会与企业的经营目标是否一致，与企业的资源和能力是否相匹配。企业要选取那些最能被企业抓住机会的细分市场进入。

（一）目标市场的营销策略

明确企业应为哪一类用户服务，满足他们的哪一种需求，是企业在营销活动中的一项重要策略。

不是所有的市场机会都是企业的机会，只有经过科学的调研和分析，才能在激烈的商战中脱颖而出。如太原橡胶厂是一个有 1800 多名职工、以生产汽车、拖拉机轮胎为主的中型企业。前几年，因产品难以销售而处于困境。后来，他们在进行市场细分后，根据企业优势，选择了省内十大运输公司作为自己的目标市场，生产适合晋煤外运的高吨位汽车载重轮胎，打开了销路。随着企业实力的增强，他们又选择了耕耘两用拖拉机制造厂为目标市场。在全国轮胎普遍滞销的情况下，该公司敲开了一汽的大门，为之提供高吨位配套轮胎。正确选择目标市场是太原橡胶厂跨入全国 500 家优秀企业的有效策略之一。

选择目标市场一般运用以下三种策略：

1. 无差异性市场营销策略

无差异性市场营销策略，就是企业把整个市场作为自己的目标市场，只考虑市场需求的共性，而不考虑其差异，运用一种产品、一种价格、一种推销方法，吸引尽可能多的消费者。美国可口可乐公司从 1886 年问世以来，一直采用无差异市场策略，生产一种口味、一种配方、一种包装的产品满足世界 156 个国家和地区的需要，称做“世界性的清凉饮料”，资产达 74 亿美元。由于百事可乐等饮料的竞争，可口可乐公司宣布要改变配方的决定，不料在美国市场掀起轩然大波，许多电话打到公司，对公司改变可口可乐的配方表示不满和反对，公司不得不继续大批量生产传统配方的可口可乐。可见，采用无差异市场策略，产品在内在质量和外在形体上必须有独特风格，才能得到多数消费者的认可，从而保持相对的稳定性。

这种策略的优点是产品单一，容易保证质量，能大批量生产，降低生产和销售成本。但如果同类企业也采用这种策略，必然要形成激烈竞争。闻名世界的肯德基炸鸡，在全世界有800多个分公司，都是同样的烹饪方法、同样的制作程序、同样的质量指标、同样的服务水平，采取无差异策略，生产很红火。肯德基在上海开业不久，上海荣华鸡快餐店开业，且把分店开到肯德基对面，形成“斗鸡”场面。荣华鸡快餐店把主食由面包改为蛋炒饭，将西式沙拉土豆改成酸辣菜、西葫芦条，更取悦于中国消费者。所以，面对竞争强手时，无差异策略也有其局限性。

2. 差异性市场营销策略

差异性市场营销策略就是把整个市场细分为若干子市场，针对不同的子市场，设计不同的产品，制定不同的营销策略，满足不同的消费需求。如美国有的服装企业，按生活方式把女人分成三种类型：时髦型、男子气型、朴素型。时髦型女人喜欢把自己打扮得华贵艳丽，引人注目；男子气型女人喜欢打扮得超凡脱俗，卓尔不群；朴素型女人购买服装讲求经济实惠，价格适中。公司根据不同类型女人的不同偏好，有针对性地设计出不同风格的服装，使产品对各类消费者更具有吸引力。企业应针对每个子市场的特点，制定不同的市场营销组合策略。

这种策略的优点是能满足不同消费者的不同要求，有利于扩大销售、占领市场、提高企业声誉。其缺点是由于产品差异化、促销方式差异化，增加了管理难度，提高了生产和销售费用。目前只有实力雄厚的大公司采用这种策略。如青岛双星集团公司，生产多品种、多款式、多型号的鞋，满足国内外市场的多种需求。

3. 集中性市场营销策略

集中性市场营销策略就是在细分后的市场上，选择一个或少数几个细分市场作为目标市场，实行专业化生产和销售，在个别少数市场上发挥优势，提高市场占有率。采用这种策略的企业对目标市场有较深的了解，这是大部分中小型企业应当采用的策略。日本尼西奇起初是一个生产雨衣、尿布、游泳帽、卫生带等多种橡胶制品的小厂，由于订货不足，面临破产。总经理多川博在一个偶然的机会，从一份人口普查表中发现，日本每年约出生250万个婴儿，如果每个婴儿用两条尿布，一年就需要500万条。于是，他们决定放弃尿布以外的产品，实行尿布专业化生产。一炮打响后，又不断研制新材料、开发新品种，不仅垄断了日本尿布市场，还远销世界70多个国家和地区，成为闻名于世的“尿布大王”。

采用集中性市场营销策略，能集中优势力量，有利于产品适销对路，降低成本，提高企业和产品的知名度。但这样做有较大的经营风险，因为它的目标市场范围小，品种单一。如果目标市场的消费者需求和爱好发生变化，企业就可能因应变不及时而陷入困境。同时，当强有力的竞争者进入目标市场时，企业就要受到严重影响。因此，许多中小企业为了分散风险，仍应选择一定数量的细分市场为自己的目标市场。

三种目标市场营销策略各有利弊。选择目标市场进行营销时，必须考虑企业面临的各种因素和条件，如企业规模和原料的供应状况、产品类似性、市场类似性、产品寿命周期等。

选择适合本企业的目标市场营销策略是一项复杂多变的工作。企业内部条件和外部环境在不断发展变化，经营者要不断通过市场调查和预测，掌握和分析市场变化趋势与竞争对手的条件，扬长避短，发挥优势，把握时机，采取灵活的适应市场态势的策略，去争取较大的利益。

（二）影响目标市场策略的因素

上述三种策略各有利弊，企业在进行决策时要具体分析产品、市场状况和企业本身的特点。影响企业目标市场策略的因素主要有企业的资源特点、产品特点、市场特点和竞争对手的策略四类。

1．企业的资源特点

实力雄厚的企业，如拥有大规模的生产能力、广泛的分销渠道、产品标准化程度高、好的内在质量和品牌信誉等，可以考虑实行无差异性市场营销策略；如果企业拥有强大的设计能力和优秀的管理素质，则可以考虑施行差异性市场营销策略；而对实力较弱的中小企业来说，则适于集中性市场营销策略。企业初次进入市场时，往往采用集中性市场营销策略，在积累了一定的成功经验后再采用差异性市场营销策略或无差异性市场营销策略，以扩大市场份额。

2．产品特点

产品的同质性表明了产品在性能、特点等方面的差异性的大小，是企业选择目标市场时不可不考虑的因素之一。一般对于同质性高的产品如食盐等，宜实行无差异性市场营销策略；对于同质性低或异质性产品，差异性市场营销策略或集中性市场营销策略是恰当选择。

此外，产品因所处的生命周期的阶段不同，而表现出的不同特点也不容忽视。产品处于导入期和成长初期，消费者刚刚接触新产品，对它的了解还停留在较粗浅的层次，市场竞争尚不激烈，企业这时的营销重点是挖掘市场对产品的基本需求，往往采用无差异性市场营销策略。当产品进入成长后期和成熟期时，由于消费者已经熟悉产品的特性，需求向深层次发展，表现出多样性和不同的个性来，市场竞争空前激烈，因此企业应适时地转变为差异性市场营销策略或集中性市场营销策略。

3．市场特点

供与求是市场中两大基本力量，它们的变化趋势往往是决定市场发展方向的根本因素。供不应求时，企业重在扩大供给，无暇考虑需求差异，所以采用无差异性市场营销策略；供过于求时，企业为刺激需求、扩大市场份额殚精竭虑，多采用差异性市场营销策略或集中市场营销策略。

从市场需求的角度来看，如果消费者对某产品的需求偏好、购买行为相似，则称之为同质市场，可采用无差异性市场营销策略；反之，为异质市场，差异性市场营销策略和集中性市场营销策略更合适。

4．竞争对手的策略

企业可与竞争对手选择不同的目标市场营销策略。例如，竞争者采用无差异性市场营销策略时，企业选用差异性市场营销策略或集中性市场营销策略更容易发挥优势。

企业的目标市场策略应慎重选择，一旦确定，就应该相对稳定，不能朝令夕改。但其灵活性也不容忽视，没有永远正确的策略，一定要密切注意市场需求的变化和竞争动态。

三、市场定位的策略

市场定位是在20世纪70年代由艾尔·里斯和杰克·特劳特提出的，是指企业根据竞争者现有产品在市场上所处的位置，针对顾客对该类产品某些特征或属性的重视程度，为本企业产品塑造与众不同的，给人深刻印象的形象，并将这种形象生动地传递给顾客，从而使该产品在市场上确定适当的位置。

市场定位并不是企业对一件产品本身做些什么，而是企业在潜在消费者的心目中做些什么。市场定位的实质是使本企业与其他企业严格区分开来，使顾客明显感觉和认识到这种差别，从而在顾客心目中占有特殊的位置。

1. 避强定位

避强定位是指企业力图避免与实力最强的或较强的其他企业直接发生竞争，而将自己的产品定位于另一市场区域内，使自己的产品在某些特征或属性方面与最强或较强的对手有比较显著的区别。

优点：避强定位能使企业较快地在市场上站稳脚跟，并能在消费者或用户中树立形象，风险小。

缺点：避强往往意味着企业必须放弃某个最佳的市场位置，很可能使企业处于最差的市场位置。

2. 迎头定位

迎头定位是指企业根据自身的实力，为占据较佳的市场位置，不惜与在市场上占支配地位的、实力最强或较强的竞争对手发生正面竞争，而使自己的产品进入与对手相同的市场位置。

优点：竞争过程往往相当引人注目，甚至产生所谓轰动效应，企业及其产品可以较快地为消费者或用户所了解，易于达到树立市场形象的目的。

缺点：具有较大的风险。

3. 创新定位

创新定位：是指寻找新的尚未被占领但有潜在市场需求的位置，填补市场上的空缺，生产市场上没有的、具备某种特色的产品。如日本索尼公司的索尼随身听等一批新产品正是填补了市场上迷你电子产品的空缺，并进行不断的创新，使得索尼公司即使在第二次世界大战时期也能迅速地发展，一跃成为世界级的跨国公司。采用这种定位方式时，公司应明确创新定位所需的产品在技术上、经济上是否可行，有无足够的市场容量，能否为公司带来合理而持续的盈利。

4. 重新定位

公司在选定了市场定位目标后，如定位不准确或虽然开始定位得当，但市场情况发生变化时，如遇到竞争者定位与本公司接近，侵占了本公司部分市场，或由于某种原因消费者或用户的偏好发生变化，消费者转移到竞争者方面时，就应考虑重新定位。重新定位是以退为进的策略，其目的是实施更有效的定位。例如万宝路香烟刚进入市场时，是以女性为目标市场，它提出的口号是：像5月的天气一样温和。然而，尽管当时美国吸烟人数年年都在上升，万宝路的销路却始终平平。后来，广告大师李奥贝纳为其做广告策划，他将万宝路重新定位为男子汉香烟，并将它与最具男子汉气概的西部牛仔形象联系起来，树立了万宝路自由、野性与冒险的形象，从众多的香烟品牌中脱颖而出。自20世纪80年代中期到现在，万宝路一直居世界各品牌香烟销量的首位，成为全球香烟市场的领导品牌。

市场定位是设计公司产品和形象的行为，以使公司明确自己在目标市场中相对于竞争对手的位置。公司在进行市场定位时，应慎之又慎，要通过反复比较和调查研究，找出最合理的突破口，避免出现定位混乱、定位过度、定位过宽或定位过窄的情况。而一旦确立了理想的定位，公司就必须通过一致的表现与沟通来维持此定位，并应经常加以监测以随时适应目标顾客和竞争者策略的改变。

第三节　市场营销组合策略

一、产品策略

（一）产品及产品整体概念

产品是指能够通过交换满足消费者或用户某一需求和欲望的任何有形物品和无形的服务。近年来，以菲利普·科特勒为首的北美学者更倾向于从五个层次来表述产品整体概念，认为这样做能够更深刻而逻辑地表达产品整体概念的含义。

1. 核心产品

核心产品是指向顾客提供的基本效用或利益，从根本上说，每一种产品实质上都是为解决问题而提供的服务。比如，女人买口红，并不是为了得到口红本身，而是为了通过使用口红，而使自己变得更美丽。因此，只有当产品具有了反映顾客核心需求的基本效用或利益时，才能吸引顾客。

2. 形式产品

形式产品是指产品的基本形式，或核心产品借以实现的形式，或目标市场对某一需求的特定满足形式。形式产品由五个特征所构成，即品质、式样、特征、品牌及包装。再好的核心产品也需要有形地展示给顾客，因此，企业必须注重产品的外在形式。

3. 期望产品

期望产品是指购买者在购买该产品时，期望得到的与产品密切相关的一整套属性和条件。比如，人们购买洗衣机时，希望它能省时省电省水地洗干净衣服。

4. 延伸产品

延伸产品是指顾客购买形式产品和期望产品时，附带获得的各种利益的总和，包括产品说明书、保证、安装、维修、送货、技术培训等。纵观国内外的成功企业，会发现它们往往在延伸产品层面能比竞争对手做得更出色。因为随着科技的进步，企业的产品在有形部分差别并不大，而在无形的服务方面，企业更能构建自己的竞争优势。

5. 潜在产品

潜在产品是指现有产品包括所有附加产品在内的，可能发展成为未来最终产品的潜在状态的产品，它指出了现有产品的可能演变趋势和前景，如彩色电视机可能发展为电脑终端机等。

（二）产品策略

1. 产品组合策略

产品组合是指一个企业生产销售的各种产品线及其产品品种、规格的组合或相互搭配。它反映了一个企业提供给市场的全部产品项目和产品线系列构成，也是企业的生产经营范围和产品结构。

企业对产品组合进行分析后，可根据不同的情况进行调整和优化，一般有以下几种策略：

（1）扩大产品组合策略。包括两方面：一是增加产品线，扩大经营范围；二是增加现有产品线的深度，即在现有产品线内增加新产品项目。

（2）产品线延伸策略。一是向下延伸，在高档产品线中增加低价格产品项目。例如，日本的手表制造企业西铁城，最初定位在高价市场，随后则为低档市场推出了手表产品。二是向上延伸，在原有的产品线内增加高价格产品项目。三是双向延伸，生产中档产品的企业决定向上下两个方向延伸其产品线。如丰田公司在中档产品卡罗拉的基础上，在高档市场增加了佳美牌，在低档市场增加了小明星牌，该公司还在豪华汽车市场推出了凌志牌。

（3）缩减产品组合策略。当经济不景气，或者原材料、能源供应紧张时，或者产品线中有使利润减少的卖不掉的存货时，企业可以考虑缩减产品线，把更多的资源投入利润率较高的产品线中，以增加产品的获利能力。

（4）产品线现代化策略。有时企业的产品组合的长度、宽度和深度都较为合适，但产品式样可能过时了，这样就必须采用新的技术和制造工艺，改变产品面貌，使产品线现代化。产品线现代化应根据市场状况和企业自身条件，采用一步到位的方式或者逐渐现代化的方式。

2. 产品生命周期及各阶段的营销策略

产品生命周期是指从产品投入市场到最后被淘汰退出市场的全过程。产品的生命周期由需求与技术的生命周期决定。产品生命周期可用需求生命周期曲线来描述，一般包含导入期、成长期、成熟期和衰退期四个阶段。产品生命周期理论向企业明确了四个问题：产品的生命是有限的；产品销售要经过不同阶段，每一阶段对销售的要求不同；在产品生命周期的不同阶段，利润有升有降；在产品生命周期的不同阶段，产品需要不同的市场营销、财务、制造等方面的策略。

（1）导入期的特征与营销策略

导入期是新产品投放市场的最初时期，主要特点是：消费者对产品不太了解，购买较少；产品技术不太稳定，制造成本、广告宣传、促销等方面的费用比较高；分销网络不够广，渠道不畅，销售增长缓慢；销售量小，而成本较高，处于微利或亏损阶段；同类产品的生产者比较少，竞争不激烈。

导入期的营销策略一般有以下四种：

①快速撇脂策略。即企业以高价格和高促销费用推出新产品，希望以最快的速度进入市场，并且在每单位的销售中获得尽可能高的利润。采用这一策略的条件是：市场规模足够大，高额的促销用费能收回来；竞争压力较大，企业需要快速占领市场；市面上基本上没有同类产品，可以制定高价格；顾客购买力强，愿意为了喜欢的产品付高价。

②缓慢撇脂策略。即企业以高价格和低促销费用推出新产品，希望以尽可能低的投入获取尽可能高的每单位销售利润。采用这一策略的条件是：产品具有技术含量，消费者愿意支付较高的价格；产品已经具备一定的知名度；市场竞争不是很激烈，或者在较长一段时间内，产品竞争压力不大。

③快速渗透策略。即企业以低价格和高促销费用推出新产品，希望快速占领市场，通过低价格提高市场份额，通过规模经济来获取利润。采用这一策略的条件是：市场竞争压力较大；市场规模足够大；消费者对该产品了解较少；消费者购买力有限，对价格较敏感。

④缓慢渗透策略。即企业以低价格和低促销费用推出新产品，希望通过低价格获得规模效益，以尽可能低的投入扩大利润。采用这一策略的条件是：竞争压力较小；产品具有一定的知名度；消费者对价格较敏感，高价格会抑制购买。

（2）成长期的特征与营销策略

成长期的特征：产品基本定型，性能趋于稳定；消费者对产品已经知晓，渠道已经建立，销售量迅速增加；单位成本开始下降，利润增加较快；竞争者相继加入，市场竞争激烈。

企业相对应的营销策略为：改进产品质量和增加新产品的特色和式样；寻找新的细分市场，增加市场竞争力；扩展分销渠道；改变广告策略，从产品知名度的建立转向说服消费者重复购买产品；适时降低价格，以吸引对价格敏感的购买者。

（3）成熟期的特征与营销策略

成熟期产品销售量逐渐达到峰值，然后缓慢下降，利润开始下滑；生产成本逐步降到最低，但销售费用不断增加；生产同类产品的企业很多，竞争很激烈；成熟期后期，消费者开始转向其他产品或替代品。

企业的营销策略侧重于三个改良：市场改良，通过发现产品的新用途和寻求新的用户扩大销售；产品改良，改进产品的品质或服务后再投入市场；营销组合改良，通过改进营销组合的一个或几个因素来刺激销售，延长产品的市场成长期和成熟期。

（4）衰退期的特征与营销策略

衰退期产品销售量由缓慢下降变为迅速下降；价格已降到很低的水平，企业从产品中获得的利润很低甚至为零，多数企业因为无利可图而退出市场；留在市场的企业被迫减少促销预算，降低产品的服务水平，以维持经营。

企业的营销策略有四种选择：维持策略，保持现有的营销费用，不再进行过多的投入，以相同的价格、渠道和促销方式在原有的细分市场经营，直到这种产品完全退出市场；转移策略，某种产品可能在某一地区已经到了衰退期，在别的地区可能还没有，这样就可以采取转移策略，把这种产品转移到另外的地区或细分市场；收缩策略，为了尽可能地获得当前利益，通过降低促销水平，减少推销费用来增加利润；放弃策略，有些产品衰退很快，企业应当机立断决定放弃，转向新的产品。

3. 产品品牌策略

根据美国市场营销协会的定义，品牌是一种名称、术语、标记、符号或设计，或是它们的组合运用，其目的是借以辨认某个销售者或某群销售者的产品或服务，并使之同竞争对手的产品和服务区别开来。

对于顾客来说，好的品牌首先传达了质量的保证、承诺和安全感。其次，品牌还是一种理念和文化，并以其独特的魅力吸引顾客，从而获得顾客忠诚度。

品牌策略包括如下内容：①品牌化策略，即是否使用品牌；②品牌使用者策略，即是采用制造商品牌还是中间商品牌；③品牌形式策略，即是使用个别品牌、统一品牌、分类品牌，还是采用公司名称加个别品牌的形式；④品牌延伸策略，即利用成功品牌的声誉推出改进产品或新产品。

4. 新产品开发策略

产品生命周期及竞争压力迫使企业必须重视新产品的开发，而新产品开发往往存在着较大的风险，因此企业必须根据市场需求、竞争动态和企业本身的能力，选择开发新产品的策略，有以下四种策略可供选择：

（1）对现有产品进行改革。依靠现有的设备和技术能力，改进现有产品，其优点是开发费用低，取得成功的把握大，但是只适用于较小的改革。

（2）扩大现有产品或劳务的花色品种。在提供某种基本产品的同时，向市场提供若干新的不同的变种，以满足原有品种所不能满足的具有不同爱好或购买力的顾客需要。

（3）扩大产品的种类。这种策略就是利用现有的销售促进方法和销售渠道，向顾客提供和现有产品不同种类的新产品，使顾客有更广泛的选购余地。

（4）仿制。企业仿制市场上已有的各类新产品，对于开发力量不够强的中小企业，这是一种风险小、投资少、见效快的有效形式，但仿制不能是简单的抄袭，而要着眼于创新，还要注意是否侵害了其他企业的知识产权。

5. 包装策略

包装是指对某一品牌商品设计并制作容器或包扎物的一系列活动。一般的商品包装应该包括商标或品牌、形状、颜色、图案和材料等要素。包装是整体商品的一部分，具有保护商品、方便运输和储存、便于携带和使用、美化商品、促进销售、增加商品的价值和提高企业的经济效益等作用。

通常企业可以采用以下包装策略：类似包装、等级包装、分类包装、配套包装、再使用包装、附赠品包装、更新包装等。

二、价格策略

价格是市场营销组合中十分敏感而又难以控制的因素，直接关系到市场对产品的接受程度，影响着市场需求和企业的利润，涉及生产者、经营者和消费者等多方利益。价格策略是市场营销组合策略中极其重要的组成部分。

（一）影响定价的主要因素

影响产品定价的因素是多方面的，包括定价目标、成本、市场需求、竞争者的产品和价格等。一般来说，产品定价的上限通常取决于市场需求，下限取决于该产品的成本、费用等。在上限和下限内如何确定价格水平，则取决于一个企业的定价目标、政府的政策、法规和竞争者的同类产品的价格，其中竞争因素是影响价格上限的最基本因素，而企业定价目标则提出了最低限价的问题。价格区间及其影响因素如图 5-1 所示。

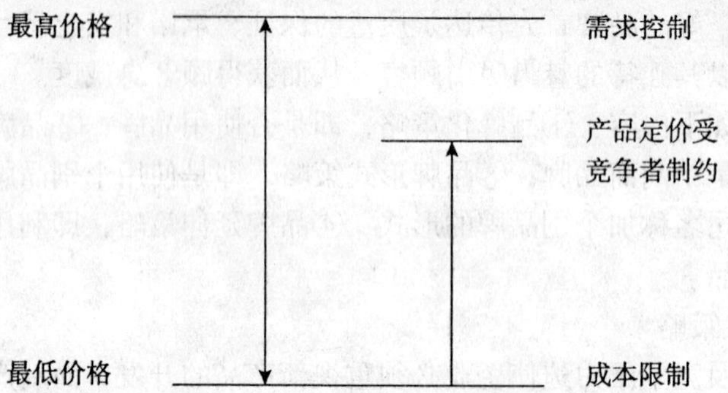

图 5-1　价格区间及其影响因素

（二）产品定价策略

1．新产品定价策略

很多企业会面临给新产品定价的问题，新产品定价正确与否，会直接关系到该产品能否顺利地进入市场、占领市场，取得较好的经济效益。新产品一般有两种定价形式：撇脂定价和渗透定价。

（1）撇脂定价

撇脂定价是指在新产品上市时，尽可能地定高价，以争取在短期内获得丰厚的利润，迅速收回投资。适用条件：①市场有足够的购买者，需求缺乏弹性。即使价格定得很高，需求也不会大量减少；②高价使需求减少一些，产量减少一些，单位成本增加一些，但不至于抵消高价带来的利益；③高价情况下依然可以独家经营，别无竞争者；④产品价格虽然很高，但是能产生高档的印象。

（2）渗透定价

渗透定价与撇脂定价恰恰相反，它是在新产品的导入期就将价格定得较低，以吸引大量购买者，扩大市场占有率。适用条件：①产品的市场需求价格弹性较强，降低价格能够较大地增加销售量；②新产品存在规模经济效益，只有这样才能保证企业利用低成本竞争优势来维持低价格；③产品有较长的生命周期，市场的需求潜量足够大。如果产品在很短的时期内就会被其他产品所取代，那么低价可能导致企业无法回收投资。

2．心理定价策略

这是指企业为适应和满足消费者的购买心理所采用的定价策略，一般多用于零售企业。

①尾数定价。利用消费者对数字的认知心理，尽可能在价格数字上不进位、保留零头，使消费者产生价格低廉和卖主认真进行过成本核算的感觉，从而对产品及定价产生信

任感。

②声望定价。企业利用消费者仰慕名牌产品或名店的声望所产生的某种心理来制定产品的价格，并故意把价格定成整数或高价。声望定价比较适用于名牌、名店产品、古董或艺术产品、不易鉴别其质量和价值的产品等。

③习惯定价。对市场上长期流通的产品，按消费者的价格习惯和需求习惯来制定价格，不轻易变动，以免使人感到物价波动，影响情绪，甚至招致公众的指责和政府的干预。

④招徕定价。这是指零售商利用部分消费者求廉的心理，特意将某几种产品的价格暂时调低，以吸引顾客、招徕生意的定价策略。采用招徕定价主要目的是要借低价来吸引顾客，使其在购买特价品时购买其他产品。

3．折扣定价策略

企业在运用各种定价方法制定了一个基本价格后，往往还会出于促销或是其他目的，直接或间接地给中间商及最终消费者一些价格优惠，即折扣。

①数量折扣，目的是鼓励消费者大量购买某种商品，从而使企业降低生产、销售、储运、记账等环节的成本费用。

②现金折扣，是在企业实施赊销政策的情况下产生的。这一折扣的直接目的并不是扩大销售，而是鼓励赊购的顾客尽早支付货款，以加速资金流转，减少财务风险。

③功能折扣，是指企业给予承担一些营销功能的中间商的价格优惠。目的是对中间商在执行营销功能时所耗费的成本费用及所承担的风险进行补偿，以使中间商在经营中获得足够的利润，从而在企业与中间商之间建立长期良好的合作关系。

④季节折扣，有些商品的生产是连续的，可是消费却有明显的季节性，为了调节供需矛盾，需要这些企业采取季节性的折扣方式，从而使需求保持在一个相对均衡的水平上。

⑤价格折让，例如，电器的以旧换新，或者促销打折、买一送一等。

4．地区定价策略

地区定价策略，是指在将产品卖给不同地区（包括当地和外地）的顾客时，是分别制定不同价格还是制定相同价格。

①原产地定价，是指顾客按照厂价购买某种产品，企业负责将这种产品运到产地某种运输工具上交货。交货后从产地到目的地的一切风险和费用概由顾客承担。

②统一交货定价，是指企业卖给不同地区的顾客的产品，按照相同的厂价加相同的运费定价。不同地区的顾客不论远近，实行一个价格。

③分区定价，是指根据销售市场离产地的远近，企业将整个市场划分为若干个区域，在区域内实行统一定价，而不同的区域之间的定价则根据距离的远近有一定的差异。

④基点定价，是指销售产品的企业在一个或若干个城市设定基点价格，与顾客的交货价格由离顾客最近的那个城市的基点价格和两地之间的运费共同构成。

⑤运费免收定价。以上各类地区定价方法中，与运输有关的各项费用主要还是由购买者承担，但是随着市场竞争的加剧，一些生产企业为了扩大销售范围，增加市场竞争力，提出了免收运费的定价。尽管扩大的销售量可能弥补由支付运费而带来的损失，但是实施这一定价方法仍然需要企业的经济实力做后盾，特别是当运费占销售价格的比重较大时。

5．差别定价策略

企业往往根据不同顾客、不同时间和场所来调整产品价格，实行差别定价，即对同一产品或劳务定出两种或多种价格，但这种差别不反映成本的变化。主要有以下几种形式：

①对不同顾客群制定不同的价格。

②不同的花色品种、式样制定不同的价格。

③不同的部位制定不同的价格。

④不同的时间制定不同的价格。

实行差别定价的前提条件是：市场必须是可细分的且各个细分市场的需求强度是不同的；商品不可能转手倒卖；高价市场上不可能有竞争者削价竞销；不违法；不引起顾客反感。

6. 产品组合定价策略

由于企业的各产品之间存在需求和成本的联系，企业必须研究出一系列价格，使整个产品组合的利润最大化。产品组合定价策略有产品大类定价、选择产品定价、补充产品定价、分部定价、副产品定价和产品系列定价六种策略。

三、分销策略

（一）分销渠道的含义

所谓分销渠道，通常指促使某种产品和服务能顺利地经由市场交换过程，转移给消费者消费使用的一整套相互依存的组织。分销渠道对于企业而言有重要意义，承担着研究、促销、接洽、谈判、订货、配合、物流、融资、风险承担等职能。

1. 分销渠道的类型与发展

（1）分销渠道的类型

纵向来看，分销渠道可根据其层次的数目分类。在产品从生产者转移到消费者的过程中，任何一个对产品拥有所有权或负有推销责任的机构，都可视为一个渠道层次。市场营销学中以中间机构层次的数目表述渠道的长度。渠道类型如图 5-2 所示。

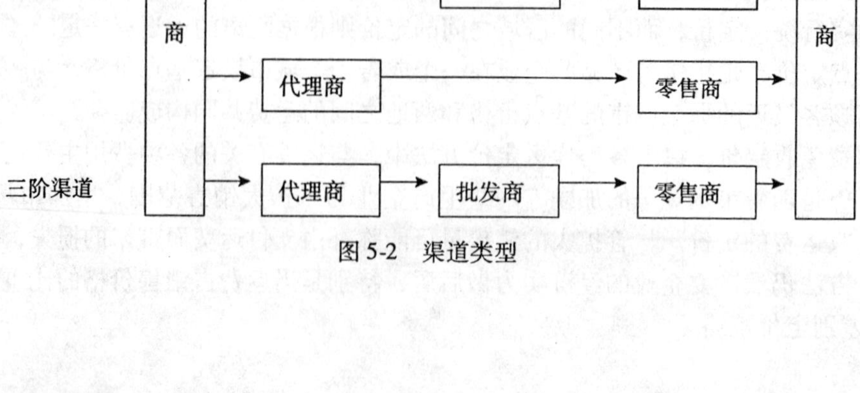

图 5-2 渠道类型

横向来看，分销渠道可以根据宽度来分类，所谓宽度是指渠道中的每个层次使用的同种类型中间商的数目。企业的分销策略通常分为三种，即密集分销、选择分销和独家分销。

密集分销是指制造商尽可能通过许多负责任的、适当的批发商和零售商推销产品。消费品中的便利品和产业用品中的供应品通常采取密集分销，以便广大消费者和用户能随时随地买到。

选择分销是指制造商在某一地区，仅仅通过少数精心挑选的、最合适的中间商来推销产品。选择分销适用于所有的产品。相对而言，消费品中的选购品和特殊品较宜于选择分销。

独家分销是指制造商在某一地区仅选择一家中间商推销产品，通常双方协商签订独家经销合同，规定经销商不得经营竞争者的产品，以便控制经销商的业务经营，调动其经营积极性。

（2）分销渠道的发展

我国学者认为现在渠道策略的新趋势表现在三个方面：

①渠道结构以终端市场建设为中心。以前企业多是注重在销售通路的顶端和中端，通过市场炒作和大户政策来展开销售工作；当市场转为相对饱和的状态时，对企业的要求由“经营渠道”变为“经营终端”。比如，通路“直销”。

②渠道成员发展伙伴型的关系。传统的渠道关系是“我”和“你”的关系，即每一个渠道成员都是一个独立的经营实体，以追求个体利益最大化为目标，甚至不惜牺牲渠道和厂商的整体利益。在伙伴式销售渠道中，厂家与经销商由“你”和“我”的关系变为“我们”的关系。厂家与经销商一体化经营，实现厂家渠道的集团控制，使分散的经销商形成一个有机体系，渠道成员为实现自己或大家的目标共同努力。比如，垂直渠道网络和水平渠道系统。

③渠道体制由金字塔形向扁平化方向发展。销售渠道变为扁平化的结构，即销售渠道越来越短，销售网点则越来越多。销售渠道变短，可以增加企业对渠道的控制力；销售网点增多，则有效地促进了产品的销售量。如一些企业由多层次的批发环节变为一层批发，即形成厂家—经销商—零售商这样的模式，企业直接面向经销商、零售商提供服务。

四、促销策略

（一）促销策略及其类型

促销策略是市场营销组合的基本策略之一。促销是指企业通过人员和非人员的方式，沟通企业和消费者之间的信息，引发、刺激消费者的购买欲望，使其产生购买行为的活动。

根据促销手段出发点与作用的不同，促销策略可分为以下两种：

一种是推式策略，即采取直接方式，运用人员推销手段，把产品推向销售渠道，其作用过程为，企业的推销员把产品或劳务推荐给批发商，再由批发商推荐给零售商，最后由零售商推荐给最终消费者，该策略适用于以下几种情况：①企业经营规模小，或无足够资金用以执行完善的广告计划。②流通渠道较短，市场比较集中。③产品具有很高的单位价值，如特殊品，选购品等。④产品性能复杂、需要做示范。

另一种是拉式策略，即采取间接方式，通过广告、销售促进和公共关系等措施吸引最终消费者，使消费者对企业的产品或劳务产生兴趣，从而引起需求，主动去购买商品。其作用路线为，企业将消费者引向零售商，将零售商引向批发商，将批发商引向生产企业，这种策略适用于：①单位价值较低的产品，多属便利品。②流通环节较多、流通渠道较长的产品。③市场范围较广、市场需求较大的产品。

（二）人员推销策略

人员推销是企业运用推销人员直接向推销对象推销商品或服务的一种促销活动。在人员推销活动中，推销人员、推销对象和推销品是三个基本要素。

人员推销的方式既有优点又有缺点，优点是：信息传递的双向性；推销目的的双重性；推销过程的灵活性；友好协作的长期性。缺点是：支出较大，成本较高；对推销人员的要求较高。

人员推销有以下三种基本策略可供选择：

1．试探性策略

试探性策略，也称为“刺激—反应”策略。这种策略是在不了解顾客的情况下，推销人员运用刺激性手段引发顾客购买行为的策略。推销人员事先设计好能引起顾客兴趣、刺激顾客购买欲望的推销语言，通过渗透性交谈进行刺激，在交谈中观察顾客的反应；然后根据其反应采取相对应的对策，并选用得体的语言再对顾客进行刺激，进一步观察顾客的反应，以了解顾客的真实需要，诱发其购买动机，引导其产生购买行为。

2．针对性策略

针对性策略是指推销人员在基本了解顾客某些情况的前提下，有针对性地对顾客进行宣传、介绍，以引起顾客的兴趣和好感，从而达到成交的目的。因推销人员常常在事前已根据顾客的有关情况设计好推销语言，这与医生对患者诊断后开处方类似，故又称针对性策略为“配方—成交”策略。

3．诱导性策略

诱导性策略是指推销人员运用能激起顾客某种需求的说服方法，诱发引导顾客产生购买行为。这种策略是一种创造性推销策略，它对推销人员要求较高，要求推销人员能因势利导，诱发、唤起顾客的需求，并能不失时机地宣传介绍和推荐其所推销的产品，以满足顾客对产品的需求，因此，从这个意义上说，诱导性策略也可称为“诱发—满足”策略。

（三）广告策略

所谓广告，是指广告主以促进销售为目的，付出一定的费用，通过特定的媒体传播商品或劳务等有关经济信息的大众传播活动。

1．广告媒体

广告媒体，是广告主与广告对象之间联系的物质或工具，它是信息传播的载体。一般来说，广告媒体可以分为以下几类：

（1）大众传播媒体。大众传播媒体主要是指报纸、杂志等印刷品广告和广播、电视等电子媒体广告。

印刷品广告包括报纸、杂志、电话册、火车时刻表等。其中，最为典型的是报纸和杂志两大媒体。

电子广告媒体，包括电视、电影、广播等形式，其中广播、电视最为典型，近些年，随着电影业的发展，植入广告也越来越被商家所重视。

（2）促销媒体，也称小众传播媒体。这类传播媒体范围相对较小，往往直接影响消费者的购买行为，可以和大众传播媒体配合进行促销，满足消费者的整体需要。它主要包括：户外广告、POP 广告、直接广告、交通广告以及体育广告、馈赠广告、购物袋广告等。

（3）新型传播媒体。随着科学技术的进步，近些年出现了一些新的传播媒体，如有线电视、交互式电视、互联网以及数字化杂志等，它们越来越显示出独特的作用。与前面的媒体相比，它们更有利于加强信息传递的时效性和增强企业与消费者之间的沟通。比如，有线电视、交互式电视和互联网，特别是互联网，其发展势头有增无减。

2. 广告媒体的选择

由于不同的广告媒体具有不同的优势与劣势，企业在进行广告活动的时候，必须进行正确的选择。一般来说，广告媒体的选择需要考虑以下因素：

（1）消费者接触媒体的习惯。由于消费者的性别、年龄、收入、受教育的水平、职业及生活习惯不同，他们对广告媒体的接触有很大差别。企业应针对不同消费者的特点选择广告媒体，例如，对于儿童用品，选择电视可能更为适合；对女性用品一般选择女性杂志或电视等。

（2）产品的性质和特点。不同性质的产品，其使用价值与使用范围各异，企业所选择的广告媒体必须适合其产品的性质与特点。比如技术性的产品多选择专业性杂志，而生活用品一般采用大众传播媒体；照相机可以采用电视作为传播媒体，而服装则应该选择有色彩的杂志广告媒体。

（3）销售范围。广告宣传的范围要和商品销售的范围一致。一般来说，全国性销售的产品可以通过全国性的广告媒体进行传播；只在地区销售的产品则只选择地方性的媒体。

（4）媒体的费用。各种广告媒体的收费标准不同，所以广告的成本也各不相同；即使同种媒体，也因范围、时间等不同而价格各异。必须注意广告费用不能只注意绝对数字上的差异，更重要的是注意目标沟通对象的人数与成本之间的对比关系。

（5）其他因素。包括媒体的知名度、竞争对手的特点以及企业的经济实力等。总之，企业在进行媒体选择时，必须考虑各种因素，综合权衡利弊做出决策。

3. 广告效果的测定

广告效果的测定通常从两方面来进行，一是广告的促销效果，二是广告本身的效果。

（1）广告的促销效果，也称广告的直接经济效果，它反映广告费用与商品销售量（额）之间的比例关系。广告促销效果的测定，是以商品销售量（额）增减幅度作为衡量标准的。

（2）广告本身的效果，主要是指广告对目标市场消费者所引起的心理效应的大小，包括对商品信息的注意、兴趣、情绪、记忆、理解等。

一个好的广告，不仅要有好的促销效果，其本身的广告效果也要好。

（四）销售促进策略

销售促进又称营业推广，是营销活动的一个重要因素。有的学者认为，销售促进是指企业运用各种短期诱因，鼓励购买，从而销售企业产品或服务的促销活动。在美国的日用品销售领域，销售促进占到了总预算的60%～70%，每年的增长率约为12%，销售促进在促销活动中起着越来越重要的作用。

1．销售促进的方式

销售促进的方式多种多样，企业应根据各种方式的特点、企业自身与产品特点、促销目标、市场环境与类型不同而选择合适的方式。

根据不同的促销对象，销售促进一般有以下方式（见表5-2）：

表5-2　　销售促进方式

销售促进对象	销售促进方式
消费者	赠送样品、赠送优惠券或代价券、廉价包装或者包装兑现、奖励或者提供赠品、现场展示和商品展销
中间商	购买折扣、推广津贴、销售竞赛
销售人员	销售竞赛、免费提供培训、旅游

2．销售促进的控制

销售促进是一种促销效果比较显著的促销方式，但倘若使用不当，不仅达不到促销的目的，反而会影响产品销售，甚至损害企业形象。因此，必须对销售促进的方式加以控制。要注意：①选择适当的方式；②确定合理的期限；③切忌弄虚作假；④注重推广中后期宣传。

（五）公共关系策略

公共关系是指企业在从事市场营销活动中正确处理企业与社会公众的关系，以便树立品牌及企业的良好形象，从而促进产品销售的一种活动。公共关系是一种长期的活动，不以短期提高销售量为目的，而是为企业的长期发展创造一个内求团结、外求发展的良好的氛围，以提升企业形象，促使消费者了解并认可和接受企业。

1．公共关系的主要方式

公共关系在企业促销活动中占有重要的地位。对于企业内部而言，公共关系部门负责协调决策者、各职能部门、职工之间的相互关系；对于企业外部而言，公共关系部门负责协调企业与公众之间的关系。一般来说，企业在进行公共关系活动时主要采取以下几种方式：

（1）密切与新闻界的关系，是指运用正式的形式，即运用报纸、杂志、广播、电视等广告媒介，向社会各界传播企业有关信息。

（2）进行产品的宣传报道，是指对产品功能、特性、价格、质量等进行宣传。

（3）游说立法机关与政府官员，以促进或挫败立法和规定，为自己企业的发展创造一个有利的法律政策环境。

(4) 咨询活动，包括对公共事件的调查等。通过开展各种咨询业务、制定调查问卷等形式，形成良好的信息网络，分析研究获取的信息，为经营决策者提供依据。

(5) 企业信息的传播，包括服务性公关，如提供消费指导、维修等服务以促进公众对企业的了解；交际性公关，如宴会、招待会、座谈会、安排特别活动等形式；社会性公关，如体育、文化赞助等形式。通过这种内外信息传播的形式促使公众对企业的了解。

2. 公共关系的工作程序

开展公共关系活动，其基本程序包括调查、计划、实施、检测四个步骤。

(1) 公共关系的调查，主要是调查企业基本状况、公众意见及社会环境等三方面的内容，据此，可以基本确定企业的形象和地位，为企业监测环境提供判断条件，为企业制定合理决策提供科学依据。

(2) 公共关系的计划，在公关调查的基础上，依据一定的原则，来确定公关工作的目标，并制定科学、合理且可行的工作方案，如具体的公关项目、公关策略等。

(3) 公共关系的实施，为确保公共关系实施的效果最佳，正确地选择公共关系媒介和确定公共关系的活动方式是十分必要的。公关媒介应依据公共关系工作的目标、要求、对象和传播内容以及经济条件来选择；确定公关的活动方式，宜根据企业的自身特点、发展阶段、公众对象和公关任务来选择最适合、最有效的活动方式。

(4) 公共关系的检测，主要依据社会公众的评价。通过检测，能衡量和评估公关活动的效果，在肯定成绩的同时，发现新问题，为制定和不断调整企业的公关目标、公关策略提供重要依据，也为使企业的公共关系成为有计划的持续性工作提供必要的保证。

◎思考题：

1. 简述市场营销管理哲学的演变及历史背景。
2. 简述企业如何选择目标市场战略。

◎案例分析：

白酒厂商不能总是“窝里斗”

轰轰烈烈的白酒行业在2012年年底踉跄一跤，塑化剂和政府一道道禁令打得白酒企业猝不及防，行业周期也进入一个调整阶段。反观2011年和2012年的白酒企业，如同一个个疯狂的北美野牛，在旷远的高山草场上奔跑着，殊不知，在前方不远处，就是一处绝壁的悬崖。

无疑，当下的悬崖就是库存压力。导致库存压力陡增的主要源头是行业内的压货现象。2012年郎酒冲击100亿元目标，为了完成业绩，各地在年底疯狂压货，据称在年初，郎酒经销商库存压力将近40%。为此，郎酒董事长汪俊林对郎酒的总部署是放慢速度，提高质量。最新数据是2012年郎酒全年完成销量110亿元，速度慢下来了，但是经销商的实际消化能力赶不上企业的压货速度，在行业下行的背景下，经销商对厂家的压货手段叫苦不迭。

根据和君咨询区域市场项目人员的反馈，白酒行业的库存压力目前主要集中在高档酒，中、低档酒的消费通道依然畅通，如泸州老窖的二曲、茅台的迎宾酒增长远超预期。大部分经销商反映目前白酒库存虽然大，但是依然能够消化，而压力主要集中在被抑制的高端消费需求上。

白酒“库存”的那些事儿

以经济学的观点来看，物品具有三种形态：对生产方来说是产品、对经销商来说叫商品或者库存、对消费者来说叫消费品。商品和库存都是处于生产端到消费端过渡的一种中间状态，假如不能顺利转到消费端，滞留的商品就成了库存。

不过与其他行业不同的是，白酒行业存在经销商库存与社会库存两种库存状态。所谓社会库存是某些机构或消费者由于投资需求或个人收藏喜好而采购导致的存货。社会库存非常分散，难以统计，但是一旦经济下行，行业唱衰，此类库存的抛货对行业价格的波动就会有很大影响。茶叶行业中的“普洱茶”也有类似的社会库存。根据统计，仅东莞一地囤积的普洱茶就够全国消费者喝上10年，而白酒行业中茅台、五粮液等优质白酒的社会库存到底有多少，谁也说不清，但是有一点可以肯定，茅台、五粮液终端价格的稳定度与社会库存有很大关系。

经销商的库存压力主要来自消费端被抑制，对于个别企业来说就是营销思路出现问题，造成渠道拥堵不畅，货物积压在仓库。白酒从业人员常说白酒的特殊性，只存在最佳饮用期不存在所谓的保质期，更何况消费者也有“酒是陈的香”的消费观念，尤其对于有些著名品牌来说，甚至有买到手的都是“资产”的思想。对于白酒行业来说，库存在某种程度上就是资产。但是假如白酒经销商的库存过大，比如超过经销商的资金承受能力或者出现一次压货卖三年的库存周转期过长的现象，那就是真实的白酒库存，三四线品牌的产品表现尤甚。

高库存与压货路径依赖的形成机制

追根溯源，笔者认为行业高库存主要是行业整体预期驱动、产能过剩、消费端被抑制和厂商协同能力差等因素导致的。

1. 行业整体预期叠加驱动库存猛增

笔者曾经服务的一家白酒企业贷款1.3亿元投资建设新厂区，原因自然是看好“白酒未来”。首先是上游产能扩张导致行业库存压力猛增。粗略统计发现，按照目前的静态价格，2015年白酒行业将达到约5000亿元的产能规模，而2011年整个中国白酒的市场消费量也就2000多亿元。

其次，在过去几年茅台引领的价格轮番上涨下，整个白酒产业链上群雄激动。链条上的每个环节，包括经销商、终端商、消费者都在“追涨杀跌”的心理下放大了对未来的预期，再加之价格因素等层层叠加，导致经销商库存压力陡增。

2. 高端白酒的消费端被抑制

白酒行业天然是国家半限制性行业，国家通过产业政策、税收、行政等多管齐下，对白酒消费的影响很大。纵观白酒行业多个阶段的发展，政策松绑，行业发展迅速；政策收紧，行业萎靡。一项项政策变成一根根“紧箍咒”，“紧”着消费者的嘴，“箍”着白酒企业的命。

2011年开始，国家出台规定明确整顿三公消费（公款不得购买高档烟酒）；党的十八大之后，政府、军队禁酒等“利空”政策出台；此外，在地方禁酒令、塑化剂等多重打压下，白酒需求尤其是高端白酒的需求大大减弱，最直接的表现就是公务用酒、会议用酒大幅度减少，冷冬已经到来。经销商最先感受到这股寒流，高端白酒相比往年同期销量下滑三四成，尤其是茅台、五粮液这些带有鲜明身份“符号”的品牌几乎在高档餐厅绝迹。

3. 营销渠道单一，压货逐渐成为杀手锏

白酒企业普遍表现为销售渠道管理混乱而单一，这导致企业增长乏力，只能通过酒类经销商队伍扩张而获得增长。但新渠道的拓展难度加大，使所有增长只能通过对现有经销商压货来获得。经销商如果忍受不了这样的“增长”方式，要么被清洗，要么会选择主动退出。

4. 贵族产业特性下的行业压货逻辑

在国家目前的经济发展体制之下，白酒行业实为一个贵族产业，不管行业景气指数如何，都是少数的几家拥有优质品牌资源的企业在获利。这种产业价值链条下的强势造成经销商的天然弱势，白酒经销商经常沦为厂家的附庸，不存在对等的商业合作地位。于是厂家乐意选择压货的方式提高销量，同时经销商从白酒特殊的“库存转资产”的角度考虑也乐意“被”压货。

压货是企业增长的唯一选择吗

人人都痛恨压货，压货这种销售方式看似简单粗暴，但在整体行业背景下与厂商发展位势上又是最“有效”的。适当的压货无可非议，渠道保持适量的库存压力有助于保障渠道的流转动力，确保渠道流通和开拓新的通路。在行业库存高压之下，有些经销商或者厂家会愿意尝试新的销售渠道，如通过电商、团购、行业外招商等方式拓展销售渠道。

但渠道的压力必须保持在适当的状态下。笔者的观点是经销商保持2~3个月的库存压力是正常范围，超出此范围消化起来将有难度。这意味着库存要跨过两个“旺季”才能消化完毕。这很容易造成厂商库存危机，从而造成厂商关系的对立，过多压货一直都是企业增长选择中的“下下策”。

无论是茅台直控终端设立直营店这种“厂家商业化”的努力，还是泸州老窖在多年前就开始以大区经理与经销商成立区域股份公司的“柒泉模式”（柒泉模式是泸州老窖对经销商实行定向增发的一种延续。柒泉公司完全由片区的销售人员和经销商入股组建而成，各经销商的持股比例根据其入股前一年度老窖主打产品的销售额进行分配，并预留一定股权给新进的经销商）尝试厂商一体化的建设，又或者是古井贡在合肥市场通过厂商合资联营的方式走厂商协同的道路，这些创新都表明压货绝不是白酒企业增长的唯一选择。压货行为只是对未来市场的前置“消费”，本质上是将合作中的厂商关系变成博弈、对立的局面，而真正经得起考验的厂商关系是厂商基于同一价值链条上的协同效应。

协同才能“梦想照进现实”

厂商压货的链条形成机制，有着深刻的行业逻辑，也是白酒厂商多年来形成的路径依赖。在此背景下，提出白酒行业库存危机的解决路径，同时指出确保白酒行业健康成长的关键就在于建立稳定、有序、协同、有效的厂商价值链。

保健酒品牌劲牌的努力值得我们借鉴。过去劲牌依靠自建队伍、掌控市场终端的自循环模式，厂家业务队伍扁平化，有的地方已经“扁平下沉”到乡镇，按照这个方向，已经到达管理的边界，而且人海战术的边际效应似乎已经走到尽头。在此困境下，劲牌的渠道变革采用“厂商运营结构一体化”的渠道模式，选择具有实力的商家和厂家进行平台对接，实现“营销分离”，让劲牌的渠道链条效率更进一步提升。其销售规模从2008年的20亿元发展到2011年的近50亿元。

厂商合作模式的背后是过去的组织能力问题，当下及未来将是一个企业发展战略的选择问题，必须在企业发展战略框架下，认真梳理企业所选择的厂商合作关系。

1. 回归价值链，在价值链思维下打造厂商协同的一体化模式

当下白酒企业的竞争是一条价值链跟另外一条价值链的竞争，而不是单一厂家或者单一经销商的竞争。既然是链条之间的竞争，企业与经销商就都是这一链条上不可或缺的一环。厂商之间不应是交易关系，而应是合作关系，需要在战略和策略行动上保持一致。比如五粮液与茅台，在行业上涨期大家都在通过吸引行业外新的经销商获得规模增长，但是行业下行时期，经销商也可以转做他行。所以这种生产商与经销商的协同在本质上反映了一种和谐共生的厂商价值链的重要性。

2. 回归分工理念，在分工作业的统筹下建立优势互补的协同优势

白酒营销的第一阶段发生在20世纪90年代初期，这一阶段的孔府家酒、秦池酒等通过广告战略，解决了产品品牌认知和产能规模消化问题，取得了飞速增长。这一时期的终端表现十分散乱，厂家比商家更有话语权，因此后期出现了深度分销、深度协销，即厂家代替或协助商家提供终端服务。但是如今白酒经销商经过多年发展，已经达到数亿元甚至几十亿元的销售规模，早已经实现企业化生存。在终端网络布局、区域市场运作方面商家更有话语权。因此未来的白酒企业应该在厂商协同的基础上强调分工效应。厂家发挥品牌、研发、生产的优势，商家发挥区域拓展、网络服务的优势，在分工作业的理念统筹下建立优势互补的协同优势。

3. 设定厂商一体化的模式，循序渐进逐步推动厂商协同

厂商一体化不拘泥于形式，本质上是在厂商共同利益基础上，建立统一的游戏规则，发挥出厂商各自的优势。近年来一些白酒企业实行内部员工商业化，其实就是将企业内部组织外化为商业，比如泸州老窖的“柒泉模式”在某种程度上就是这种思路。其实反过来将经销商“内化”为企业的一部分，也是一种厂商一体化的方式。

资料来源：马韬. 白酒厂商不能总是“窝里斗”. 销售与市场：评论版，2013（3）.

问题：

结合当下的背景，谈谈白酒行业的厂商应该如何建设分销渠道。

第六章 企业生产运营管理

☞内容提要：

生产运营管理是企业管理的主要职能之一，曾被誉为现代企业经营的三大基石之一，通过本章的学习，将在理解生产运营管理基本概念的基础上，熟悉生产运营系统的组织和设计、新产品开发与工艺流程管理、生产能力与生产计划、生产运营系统的选址和布局以及现场管理等内容。

☞学习目标：

1. 掌握生产运营管理的含义；
2. 熟悉生产过程与生产类型的分类、新产品开发的流程；
3. 理解生产能力与生产计划的概念以及两者之间平衡的问题；
4. 了解生产运营系统的选址和布局问题；
5. 知晓生产现场管理的方法。

☞学习提示：

1. 课外查阅生产运营管理的专业书籍，进行系统学习；
2. 课外收集生产运营管理的经典案例，加强理论学习对实践的指导。

第一节 企业生产运营管理导论

一、生产运营管理概述

（一）生产运营管理的概念

生产是人类社会最基本的活动，自从“企业”这种组织形态诞生以来，生产职能一直就是企业安身立命之本。一般来说，生产是指物质资料的生产，通过物质资料的生产将原材料转化为特定的有形产品，相关学科称为“生产管理学”，主要研究有形产品的生产制造过程的计划、组织和控制。随着服务业的兴起，生产的概念进一步扩展，不再仅指工厂里从事的制造活动，而是逐步容纳了非制造业的服务业领域，既包括有形产品的制造，又包括无形服务的提供。

因此，现在的生产管理被很多人称为运营管理或生产运营管理，包括制造业和非制造业，生产运营管理就是将人力、物料、设备、技术、信息、能源等生产要素（投入）转换成有形产品或无形服务（产出）的过程。生产运营管理的水平在根本上决定了一个企业的竞争能力和经济效益，是企业不可缺少的重要职能之一。

本书中的生产运营管理是指企业生产系统设计、运行与改进的管理过程，是与企业产品生产和服务提供密切相关的各项管理工作的总称。

（二）生产运营管理的内容

生产运营管理的根本任务，就是在顾客需要的时间内提供其所需数量的合格产品与服务，因此生产运营管理包括三个基本问题：成本管理、质量管理与进度管理。

1．成本管理

如何才能使产品或服务的价格不仅仅被顾客接受，并且能为企业带来所需要的利润，是生产运营管理中所要解决的成本管理问题。在此涉及物料、设备、能源、土地和人等各项资源的合理配置与利用，涉及生产率的提高，涉及企业资金的运用与管理，即如何降低产品或服务的生产成本。

2．质量管理

一般意义上的质量是指产品的操作性功能、使用功能、社会性能和保全性能。为了有效保障和提高产品或服务的质量，生产运营管理需要不断推进质量管理的相关内容。

3．进度管理

在现代化的大生产中，生产所涉及的物料、设备、资金和人员等资源数量巨大，如何将所有资源在需要的时候合理组织起来，是一项十分复杂的管理工作，此时，产品时间价值的实现问题转变为生产运营管理中的产品数量与交货期的控制问题，而这正是生产运营管理中所要解决的进度管理问题。

因此，关于成本管理、质量管理与进度管理这三个方面的问题可以归纳为生产运营管理的 QDC 管理，有学者就指出保证 QDC 三个方面的要求，是生产运营管理最主要的任务，三者相互制约、共同发展，例如，为了保证交货期而过度赶工，可能会引起质量的降低和成本的增加，所以，要想取得良好的经济效益，就需要生产运营管理发挥计划、组织和控制等职能，权衡各种因素，综合管理。

在生产运营管理中，除了 QDC 管理，另外一项基本内容就是进行资源要素管理，即通常意义上所描述的关于物料的管理、设备的管理与人员的管理。要想有效实行生产运营管理，两个方面的内容都不可偏废，要将 QDC 管理与资源要素管理有机整合，以系统、集成的理念来对待和处理这些不同分支管理之间的相互关系与作用。

（三）生产运营活动的构成

生产运营活动包括三个基本要素：投入、转换和产出，即生产运营管理的实质就是在从生产要素投入到产品与服务产出的转换过程中实现价值的增值。

（1）投入过程：输入生产运营系统中所需要的各种资源，即生产要素。

（2）转换过程：是一个劳动过程，也是价值增值的过程，包括两个过程：

①物质转换过程：使投入的各种物质资源进行转换；

②管理过程：通过计划、组织、实施和控制等活动，实现物质转换过程。

（3）产出过程：输出企业生产的产品或提供的服务，是企业对社会作出的贡献。

这是企业赖以生产的基础。产出要体现出差异性，以此体现企业所具有的竞争力。生产运营活动过程见图 6-1。

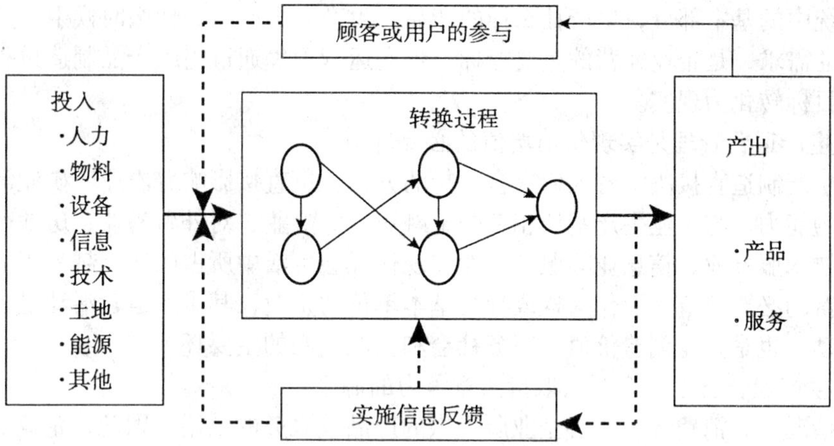

图 6-1　生产运营活动过程

表 6-1 反映了在日常生活中，典型的生产运营活动的投入、转换与产出的过程。

表 6-1　生产运营活动应用实例

系统类型	投入	系统资源	转换过程	产出
医院	患有疾病的人	医生、护士、药品、器械	医疗护理	治愈的病人
饭店	饥饿的顾客	食物、厨师、服务员	精心烹饪、热忱服务	满意的顾客
储运中心	入库的货物	仓库、保管员	储存与运输	保管和运输的货物
汽车厂	钢板、发动机、零部件	工具、设备、工人	加工与装配	汽车
大学	高中毕业生	教师、教室、教学资料	传授知识与技能	大学毕业生
百货商店	有购买需求的消费者	货柜、橱窗、售货员	引导顾客、推销商品	购物离去的顾客

从表 6-1 中可以发现，在医院，投入的是身体状况欠佳的病人，通过医疗与护理，即可实现转换过程产出治愈的病人；在汽车厂，投入的是各种零部件，经过加工与装配，实现转换过程产出汽车；在大学，投入的是高中毕业生，通过教师传授知识与技能，实现转换过程产出大学毕业生。

因此，从生产运营活动的投入、转换与产出过程来讲，生产运营管理的功能主要体现在以下几个方面：

(1) 生产运营管理是企业管理系统中不可缺少的基本组成部分

由投入、转换和产出构成的生产运营活动是企业的基本活动，因此生产运营管理是企业管理系统中的基本部分，生产什么样的产品、生产多少产品、什么时候生产产品满足用户和市场的需求，是企业经营的重要指标，生产运营管理通过组织产品制造过程将理想状态的经营目标转化为现实。

(2) 生产运营管理是实现价值增值的必要环节

工业生产制造直接决定着人们衣食住行的方式，也直接影响着农业、矿业等其他产业技术装备的能力。与工业生产密切相关的金融业、保险业、对外贸易业、房地产业、仓储运输业、技术服务业、信息业等服务行业在现代社会生活中所占的比重越来越大，成为人类创造财富的必要环节。而作为构成社会基本单位的企业，其生产运营活动是人类最主要的生产活动，也是企业创造价值、服务社会和获取利润的主要环节。

(3) 生产运营管理是企业获取持久竞争力的源泉

一般情况下，消费者只关心企业所提供的产品或服务的效用，因此，企业之间的竞争实际上是企业产品之间的竞争，企业竞争的关键最终体现在企业提供的产品或服务的质量、价格和适时性上。哪个企业的产品质量好、价格低，又能及时推出，这个企业在竞争中就能取胜。一个企业产品的竞争力，在很大程度上取决于企业生产运营管理的绩效。从这个意义上来说，生产运营管理是企业竞争力的真正源泉。在市场需求日益多样化、顾客要求越来越高的情况下，如何适时、适量地提供高质量、低价格的产品，是现代企业经营管理领域中最富有挑战性的内容之一。

二、生产运营管理的发展历程

生产运营管理的历史可谓源远流长，中国万里长城的修建、古埃及金字塔的建造等都体现出了生产运营管理的思想。到了近代，生产运营管理源于英国蒸汽机的发明，即产业革命所带来的原动力发展。而最初的生产运营管理理论大多数也来自钢铁制造业和汽车制造业的生产实践，通过泰勒、法约尔等先驱的不断探索与研究，工业企业开始改变以工厂主为中心的个人经验管理，生产运营管理作为企业管理的重要组成部分，越来越受到人们的重视，人们为此进行了大量、深入的研究与实践，形成了丰富的理论体系和管理模式。

(一) 泰勒的科学管理

泰勒科学管理思想的核心就是对工作的研究，他主要探索了在工厂中提高劳动生产率的问题。可以说，泰勒的管理哲学从根本上动摇了旧的管理机构与方法，是生产运营管理这门学科发展史上的里程碑。

(二) 福特的流水线生产

20 世纪初，美国福特汽车公司根据泰勒按节拍生产的理论，通过设计制造大量专用机床，首先建立了流水线生产方式。在福特工厂改进后的装配线上，每辆汽车底盘的平均作业时间从原来的 12.5 小时降低到 93 分钟，从而极大地降低了汽车的生产成本。流水线生产方式开创了机械工业大规模生产时代。

(三) 丰田的准时化生产方式

准时化生产方式，即 JIT，由日本丰田汽车公司于 1953 年开始研究，并于 1962 年开始在全公司范围内推广。其核心是将需要的工作或零部件，在需要的时刻，按需要的数量提供给每一道工序，以便最大限度地减少在制品的库存量，消除浪费。准时化生产方式是在人们对汽车产生多样化需求的情况下，汽车工业为适应多品种、小批量生产而采用的一种降低成本的新型生产方式，也是继福特汽车公司在单一品种基础上建立起来的大批量、大规模生产方式后的一个重大突破，这种生产方式最重要的意义就是在刚性自动化技术的基础上，通过非常独特的生产管理实现了柔性生产。

（四）企业资源计划

为了适应市场的需要，美国结合自己的国情，将计算机信息技术引入生产管理中，并逐步拓展至全部的企业管理范畴，最终形成了企业资源计划管理方式。具体又可分为四个阶段：

第一个阶段：物料需求计划（MRP）。这是一个基于计算机的信息管理系统，主要用于确定产品生产中构成最终产品的各种物料的需求量与需求时间。MRP 解决了物料短缺现象，保证了合理的库存量，但没有进行生产能力以及采购能力的平衡。

第二个阶段：闭环（广义）MRP。这是一个封闭耦合的系统，在执行计划的过程中，通过反馈信息来实施相应控制，但只涉及生产管理中的物流方面。

第三个阶段：制造资源计划（MRPⅡ）。这是把企业作为一个有机整体，从整体最优的角度出发，通过运用科学方法对企业各种制造资源以及产、供、销、财各个环节进行有效的计划、组织和控制，使得其协调发展、充分发挥作用。

第四个阶段：企业资源计划。这是以用户需求为中心，把客户需求和企业内部的经营活动以及供应商的资源整合在一起，将企业的业务流程看做一个紧密连接的供应链，并对链上的所有环节有效地进行管理。在应用范围上从各种工业企业延伸到服务企业；在管理时效上，更加强调实时控制能力；在计算机技术上，综合应用客户机/服务器体系、第四代语言与网络通信等信息产业成果。

（五）计算机集成制造系统

20 世纪 80 年代至今，随着计算机信息技术的迅速发展及其与企业的高度整合，形成了计算机集成制造系统（CIMS）。它整合包容了制造资源计划、计算机辅助设计（CAD）、计算机辅助制造（CAM）、计算机辅助工艺设计（CAPP）以及柔性制造系统（FMS），形成了建立在数字化信息技术基础上的高度一体化、自动化、柔性化的企业。

正像历史的车轮永远不会停息一样，生产运营管理的发展也永远不会中断，展望未来，生产运营战略的理念将受到前所未有的重视；先进的生产运营方式将在除制造业以外的服务业和非营利性组织中得到广泛应用；关于环境问题的诸如绿色制造的思想将逐渐成为企业获取新一轮竞争优势的重要指导思想；道德问题与社会责任也会被越来越多的企业在生产运营管理中所重视。

三、生产运营战略

（一）生产运营战略的产生背景及含义

1. 生产运营战略的产生背景

第二次世界大战之后，美国企业开始根据其市场营销和财务部门的情况来制定企业战略。战争期间产品极为匮乏，使得战后的美国对产品的需求十分旺盛，当时美国企业能够以相当高的价格出售它们生产的产品。此外，美国的两个主要工业竞争对手——日本和德国的工业在战争中被摧毁，美国企业几乎没有任何国际竞争的压力，甚至连国内市场的需求都来不及满足，更不用说向其他国家出口了。在这样的企业环境中，人们不注意生产运营战略问题，只关心大量生产产品以供应市场。当时的公司战略往往与市场、财务管理有关，而没有意识到生产对企业整体的作用。

随着市场竞争日趋激烈和全球经济的发展，生产运营如何更好地适应市场竞争的需要，成为企业生存发展的突出问题。到了20世纪80年代，当美国的制造业被日本全面赶上并超过时，才真正在美国引起了对“运营战略”的重视。由于生产运营战略对企业竞争实力的作用和对生产运作系统的战略指导意义，它日益受到各国学者和企业界的关注。伴随着人们对企业战略的研究与实践，人们也开始了对生产运营战略的研究。

2. 生产运营战略的定义

企业的生产运营战略属于职能级战略，其在企业生产经营中起着承上启下的作用。一般来说，生产运营战略主要包括：选择合适的产品进入目标市场；制订生产能力需求计划、劳动力计划；厂址选择与设施布局；确定主要技术指标、协作化水平；进行质量控制、生产计划与物料控制等。

因此，生产运营战略是指企业为了实现组织愿景，对销售、设计、加工、交货等各个环节设计一套调配和运用各种内外部资源的政策和计划，以便实现企业的长期竞争战略。它的着眼点是企业所选定的目标市场；它的工作内容是在既定目标导向下制定企业建立生产系统时所遵循的指导思想以及在这种指导思想下的决策规划、决策程序和内容；它的目的是使生产系统成为企业立足于市场，并获得长期竞争优势的坚实基础。

（二）生产运营战略的竞争优势要素

竞争力是决定一个企业生存、发展、壮大的重要因素，是企业取得竞争优势的保证条件，而竞争优势是在价值链中为绩效测评即运营能力所确定的战略重点，一般来说，组织可以在以下五个方面赢得生产运营战略的竞争优势：

1. 成本

价格是顾客必须对产品或服务支付的金额，显然，在质量、功能相同的条件下，顾客将选择价格较低的产品或服务。价格竞争的实质是成本竞争，生产运营成本越低，企业在价格上就越有竞争优势。

2. 质量

生产运营管理者每天都要处理各种质量问题，比如确保无缺陷地生产产品或无瑕疵地交付服务，在长期生产运营中，是产品和服务流程的设计最终决定了产品和服务的质量。

3. 时间

在今天的社会中，时间可能是竞争优势中最重要的一环。快速响应顾客需求、短暂的等待时间以及绩效一致性都与时间有关。

表现在时间上的竞争优势主要体现在以下三个方面：

（1）按时交货的能力。在同一质量水平下，企业间竞争优势差异的重要表现就是时间性。国外的研究表明：准时或快速交货的竞争能力正在逐步取代高质量、高功能在国际竞争中的作用。在某些类型的市场上，企业交货的速度是竞争的首要条件。

（2）交货可靠性。这是指企业在承诺的交货时间提供产品或服务的能力。例如，轮胎供应商必须按规定的数量和种类向汽车生产者准时提供其所需要的轮胎，假如汽车已到达装配线上安装轮胎的工序，需要的特定轮胎还未到达，整个生产线就会因此而中断，直到轮胎送来才能继续生产。

（3）新产品开发速度。在知识经济时代，高新技术发展日新月异，产品生命周期不断缩短，企业新产品开发速度越快，就越能迅速地占领市场，即谁能比竞争者抢先一步，谁就能赢得顾客。

4. 柔性

柔性是由与企业运作过程设计直接相关的两个方面构成的。

其一，是企业为客户提供多种产品和服务的能力。最大的柔性意味着提供顾客化的产品与服务的能力，以满足客户独特的需求，这常被称为“大规模定制”。

其二，是企业快速转换工艺生产新产品的能力或者快速转换服务流程提供服务的能力。由于产品更新换代加快，生命周期缩短，这方面的柔性变得越来越重要。市场对产品或服务的需求是波动的，为适应外部环境变化和市场的需求，企业应能够迅速改变产品设计、产品组合以及产品批量生产的能力，这就要求生产运营系统具有柔性。

以汽车行业为例，要想获得长久的竞争力就需要持续开发新的车型，因此，那些可以同时在同一装配线上灵活生产许多不同车型的公司，可以随着需求改变而随时改变生产，从而以更低的产能实现更有利的销售，以此获取竞争优势。在历史上，日本汽车制造商就是凭借这样的优势超过美国汽车制造商的。

5. 创新

创新就是有利于目前已有的设备、方法或思想的发明、应用或商业化实践。这么多年来，产品和服务中的各种创新已经明显改善了我们整个生活的质量。在企业中，生产设备和管理行为的创新能够让整个组织更有效、更优质地满足顾客需求。

（三）生产运营战略框架

为了更加深刻地了解生产运营战略的实质，本书以典型的制造业为例，具体剖析其生产运营战略框架的构成。制造业生产运营战略框架见图 6-2。

1. 生产运营战略框架

作为制造业企业战略的重要组成部分，生产运营战略需要放置在制造业企业大系统中来考察，在垂直方向上，是从产品设计、物料采购、加工制造，直到销往市场；而在水平方向上，需要扩展到企业其他部门，作全面的系统分析。

制造业生产运营战略能有效把企业资源与市场需求联系起来。在图 6-2 中，位于最顶层的是制造业企业的经营战略，它规定了企业的目标市场和产品系列，限定了企业的经营方向，依次向下的流程为：

（1）确定用户对新产品和现有产品的需求，包括产品的性能、质量、价格、数量和交货期等，并确定它们的优先级别；

（2）明确生产运营管理重点，保证与产品需求的优先级别相一致；

（3）生产运营管理部门动用全部生产能力（包括供应商），实现需求，赢得订单。

因为产品需求特性不仅和生产运营管理相关，也和企业其他部门存在一定的相关性，所以在图 6-2 中，把产品的需求特性与企业的能力“桶”紧密联系起来了。如果离开了研究与开发工作，没有了营销部门的市场信息，缺少了财务、人力、信息等资源的支持，

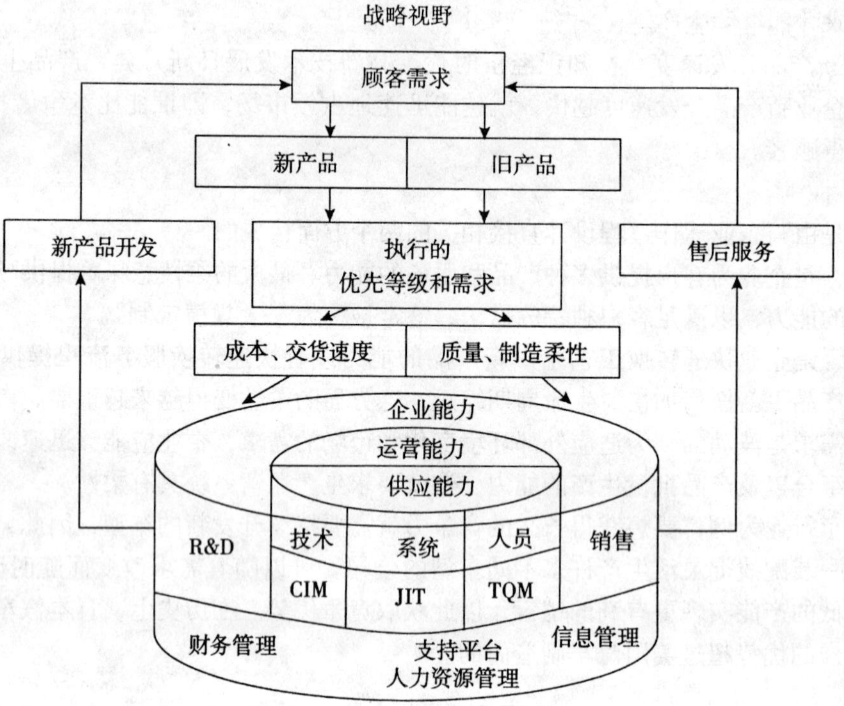

图 6-2　制造业生产运营战略框架

资料来源：陈心德，吴忠. 生产运营管理：2 版. 北京：清华大学出版社，2011：21.

仅仅凭借运营管理是无法实现企业目标的。

2. 生产运营战略决策层次

（1）战略决策：决定企业产出什么样的产品，为获取不同的产品，需要在系统中投入什么资源，如何优化配置各种生产要素，设计最适宜的生产组织方式以及确定企业的核心竞争优势。

（2）系统设计决策：通过生产运营系统来实现生产运营战略决策，生产运营系统设计决策主要包括生产能力的规划、厂址选择与设施布局、工艺设计与流程管理等。

（3）系统运行决策：主要包括不同层次的计划、作业调度、质量控制、后勤管理、QDC 价值条件管理以及资源要素管理等内容。

第二节　企业生产运营系统的组织和设计

一、生产过程的定义及构成

（一）生产过程的定义

生产过程是工业企业生产活动最基本的过程，是制造产品中所必需的不同阶段的总和。制造行业或服务行业的生产系统都存在着利用运营资源把投入转换成产出的生产过程，而生产过程的内外部环境是处于不断变化中的，因此，生产过程也是一个动态过程。

总体说来，本书中所阐述的生产过程是指从准备生产一种产品或服务开始直到把它生产出来为止的全部过程。

（二）生产过程的构成

1. 生产过程细分

按生产过程的作用来分，主要由以下五个部分构成：

（1）基本生产过程

这是指对构成产品实体的劳动对象直接进行工艺加工的过程。这是直接产生价值增值的过程，也是整个生产过程中最主要的环节。

（2）辅助生产过程

这是指为保证基本生产过程的正常进行而从事的各种辅助性生产过程，如为基本生产提供动力（电力、蒸汽、煤气、压缩空气等）、工具和维修工作等。

（3）生产技术准备过程

这是指产品在投入生产前所进行的各种生产技术准备工作，如产品的研究、开发、设计，工艺设计、工装设计和制造，材料定额和时间定额的制定和修订，劳动组织和设备的布置与调整等。

（4）生产服务过程

这是指为保证生产活动顺利进行而提供的各种服务性工作，如供应工作、运输工作、技术检验工作等。

（5）附属生产过程

这是指生产不代表企业专业方向而满足市场需要的附属产品的过程。

2. 基本生产过程细分（工艺阶段）

基本生产过程是工业生产的核心部分，受行业生产性质的影响，具有行业特性，它是由不同的工艺阶段所构成的。

工艺阶段是指按照使用的生产手段的不同和加工性质的差别而划分的局部生产过程。比如机械制造业，其基本生产过程是由毛坯工艺阶段、加工工艺阶段、热处理工艺阶段和装配工艺阶段等不同的工艺阶段构成的。每一个工艺阶段都有自身的特点，这些特点都影响着生产的组织与计划。

3. 工艺阶段细分（工序）

每一种工艺阶段最基本的组成部分就是工序。

工序是指在一个工作地（或一台设备）上，一个工人（或一组工人）对劳动对象连续实施的生产作业，它是生产过程最基本的组成单位。若干个工序组成工艺阶段。

工序的划分是一项非常重要的工作，它直接影响到组织生产过程、制定劳动定额、配备工人、检验质量和编制生产作业计划等工作。

（1）按照工序的性质划分

①基本工序，是指直接使劳动对象发生物理或化学变化的工序；

②辅助工序，是指为基本工序的生产活动创造条件的工序。

（2）按照工序的作用划分

①工艺工序，是指使劳动对象发生物理或化学变化的工序，其水平直接关系到工艺质量和效能；

②检验工序，是指对原材料、半成品和产成品的质量进行检验的工序，这类工序是否设立与企业质量管理的模式与水平有着直接关系；

③运输工序，是指在各相关工序之间负责运送待加工、已加工的工件的工序。

因此，生产过程的构成就是指生产过程的各个部分之间的组成情况和相互联系。

（三）合理组织生产过程的五项原则

生产管理的对象是生产过程，组织好生产过程能使企业有效地利用生产资源，根据市场需求快速反应，以合理的消耗水平为社会提供优质产品，并取得最佳经济效益。

一般来说，主要通过如下五个原则来合理组织一个企业的生产过程：

1. 生产过程的连续性

连续性是指在生产过程各阶段、各工序之间的流动是紧密衔接、连续不断的。主要包括：

（1）时间上的连续性

要求物料在生产过程各个环节的运动自始至终处于连续状态，没有或很少有不必要的停顿和等待现象。

（2）空间上的连续性

要求生产过程各个环节在空间布置上合理紧凑，使物料的流程尽可能短，没有迂回往返现象。

当生产过程实现了连续性时，就可减少和消除生产过程中不必要的停顿和间断，从而加快物流速度，使得生产过程中的在制品库存减少、流动资金周转速度加快、资金利用率提高。要做到生产过程的连续性，需要方方面面的工作给予配合。

2. 生产过程的平行性

平行性是指生产过程的各个阶段、各个工序实行平行作业。以机械制造为例，这种生产过程的平行性可以体现在以下三个方面：

（1）各种零部件生产的平行性；

（2）一批当中的产品或零部件在各工序平行生产；

（3）不同产品的平行生产。

提高生产过程的平行性，可以大大缩短产品的生产周期，同时也是保证连续生产的必要条件。

3. 生产过程的比例性

比例性是指生产过程的各工艺阶段之间、各工序之间，在生产能力的配置上要与产品制造的要求成比例，要求各个生产环节之间的生产能力保持合理的比例关系，以保证生产过程协调进行。

当生产过程实现了比例性时，将有助于企业充分利用其设备、生产面积、人力资源以及资金，有利于减少生产过程中的停顿、等待时间，达到缩短产品生产周期的目的。

4. 生产过程的均衡性

均衡性是指产品的生产从材料的投入到最后完工能够按计划有节奏地进行，保持在相等的间隔时间，如每月、每旬、每日所生产的产品数量大致相等或稳定上升，使工作地和工作人员能够经常达到均匀负荷，保证均衡地完成生产任务。生产过程的均衡性表现在产品投入、生产与产出中，而其中产出均衡是最重要一环。

当生产过程实现了均衡性时，就能在保障员工人身安全的前提下，有效提高员工的工作效率，并确保整个生产活动井然有序；在保证产品质量的情况下，有利于设备均衡负荷，并显著提高设备利用率及工时利用率。

5. 生产过程的柔性

柔性是指企业的生产过程对市场的变动应具有较强的应变能力，能根据市场需求的变化，及时调整和组织生产。在多变的内外部环境下，当企业管理从生产型转变为生产经营型以后，企业需要灵活调整与组织生产，即提高生产过程的柔性，以此来提升企业的竞争力。

二、生产类型的概念与分类

（一）生产类型的含义

生产类型是指以生产专业化程度为标志划分的生产类别。划分生产类型的意义在于从品种繁多的工业企业中找出生产组织上的共同特点，而这些特点表现在设备与工艺、生产规模、专业化程度、产品结构等内容上。

生产运营管理的一项重要任务，就是要从种类繁多的不同行业中，分析研究其生产过程的特点，探索它们的规律性，把所有行业按照其生产的特点与共同点归纳为几种生产类型，以便根据不同的生产类型采取相应的生产组织形式，这样有利于合理组织生产和提高生产管理的效率。

（二）生产类型的分类

根据不同的分类标准，生产类型有多种分类方法，而在生产类型与生产管理方法的对应关系研究中，涉及较多的论述就是根据生产的稳定性与重复性不同来进行分类，因此，本书根据这种方法将生产类型分为大量生产、成批生产和单件小批生产三种基本生产类型。

1. 大量生产

此种生产类型的特点在于产品固定，品种少，产量多，生产条件稳定，生产的重复性高，属于此类型的生产工厂有汽车制造厂、滚珠轴承厂等。

2. 成批生产

此种生产类型的特点在于产品相对稳定，品种较多，能定期或不定期地轮番进行生产，因而工作地的专业化程度较大量生产要低。当轮番生产时，工作地设备和工夹具要进行适当的调整，由于生产品种较多，因此对工人技术水平要求也较高。成批生产在汽车工业、精密机械工业的冲压工序、齿轮加工、各种结构件的加工工序以及在钢铁工业中的炼钢、轧压工序中被广泛应用。

3. 单件小批生产

此种生产类型的特点在于产品品种多，而每一种产品仅是少量的，品种不稳定，工作地的专业化程度很低。属于此类型的生产工厂有电站设备厂、造船厂、矿山设备厂，此外，航天项目、工厂的扩建以及新产品的开发、一次性的项目管理也可列入此种类型。

大量生产、成批生产和单件小批生产的比较见表6-2。

表6-2　　大量生产、成批生产和单件小批生产的比较

项　目	大量生产	成批生产	单件小批生产
生产重复性	重复性高	周期性重复	基本不重复
设备通用性	专用	专用或通用	通用
生产组织形式	对象原则	对象或工艺	工艺原则
工人技术水平	较低	一般	高
产品种类	单一	较多	很多
管理工作	较简单	较复杂	复杂
成本	低	较高	高
工作地专业化	完成一道或几道工序	较多道工序	多道工序
柔性	差	较好	好

资料来源：齐二石. 生产与运作管理教程. 北京：清华大学出版社，2007：182.

三、不同生产类型的组织设计

生产类型与生产组织有着密切的联系，当生产类型确定以后，就可以决定如何有效组织生产过程。

（一）大量生产的组织设计

在大量生产情况下，一种被广泛采用的生产组织形式就是流水生产线，该形式可以将高度的对象专业化的生产组织和劳动对象的平行移动方式有机地结合起来。

1. 流水生产的基本特征

（1）流水生产线上每个工作地完成一道或几道工序都是固定的，因此工作地专业化程度高；

（2）工作地和设备按产品加工顺序排列；

（3）各道工序的加工时间之间，规定着相等或倍比关系；

（4）按规定的节拍或时间间隔产出产品；

（5）生产过程具有高度的连续性。

2. 流水生产线类型

（1）按生产对象移动方式不同，可分为产品固定不动的流水线和产品移动的流水线。

（2）按生产对象的数目不同，可分为单一对象流水线和多对象流水线。

（3）按生产对象轮换方式不同，可分为不变流水线和可变流水线。

（4）按生产过程连续程度不同，可分为连续流水线和间断流水线。

（5）按流水线节奏不同，可分为强制节拍流水线和自由节拍流水线。

（6）按流水线的机械化程度不同，可分为手工流水线、机械流水线和自动生产线。

3. 流水线的组织设计

流水线组织设计的任务主要由生产组织管理人员来承担，包括：流水线的节拍和生产速度的确定、设备需要量及负荷的计算、工序同期化设计、工人配备、生产对象运输传送方式设计以及流水线平面布置等，因此组织设计是“软件”方面的设计。这里以单一品种流水线的组织设计为例，简略介绍流水线生产的组织设计流程。

单一品种流水线的组织设计主要由七个步骤构成：①计算流水线的节拍；②确定各工序所需的各工作地数，计算设备负荷系数；③设计工序同期化，平衡流水线；④计算流水线的负荷系数；⑤配备工人；⑥设计运输工具；⑦进行流水线的平面布置。

（二）成批生产的组织设计

首先，要满足各种品种在计划期内的需求数量和需求时限，妥善安排生产的批次，保证生产有节奏而又平稳地进行。

其次，要合理安排不同品种的投产顺序，以减少在制品库存，缩短加工时间。

再次，还要合理确定生产批量和生产次数以及生产间隔期，以减少库存费用和调整费用。

然后，在安排时间依赖品种投入顺序时，确定各品种的投入顺序和批量，以使总安排时间最少。

最后，通过改进设备和工艺，以压缩各品种的安排时间和加工时间。

（三）单件小批生产的组织设计

单件小批生产方式的生产计划是由洽谈开始的，在洽谈交易阶段，客户向生产单位提出有关订货的质量、数量、规格、交货期、价格等要求，征询是否可以生产。此外，也有客户向生产单位提出规格和数量等要求，并请其估计相应的价格和交货期，对于这种交易，生产单位要马上进行估计，同时接受对本公司有利的订货，这称为订货选择。客户和厂商双方对质量、规格、数量、交货期、价格等都满意之后，才开始确定订货合同，这时所有的事项就成为后面生产计划的约束条件。根据这些要求，分析零部件，确定加工顺序和工时，计算标准日程，编制日程计划，发布具体的作业指令。

第三节　新产品开发与工艺流程管理

一、新产品开发的价值体现

随着全球经济一体化进程的不断加快以及科学技术的飞速发展，企业开发新产品变得越来越重要，其价值主要体现在如下几个方面：

第一，可以巩固和扩大市场份额。随着新技术的发展和市场竞争的白热化，产品的生命周期开始变得越来越短。一个产品、一种型号在市场上持续畅销的时代已经不存在了，因此，企业必须审时度势，不失时机地开发新产品，并快速推向市场，才能在全球化的市场竞争环境中更具有竞争力。研究表明，市场先入者凭借先入为主的优势占有市场份额，要比从竞争对手中抢夺市场份额容易得多。

第二，能够快速响应竞争。如果具备使新产品快速抢占市场的能力，即使竞争对手意想不到地突然宣布其新产品进入了市场，企业也能快速地作出适当反应，以减少作为市场晚入者所处的不利地位而带来的竞争劣势。

第三，有利于创建行业标准。对于创新型的产品来说，先进入市场的企业可以享有制定本行业标准的特权。这种做法等于为竞争对手制造了进入壁垒，从而延迟了业内竞争的到来。例如，微软公司凭借着 Windows 视窗操作系统先入为主的优势，已经成功地成为操作系统软件的行业标准的制定者。

第四，方便开拓新领域。企业可以通过开发新的产品进入新的领域，以此寻求新的发展空间。当企业推出的第一种产品取得了稳定的市场份额后，立即开发第二种、第三种产品以进入新的领域，既可以求得新的发展空间，扩大经营规模，又增强了抗风险的能力。

二、新产品的类型

一般来说，新产品应在产品性能、材料和技术性能等方面（或仅一方面）具有先进性和独创性，或优于老产品。从企业经营的角度来说，新产品必须是能满足市场需求并给企业带来利润的产品，因此新产品可以分为四种：

（一）全新产品

是指科学技术上的新发明在生产上的新应用。全新产品使用了新原理、新技术、新结构、新工艺、新材料等，与现有产品无任何共同之处。

（二）改进产品

是指对现有产品改进功能，提高质量，或因规格型号的扩展、款式花色的变化而产生的新产品。改进产品对企业的重要性在于能确保企业近期的现金流，是企业重点开发的新产品类型之一。

（三）换代产品

是指产品的基本原理不变，部分地采用了新技术、新材料、新的元器件，使其性能有重大突破的产品。换代产品保证了企业利润的持续增长，而利润的增长又为产品更新换代提供了所需要的资金，从而保证了顾客对换代产品的持续的忠诚。因此，换代产品是企业重点开发的另一种新产品类型。

（四）本企业新产品

是指对本企业是新的、但对市场并不是新的产品。通常企业不会完全仿照市场上的已有产品，而是在造型、外观、零部件等方面作部分改动或改进后再推向市场。

三、新产品开发流程

（一）新产品开发的三种动力模式

1. 技术推动型

这是按照原创理论，开始于技术创新和变革，并确定可以使技术和市场相匹配的新产品开发方案。技术推动型的产品以技术→生产→市场的模式出现，即“将研究结果推向市场”。

2. 需求拉动型

这是按照需求理论，开始于市场机会，通过市场研究和客户反馈来寻求市场机会，并确定可以满足市场需求的新产品开发方案。需求拉动型的产品以市场→研究与开发→生产→市场的模式出现，即“把市场需求带入研究”。

3. 跨职能合作型

新产品的引进开发是跨职能的，它同时需要营销、运作以及其他职能的合作。新产品的开发过程既不是由市场拉动也不是由技术推动，而是由职能间的合作来决定，其结果是在充分利用技术优势的同时，生产出满足客户需求的产品来。

无论是技术推动型、需求拉动型，还是跨职能合作型，产品开发都必须满足技术创新与市场需求匹配的原则。

（二）新产品开发过程

一般来讲，一个完整的新产品开发过程由新产品创意、产品设计、工艺设计与流程选择以及市场导入等一系列活动构成。

1. 新产品创意

是新产品开发流程的始点，其主要任务是识别客户需求。通常新产品创意来源于市场营销部门，因为他们通过与顾客的交流，倾听顾客心声挖掘创意并开发新产品；另一个来源就是技术推动，即顾客还没有意识到对新产品的需求，而是由企业的研发部门开发出来并推向市场。

2. 产品设计

主要包括产品的需求分析、产品构思、可行性论证和结构设计等。

3. 工艺设计与流程选择

是指按照产品设计要求，安排或规划从原材料加工成产品所需要的一系列加工过程、工时消耗、设备和工艺装备等。

4. 市场导入

就是将所开发的产品引入市场。

四、产品—工艺矩阵

海斯和惠尔莱特在1979年提出了一个战略分析工具：产品—工艺矩阵（如图6-3所示），通过该矩阵企业可以在生产运营管理中进行工艺设计与流程选择。

从图6-3可知，产品—工艺矩阵是一个二维的矩阵，其中横坐标表示产品生命周期阶段和产品结构，随着产品生命周期的发展，市场需求特性渐渐趋向同一化，产品的产量增加而产品结构变窄；纵坐标表示工艺生命周期与工艺结构，随着工艺生命周期的发展，生产运营工艺由单件生产变为成批生产、大量生产，自动化程度很高的专用设备与标准物流变得经济可行。

总之，产品—工艺矩阵是一种利用产品特性描述工艺选择的模型，矩阵对角线是产品和工艺之间最合适的搭配，沿着对角线下移，产品和工艺的重点从低产量、高柔性转向高

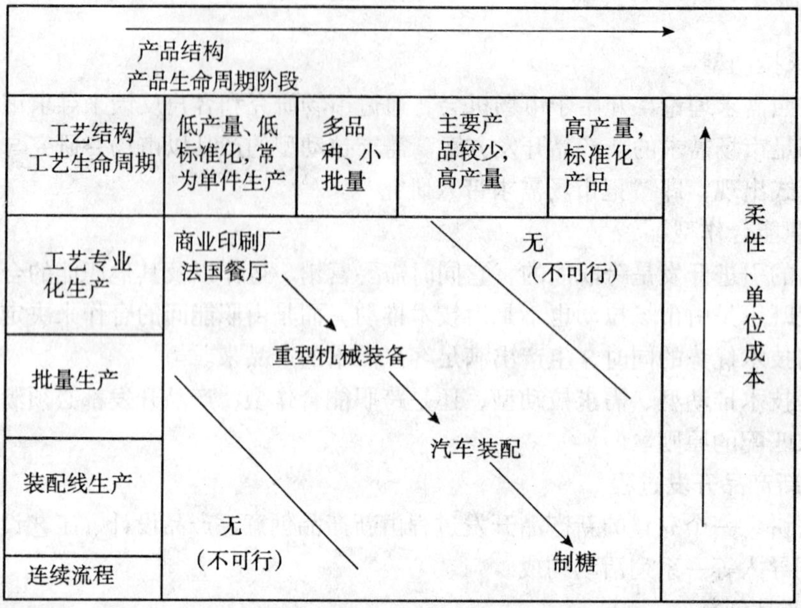

图 6-3　产品—工艺矩阵

资料来源：齐二石. 生产与运作管理教程. 北京：清华大学出版社，2007:82.

产量、标准化。这就表明了随着产品变化，特别是从创业启动到规模更大更成熟的公司，必须同时进行工艺改变。在许多企业中往往会发生的就是产品战略改变了，但管理者却没有对新产品的特性作出相应的反应，没有做出必要的工艺改变。换句话说，如果产品特性和工艺选择没有很好地进行配合，企业将不能有效取得竞争优势。

第四节　生产能力与生产计划

一、生产能力概述

（一）生产能力的概念

生产能力是指企业全部生产性固定资产（包括主要生产设备、辅助生产设备、起重运输设备、动力设备以及有关厂房和生产建筑物等）在一定的时期内，在一定的技术和组织条件下，所能生产一定种类产品的最大数量。它是指各个生产环节、各种固定资产在保持生产要求的一定比例关系的条件下所具有的综合生产能力，是人员能力、设备能力和管理能力的综合。

（二）生产能力的柔性

生产能力柔性意味着生产能力具备适度的冗余性，并且各部分之间具有较强的替换性和配合性。也就是说，在柔性系统中，追求的是多样性、灵活性和组织内部间隙所产生的适度冗余。在现实的柔性系统中，生产从以输入为中心转换到了以输出为中心，完全以产品为中心和出发点，以能够快速响应环境变化为目标来构造生产系统。以柔性理论为基础的新型柔性技术包括成组工艺单元、平行组合单元以及网络组织单元等。

（三）生产能力的分类

1. 根据用途的差异性划分

（1）设计的生产能力

是指企业开始建厂时，由工厂设计任务书中所规定的工业企业的产品方案和各种设计数据来确定的生产能力，该能力一般需要经过一定时期以后才能达到。

（2）查定的生产能力

是指当企业产品方案、设备条件和技术组织发生较大变化后，原设计能力已不能反映实际情况，重新调查核实的生产能力。当确定企业的生产规模、编制企业的长期计划、安排企业的基本建设计划和采取重大的技术组织措施的时候，应当以企业查定的生产能力为依据。

（3）现有的生产能力

是指企业在计划年度内所达到的生产能力，它是根据企业现有的条件，并考虑企业在查定时期内采取的各种措施所能取得的效果来计算的。企业在编制年度生产计划，确定生产指标的时候，应当以企业现有的生产能力作为依据，因此，现有的生产能力定得是否准确，对于生产计划的制订有直接影响。

2. 根据可变性划分

（1）固定的生产能力

是指固定资产所表示的能力，它表示生产能力的上限。

（2）可调整的生产能力

是指企业的劳动力数量、企业员工每天的工作时间和班次所表示的能力。

（四）生产能力的计量单位

在工业企业尤其是机械工业企业中，因其产品品种、规格繁多，需要根据企业本身的生产与产品特点来核算和平衡生产能力，一般情况下，有五种生产能力的计量单位。

1. 以具体产品为计量单位

是指运用具体产品的台数、零件的数目来计算生产能力，通常可以用于大量生产类型中。

2. 以代表产品为计量单位

是指把所有产品按结构、工艺以及劳动量构成的相似性进行分组，找出每组的代表产品，用代表产品作为计量单位，其他产品的数量则通过换算系数表示成代表产品的数量，然后进行相加，以此求得企业的生产能力。该种计量方法通常可以用于成批生产类型。

3. 以假定产品为计量单位

假定产品是指以各种产品产量与总产量之比分别乘以单位产品台时消耗之和，作为单位产品劳动量定额的虚构产品。当产品品种很多而又很难找出代表产品时，就以假定产品来计算生产能力。

4. 以产品重量为计量单位

是指采用产品的重量来计算生产能力，通常在单件小批生产类型中，用具体产品的重量或是假定产品的重量作为计量单位来进行核算。

5. 以产品的主要指标参数为计算单位

是指利用产品的主要指标参数来计算生产能力。

企业在采用了合适的计量单位后，应从班组或工段开始往上核算总的生产能力。计算生产能力的步骤如图 6-4 所示。

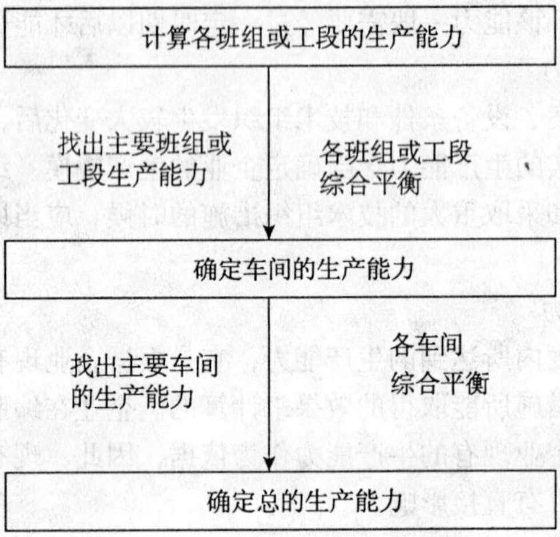

图 6-4 计算生产能力的步骤

二、生产计划概述

（一）生产计划的层次

生产计划是制定生产产品或提供服务的活动、过程的命令，其作用就在于充分利用企业的生产能力和其他资源，保证按质、按量、按品种、按期限地完成订货合同，满足市场需求，尽可能地提高企业的经济效益。

对于制造型企业来说，生产计划通常分为三个层次：

1. 厂级生产计划

厂级生产计划又称为产品级生产计划，是根据用户订单和市场预测制订的长期生产计划，通常为 1 年，主要是用来确定各种产品在计划期内各时间段的出产数量（台、辆、吨）。

厂级生产计划属于计划层面的计划，计划对象是产品或配件，编制计划的基础数据来源于产品生产周期和成品库存，计划的时间单位是季度（细化到月），计划的空间范围是全厂，采用的优化方法包括：线性规划、运输问题算法、搜索决策法则和线性决策法则等。

2. 车间级生产计划

车间级生产计划又称为零件组生产计划，是将形成的厂级生产计划分解为零件组生产计划、生成产品和部件装配计划、零件需求计划，并确定出每种产品中各零件组的出产数量，零件组的生产数量必须与厂级生产计划的要求一致。

车间级生产计划属于执行层计划，计划对象是零部件、毛坯和原材料，编制计划的基础数据来源于产品结构、加工制造提前期、零件、原材料、毛坯库存等相关资料，计划期为一月至一季度，计划的时间单位是旬、周、日，计划的空间范围是车间及有关部门，采用的优化方法主要是 MRP 和批量算法。

3. 班组级作业计划

班组级作业计划又称为工序级的作业计划，是将车间级生产计划进一步分解为单个零件的生产作业计划。

班组级作业计划属于操作层的计划，计划对象是工序，编制计划的基础数据来源于加工路线、加工时间以及在制品库存的相关信息，计划期一般为双日、周、旬，计划的时间单位是工作日、小时、分，计划的空间范围是工段、班组、工作地，采用的优化方法主要是各种作业排序的方法。

（二）编制生产计划的步骤与方法

1. 制订生产计划的一般步骤

企业应根据上期计划执行的结果，尽可能制定具体且可行的目标，当目标确定以后，根据外部环境与内部条件作出现状评估和未来预测，然后从多个备选方案中选出最切实可行的生产计划方案，最后采取有效措施，将生产计划方案落到实处，对实施结果作出综合评价，并做好资料汇总，以此指导后期生产计划制订工作。具体的编制步骤如图 6-5 所示。

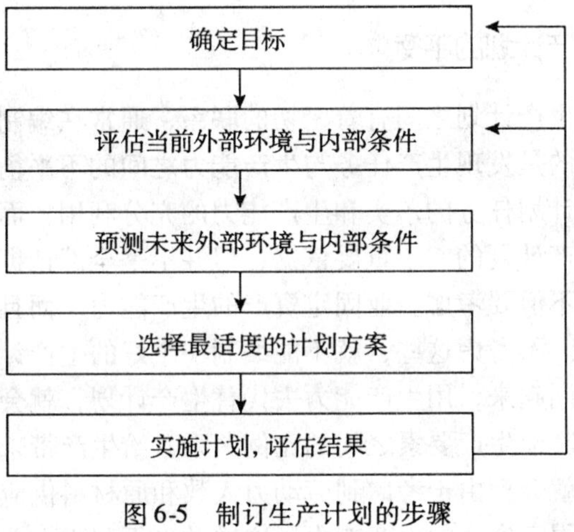

图 6-5　制订生产计划的步骤

2. 不同生产类型的生产计划编制方法

（1）大量生产的生产计划重点

编制的生产计划要保持一定的生产水平；通过预测等手段使设计的生产能力与需求量相适应；通过调节库存产品来调整销售量和产量之间的差额；对新产品的生产和产品型号改变需长期、有计划地进行。

(2) 成批生产的生产计划重点

确定最佳的投入顺序和批量，减少工序空闲和调整准备时间；通过零件的通用化和同类产品安排，减少各工序需要更换的产品品种数；从设备、技术和经济上来确定批量的标准。

(3) 单件小批生产的生产计划重点

正确估计从订货到产品出厂所需的时间（交货期）；重视工序间的平衡问题，保持生产过程的连续性；随时知晓工序的剩余生产能力。

3. 滚动式计划的编制方法

滚动式计划具有较高的弹性与灵活性，可以使企业在适应市场需求的同时，保持生产的稳定和均衡。

在滚动式计划方法中，整个计划期被划分为几个时间段，该时间段可为年、季、月或更短的时间间隔。其中第一个时间段的计划为执行计划，通常较具体，要求按计划实施；其余几个时间段的计划为预计计划，相对较粗略。每经过一个时间段，企业都应根据执行计划的实施情况以及企业内外条件的变化，对原来的预计计划作出调整与修改，原预计计划中的第一个时间段的计划则成为执行计划。

例如，2012 年编制 5 年计划，计划期为 2013—2017 年，共 5 年。将 5 年分成 5 个时间段，则 2013 年的计划为执行计划，其余 4 年的计划均为预计计划。当 2013 年的计划实施之后，又根据当时的条件编制 2014—2018 年的 5 年计划，其中 2014 年的计划为执行计划，其余四年的计划为预计计划，以此类推，其中修订计划的间隔时间称为滚动期，通常为执行计划的计划期。

三、生产能力与生产计划的平衡

企业的生产能力与生产计划之间有着密切的联系，通常在编制生产计划时，一般要进行设备负荷计算，其目的是发现生产任务与生产能力之间的不平衡状况，以便有计划地采取各种有效措施，保证计划任务的落实和生产能力的充分利用；而生产能力反映了企业生产的可能性，是编制生产计划的一个重要依据，但并不是全部依据。企业在按照市场需要编制生产计划的时候，不但要考虑企业固定资产的生产能力，而且还要考虑原材料的供应情况以及其他有关条件。不考虑这些，就不能编制一个好的生产计划。如果把工业企业的生产能力和生产计划混同起来，用生产能力去代替生产计划，就会忽视机器设备等固定资产和劳动力、原材料等其他生产要素之间的比例关系，给生产带来不良的影响；如果用生产计划代替生产能力，就会把由于考虑到劳动力人数和原材料供应等因素的影响而计算出的生产水平，当做企业固定资产的生产能力，这样做也不利于企业挖掘生产潜力。

而当生产计划与生产能力平衡时，应当注意把当前同长期结合起来。这就是说，不仅要考虑到本年、本季、本月的生产能力不足或有余，同时还要注意到今后较长时期内社会需求量同企业生产能力的平衡情况。只有将这两方面结合起来考虑，采取相应的措施，才能使企业的生产经营活动取得较好的经济效益。例如，从当前来看，一家企业的生产能力不能满足生产任务的要求，但从长期销售预测来看，市场需求将趋于饱和，如果企业盲目扩大生产能力，必将在生产经营活动上遭受挫折。

第五节　企业生产运营系统的选址和布局

一、厂址选择

（一）影响厂址选择的因素

厂址选择是企业运营系统进入实施阶段所面临的第一个问题。厂址选择正确，会使企业节约生产成本、加快产品运输速度、快速响应客户要求、加快市场信息传递速度，也能够使企业各个层次的员工安居乐业。而厂址选择不正确，即选择在一个交通闭塞、信息传递不通畅、各种生产原材料不易获得、产品运输困难的地方，无疑会给企业带来极大的生产问题，降低企业的竞争力。

除了像采矿、伐木这样的特殊企业的厂址必须选择在原材料所在地外，绝大多数企业的厂址选择范围可以相当广泛，必要时可扩大到全球范围。为了获得一个合理、满意的厂址方案，必须对众多影响因素进行全面和深入的分析。

1. 政治因素

政策、法规条件决定了企业运营的外部商业环境，为企业的生产运作活动方式做出了界定。政治因素主要包括当地政府对外来企业的优惠政策、当地的法制状况、地方保护状况、贸易壁垒、经济政策的稳定性、对外来企业经营范围的限制等。商业环境的好坏直接影响企业运营能力的发挥，是设施选址中最基本的影响因素之一。

我国改革开放以来，从政策上体现和保证了市场经济的运行机制，这是能够吸引大量外资进入我国市场的重要因素。例如在我们的一些经济特区、工业园区和高新科技园内设厂就有很多政策优惠。

2. 自然因素

自然因素主要指气候条件和水资源状况等与自然条件有关的因素，这其中包括土地资源的价格、水资源的供应潜力、水质情况和气候条件等。

例如，气候条件将直接影响职工的健康和工作效率。根据美国制造业协会的资料，气温在15℃ ~22℃时，人们的工作效率最高。不同产业对气候条件的敏感程度不同，对气候条件较敏感的产业有纺织业、乐器制造业等。英国的曼彻斯特之所以成为世界著名的纺织业聚集区，其适宜的温度和湿度是一个主要原因。

企业还应根据所生产产品的特点，选择自然资源相对丰富的地方作为厂址。例如造纸、化学工业、制糖等企业用水较多，需优先考虑在水源充足的地方建厂。一些制药企业对水质的要求较高，其厂址需靠近水质较好的地点，否则，高昂的水处理设备投资将会增加企业的成本。

3. 经济因素

这是厂址选择中必须要考虑的重要因素，其中包括如下几个方面：

（1）人力资源条件

具体包括人力资源的成本、质量（如劳动技能、劳动态度）、可获得性等方面。由此出发，可将厂址选择所匹配的人力资源条件概括为：尽可能方便地以较低的人力资源成本获得数量充足、质量合格的劳动力。其中，对人力资源成本应以单位产出为标准进行分析比较，也就是不仅要看工资水平的高低，还要和劳动质量联系起来，剔除不同劳动质量条件下的劳动生产率水平差异的影响。例如，对于劳动密集型企业，通常人工成本所占比重较大，往往倾向于选择工资水平较低的地区建厂；对于自动化程度较高的企业，通常人工成本所占比重较小，员工的技能变得更为重要，其厂址往往应靠近便于员工培训的区域。

（2）原材料、燃料和动力的供应条件

一方面，出于保证供应和成本方面的考虑，许多对原材料、燃料消耗量大，依赖性较强的企业，尤其是那些生产运营过程中原材料损耗大的企业，应按照“原材料指向”原则，尽可能靠近原材料产地。如火力发电厂应尽可能建在煤矿附近，造纸厂应尽可能建在森林附近，食品加工厂应尽可能建在农场附近等。另一方面，为了保证专业化生产运营条件下的协作件的供应，缩短供货周期和平均存货时间，厂址应尽可能选择靠近协作厂且具有良好运输条件的地方。随着准时生产制这种先进的生产运营方式的实施和推广，选择厂址时必须妥善处理同协作厂的关系。

（3）交通运输条件

在拥有便利交通运输条件的地区建厂，是厂址选择的一项基本原则，对于缩短企业从供应商获得生产运作过程所需原材料、燃料和将生产出的产品投放市场的“双向”物料运输距离，节约运输时间和费用具有十分重要的意义。因此，对于钢铁、石油炼制等需要运输笨重物料的一类工厂，厂址选择必须高度重视这一原则，尽量靠近港口或铁路；对于涉及国际贸易的企业，厂址应尽量靠近航空港、海运港口或集装箱周转站，必要时优先选择在保税区内，以便于国际运输；而对于一般企业，厂址选择要求尽量靠近公路、铁路。

（4）地价和税收条件

选择厂址时，需要适当考虑地价问题。不同地区的地价存在很大的差异，如市区和市郊的地价可以相差十几倍到几十倍，有些新兴城镇为了吸引投资，其地价可能仅仅具有象征意义，甚至为零。但不能认为地价越低越好，还要综合考虑建设工厂的其他费用、配套条件等。税收条件也是如此，要在弄清当地的税收种类、水平、优惠条件及措施的基础上，结合其他因素进行全面分析。

4. 市场竞争因素

企业进入目标市场设厂的目的就是参与当地的市场竞争，因此必须对选址地区的目标市场状况进行充分分析。通过竞争状况分析，企业能够做出参与目标市场竞争的战略选择。如果所采用的战略能够发挥企业的核心竞争力，则说明企业进入该地区能够取得良好的运营绩效；否则，说明企业目前不适合选择这一地区投资建厂。在进行竞争状况分析时，可采用波特或其他人提出的战略管理理论分析企业在当前环境中是否能够取得竞争优势。

5. 生产运营全球化因素

（1）可选地址增多

传统的选址只在某个国家或地区内进行，而当前的选址必须在全球范围进行。否则，企业有可能丧失很好的选址机会。

（2）选址问题复杂化

在本国或本地区选址时所考虑的因素偏重于经济方面，如运输成本、原材料成本等，然而，生产运作全球化前提下的选址问题则需考虑政治、文化、民族习惯等多种因素。因此，企业在进行选址决策时所要考虑的问题更加复杂。政治制度和文化传统的差异会导致生产运作管理理念和方法的变化。企业在进行选址时，必须评价企业所处的环境，包括经济环境、政治环境、文化环境等多个方面。

（3）能否适应生产运作全球化的技术要求

全球化条件下的选址对生产管理技术和方法提出了新的挑战。毫无疑问，在全球范围内组织生产的管理难度大大增加，需要许多技术的辅助和支持，如互联网、管理信息系统等。企业在进行选址决策时，必须考虑该地区是否具备使企业在全球范围内组织生产和运作管理的环境和配套能力。

总之，厂址选择是一个多目标决策问题，需要全面考虑每个因素，权衡利弊，利用系统分析的思想和方法进行分析和决策。在不同的选址决策问题中，影响选址决策的各个因素的影响程度不同，企业应该根据实际情况对影响选址决策的因素进行筛选和评估，通过调查研究对各个不同的选址方案进行评比。

（二）厂址选择的步骤

厂址选择是一项十分复杂的系统工程，需要相关部门和各专业人员协同开展，具体来说，厂址选择的一般步骤包括以下几个阶段：

1. 准备阶段

根据企业建厂的出发点或日的，明确厂址选择的目标（如扩大生产运作规模，发挥规模经济效应；实施企业一体化发展战略，提高企业竞争力；开拓新市场，扩大市场占有率；回避劳动力价格不断上升的不利因素，降低生产运作成本等），为确立厂址选择的指导思想和原则提供依据。收集、整理有关新工厂的数据资料，包括生产运作规模，占地面积，运输量，水、电、气的用量，对工程水文地质条件的要求，“三废”排放的具体种类和排放量等。这些资料提供了设计和规划厂址方案的约束条件。主要包括：

（1）企业生产的产品和数量；

（2）企业生产运作过程中的作业和流程；

（3）设施组成，包括面积、设计要求等；

（4）目标市场的竞争状况分析；

（5）所需资源的数量、质量与供应渠道，如原材料、动力、燃料、水等；

（6）环保处理设施预算；

（7）物流运输方式和数量；

（8）企业组织机构的设计，包括员工数量、素质要求等；

（9）政策、法规的理解与分析等。

2. 选区阶段

首先在明确目标和收集资料的基础上，在众多影响因素中，区分哪些属于主要因素，哪些属于次要因素，并围绕建厂目标和主要因素进行深入分析，建立评价厂址方案的具体标准和指标体系。然后选区，即选定若干个区域（地区），对这些区域进行分析评价。这个阶段的工作主要包括：

（1）走访行业主管部门；

（2）选择若干地区，收集资料；

（3）进行方案比较；

（4）当地人力资源状况评估。

3. 定址阶段

在这一阶段，主要是组成选址小组，到初步确定地区内的若干地点进行调查研究和勘测，其主要内容包括：

（1）从当地城市建设部门取得备选地点的地形图和城市规划图，征询其关于地点选择的意见；

（2）从当地气象、地质、地震等部门取得有关气温、气压、湿度、降雪量、日照、风向、风力、地质、地形、洪水、地震等的历史统计资料；

（3）进行地质水文的初步勘查和测量，取得有关勘测资料；

（4）收集当地有关交通运输、供水、供电、通信、供热、排水设施的资料，并交涉有关交通运输线路、公用管线的连接问题；

（5）收集当地有关运输费用、施工费用、建筑造价、税费等经济资料；

（6）对各种资料和实际情况进行分析并测算各种数据，经过比较，选定一个合适的厂址。

4. 编制报告阶段

（1）对调查研究和收集的资料进行整理；

（2）编制综合材料，绘制所选地点的设施位置图和初步总平面布置图；

（3）编写选址报告，对所选厂址进行评价，供决策部门审批。

（三）厂址选择的评价方法

在前面的分析中可以发现影响厂址选择的因素是多方面的，而通过分级加权法可以有效评估这些影响因素，便于进行厂址选择。这里介绍一种比较常用的分级加权法。

首先，根据收集的资料，把影响厂址选择的相关要素列成一份清单，并根据各因素的重要程度确定其权重系数。

其次，对所有因素建立一个共用的主观评价标尺，例如，可以建立一个优秀、良好、中等、较差的 4 分制标尺，并按此标尺对每一个因素规定一个分数，然后对各因素打分。

最后，根据每一个候选厂址的优劣等级算出该厂址的总分，得分最高的厂址方案即为所选方案。

假设有 A、B、C 三个候选厂址方案，现将评价厂址方案需要考虑的因素和各等级的分值情况列于表 6-3 中，经专家组打分后各方案的得分情况如表 6-4 所示，试用分级加权法评选各候选方案。在表 6-3 中，列出了影响此次厂址选择的 10 个因素，包括水资源供应、原材料供应、气候条件、交通运输、人力资源供应、生产协作性、投资费用、政策条件、可扩展性和环保条件，并作出了统一的等级评价标尺，用 1 到 4 级分别表示优秀、良好、中等和较差，其中，1 级下的满分为 300 分，2 级下的满分为 223 分，3 级下的满分为 146 分，4 级下的满分为 69 分。

表 6-3 **厂址方案等级分值**

影响因素	等级与分值			
	1 级（优秀）	2 级（良好）	3 级（中等）	4 级（较差）
水资源供应	40	30	20	10
原材料供应	40	30	20	10
气候条件	40	30	20	10
交通运输	30	22	14	6
人力资源供应	30	22	14	6
生产协作性	30	22	14	6
投资费用	30	22	14	6
政策条件	20	15	10	5
可扩展性	20	15	10	5
环保条件	20	15	10	5
总分值	300	223	146	69

表 6-4 **候选厂址方案得分情况**

影响因素	A 方案		B 方案		C 方案	
	等级	得分	等级	得分	等级	得分
水资源供应	1	40	2	30	3	20
原材料供应	3	20	1	40	2	30
气候条件	1	40	3	20	2	30
交通运输	2	22	1	30	4	6
人力资源供应	2	22	3	14	4	6
生产协作性	1	30	3	14	2	22
投资费用	1	30	2	22	4	6
政策条件	2	15	3	10	1	20
可扩展性	3	10	2	15	1	20
环保条件	2	15	3	10	1	20
总得分		244		205		180

解析：从表 6-4 中可以看出，A 方案总得分为 244 分，B 方案总得分为 205 分，C 方案总得分为 180 分，A 方案总得分最高，因此，可以确定 A 方案为中选方案。

二、厂区平面布局

（一）厂区平面布局的含义

厂区平面布局是指在厂址选定、生产单位确定之后进行的一项重要的生产过程的空间组织工作，它根据已选定的厂址地貌，对组成企业的各个部分或单元，如基本生产车间（例如铸造车间、加工车间、装配车间等）、辅助生产车间（例如机修车间、模具车间、动力部分等）、生产服务部门（例如运输部门、仓库、检查部门等）、技术准备部门（例如试制车间）以及公用设施、办公部门等进行合理布置，确定其位置，并相应地确定物料流程、运输方式和运输路线，因此，合理的厂区平面布局可以有效地为企业的生产经营服务，以获得最大的经济效益。

厂区平面布局是生产运营管理领域中最重要的工作之一。由于企业的绝大部分生产经营活动是在一定的厂区内进行的，因此厂区平面布局是否合理对企业的生产经营有着十分重要的影响，它影响着企业的生产经营成本、职工的工作环境、物料运输及应变能力等各个方面。相关统计资料表明，在制造业中，总经营费用的20%～50%是物料的搬运费用，而优良的厂区平面布置可使这一费用减少10%～30%。

（二）厂区平面布局的原则

1. 厂区平面布局应以生产流程为中心

厂区的平面布局方案应以生产流程为中心，使厂房、建筑物和各种设备的配置满足企业生产过程的要求。例如，为基本生产车间服务的辅助生产车间和服务部门应围绕其服务对象进行布置。

2. 厂区平面布局应合理规划物流路线

围绕生产过程合理组织各种物资的厂区运输，在满足生产工艺过程要求的前提下，按各部门之间物流与非物流相互关系的密切程度进行系统布置，尽量缩短运输距离，避免交叉运输和相向往复运输，以减少物流量。此外，出于安全的考虑，还应避免物流运输的主干道与员工上下班的出入通道出现交叉。

3. 厂区平面布局应划分不同功能区

根据厂房、建筑物布置对安全、防火和环境保护的要求，应把功能相近或对防火等条件要求相同或相近的单位集中布置在同一区域内，为此，一个企业的厂区内往往分为多个不同的功能区，如生产加工区（又分为冷加工区和热加工区）、动力区、行政办公区、生活区等。

4. 厂区平面布局应与外部环境协调

在进行厂区布局时，应使厂区的环境、建筑群的布置和式样与周围的社区环境相协调，生产过程的流向和运输系统的配置，应与厂外提供的运输条件协调、衔接，以保证物资输入和产品输出的顺畅与方便，并且充分利用外部环境提供的便利条件，特别是厂外的公用设备、公路、河道以及城市的居民区、商业区等。

5. 厂区平面布局应体现对员工的关怀

厂区平面布局要考虑到企业员工在厂区进行作业时的生命安全，例如妥善考虑防火、防爆、防毒、防盗等安全生产要求，合理布局。再者，作为现代企业，除了保障员工基本的生命安全外，还应注重对员工身心健康的关爱与呵护，可考虑在厂区设置舒适的工作休息区域，做好厂区绿化和美化工作，为员工提供一个良好的工作、生活环境。

6. 厂区平面布局应考虑企业的远景发展

厂区布局要根据企业的长远发展规划，在现有的厂区面积上为企业今后可能有的发展预先留出必要的空间，即预留发展用地，为企业今后的发展做准备。

（三）厂区平面布局的方法

厂区平面布局需要经过反复的实验、比较与验证，因此刚开始在进行厂区平面布局的时候可以在纸面上利用模型完成设计，模型有带颜色、平面与立体等多种形式，设计人员可根据实际需要综合考虑。

1. 优先安排主要生产车间以及某些由特殊需要决定其位置的车间

如禁止吸烟的作业场所，应另设吸烟区；仓库区域内应设置消防车通道；储存石油、化学易燃物品的仓库可布置在地下室或其他比较安全的地方。

2. 确定主要过道位置

厂区内的人行道、车行道应平坦、有足够的宽度和照明设备；主要过道的两端尽可能与厂外公路相连接，中间与各车间的大门相连接，道路与轨道交叉处应有信号装置、篇杆和明显标志。

3. 确定辅助部门和次要过道的位置

根据各组成部分的相关程度，确定其他辅助部门以及次要过道的位置。

利用模型在纸上进行厂区平面布置的方法，便于进行修改比较，形成多种不同的厂区平面布局方案。当然，也可以利用诸如生产活动相关图布置法、物料流向图布置法等定量分析方法来进行厂区平面布局的工作。

三、车间布局

（一）车间布局的含义

厂区平面布局完成，意味着对工厂各个组成部门进行了合理安排，接下来就应考虑各个组成部门内部的布置即车间布局问题了。

车间布局又称为设备布局，是指车间内部的工种、机器、设备应该如何组织配备的问题。在车间里，设备布局是否合理，将影响产品的生产周期和生产成本以及劳动生产率。

（二）车间布局的原则

1. 运输距离最短

在符合生产工艺过程要求的前提下，使原材料、半成品和成品的运输路线尽可能短，使布局达到时间短、费用低、便于管理的目的。

2. 服务生产经营

在组织中，生产经营协作密切的组成部门应相互接近，使辅助生产和生产服务工作及时满足生产经营需要。

3. 单一流向布局

车间布局应使生产流程尽量不存在迂回曲折和平面反复交叉现象，即尽量按生产流程的顺序布局，减少运输费用与时间。工艺流程布局中比较好的布局形式有直线形（I形）、直角形（L形）、环形（O形）、马蹄形（U形）、蛇形（S形）等。

4. 多层立体布局

在技术、资金允许的前提下，应尽量采用多层的立体布局，充分利用空间、场地，节约面积，缩短运输距离。

5. 安全与弹性

车间布局应符合有关生产的法令和制度，符合劳动保护、环境保护的法令和制度，满足文明生产的要求等，确保生产经营的安全进行。

另外，车间布局也应具有一定的弹性，需要考虑企业未来发展，留有一定的发展余地，便于今后进行相关调整。

（三）车间布局的类型

由于各个企业的生产技术特点不同，各企业内部的空间组织存在很多差异。常见的车间布局类型包括工艺专业化布置和产品专业化布置两种基本类型。另外，在这两种类型的基础上还衍生出几种其他的车间布局类型。

1. 工艺专业化布置

工艺专业化又称工艺原则，它根据不同的生产工艺性质来设置车间、工段、班组等生产单位。在工艺专业化的生产单位里，集中着同类的工艺设备，对企业生产的各种产品（零件）进行相同的工艺加工。例如，机械制造厂将车床、磨床等设备分别放置，形成车工工段、磨工工段。因此，这种布局又称为“机群式布局”。

（1）工艺专业化布置的适用条件

在这种布局下，设备的通用性较强，且同类或相似的设备较多；生产的产品需求量较小，但品种具有多样性；需要技术水平较高的操作工人。因而，这种布局方式适合多品种、小批量生产。像制鞋厂、喷气发动机涡轮叶片制造厂等都采用工艺专业化布置。

（2）工艺专业化布置的优势

①较强的适应性。当产品品种变更时，不需要调整设备和重新布局。

②能合理利用设备和生产面积。在这种布局方式下，同类设备集中在一起，因此可以充分利用生产设备与生产面积，减少重复添置设备，降低设备管理成本。

③便于进行工艺管理。相同的工艺都被集中在一起，因而可以方便地进行工艺管理，有利于提高工人的技能水平。

④局部停工不影响全局生产。当遭遇设备故障时，生产不会立即中断，局部停工不致影响全局，可用其他设备代替生产，且因为安排比较简便，可以少受工序的限制和场地的影响。

（3）工艺专业化布置的局限

①高额的移动和运输成本。半成品在车间之间辗转交接频繁，流程交叉重复，运输堆放较多，运输费用较大。半成品运送时间较长，停放时间较多，生产周期被延长，在制品数量也较多，因此，流动资金占用量较大。

②复杂的计划控制系统。车间之间的联系与协作频繁，计划管理、在制品管理和质量管理等工作复杂。

③对工人的技能要求较高。产品频繁更换，对工人技术水平要求较高，且培训期一般

较长，培养一个合格工人的成本较高。

2．产品专业化布置

其是依据对象原则，按照产品（部件、零件）的不同划分生产单位（车间、工段、班）。在产品专业化布置中，生产单位或设备是按照某一种或某几种产品的加工路线或加工顺序顺次排列的。因此，这种布局方式又称为“对象专业布局”、“生产线布局”、“封闭式布局”。

（1）产品专业化布置的适用条件

在这种布局下，产品结构比较稳定，零件的标准化与通用化程度比较高；能够半自动或全自动进行生产；分工精细，工种、设备类型齐全；企业具有较稳定的专业方向和一定的生产规模。因此，它适合于大批量、连续生产。像汽车生产线、酿酒厂、造纸厂等都是采用产品专业化布置。

（2）产品专业化布置的优势

①缩短产品加工路线。这种布局方式可以缩短加工的路线，节约运输、辅助工具等费用。

②缩短产品的生产周期。这种布局方式可以减少产品的搬运和停滞时间，缩短生产周期，减少在制品和流动资金占用量。

③对工人的劳动技术水平要求较低。这种布局方式对工人的劳动技术水平要求较低，便于进行劳动力分配。

（3）产品专业化布置的局限

①设备利用率较低。设备需要的数量较多，但不能充分利用，工艺专业化相比设备利用率较低。

②设备灵活性较差。在这种布局下，设备具有较高的专用性，因此，一旦产品设计改变或新产品引入，就可能需要调整整个布局，代价较高。

③工人技能水平较难提高，且工作没有成就感。由于通常进行的都是高度分工的作业，工人技能单一，较难学到其他技能，且每天的工作重复性较大，容易使员工产生厌烦感。

④局部故障影响全局。一旦发生缺料、缺人手或设备故障将会导致整个过程的停顿，影响面较大。

3．混合专业化布置

混合专业化布置就是将工艺专业化布置和产品专业化布置结合起来的一种形式。它包括在工艺专业化形式的基础上，采用产品专业化的原则建立生产单位，或在产品专业化的基础上，采用工艺专业化的原则来建立生产单位。这种布置形式机动灵活，如应用得当，可取得较好的经济效益，因此，在我国企业中这种布局形式使用得比较普遍。

4．成组技术布置

所谓“成组技术”，就是建立在工艺相似性原理的基础上，合理组织生产技术准备和生产过程的方法。自20世纪50年代以来，成组技术就在机械制造业中被大力推广应用，已由单纯的成组加工延伸到产品设计、制造工艺以及生产管理等各个生产系统中。从实质上讲，成组技术是一种生产组管理技术，包括产品设计、工艺设计、标准化工作、生产管理、计划管理等多方面。

成组技术的优势在于可以减少生产技术准备工作量，缩短生产技术准备周期，降低生产技术准备费用；可以增加生产同类零件的生产批量，有利于采用先进的加工方法；可以缩短产品的生产周期，为按期交货提供有利条件；可以简化管理工作等。

成组技术扩大了零件的生产批量，为在单件、中小批量生产企业采用先进的工艺方法，使用高效率的自动化机床和数控机床以及为采用成组生产单元和成组流水线等先进的组织形式创造了重要条件。因此，成组技术布置就是基于成组技术理念组成的各种加工单元的组合，其适用于小批量、多品种和多变化的生产要求。

第六节　生产现场管理

一、生产现场管理的含义

生产现场是企业各种生产要素有机组合的活动场所，包括人（操作者、管理者）、机（机器设备、工艺装备）、料（原材料、辅助材料、零部件）、能（水、电、煤、气）、法（操作方法、工艺制度、规章）、环（环境）、信（信息）等。因此，生产现场管理就是运用科学的管理制度、标准、方法和手段，对现场的各种生产要素进行合理的、有效的计划、组织、协调、控制，使它们处于良好的结合状态，以达到优质、低耗、高效、均衡、安全、文明生产的目的。生产现场管理的优劣直接影响到产品的成本、质量与交货期。我们可以从四个方面来理解生产现场管理的含义：

（一）管理的对象

生产现场管理针对的是各种生产要素，包括劳动者、劳动手段、劳动对象、生产方法、生产环境、生产信息等各种重要的生产要素。

（二）管理的途径

运用管理方法、手段、标准和制度进行生产现场管理。

1. 管理方法

包括现场的定制管理法、模特法、“5S”活动法以及规范化管理法等。

2. 管理手段

采用计算机信息管理系统等手段，提高现场管理效能。

3. 管理标准

包括现场岗位管理标准、设备管理标准、操作管理标准以及工艺管理标准等。

4. 管理制度

是指有关现场的设备、工具、在制品、产成品等的管理制度、交接班制度、设备维修制度、现场质量事故的处理制度等。

（三）管理的职能

生产现场的管理职能与企业的管理职能是一致的，即计划、组织、控制和激励，只是具体所包含的内容有差异。计划主要是指生产现场作业计划；组织主要是指生产现场合理组织作业班组等；协调主要是指班组之间、操作者之间生产进度的相互协调；控制主要是指通过信息流反馈对生产过程进行控制。

（四）管理的目的

生产现场管理的目的是要达到优质、低耗、高效、均衡、安全和文明生产。所以，通过生产现场管理，可以提高企业的生产力，降低成本，持续挖掘内部潜力，树立竞争优势。

二、生产现场管理的内容

生产现场管理是生产第一线的综合性管理，直观地反映了企业管理水平。它主要包括以下三个方面的管理：

（一）工序管理

工序管理是按照工序专门技术的要求，合理配备和有效利用生产要素，并把它们有效地结合起来发挥工序的整体效益，通过对品种、质量、数量、日程、成本的控制，满足市场对产品要素的要求。工序管理是最基本的也是最重要的生产现场管理内容。

工序管理的关键在于：

1. 合理、有效管理劳动力

要根据工序对工种、技术水平、人员数量的要求，择优选用、优化组合，职工应培训后上岗，上岗后要严格遵守操作规程和劳动纪律。

2. 合理、有效管理设备

对设备、工艺装备管理要完好、齐全。

3. 合理、有效管理原材料

对原辅材料、零部件要保证及时供应，质量符合要求。

（二）物流管理

物流管理主要是对企业内部生产加工这一阶段的物流进行管理。

它是指根据生产组织形式，对厂区平面和车间进行合理布局，平衡各生产环节与工序间的生产能力，制定适宜的在制品定额，以达到缩短物流路线、降低物流成本与在制品占用量、减少流动资金占用量的目的。

（三）环境管理

环境管理指对现场空间的管理，即在企业内创造一个安全、文明、有序、美好、舒适的环境。

三、生产现场管理的要求

第一，物流有序。要求生产流程井然有序地进行，使生产活动保持连续性、比例性和均衡性。

第二，生产均衡。要求工艺布局、劳动组织合理，生产条件准备充分，按工艺流程、期量标准有节奏地进行生产。

第三，设备良好。要求遵守设备操作、维护、检修规程，各类设备保持完好、整洁。

第四，信息准确。要求对各种原始记录、台账、报表的填写符合规范，字迹工整，数字准确，传递及时等。

第五，纪律严明。要求规章制度、工艺规程、操作规程和安全规程等齐全、合理并得到严格执行，员工持证上岗，严格遵守劳动纪律。

第六，环境整洁。要求对各种设备、物品进行定置管理，工厂和车间地面整洁，道路畅通，标记明显，生产环境达到作业要求，环卫符合国家规定，消除现场“脏、乱、差”状况，保持文明整洁的生产环境。

四、生产现场管理的方法

（一）5S 管理

1. 5S 管理的概念

5S 管理是指对生产现场各生产要素（主要是物的要素）所处的状态不断地进行整理、整顿、清扫、清洁、提高素养的活动。因为这 5 个词语在日语中的罗马拼音第一个字母都是“S”，所以简称 5S 管理。

5S 管理对于塑造企业形象、降低成本、准时交货、安全生产、严格的标准化、完美的工作场所等现场改善方面的巨大作用逐渐被各国管理界所认识。随着世界经济的发展，5S 现已成为各国工厂的一种重要管理方法。

2. 5S 管理的内容（见图 6-6）

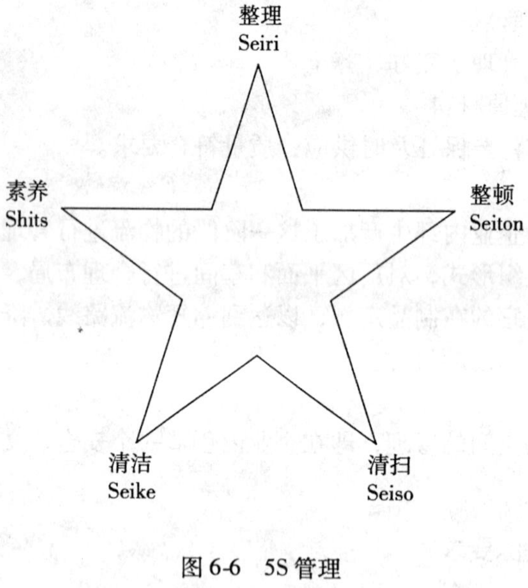

图 6-6 5S 管理

（1）整理

整理是 5S 管理的第一项活动，是指把要与不要的人、事、物分开，再将不需要的人、事、物加以处理，坚决清理出生产现场。

通过整理，可以改善和增加生产面积，减少由于物品乱放、好坏不分而造成的差错，使库存更合理，消除浪费，节约资金，保障安全生产，提高产品质量。

（2）整顿

整顿是5S的第二项活动，是指把需要的人、事、物加以定量、定位，以便在最简捷、最有效的制度、规章和流程下完成相关作业。

整顿是生产现场改善的关键，是5S管理的重点。

（3）清扫

清扫是5S的第三项活动，是指将工作场所打扫干净，设备异常时马上修理，并使之恢复正常，创建舒畅、明快的工作环境，以保证安全、优质、高效率地工作。

（4）清洁

清洁是5S的第四项活动，是指对经过整理、整顿、清扫以后的生产现场状态进行保持。

清洁所追求的是对良好状态持之以恒的保持，包括生产现场的环境整齐、美观、整洁，生产现场各类人员着装、仪表、仪容整洁，还包括员工精神上的整洁。

（5）素养

素养是5S的最后一项活动，是一种作业习惯和行为规范，也是5S的终极目标。提高素养就是逐步养成良好的作业习惯和高尚的道德品质，自觉遵守各项规章制度，改善人际关系，增强集体主义观念及团队精神，建立良好的企业文化。在生产现场工作中，提高素养，人人养成好习惯，不需要别人督促、提醒，不需要领导检查，这对于做好生产现场工作极为重要。

5S管理就是一个按整理、整顿、清扫、清洁、提高素养的顺序依次进行、不断循环的过程，其核心是提高素养，每经过一轮循环，素养就得到一次提高，如此循环往复，使企业的素养得到不断的提高，形成团队精神和企业文化。

（二）定置管理

1. 定置管理的概念

“定置”是研究物品的整理和整顿方式的专业用语，具有主观意识的目的性。

定置管理就是以生产现场物品的定置进行设计、组织实施、调整、协调与控制的全部过程的管理。其核心是以生产现场为研究对象，研究生产要素中人、物、场所的状况以及三者在生产活动中的相互关系，通过整理、整顿，把与生产现场无关的物品清除干净，把需要的物品放在规定的位置，以物品在场所中的科学定置为前提，以定置的信息系统为媒介，使各生产要素有机结合，达到生产现场管理的科学化、规范化与标准化。

因此，简单来说，定置管理的实质就是从以改善工作质量来保证产品质量和提高生产效率着手，力求形成一个能够保证工作质量的现场环境。

2. 定置管理的基本原理

定置管理最终要实现人、物、场所的有效结合，以高效地完成预定的任务，其中最基本的是人与物的结合。

（1）人与物的结合状态

在生产现场，人与物的结合状态主要有三种：

①A状态。即人与物处于能够立即结合并发挥效能的状态。例如，操作工人在生产过程中需要某种刀具、模具、量具时，能及时拿到并立即使用，这是生产中最理想的状态，

这种状态能使生产井然有序。

②B 状态。即人与物处于寻找状态或尚不能很好发挥效能的状态。例如，生产现场的物品乱丢乱放，需要用时找不到，结果因寻找而浪费时间。B 状态在企业内是经常见到的。

③C 状态。即人与物失去联系的状态。在这种状态下，人与物之间已不存在联系，但物仍在生产现场。例如生产现场的已报废设备、工艺装备，生产中产生的废品、垃圾、切削料以及同生产现场无关的工人生活用品。这些物品在生产现场没有价值，但仍占用作业面积，同时也会给生产现场带来许多麻烦、障碍，成为事故源。

定置管理就是要根据生产活动的要求，通过相应的设计、改进和控制、整理、整顿，坚决取消 C 状态，积极分析 B 状态，使之转化为 A 状态，让生产现场人与物都处于 A 状态，把有价值的物品移到需要的地方，把不需要的、无价值的物品从现场消除掉。因此，从某种程度上来说，定置管理是 5S 管理的深入发展。

（2）物与场所的关系

人与物结合的同时，还需要处理好物与场所的关系，因为物与场所的有效结合是实现人与物合理结合的基础。物与场所的结合，是指对生产现场、人、物进行作业分析和动作研究，使加工对象按生产需要、工艺要求科学地固定在某一位置上，达到物与场所的有效结合，缩短人与物结合的时间，消除人的重复动作，以促进人与物的最佳结合。

实现物与场所的合理结合，首先要使场所本身处于良好的状态，就场所本身布置来看，有三种状态：

①A 状态（良好的状态）。即工作环境良好，场所中作业面积、通风设施、恒温设备、光照、噪声、粉尘等状态，都符合人的生理、工厂生产、安全的要求。

②B 状态（需要改善的状态）。即工作环境存在着一些缺陷，设备、工作地的布局不够合理，环境方面有些地方不符合人的生理、安全、精神上的要求。

③C 状态（需要彻底改造的状态）。这种状态完全不符合现场人员生理、安全、精神上的要求，其存在和延续对现场人员有危害。

定置管理的任务就是努力使场所保持 A 状态，而对 B 状态和 C 状态，坚决采取措施和对策，使其转换为 A 状态。

（3）信息媒介与定置的关系

信息媒介是指在人与物、物与物结合过程中起着指导、控制、确认等作用的信息载体。信息媒介与定置关系极为密切，没有信息媒介作支撑，定置就十分困难。

在生产现场寻找某项物品时，一般需要四种信息媒介物，包括位置台账、定置图两种媒介物表示的引导信息，场所标志、物品标志两种媒介物表示的确认信息。

①位置台账。表明“该物在何处”。通过查看位置台账可以了解所需物品的存放场所。例如，有些企业位置台账是按四号定位（库、架、层、位）来编码的，从台账上可以明确地找到所需要的物品所在地。

②定置图。表明“该处在哪里”。在定置图上可以看到物品存放场所的具体位置。

③场所标志。表明“这儿就是该处”。它是指物品存放场所的标志，通常用名称、图示、编号等表示。

④物品标志。表明“此物即该物”。它是物品的自我标志，一般用各种标牌表示，标牌上有货物本身的名称及有关事项。

（三）目视管理

1. 目视管理的概念

目视管理是指利用形象直观、色彩适宜的各种视觉感知信息来组织现场生产活动，以提高生产效率的一种管理手段，即利用人的视觉，及时调整行动、方式、方法来进行现场管理。

目视管理可以尽量让各种管理状况“一目了然”、“一看便知”，全体员工容易明白，易于遵守，能够减少差错。因此，目视管理是一种简单、有效的管理方法。

2. 目视管理的工具

（1）红牌，用来区分日常生产活动中的非必需品。

（2）看板，在生产现场用来表示使用物品、放置场所等基本状况的告示板。

（3）信号灯，用于提示生产现场的操作人员、管理人员生产设备是否正常开动或正常作业以及出现了什么异常情况。

（4）提醒板，通过自主管理来减少遗忘或遗漏。

（5）警示线，用来在仓库或放置物品的生产现场表示最大或最小的在库量。

（6）区域线，在生产现场，对原材料、半成品、成品、通道等区域用醒目的线条区分划出，以保证生产现场的良好生产秩序。

（7）操作流程图，描述生产中重点工作、作业顺序的简要说明书，指导工人生产作业。

（8）生产管理板，用于表示生产现场中流水线设备的生产状况，可记载生产实绩、设备的开动率、异常原因等。

（9）反面教材，与帕累托图和实物结合使用，一般放在显著的位置，警醒人们在生产现场存在的不良现象和产生的后果。

3. 目视管理的作用

（1）及时暴露异常状态

生产现场的运行状态有两种情况，一种是正常状态，另一种是异常状态。生产现场中每天都会发生各种不同的异常状态，要发现和排除这些异常状态，在管理过程中可以通过目视管理，将“正常状态”予以标示，一旦离开此状态就意味着异常，发生了问题，这样可及早发现，早作处理。

（2）快速获得生产现场信息

一般企业大部分现场生产的信息是逐一向上传送的，要经过一段时间后才到达最高管理人员那里，在逐级传送过程中，信息会越来越失真，偏离真实情况。然而在实施目视管理的场所，管理人员只要一走进现场，通过眼睛观察就能正确地把握企业的现行运行状况，判断工作正常与否，就能看出问题的关键所在，而且可以在当时、当场下达指示命令，提高工作效率。

◎思考题：

1. 什么是生产运营管理？其主要研究内容是什么？
2. 大量生产、成批生产和单件小批生产的区别是什么？
3. 怎样运用产品—工艺矩阵来进行工艺流程选择？
4. 何为生产能力？何为生产计划？
5. 影响厂址选择的因素有哪些？
6. 生产现场管理的方法有哪些？

◎案例分析：

伯明翰国际机场

除星期天以外的每天下午5点左右的30分钟里，有大约20架飞机抵达或离开Eurohub集散站。同时，飞机也在抵达或离开Eurohub旁边的主要集散站。在跑道和大片的停机坪上，在机场里，随着机场员工的到来，机场为从欧洲其他地方或是美国来的第一架飞机做好了准备，24小时航班的运营过程开始苏醒。

总部在伯明翰国际机场（BIA）的150家组织的7000名员工中的一部分人的任务就是满足顾客的需要。行李处理业务就是对包裹进行分拣和检查，并发送到众多即将起飞的飞机上。地勤人员则负责装卸飞机，往飞机上装载食物，灌满油箱，并利用飞机在空中桥梁短暂的停留时间对飞行器进行清洁。航线的票务员要处理乘客流，他们每个人都有不同的终点站。咨询台的员工要处理很多咨询问题，比如，人们想知道他们的航班是否能够准时到达，银行或是旅馆的位置，或想弄清楚怎么通过公路或铁路抵达目的地。乘客在休息室、验照关卡、安全检测处之间穿梭往来，使用洗手间、免税商店和餐厅，这些地方都要保持整洁、便于使用。所有这些活动——可能还会有更多活动都是由BIA的运营主管Richard Heard来进行协调调度的。Richard Heard这样解释他的工作：

“在为机场工作的人们当中，BIA雇用了其中的700人，而我要对大约600人进行监督。这些操作人员要对机场每天的运行负责，并要制订短期和中期的运营计划。这包括机场上以及集散站附近的大量事务。机场上的事务包括跑道的维修、航道的空位分配、安全管理系统的开发和实施、对员工进行充分培训，等等。这是一个被严格监管的领域，所以我们要与民用航空管理局进行紧密的合作。运营工作的另一方面就是对集散站的建筑和其他设施进行管理。这就像是经营一个购物中心，我们要以顾客服务为导向，但同时也要为确保安全做出特别安排。机场安全是我们内部的一个关键任务，为此我们雇用了约300个人。我们还拥有一个设施管理团队和一个工程服务团队，后者负责整个机场的维修工作。

“至于长期规划的设计和开发，我们成立了团队对新的建筑工程计划——比如，新的给养出口、停车场以及迅速运送人员系统进行监管。该计划对乘客人数进行了预测，为我们建造什么、何时建造以及如何进行支付的决策提供指导。在过去的10年里，我们每年的增长率在10%左右。2000年，机场共接待了760万名乘客，保持了我们的增长率，到2005年，预计会有1000万名乘客在旅途中经过伯明翰国际机场。这项计划需要很多资金；我们正在讨论一个未来15年中每年5000万英镑的投资计划。这些都是由运营需要决定的。对机场的运营过程进行管理和开发是巨大的挑战。

“运营过程的主要任务之一不仅仅是为所有其他机场组织提供基础设施——比如，航线、处理代表、零售商、货物装卸人员还包括对他们进行领导和协调。此外，还有一些机场外的团体，比如，社区团体，我们在监督和改善环境的时候要与他们保持联系。我个人的工作就是进行总体协询，并为每个人制定安全和客户服务标准。

“各种组织中的人员都努力作为一个团体而共同工作，具有极强的集体主义感，这是多年积累建立起来的。每个人都希望做好自己的那部分工作，并希望所有的事情都能够圆满完成。我们对彼此的问题都有深入的了解，并有极佳的协作精神。

“进行运营管理的真正奥秘在于，如果你想高枕无忧，那么就要首先确保一切正有条不紊地进行。我们不能让人们临时抱佛脚。每件事情都必须经过周密的思考、尝试和检验。我们花了大量时间对各个流程进行检查和开发。我们的集散站必须有防火程序、疏散程序、防爆程序、处理乘客病患甚至死亡的程序。我们确实有医疗急救系统，这不足为奇，因为在夏天，每天将有30000名乘客途经我们的机场。

“另外一项关键任务是进行运营规划。我们每年进行一次运营规划。运营规划就是对基础设施进行最佳分配，从而使运营过程尽可能有效。比如，我们要确定哪架飞机抵达空中桥梁，哪架飞机要停在哪一站，哪架飞机的乘客需要我们在高峰期派出公车去接载，等等。然而，你必须记住，运营规划只是一个规划而已，事情总是不按照规划进行——由于飞机延误或是机械故障，时间表分崩离析。所以我们必须设置集散站负责人，其职责就是处理日常的运营问题。我们的集散站管理者团队一周七天、一天24小时工作，每一班都由一名高级主管负责。

“很多问题都是重复发生的，比如延误或是变更，你得知道你要面对的是众多等了很久、很不耐烦的乘客。集散站负责人的工作就是对所有的工作进行协调，比如，确保给养人员知道发生了什么事，确保信息服务人员知道他们应该告诉乘客什么。集散站管理者要眼观六路，耳听八方。乘客可能会报告说他们见到了一些形迹可疑的人，这时，管理人员就要知道如何处理。当乘客下了飞机发现行李不见了，尽管这可能是航空公司或是代理机构的责任，但我们的员工可能不得不收拾烂摊子。当人们试图携带违禁物品通过安检处时，比如，一个带有曲刃的传家宝，我们就要耐心地解释，直至他们愿意把东西交给我们保管。

“集散站管理人员还要处理重大事故——比如，炸弹威胁，或是像西班牙长途汽车司机罢工那样的事件。当时，许多乘客被困在了机场。集散站管理人员的工作就是要稳定局面，并确保每个人都知道发生了什么事。这涉及很多常识但是并不容易做到，比如，我们可能不得不让乘客疏散。因为每名乘客都处于顾客处理流程和安全清退程序的不同阶段，所以当事故结束时，我们必须把所有的顾客都安置回原来的位置，而不能将他们混淆，或是所有人都必须从头开始。

“在机场上，我们也有与集散站负责人类似的岗位：运营负责人。他们的工作是处理日常问题，比如，在飞机延误或是在突降大雪、需要清理积雪时更改站台安排。同样的，飞机必须各居其位，所有的事情都必须考虑周到。我们每周都要召开沟通会议，安排运营计划，并敦促负责人与运营规划部门合作。

“我们的使命是成为全欧洲最棒的区域性机场。为了完成这一使命，我们就要不断地对每件事情精益求精。这听起来好像挺容易，但做起来很难。比如，我们在高峰期——每天早上七点到八点以及晚上五点到六点几乎全负荷运转，我们要忙于处理人们在欧洲的短途旅行，所以我们就要在非高峰时间鼓励其他航空公司航行。这种安排对于长途运营商来说是很理想的，我们现在就拥有通往东南亚和美国的航班，还增加了通往迪拜的酋长专线。这样，我们就能够利用起每天中间的时间段，这段时间里我们的跑道和集散站处理能力都有剩余，可以尽可能地对我们所有的设备善加利用。

“使一个机场运作如飞是个奇妙的、令人兴奋的挑战。没有哪两天是完全相同的。我们知道我们能够为顾客——包括乘客和航空公司提供与众不同的服务。同时，我们也对当地经济作出了重要贡献，吸引了投资、鼓励了出口。作为一名运营主管，我的工作就是实现上述一切。这是一个极佳的机会，而且很有意义——这是一项伟大的工作！”

资料来源：罗伯特·约翰斯顿，等. 运营管理案例：第 3 辑. 杨子丽，佟博，译. 北京：经济管理出版社，2011：13–15.

问题：

1. 找出机场里的一些微观运营过程，并针对每一项做如下工作：

（1）找到进行转换和被转换的资源。

（2）阐述哪一个是居于主导地位的被转换资源。

（3）描述每一个微观运营过程的产出情况，并指出顾客是谁。

2. 你认为 Richard Heard 每天究竟做了什么事情（他是如何利用他的时间的）？

3. 讨论日常任务与长期事务之间的关系，并解释 Richard Heard 是如何同时对这两者进行监管的。

第七章 | 企业财务管理

☞内容提要：

本章包括筹资管理、资产管理、成本和利润管理以及财务分析等内容。阐释了财务管理的概念、作用、目标、原则；介绍了筹资管理的渠道类型及其优缺点和资本的成本及其计算方法；说明了各类资产的特点及管理要诀；介绍了常用的财务分析方法及利润分配原则、分配顺序等。

☞学习目标：

1. 掌握财务管理的内涵、原则、目标；
2. 熟悉筹资管理的类型和渠道以及各类渠道的优劣；
3. 了解资本成本及其计算方法；
4. 掌握利润的构成及分配原则、分配顺序；
5. 掌握常用的财务分析指标及分析方法。

☞学习提示：

1. 试着分析一两份财务报表；
2. 课外自学中级财务管理；
3. 选择一两家企业实地了解其财务管理状况。

财务管理是现代企业管理的重要组成部分。它是市场经济条件下企业最基本的管理活动，市场经济越发达，财务管理越重要。特别是在现代市场经济中，竞争日趋激烈，财务管理已成为企业生存和发展的重要环节，是企业提高经济效益的重要途径。

第一节　企业财务管理概述

一、财务与企业财务管理

（一）企业财务的概念

财务一般是指与钱物有关的事务。企业财务是指企业在生产经营过程中的财务活动及与有关各方发生的财务关系，包括企业财务活动和企业财务关系两个方面。

企业财务活动：即企业的资金运动，企业资金从货币资金形态开始，依序通过供应、生产、销售三个阶段，分别表现为货币资金、生产储备资金、在产品资金、产成品资金等各种不同形态，然后又回到货币资金的运动。

企业财务关系：即企业财务活动中，企业与有关各方面发生的经济关系，如企业与投资者、企业与债权人、企业与债务人、企业与税务机关、企业与被投资单位、企业内部各部门之间以及企业与员工之间的经济关系。

（二）企业财务管理的概念

企业财务管理是组织企业财务活动，处理企业财务关系的一项管理活动。企业的生产经营过程，一方面表现为物资的采购、储备、加工与出售的实物流动；另一方面表现为价值形态的资金流入和流出。以现金收支为主的企业资金收支活动构成了企业的财务活动。具体来说，企业财务活动包括企业筹资引起的财务活动、企业投资引起的财务活动、企业经营引起的财务活动和企业分配引起的财务活动。现代企业生产是一种社会化大生产，需要大量资金，在生产经营过程中，企业与外界发生各种各样的资金往来关系，这就形成了企业的财务关系。企业财务管理就是组织好企业的财务活动、处理好企业的财务关系，为企业的生存和发展提供资金支持的一种综合性的管理活动。

（三）企业财务管理的内容

企业财务管理的对象就是企业的资金运动及其所反映的财务关系。企业财务管理的基本内容主要包括资金筹集管理、资金运用管理、资金回收管理和资金分配管理。

1. 资金筹集管理

资金是企业最重要的生产经营条件。企业会根据生产经营的实际需要筹集一定数量的资金，以满足构建固定资产、购买无形资产和流动资产、支付工资费用等方面的需要。国有企业资金主要包括资本金、资本公积金、盈余公积金、未分配利润和借入资金如长期负债和流动负债等。

2. 资金运用管理

资金的运用主要涉及生产过程，包括资金的投放、占用和耗费。企业应将筹集到的资金按照合理的结构投放于固定资产和流动资产。供应过程完成从货币资金形态到固定资产和储备资产形态的转化。生产过程则完成将劳动资料和原材料投入生产，以货币支付工资和其他生产费用的资金耗费。生产过程中资金占用的具体形态是在制品和自制半成品。

生产过程完成，生产出合格产成品，形成成品阶段的存货。这时生产资产转化为成品资产。生产过程创造了新的使用价值，也创造了新的价值。企业在生产经营过程中发生的销售费用、管理费用和财务费用，也需用货币支付，作为期间费用处理。企业在资金运用中，既要保证生产经营的需要，又要节约资金占用，以防止资金积压和浪费。

3. 资金的回收与分配管理

在销售过程中，企业的产成品投放市场，取得销售收入使企业的资金得到回收。这时，企业的资金从成品资产形态又回到货币形态。企业的资金从货币资金开始，经过供应、生产和销售过程，到取得销售收入，又回到货币资金形态，就实现了资金的一次循环。资金不断变换占用形态周而复始地循环，称为资金的周转。企业要对供、产和销全过程加强管理，采取有效措施加速资金周转，不断提高资金利用效率。

企业销售产品回收的货币要进行合理的分配。首先是用来补偿企业在生产经营过程中的耗费，以保证再生产的持续进行。

企业利润按规定缴纳所得税，提取盈余公积金后，在投资者之间进行分配。留存的盈余公积金和未分配的利润是所有者权益的组成部分，留在企业参加生产经营周转。

二、企业财务管理的原则与目标

（一）企业财务管理的原则

在市场经济条件下，工商企业面临着日益广泛的资金运动和复杂的财务关系，这就需要企业财务管理人员正确、科学地加以组织和处理。财务管理原则就是组织调节资金运动和协调处理财务关系的基本准则。在企业财务管理工作中应遵循以下原则：

1. 资本金保全原则

资本金保全原则是指企业要确保投资者投入企业的资本金的完整，确保所有者的权益。企业资本金是企业进行生产经营活动的本钱，是所有者权益的基本部分。企业的经营者可以自主使用投资者依法投资的任何财产，有责任使这些财产在生产经营中充分得到利用，实现其保值和增值。投资者在生产经营期间，除在相应条件和程序下依法转让资本金外，一般不得抽回投资。

2. 价值最大化原则

企业财务管理的目标是使资产所有者的财富最大化。在企业财务管理中价值最大化原则应贯彻到财务管理工作的各个环节中。在筹资决策阶段，要根据这一原则，对各种筹资渠道进行分析、比较，选择资金成本最低、风险最小的筹资方案。

在进行投资决策时，也要贯彻这一原则，在长期投资和短期投资之间进行选择。短期投资有利于提高企业的变现能力和偿债能力，能减少风险；长期投资会给企业带来高于短期投资的回报，但风险较大。企业应通过对不同投资项目进行可行性研究，选择一个收益最大的方案。

3. 风险与所得均衡原则

在市场经济条件下，企业的生产经营活动具有不确定性，企业的生产量、销售量都将随着市场需求的变化而变化。因此，企业生产经营的风险是不可避免的，其资金的筹措、运用和分配的风险也是客观存在的，所以财务管理人员应意识到风险，并通过科学的方法预测各种生产经营活动及资金筹集运用和分配方案的风险大小。风险越大，其预期收益越高，风险越小，其预期收益越低，应做到风险与收益的平衡。

4. 资金合理配置原则

资金的合理配置是由于资源的有限性和企业追求价值最大化所决定的。在企业财务管理中贯彻这一原则体现为合理配置资金：即在筹集资金时，要考虑资产负债的比例（负债总额占全部资产总额的比例），做到既能举债经营，提高资金利润率又能防止举债过多，加大企业财务风险；在资金运用时，要考虑资产结构，即各类资产在全部资产总额中所占比重，防止出现某类资产占用过多，而另一类资产却占用不足的情况。企业要把有限的资金用在刀刃上，并经常考核其资金配置结构的合理性和有效性。

5. 成本—效益原则

企业在生产经营过程中，为了取得收入，必然会发生相应的成本费用。如筹资会发生资金成本；生产产品会有直接材料、直接人工、制造费用的支出；销售商品会有商品购进成本和经营费用支出；从事生产经营管理工作，会发生管理费用，等等。在收入一定的情况下，成本费用越多，企业利润越少。因此，降低成本费用是企业提高经济效益、增加利润的有效途径。但是，企业的收入随着成本的增大而增大，随着成本的减少而减少，此时按成本—效益原则，在充分考核成本的基础上，如收入的增量大于成本的增量，则提高企业的效益；反之则使企业的效益下降。

（二）企业财务管理的目标

任何管理都是有目的的行为，企业财务管理也不例外。企业财务管理目标是企业财务管理工作尤其是财务决策所依据的最高准则，是企业财务活动所要实现的最终目标。目前，人们对企业财务管理目标的认识尚未统一，主要有三种观点：利润最大化、资本利润率最大化（或每股利润最大化）和企业价值最大化。

1．利润最大化

这种观点认为，利润代表了企业新创造的财富，利润越多则说明企业的财富增加得越多，越接近企业的目标。这种观点的缺陷是：利润最大化是一个绝对指标，没有考虑企业的投入与产出之间的关系，难以在不同资本规模的企业或同一企业的不同期间进行比较；没有区分不同时期的收益，没有考虑资金的时间价值。投资项目收益现值的大小，不仅取决于其收益将来值总额的大小，还要受取得收益时间的制约。因为早取得收益，就能早进行再投资，进而早获得新的收益，利润最大化目标则忽视了这一点。没有考虑风险问题。一般而言，收益越高，风险越大。追求最大利润，有时会增加企业风险，但利润最大化的目标不考虑企业风险的大小；利润最大化可能会使企业财务决策带有短期行为，即片面追求利润的增加，不考虑企业长远的发展。

2．资本利润率最大化

这种观点认为：应该把企业利润与投入的资本相联系，用资本利润率概括企业财务管理目标。其观点本身概念明确，将企业实现的利润与投入的资本或股本进行对比，可以在不同资本规模的企业或期间进行对比，揭示其盈利水平的差异。但是这种观点仍然存在两个问题：一是没有考虑资金的时间价值；二是没有考虑风险问题。

3．企业价值最大化

投资者建立企业的重要目的在于，创造尽可能多的财富。这种财富首先表现为企业的价值。企业价值的大小取决于企业全部财产的市场价值和企业潜在或预期获利能力。这种观点认为：企业价值最大化可以通过企业的合理经营，采用最优的财务决策，充分考虑资金的时间价值和风险与报酬的关系，在保证企业长期稳定发展的基础上，使企业总价值达到最大。这是现代西方财务管理理论普遍公认的财务目标，他们认为这是衡量企业财务行为和财务决策的合理标准。

企业价值最大化是一个抽象的目标，在运用时也存在一些缺陷：非上市企业的价值确定难度较大。虽然通过专门评价（如资产评估）可以确定其价值，但评估过程受评估标准和评估方式的影响使估价不易客观，从而影响企业价值的准确性与客观性；股票价格的变动除受企业经营因素影响之外，还要受到其他企业无法控制的因素影响。

三、企业财务管理职能与作用

（一）企业财务管理的职能

企业财务管理的职能主要包括财务预测、财务决策、财务计划、财务控制和财务分析。

1. 财务预测

财务预测就是财务工作者根据企业过去一段时期财务活动的资料，结合企业现在面临和即将面临的各种变化因素，运用数理统计方法，以及结合主观判断，来预测企业未来的财务状况。进行预测的目的是体现财务管理的事先性，即帮助财务人员认识和控制未来的不确定性，使其对未来的无知降到最低限度，使财务计划的预期目标同可能变化的周围环境和经济条件保持一致，并对财务计划的实施效果做到心中有数。

2. 财务决策

财务决策是对财务方案、财务政策进行选择和决定的过程，又称为短期财务决策。财务决策的目的在于确定最为令人满意的财务方案。只有确定了效果好并切实可行的方案，财务活动才能取得好的效益，实现企业价值最大化的财务管理目标。因此，财务决策是整个财务管理的核心。财务决策需要以财务预测为基础，财务决策则是对财务预测结果的分析与选择。

3. 财务计划

财务计划（或预算）是指在科学的财务预测的基础上，将财务决策所确定的最佳财务目标和方案全面、系统地规划出来的管理行为。财务计划或财务预算是落实财务目标、组织财务活动的前提和依据，是以货币形式表现的生产经营计划。财务计划的内容主要包括资金筹措计划、固定资产与流动资产计划、长期投资计划、成本费用计划、销售收入计划和利润及收益分配计划等。财务计划的编制方法主要有平衡法、余额法和定额法。

4. 财务控制

财务控制就是根据企业财务计划目标、财务制度和国家的财经法规，对实际（或预计）的财务活动开展情况进行对比、检查，发现问题并及时加以纠正，使之符合财务目标与制度要求的管理行为。这是保证财务目标和有关计划指标实现的重要职能。财务控制的方法多种多样，有事前控制、事中控制和事后控制；有定额控制、预算控制和开支标准控制；有绝对数控制和相对数控制等。

5. 财务分析

财务分析是指以企业实际资料为依据，对企业财务活动的过程和结果进行系统的分析与评价，肯定成绩，查明问题，提出改进措施，挖掘财务活动的潜力等管理行为。企业财务分析的形式多种多样，有定期分析与不定期分析、全面分析与专题分析等。

（二）企业财务管理的作用

1. 财务管理是企业经营决策的重要依据

一般情况下，企业经营决策正确与否关系到企业的生存和发展。在决策过程中，要充分发挥财务管理的作用，运用经济评价方法对备选方案进行经济可行性分析，为企业领导正确决策提供依据，当好参谋，保证所选方案具有良好的经济性。

2. 财务管理是企业聚财生财的有效工具

企业进行生产经营活动必须具备足够的资金。无论是开业前还是在生产经营过程中，筹集资金都是保证生产经营活动的重要前提。企业在财务管理中要依法合理筹集资金，科学而又有效地用好资金，提高资金利用效果，创造更多的利润。

3. 财务管理是控制和调节企业生产经营活动的必要手段

企业财务管理主要是通过价值形式对生产经营活动进行综合管理，及时反映供、产和销过程中出现的问题，通过资金、成本及费用控制等手段，对生产经营活动进行有效的控制和调节，使其按预定的目标进行并取得良好的经济效益。

4. 财务管理是企业执行财务法规和财经纪律的有力保障

企业在生产经营活动中必须遵守国家政策，执行国家有关财务法规、制度和财经纪律。资金的筹集必须符合国家有关筹资管理的规定，成本及费用开支必须执行规定的开支标准和范围，税金的计算和缴纳及利润的分配都必须严格按税法和财务制度的规定执行。企业财务管理工作在监督企业经营活动，执行财务法规，遵守财经纪律方面应起到保证作用。

第二节　企业筹资管理

随着市场经济体制和现代企业制度的建立，企业筹资和投资管理已成为财务管理的首要任务。企业为了生产经营发展的需要，必须不断地研究新工艺、试制新产品、更新旧设备、开发新资源以及以质高价廉的产品占领市场。这些规划的实施，需要一定数量的资金支持，由此产生了筹资问题。企业筹集到的资金，必须经济合理，讲求效益地投放到生产经营的各个领域。筹资和投资管理水平的高低，直接关系到企业的生存和发展。

一、企业筹资的含义与分类

（一）企业筹资的含义

企业筹资是指企业根据其生产经营、对外投资及调整资金结构等活动对资金的需要，通过一定渠道，采取适当的方式，获取所需资金的一种行为。

（二）企业筹资的分类

企业筹集的资金可按不同的标准进行分类，主要分类如下。

（1）按照资金的来源渠道不同，可将企业筹资分为权益性筹资和负债性筹资。权益性筹资或称为自有资金筹资，是指企业通过发行股票、吸收直接投资、内部积累等方式筹集资金。企业采用吸收自有资金的方式筹集资金，一般不用还本，财务风险小，但付出的资金成本相对较高。

负债性筹资或称借入资金筹资，是指企业通过发行债券、向银行借款、融资租赁等方式筹集的资金。企业采用借入资金的方式筹集资金，到期要归还本金和支付利息，一般承担较大风险，但相对而言，付出的资金成本较低。

（2）按照所筹资金使用期限的长短，可将企业筹资分为短期资金筹集与长期资金筹集。短期资金，是指使用期限在一年以内或超过一年的一个营业周期以内的资金。短期资金主要投资于现金、应收账款、存货等，一般在短期内可收回。短期资金通常采用商业信用、短期银行借款、应收账款转让等方式来筹集。

长期资金，是指使用期限在一年以上或超过一年的一个营业周期以上的资金。长期资金主要投资于新产品的开发和推广、生产规模的扩大、厂房和设备的更新等，一般需几年甚至十几年才能收回。

长期资金通常采用吸收直接投资、发行股票、发行债券、长期借款、融资租赁和利用留存收益等方式来筹集。

二、企业筹资的渠道与方式

（一）企业筹资渠道

企业的筹资渠道是指企业筹集资本的方向和通道，也就是企业筹集的资本从哪里来，经过什么途径得到。社会资本掌握在政府、企业、各种组织和个人手里，通过金融机构或资本市场予以聚集，从而供资金需求者使用。我国企业的筹资渠道主要包括以下七种。

1. 国家财政资金

通过直接向企业投入形成所有者权益和以银行贷款的方式向企业投入以形成企业的负债，具有利率低、使用时间长的特点。

2. 银行贷款

银行贷款是通过抵押或质押或担保的方式向银行取得资金的方式。

3. 非银行金融机构资金

非银行金融机构资金包括信托投资公司、保险公司、证券公司、租赁公司、企业集团等机构的资金。

4. 其他企业资金

其他企业资金主要是企业与企业之间相互投资的资金及在购销业务中通过企业的商业信誉取得的资金占用，如赊销等。

5. 居民个人资金

通过向社会公众发行股票或债券的方式吸引居民的个人闲散资金。

6. 企业内部形成的资金

企业内部形成的资金指资本公积金、盈余公积金和企业未分配利润等在企业内部形成的资金。

7. 外商资金

外商资金指外国投资者及我国港、澳、台地区投资者投入的资金。

（二）企业筹资方式

企业筹集资本需要运用一定的方式。企业筹资方式是指企业筹集资本所采取的具体形式和工具，体现了资本的属性和使用期限。不同的筹资方式可以提供不同属性和使用期限的资本，筹资方式的不同对企业的资金成本以及企业的经营方式也会产生一定的影响，企业应该根据自身的特点和对资金需要的具体情况选择合适的筹资方式。一般而言，企业的筹资方式有以下几种。

1. 发行股票

股票是股份证书的简称，是股份公司为筹集资金而发行给股东作为持股凭证并借以取得股息和红利的一种有价证券。每股股票都代表股东对企业拥有一个基本单位的所有权。股票是股份公司资本的构成部分，可以转让、买卖或作价抵押，是资金市场的主要长期信用工具。

(1) 股票的种类

①按股东权利和义务的不同，股票分为普通股和优先股。所谓普通股，就是持有这种股票的股东都享有同等的权利，他们都能参加公司的经营决策，其所分取的股息红利随着股份公司经营利润的多寡而变化。所谓优先股是指持有该种股票的股东的权益要受一定的限制。优先股的发行一般是股份公司出于某种特定的目的和需要，且在票面上要注明“优先股”字样。优先股股东的特别权利就是可优先于普通股股东以固定的股息分取公司收益并在公司破产清算时优先分取剩余资产，但一般不能参与公司的经营活动，其具体的优先条件必须由公司章程加以明确。

②根据上市地区可以分为：A 股、B 股、H 股、N 股和 S 股等。A 股的正式名称是人民币普通股票。它是由我国境内的公司发行，供境内机构、组织或个人（不含台、港、澳投资者）以人民币认购和交易的普通股股票。B 股也称为人民币特种股票，是指那些在中国内地注册、在中国内地上市的特种股票。B 股以人民币标明面值，只能以外币认购和交易。H 股是指以港币标明股票面值，在香港地区上市发行和进行交易的股票。S 股是指那些主要生产或者经营等核心业务在中国内地而企业的注册地在新加坡（Singa pore）或者其他国家和地区，但是在新加坡交易所上市挂牌的企业股票。N 股是指那些在中国内地注册、在纽约（New York）上市的外资股。

(2) 普通股筹资的优缺点

优点：普通股不构成固定费用；普通股无固定的到期日，不用偿还；普通股可作为债权人损失的缓冲；发行普通股可增加公司信用保障；普通股有时比债券发行得快；利用普通股筹资的风险小。

缺点：出售普通股将使投票权和控制权分散给新股东；普通股的资本成本较高。

(3) 优先股筹资的优缺点

优点：优先股没有固定的到期日，不用偿还本金；股利的支付既固定，又有一定弹性；能够保持普通股股东的控制权；从法律上讲，优先股属于自有资金，因而，优先股扩大了权益基础，可适当增加公司的信誉，加强公司的借款能力。

缺点：优先股成本很高，优先股筹资的限制较多，可能会成为一项较重的财务负担。

2. 发行债券

发行债券是企业筹资的一种重要方式，是债务人依照法定程序发行，约定在一定期限内还本付息的有价证券。

(1) 债券的种类

债券具有各种不同的种类，其种类主要依照划分标准而定。这里介绍 3 种方法：

①按发行的主体，可以分为政府债券、公司债券和金融债券三种。

②按偿还的期限，可以分为短期债券、中期债券和长期债券。短期债券一般是指偿还

期限在一年以内的债券；中期债券一般是指偿还期限为1～10年的债券；长期债券一般是指偿还期限在10年以上的债券。

③按有无抵押物分，可以分为抵押债券和无抵押债券。抵押债券是指由发行主体提供财产作抵押以保证偿还的债券；无抵押债券是指凭发行主体本身的信用发行的债券。

（2）发行债券筹资的优缺点

优点：第一，筹资成本低。与发行股票相比，债券的发行费用较低，而且债券利息可在税前列支。第二，控制权不分散。债券持有人无权干涉企业的管理工作。第三，能够发挥财务杠杆作用。债券利息是固定的，当企业投资报酬率高于债券资金成本时，企业可多发债券，给股东带来更多的收益。第四，有利于调整资金结构。企业可将可转换公司债券转换成股票，将负债性资金转为权益性资金，从而优化资金结构。

缺点：第一，财务风险较大。债券的期限和利率都是固定的，当企业经营出现困难时仍要支付债券本息。第二，限制条款较多。债券从发行、使用到偿还，都有较为严格的规定。第三，筹资数额有限。

3. 融资租赁

（1）融资租赁的概念及特点

融资租赁，也称为金融租赁或购买性租赁。《融资租赁公约》指出，融资租赁是指这样一种交易行为：出租人（租赁公司）根据承租人（企业）的请求及提供的规格，与第三方（供货商）订立一项供货合同，根据此合同，出租人按照承租人在与其利益有关的范围内所同意的条款取得工厂、资本货物或其他设备（以下简称设备），并且，出租人与承租人订立一项租赁合同，以承租人支付租金为条件授予承租人使用设备的权利。融资租赁的特点：第一，融资租赁是一项至少涉及三方当事人的交易：即出租人、承租人和供货商，并至少由两个合同构成（买卖合同和租赁合同）的自成一类的三方交易。这三方当事人相互关联，两个合同相互制约。第二，拟租赁的设备由承租人自行选定，出租人只负责按用户的要求给予融资便利，购买设备，不承担延迟交货等责任，也没有设备维护的义务；承租人不得以此为由拖欠和拒付租金。第三，金额清偿，即出租人在基本租期内只将设备出租给一个特定的用户，出租人从该用户收取的租金总额应等于该项租赁交易的全部投资及利润，或根据出租人所在国关于融资租赁的标准，等于投资总额的一定比例，如80%。换言之，出租人在此交易中就能收回全部或大部分该项交易的投资。第四，不可解约性，对承租人而言，租赁的设备是承租人根据其自身需要而自行选定的。因此，承租人不能以退还设备为条件而提前中止合同。对出租人而言，因设备为已购进商品，也不能以市场涨价为由而在租期内提高租金。总之，一般情况下，租期内租赁双方无权中止合同。第五，设备的所有权与使用权长期分离。设备的所有权在法律上属于出租人，设备的使用权属于承租人。第六，设备的保险、保养、维护等费用及设备过时的风险均由承租人负担。第七，基本租期结束时，承租人对设备拥有留购、续租或退租三种选择权。

（2）融资租赁的优缺点

优点：筹资速度快，限制条款少，设备淘汰风险小，财务风险小，税收负担轻。

缺点：资金成本较高。一般来说，其租金要比举借银行借款或发行债券所负担的利息高得多。

4．利用商业信用

（1）商业信用的形式

商业信用是指在商品交易中延期付款或延期付货而形成的借贷关系，是企业之间的直接信用行为，是由于商品交易中钱和货在时间和空间上的分离而形成的。商业信用具体表现为以下几种形式：①赊购商品，是指买卖双方发生商品交易，买方收到商品后不立即支付现金，可延期到一定时间后再付款。②预收货款，是指卖方先向买方收取货款，但要等到一定时间后再付货，相当于卖方向买方预借了一笔无息的资金。③商业汇票，是指收款人或付款人签发，由承兑人承兑，并于到期日向收款人支付款项的票据。

商业汇票是一种期票，是反映应收账款和应付账款的书面证明，是一种短期筹资方式。

（2）利用商业信用筹资的优缺点

优点：第一，筹资方便。与商品交易行为同时进行，属于一种自然性筹资。第二，筹资成本较低。如果没有现金折扣或企业放弃现金折扣，则利用商业信用筹资没有筹资成本。第三，一般没有限制条件。

缺点：第一，资金利用时间较短，不能用于长期项目，对企业长期稳定发展作用不大。第二，若取得现金折扣，则用款时间太短；若放弃现金折扣，则付出的资金成本较高。第三，筹资风险较大。若信用展期被拒，则企业将面临相当大的支付短期债务的风险。

三、企业筹资的原则与筹资决策

（一）企业筹资的原则

1．适度规模原则

企业的筹集规模应与需求量相一致，既要避免因资金筹集不足，影响生产经营的正常进行，又要防止资金筹集过多，造成资金闲置。

2．筹措及时原则

企业财务人员应全面掌握资金需求的具体情况并熟知资金时间价值的原理，合理安排资金的筹集时间，适时获取所需资金。

3．来源合理原则

不同来源的资金，对企业的收益和成本有不同影响。因此，企业应认真研究资金来源渠道和资金市场，合理选择资金来源。

4．方式经济原则

企业筹集资金必然要付出一定的代价并承担相应的风险，不同筹资方式的资金成本和财务风险有高有低。为此，需要对各种筹资方式进行分析和对比，选择经济可行的筹资方式。

（二）企业筹资的决策

企业筹资应遵循筹资成本最低和筹资与投资并重的基本原则，并以国家制度、法规为准绳。筹资决策一般采用比较法，即比较不同方案的成本、条件、风险与效益的大小和优劣，从中选择最佳筹资方案。

1. 筹资成本比较

企业要获得一定数量资金的使用权，就必须为之付出一定的费用，而每种筹资方式的筹资成本又各不相同，通过比较不同方案的筹资成本，可以确定不同筹资方案的优劣。

2. 筹资条件比较

企业筹资时可能遇到出资者提出的许多附加条件，如贷款的担保和财产抵押等，企业要分析比较各种筹资条件的优劣，选择相对有利于企业的筹资方案。

3. 筹资风险比较

由于各种资金来源的风险程度及其影响不同，在筹资决策时需要注意判断各种筹资方案的风险程度。此外，还需正确处理筹资风险与风险报酬和筹资成本的关系。一般来说，筹资风险与风险报酬和筹资成本均成正比，企业应根据具体筹资方案的风险类型和客观条件，处理好避险与冒险的关系。

4. 筹资效益比较

不同筹资方案可能带来的预期效益是筹资决策的根本依据，无预期效益或筹资报酬率低于预期投资报酬率的筹资方案都不可取。

四、资本成本及杠杆原理

（一）资本成本及其计算

1. 资本成本

资本成本是指企业筹集和使用资本而付出的代价，即资本筹集费和资本占用费。资本筹集费是指资本筹集过程中支付的各项费用。资本占用费是指占用资本支付的费用。

资本成本的表示方法有两种，即绝对数表示方法和相对数表示方法。绝对数表示方法是指为筹集和使用资本到底发生了多少费用。相对数表示方法则是通过资本成本率指标来反映的。

为了便于分析比较，资本成本通常以相对数表示。企业使用资本所负担的费用同筹集资本净额的比率，称为资本成本率。其公式为：

资本成本率=资本使用费/（筹资总额-资本筹集费）

　　　　　=资本使用费/［筹资总额（1-筹资费率）］

2. 各种筹资方式的资本成本率

（1）长期借款的资本成本率

长期借款需支付的借款利息和借款手续费是计算资本成本的基础，由于借款利息可在税前列入成本，这就抵减了公司的一部分所得税，因此，公司自身实际承担的利息应为：

借款利息=借款额×年利息率×（1-所得税税率）

按照资本成本率计算的一般公式，则长期借款的资本成本率为：

长期借款资本成本率

=借款利息×（1-所得税率）/［借款额×（1 -筹资费用率）］

即 $KL = I\times(1-T)/[L\times(1-f)]$

$= i\times(1-T)/(1-f)$

式中：KL——长期借款资本成本率；

I——银行借款年利息；

L——银行借款筹资总额；

T——所得税税率；

i——银行借款利息率；

f——银行借款筹资费率。

由于银行借款的手续费很低，上式中的 f 常常可以忽略不计，则上式可简化为：

$KL=i\times(1-T)$

（2）债券资本成本率

企业发行债券通常要事先规定利息率。按税法和会计制度规定，债券利息与借款利息一样在税前利润中支付，这样企业实际上就少缴了一部分所得税，因此，债券资本成本率可比照长期借款来计算。其计算公式为：

债券资本成本率=债券每年支付的利息×（1-所得税税率）/［债券筹资额×（1-债券筹资费率）］

$$K_b = I(1-T)/[B_0(1-f)]$$
$$= Bi(1-T)/[B_0(1-f)]$$

式中：

K_b—— 债券资本成本率；

I—— 债券每年支付的利息；

T—— 所得税税率；

B—— 债券面值；

i—— 债券年利息率；

B_0—— 债券筹资额，按发行价格确定；

f—— 债券筹资费率。

(3) 优先股资本成本率

优先股筹资需支付筹资费用和优先股股利，优先股股利需定期按固定的股利率向持股人支付股利。优先股股利支付需在所得税后进行，不具有所得税的抵减作用。因此，可以把优先股股利视为一种永续年金。

优先股资本成本率可通过下面的公式求得：

优先股资本成本率 = 优先股每年的股利 / 优先股筹资总额(1 - 优先股筹资费率)

$$K_p = D/[P_0(1-f)]$$

式中：

K_p—— 优先股资本成本率；

D—— 优先股每年的股利；

P_0—— 优先股筹资总额；

f—— 优先股筹资费率。

(4) 普通股资本成本率

按照资本成本实质是投资者要求的收益率的思路计算普通股资本成本率的方法相当于计算普通股要求的收益率的方法。

普通股票现值的计算公式为：

$$V_0=\sum_{i=1}^{n}\frac{D}{(1+K_S)^I}+\frac{V_n}{(1+K_S)^n}$$

由于股票没有到期日，那么，当 $n\to\infty$ 时，$\frac{V_n}{(1+K_\alpha)}\to 0$，所以，股票的现值为：

$$V_0=\sum_{i=1}^{n}\frac{D_i}{(1+K_S)^i}$$

式中：

V_0—— 普通股现值；

D_i—— 第 i 期支付的股利；

V_n—— 普通股终值；

K_S— 普通股资本成本率。

这样可用上式求出 K_S，即普通股资本成本率。

上式计算较复杂，如果每股股利固定不变，则可视为永续年金，计算公式可简化为：$K_S=D/V_0$

将筹资费用也予以考虑，并假设年股利增长率为 g，则普通股资本成本率的计算公式为：

$K_S=D_1/[V_0(1-f)]+g$

式中：D_1—— 第一年的股利。

(5) 留存收益资本成本率

留存收益是经股东同意，不作为股利分配，留在企业供生产经营继续使用的那部分税后净利润。它是股东对企业追加的投资，股东对这部分追加的投资也要求与直接购买普通股股票的股东一样，获得相同的报酬率。因此，留存收益的资本成本应视同普通股资本成本，不同之处只是它不必考虑发行费用。留存收益资本成本率的计算公式如下：

$K_e=D_1/P_0+g$

式中：K_e—— 留存收益资本成本率，其他变量含义同上。

(二) 杠杆原理

1. 经营杠杆

(1) 经营杠杆的概念

在某一固定成本比重下，销售量变动对息税前利润产生的作用，称为经营杠杆。产销量的变动同时也会引起息税前利润的变动，但是由于固定成本的存在，利润变动率大于产销量变动率。

(2) 经营杠杆的计量

从上述情况可知，只要企业存在固定成本，就存在经营杠杆作用，但不同企业，经营杠杆作用的程度是不完全一致的，为此，需要对经营杠杆进行计量。对经营杠杆进行计量的最常用指标是经营杠杆系数或经营杠杆度。所谓经营杠杆系数，是指息税前利润变动率相当于产销量变动率的倍数。其计算公式为：

$DOL=(\Delta EBIT/EBIT)/(\Delta S/S)$

式中：ΔEBIT—— 息税前利润变动额；

ΔS—— 产销量变动额；

EBIT—— 基期息税前利润；

S—— 基期产销量。

实际操作时，为了计算上的方便，可将上述公式转化为：

$\mathrm{DOL} = M/(M - F)$

式中：M—— 基期边际贡献；

F—— 固定成本。

［例 7.1］某企业生产并销售甲产品，年产销量为 40000 件时，单位售价 100 元。若单位产品的变动成本为 60 元，固定成本为 500000 元，试计算该企业经营杠杆系数。

解析：$\mathrm{DOL} = M/(M - F) = 40000 \times (100 - 60)/[40000 \times (100 - 60) - 500000] = 1.455$

以上计算结果表明，该企业当初始销售量为 40000 件时，产销量每变动 1%，就引起息税前利润变动 1. 455%，即息税前利润为产销量变动的 1. 455 倍。

(3) 经营杠杆与经营风险

引起企业经营风险的主要原因，是市场需求、产品成本、售价及固定成本的比重等因素的不确定性，经营杠杆本身并不是利润不稳定的根源。但是产销量增加时，息税前利润将以 DOL 倍数的幅度增加；当产销量减少时，息税前利润将以 DOL 倍数的幅度减少。可见，经营杠杆系数扩大了市场和生产等不确定因素对利润变动的影响。而且经营杠杆系数越高，利润变动越激烈，企业的经营风险就越大。于是企业经营风险的大小和经营杠杆有重要关系。

一般来说，在其他因素不变的情况下，固定成本越高，经营杠杆系数越大，经营风险也越大。

2. 财务杠杆

(1) 财务杠杆的概念

不论企业盈余多少，企业债务的利息和优先股的股利都是固定不变的。当息税前利润增大时，每 1 元盈余所负担的固定财务费用就会相对减少，就能给普通股股东带来更多的盈余；反之，当息税前利润减少时，每 1 元盈余所负担的固定财务费用就会相对增加，这就会大幅度减少普通股的盈余。这种债务对投资者收益的影响，称做财务杠杆。

(2) 财务杠杆的计量

财务杠杆作用的大小可用财务杠杆系数来表示。财务杠杆系数是指普通股每股利润的变动率相当于息税前利润变动率的倍数。其计算公式为：

$\mathrm{DFL} = (\Delta\mathrm{EPS}/\mathrm{EPS})/(\Delta\mathrm{EBIT}/\mathrm{EBIT})$

式中：DFL—— 财务杠杆系数；

EPS—— 普通股每股股利；

ΔEPS—— 普通股每股利润增量。

在实际工作中，为了计算方便可将上式转化为：

$\mathrm{DFL} = \mathrm{EBIT}/[\mathrm{EBIT} - I - d/(1 - T)]$

式中：

I—— 利息费用；

d—— 优先股股利；

T—— 所得税税率。

∵ $EPS = [(EBIT - I)(1 - T) - d]/N$

$\Delta EPS = \Delta EBIT(1 - T)/N$

式中：N—— 流通在外的普通股股数。

∴ $DFL = (\Delta EPS/EPS)/(\Delta EBIT/EBIT) = [\Delta EBIT(1 - T)/N]/\{[(EBIT - I)(1 - T) - d]/N\} \times (EBIT/\Delta EBIT) = EBIT/[EBIT - I - d/(1 - T)]$

就未发行优先股的企业而言，其财务杠杆系数的计算公式为：

$DFL = EBIT/(EBIT - I)$

（3）财务杠杆与财务风险

财务风险是指为取得财务杠杆利益而利用负债资金时，增加了破产机会或普通股利润大幅度变动的机会所带来的风险。企业为取得财务杠杆利益，就要增加负债，一旦企业息税前利润下降，不足以补偿固定利息支出，企业的每股利润就会下降得更快。若企业投资收益率小于负债利率则不能取得财务杠杆利益，只有企业投资收益率高于负债利率，才能取得财务杠杆利益，这就是说，企业利用财务杠杆，可能产生好的效果，也可能会产生坏的效果。

3. 复合杠杆

经营杠杆探讨的是产销量变化对息税前利润产生的影响，而财务杠杆探讨的是息税前利润的变化对企业普通股每股利润究竟产生多大的影响。二者联合作用下产销量变动对企业普通股每股利润发生的影响，必须用复合杠杆系数来测量。

复合杠杆系数是指每股利润变动率相当于产销量变动率的倍数。

其计算公式为：$DCL = (\Delta EPS/EPS) / (\Delta S/S)$

式中：DCL 为复合杠杆系数，为简化计算，可根据上述公式推导出计算复合杠杆系数的简单公式：

$DCL = (\Delta EPS/EPS) / (\Delta S/S) = DOL \cdot DFL = (\Delta EBIT/EBIT) / (\Delta Q/Q) \times (\Delta EPS/EPS) / (\Delta EBIT/EBIT)$

企业复合杠杆系数越大，每股利润波动幅度越大。复合杠杆作用使每股利润大幅度波动而造成的风险，称为复合风险。在其他因素不变的情况下，复合杠杆系数越大，复合风险越大；复合杠杆系数越小，复合风险越小。

第三节　企业资产管理

资产是指企业拥有或控制的能够给企业带来未来经济效益的经济资源。一般情况下，可将企业的资产按其流动性分为流动资产和固定资产。

一、流动资产管理

（一）流动资产的概念和特点

流动资产是指能够在一年或一个营业周期内完成一次循环，并伴随再生产过程周而复始地进行循环的资产，包括现金及各种存款、存货、应收及预付款项等。对流动资产进行管理的基本任务是：努力以最低的成本满足生产经营的需要，提高流动资产的利用效率。与固定资产相比，流动资产具有以下特点。

（1）周转速度快，投资回收期短。流动资产通常都在一年以内完成周转，因而，投入在流动资产上的资金通常可以在一年以内回收，然后再伴随再生产过程重新投入流动资产中，周而复始。

（2）变现能力强。应收账款、短期投资、存货等流动资产具有较强的变现能力。这对于财务上应付临时性资金需求具有较大意义。

（3）流动性与并存性。流动资产在企业再生产过程中是不断地循环周转的。

企业的流动资产必须同时分别占用在生产储备资金、未完工的在产品资金、成品资金和结算资金与货币资金等各种形态上，企业再生产过程才能顺利地循环往复。其具体循环过程是流动资产不断地在货币资金、储备资金（各种材料）、在产品资金、产成品资金、应收账款、货币资金之间顺序转化并表现为相应的具体形态。在同一时点上，流动资产的各种具体形态又表现为并存的。因此，对各项流动资产配置合理的资金数额，是企业流动资产管理的关键所在。

（4）占用数量波动性大。流动资金占用量随企业原材料储备、产成品存储量以及产销量等的变化而变化，对于季节性商品生产企业而言，上述情况就更为明显。在产品销售旺季，企业库存成品大为减少，流动资产资金占用量大大降低；而在销售淡季，大量的产成品库存又会占用企业的大量资金。

（5）流动资金的循环与企业生产经营周期循环相一致。企业每完成一次生产经营循环的同时，流动资产也就相应地完成了一次循环过程，两种循环在时间上总是完全一致的。而固定资产每完成一次循环的时间则是企业生产经营循环周期的几倍乃至几十倍。

（二）流动资产管理的主要内容

1. 现金管理

现金是指可直接作为支付手段的资产，是在生产过程中暂时停留在货币形态的资金，包括库存现金、银行活期存款和其他货币资金等。现金是流动性最强的资产，它可以直接用于支付各种费用及偿还各种到期债务。同时，现金也是所有资产当中收益率最低的资产。对于库存现金而言，其收益率为零，对于银行活期存款而言，其收益率相对于其他资产的收益率也是很低的。

既然现金是企业所有资产中收益率最低的一种资产，那么企业为什么还要持有现金呢？一般而言，企业持有现金的动机主要有以下三种：

（1）交易动机。交易动机即企业为正常生产经营而需要保持的现金支付能力。企业为了组织日常生产经营活动，必须保持一定数额的现金余额，用于购买原材料、支付工资、缴纳税款、偿付到期债务、派发现金股利等。企业每天的现金收入和现金支付很少同时等额发生，保持一定的现金余额可使企业现金支出大于现金收入时不致中断交易。

（2）预防动机。预防动机即企业为应付意外情况而需要保持的现金支付能力。企业预计的现金需要量一般是指正常情况下的需要量，但有许多意外事件会影响企业现金的收入与支出。例如，发生自然灾害、生产事故、主要顾客未能及时付款等情况，都会打破企业的现金收支计划，使现金收入支出出现不平衡。因此，企业需要在正常现金需要量的基础上，追加一定数量的现金余额以应付意外情况的发生。

（3）投机动机。投机动机即企业为了在证券价格剧烈波动时从事投机活动获取收益而持有现金。当预期利率上升，有价证券价格将要下跌时，投资动机会促使企业暂时持有现金，直到利率停止上升为止。

当预期利率下降，有价证券价格将要上升时，投资动机会促使企业将现金投资于有价证券，以便从有价证券价格的上升中获得收益。

2. 应收账款的管理

应收账款是企业因对外赊销产品、材料、供应劳务等而应向购货或接受劳务的单位收取的款项。随着市场经济的不断完善与发展，该项流动资金的投入越来越频繁，虽然信用销售会对企业带来竞争方面的好处，但作为对客户提供的短期信用，也增加了资本的成本。企业之所以愿意采用信用销售的方式，是因为应收账款在企业生产经营中有以下两个功能：

（1）促进销售。企业采用信用销售最基本的动机就是为了竞争的需要，占领更多的市场份额，打折销售。企业在进行赊销时，实质上是给客户提供了两项交易内容：一是商品；二是资金。在市场竞争日益激烈的情况下，作为客户一方，为了自身利益，往往不愿进行现金交易，而愿接受信用交易，这样既可克服资金不足达到无成本自然融资的目的，又可以在享受现金折扣方面得到好处。

（2）减少存货。打折销售与减少存货实质上是相辅相成的，销售量上去了，存货量自然也会下降。在企业存货量较大的情况下，作为一种促销手段，对客户提供信用销售，就可以达到减少存货的目的。存货量的减少不仅可以降低存货成本，而且对流动资产变为速动资产、提高企业偿债能力、改善企业的财务状况都是有好处的。

出于竞争和打折销售的目的，企业在为客户提供商业信用时，可采用什么样的信用政策呢？这对于企业管好应收账款是至关重要的。企业的信用政策主要有以下几方面的内容：

（1）信用标准。信用标准是客户能够获取企业提供的商业信用所应达到的标准和应具备的基本要求与条件。如果企业的信用标准较严，只对信誉很好、坏账损失率很低的顾客给予赊销，则会减少坏账损失，减少应收账款的机会成本，但这可能不利于打折销售量，甚至会使销售量减少；反之，如果信用标准较宽，虽然会增加销售，但也会相应增加坏账损失和应收账款的机会成本。企业在制定信用标准时应考虑以下基本因素：同行业竞争对手的情况；企业承担风险的情况；客户的资信程度等。

（2）信用条件。信用条件是指企业接受顾客信用订单时所提出的付款要求，主要包括信用期限、折扣期限和现金折扣等。信用期限是企业为顾客规定的可享受现金折扣的付款时间。折扣期限是为顾客规定的可享受现金折扣的付款时间。现金折扣是在顾客提出付款时给予的优惠。如账单中的“2/10，N/30”就是一项信用条件，它规定如果在发票开出后10天内付款，可享受2%的现金折扣；如果不想取得折扣，这笔货款就必须在30天内付清。在这里，30天为信用期限；10天为折扣期限；2%为现金折扣率。提供比较优惠的信用条件能增加销售量，但也会带来额外的负担，如会增加应收账款机会成本、坏账成本、现金折扣成本等。

（3）收账政策。收账政策是指当顾客违反信用条件，拖欠甚至拒付账款时，企业所采取的收账策略与措施。收账政策主要包括收账程序和收账方式等。企业如果采用较积极的收账政策，就可能会减少应收账款投资，增加坏账损失，但会减少收账费用。

3. 存货管理

存货是企业生产经营过程中销售或耗用的资产。主要包括原材料、在产品、产成品、库存商品等。存货是流动资产的重要构成内容，同时也是一项变现能力相对较差的流动资产，强化存货的管理对于搞好流动资产管理有举足轻重的作用。

存货的日常控制是在对存货的存量和资金需要量进行预测、决策和计划管理的基础上，对存货加强日常监控，进行日常管理活动的重要手段。

二、固定资产管理

（一）固定资产的概念和特点

固定资产是指使用年限超过一年，单位价值在规定标准以上，并且在使用过程中保持原有实物形态的企业资产。包括房屋及建筑物、机器设备、运输设备及工具器具等。不同时具备使用年限标准和单位价值标准的工具及其他物品，列为低值易耗品，视为流动资产处理。固定资产的性质和条件决定了它是工业企业的主要劳动资料并且具有以下特点。

（1）固定资产一经构建并使用于生产过程，其价值就会通过使用逐渐消减，并分期转移到产品中去构成产品价值的一部分，其使用期限较长。

（2）固定资产在使用过程中，不是通过改变其物质实体并转化为产品来发挥作用的，而是以逐步转移其部分价值来作用于产品的生产过程，因此，固定资产能以原有实物形态多次参与生产过程，发挥其应有的作用。

（3）固定资产的价值补偿是根据其在使用中的消耗程度以折旧的形式分次、逐步实现的，其实物形态在价值耗尽时，才予以整体更新。因此，固定资产的价值补偿和实物更新在时间上是分离的。

（4）企业购进固定资产时，需要一次全部垫支资金，由于其价值是一部分一部分地逐步转移和收回的，所以固定资产的投资是一次性的，而收回是分次的。

（二）固定资产分类

（1）按固定资产的经济用途划分，可分为经营用固定资产和非经营用固定资产。经营用固定资产指直接参与企业的日常生产经营活动的固定资产，这些经营活动能够给企业带来直接或间接的收入，如生产产品的设备、生产及办公使用的房屋建筑、运输工具等。非经营用固定资产指不直接参与企业的日常生产经营活动的固定资产，不能给企业带来直接或间接的收入，通常用于企业职工的生活福利方面，如职工宿舍、医疗、卫生设施等。

（2）按固定资产的使用情况划分，可分为使用中的固定资产、未使用的固定资产和不需用的固定资产。使用中的固定资产是指正在使用中的经营或非经营用的各种固定资产，包括由于季节性停用和大修理等原因而暂时停止使用的固定资产以及企业内部替换备用和出租给外单位使用的固定资产。未使用的固定资产指尚未投入使用的新增固定资产以及暂时脱离生产经营过程的固定资产。包括构件已完工但尚未投入使用和调入待安装的固定资产，进行改建和扩建以及由于其他原因暂时未使用的固定资产。不需用的固定资产指企业由于生产方向改变或生产技术原因，不再使用的、多余的以及需要处置的固定资产。

（3）按固定资产的运行效率划分，可分为满负荷运行的固定资产和运行不足的固定资产。满负荷运行的固定资产是指投入生产经营和非生产经营中的固定资产，完全按照设计能力进行营运，生产经营和服务能力达到最大限度。运行不足的固定资产指投入生产经营和非生产经营中的固定资产，未按照最初的设计能力进行营运，生产经营和服务能力没有达到最大限度。

（三）固定资产的管理要求

（1）做好固定资产投资决策和计划工作。固定资产投资是实现固定资产再生产的手段，固定资产投资决策的正确与否，将对企业的生产方向、经营规模以及经济效益产生较大的影响，因此，企业必须做好固定资产投资项目的预测和决策。

同时，为了有计划地节约使用固定资产，不断挖掘固定资产潜力，提高固定资产利用效果，保证生产经营活动的顺利进行，企业还必须对固定资产的占用、折旧和利用率进行计划和控制。

（2）正确提取折旧。固定资产在企业产品生产过程中，随着使用年限的增加，其价值不断转移，功能不断衰退，因此，必须适时进行实物更新替换才能保证生产经营活动的正常进行，而正确提取折旧是实现固定资产实物更新的前提条件。

（3）建立管理责任制，加强固定资产管理。现代工业企业固定资产数量大、种类多、使用地点分散，而且涉及面广。为了保证固定资产的完整无缺和完好程度，管好、用好固定资产，企业必须按固定资产的类别，由各部门负责归口管理，层层落实到班组及个人，加强使用人员对固定资产的管理责任。

（4）努力提高固定资产利用效率。工业企业固定资产利用效率的提高意味着用较少的固定资产占用完成同等量的生产任务，或者以同等的固定资产占用完成更多的生产任务，因而有利于企业减少固定资产投资，减少资金占用，提高劳动生产率，降低产品成本，从而提高企业经济效益。因此，企业必须努力提高固定资产利用效率。

第四节　成本和利润管理

一、成本管理

（一）成本的概念

产品成本是指企业在一定时期内为生产和销售一定的产品而发生的全部费用的总和。从财务管理与分析的角度讲，产品成本也是企业在一定时期内为生产和销售一定的产品所发生的资金耗费量。企业生产经营中发生的全部费用可分为制造成本和期间费用两大类。

广义的产品成本包括制造成本和期间费用，狭义的产品成本则是指制造成本。

（二）成本的构成

1. 制造成本

制造成本是工业企业生产过程中实际消耗的直接材料、直接工资、其他直接支出和制造费用。

（1）直接材料。它包括企业生产经营过程中实际消耗的原材料、辅助材料、备品配件、外购半成品、燃料、动力、包装物以及其他直接材料等。

（2）直接工资。它包括企业直接从事产品生产的人员的工资、奖金、津贴和补贴等。

（3）其他直接支出。它是指直接从事产品生产的人员的福利费等。

（4）制造费用。它是企业在生产车间范围内为生产产品和提供劳务而发生的各项间接费用，包括车间管理人员工资和福利费、折旧费、修理费、办公费、水电费、物质消耗、劳动保护费、季节性及修理期间的停工损失等。

直接费用直接计入制造成本，间接费用则需要按一定的标准分配计入制造成本。

2. 期间费用

期间费用是企业为组织生产经营活动发生的、不能直接归属于某种产品的费用，包括管理费用、财务费用和销售费用。

（1）管理费用。指企业行政管理部门为组织和管理生产经营活动而发生的各项费用，包括工资和福利费、工会经费、职工教育经费、劳动保险费、待业保险费、研究开发费、业务招待费、税金、技术转让费、技术开发费、无形资产摊销等。

（2）财务费用。是指企业为筹集资金而发生的各项费用，包括利息支出、汇兑净损失、金融机构手续费以及为筹资发生的其他费用。

（3）销售费用。是指企业在销售产品、自制半成品和提供劳务等过程中发生的各项费用以及专设销售机构的各项经费，包括应由企业负担的运输费、装卸费、包装费、保险费、展览费、广告费、销售部门人员工资、职工福利费和其他经费等。

期间费用直接计入当期损益，从当期收入中抵消。

（三）成本管理

成本管理就是对企业的成本费用进行预测、计划、控制、核算、分析与考核，并采取降低成本费用的措施等管理工作。

成本预测是成本管理的起点。成本预测就是通过对企业成本的形成进行事先的估计和预测，并与国内外、行业内外、企业内外进行对比分析，从而确定企业的成本目标、成本降低目标以及相关的保证条件。成本预测既是成本控制的目标，又是成本分析与考核的依据。

成本控制是从技术、生产、经营各个角度对产品成本的形成过程，采用一定的标准进行经常的监督，发现问题，及时采取措施，对产品成本进行全面管理，以达到降低成本、求得最佳经济效益的目的。首先，对材料成本控制，应严格执行材料消耗定额，实行限额领料制度，降低采购成本并做好修旧利废工作。其次，对工资成本控制，应充分利用工时，控制工作时间，提高劳动生产率。再次，对制造费用控制，应编制弹性预算，采取费用包干，归口负责。最后，对期间费用控制，企业应根据《企业财务通则》和行业财务制度的要求，正确确定费用开支范围以及各项目的开支标准，对实际支出和耗费的各项费用进行计量、监督和限制，使其数额与预定的经营目标相一致。

成本分析是根据成本核算资料及其他有关资料，全面分析了解成本费用变动情况，系统研究影响成本费用升降的各种因素，挖掘企业内部潜力，寻找降低成本费用的途径。

二、利润管理

利润是企业在一定时期内生产经营活动的最终财务成果，是企业生产经营活动的效率和效益的最终体现。企业的利润主要是指利润总领和净利润。

（一）利润总额的构成

企业的利润总额包括营业利润、投资净收益、补贴收入和营业外收支净额四大部分。其计算公式为：

利润总额＝营业利润＋投资净收益＋补贴收入＋营业外收入－营业外支出

其中：

营业利润＝产品销售利润＋其他业务利润－管理费用－财务费用

产品销售利润＝产品销售收入－产品销售成本－产品销售费用－产品销售税金及附加

"产品销售利润"：是工业企业的主营业务利润，受产品销售收入、产品销售成本、产品销售税金及附加、产品销售费用制约。

"其他业务利润"：是指企业从事基本生产经营活动以外的其他经营活动所取得的利润。在工业企业中，它包括材料出售、固定资产出租、包装物出租、外购商品销售、无形资产转让、提供非工业性劳务等取得的利润，由其他销售收入扣除其他销售成本、其他销售税金及附加后形成。

"投资净收益"：是指企业对外投资取得的收益减去对外投资损失后的余额。

"补贴收入"：是指企业收到的各种补贴收入，包括国家拨入的亏损补贴、减免增值税转入等。

"营业外收入"，即固定资产盘盈净收入、出售固定资产净收益、对方违约的罚款收入、教育费附加返还款以及由于债权人原因确实无法支付的应付款项等。

"营业外支出"，包括固定资产盘亏、报废、毁损和出售的净损失，非季节性的非大修理期间的停工损失、非常损失、公益救济性捐赠、赔偿金、违约金等。

（二）净利润的形成

净利润又称税后利润，是指企业缴纳所得税后形成的利润，是企业进行利润分配的依据。其计算公式为：

净利润＝利润总额－应交所得税

（三）利润总额的调整

为了避免双重课税，同时也为了使经营亏损的弥补落到实处，企业利润应进行相应调整，以调整后的利润作为缴纳所得税的依据。

对利润总额的调整有三项：弥补以前年度的亏损，剔除投资收益中已缴纳了所得税的项目，剔除只需要按规定补交所得税的项目。亏损弥补的具体做法是：企业发生的年度亏损，用下一年的税前利润弥补，下一年的税前利润不足弥补的可以在五年内连续弥补，五年内不足弥补的用税后利润或盈余公积金弥补。

（四）利润分配顺序

我国利润分配制度几番演变发展到现在，已逐步同国际财务制度接轨。它既体现了资本的保值、增值要求，保护了投资者的权益和收益，又保护了企业的自主权和自我发展，同时还保护了国家的所得利益。具体来说，企业的税后利润按下列顺序分配：①补偿被没收财物损失、违反税法规定支付的滞纳金和罚款；②弥补企业以前年度亏损；③提取法定盈余公积金；④提取公益金；⑤向投资者分配利润。

上述利润分配顺序中要补充说明的是：

（1）企业以前年度的亏损，如不能在五年之内弥补，就只能以税后利润先行弥补。以前年度损失未弥补之前，企业不得提取公积金和公益金。

（2）法定盈余公积金的提取，体现了企业的资本保全制度。它可用来弥补企业亏损或转增资本金，企业的法定盈余公积金一般不得低于注册资金的25%。其提取额度的计算公式为：

法定盈余公积金＝10%×（税后利润－没收财产的损失－支付各项税收的滞纳金和罚款－弥补以前年度的亏损）

（3）公益金的提取体现了企业对员工工作业绩的承认和对职工的关怀。公益金用于职工福利设施的支出，其提取比例无统一规定。

（4）向投资者分配的利润按出资比例分配。

随着现代企业制度的建立，股份制企业将成为今后我国企业发展的趋势。我国现行财务制度对企业税后利润分配顺序的规定如下：①补偿被没收的财务损失，支付各种税收的滞纳金和罚款；②弥补以前年度亏损；③提取法定盈余公积金；④提取公益金；⑤支付优先股股利；⑥提取任意盈余公积金；⑦支付普通股股利。

（五）利润分配策略

企业在确定利润分配策略时，应综合考虑各种影响因素，结合自身实际情况，权衡利弊得失，从优选择。在财务管理实践中，企业经常采用的利润分配策略主要有以下几种：

1．剩余股利策略

所谓剩余股利策略，是指企业较多地考虑将净利润用于增加投资者权益（即增加资本或公公积金），只有增加的资本额达到预定的目标资金结构（最佳资金结构）时，才将剩余的利润向投资者分配。这种策略主要是考虑未来投资机会的影响，即当企业面临良好的投资机会时，在目标资金结构的约束下，最大限度地使用留存收益来满足投资方案所需的自有资金数额。

采用剩余策略分配利润的基本步骤为：确定企业目标资金结构，使得在此结构下的综合资金成本最低；进一步确定为达到目标资金结构需要增加的留存收益的数额；最大限度地使用净利润来满足投资方案所需资金数额；在满足上述需要后，将剩余利润分配给投资者。

2．固定股利策略

采用固定股利策略要求公司在较长时期内都将分期支付固定的股利额，股利不随经营状况的变化而变动，除非公司预期未来收益将会有显著的、不可逆转的增长而提高股利发放额。

采用这种策略的公司大多数属于收益比较稳定或正处于成长期、信誉一般的公司。固定股利策略对公司而言有如下好处：固定的股利有利于公司树立良好形象，稳定公司股票价格，从而增强投资者对公司的信心；固定的股利有利于投资者安排收入与支出，特别是对那些对股利有着很强依赖性的股东；其主要不足在于股利支付与公司盈利能力相脱节，当盈利较低时仍要支付较高的股利，容易引起公司资金短缺，导致财务状况恶化。

3. 固定股利比例策略

采用固定股利比例策略，要求公司每年按固定的股利支付比例从净利润中支付股利。由于公司的盈利能力在年度间是经常变动的，因此每年的股利也应随着公司收益的变动而变动，保持股利与利润间的一定比例关系，体现风险投资与风险收益的对等。

4. 正常股利加额外股利策略

采用正常股利加额外股利策略要求企业每年按一定的数额向股东支付正常股利，当企业年景好、盈利有较大幅度增加时，再根据实际需要，向股东临时发放一些额外股利。其优点是企业具有较大的灵活性和弹性。

上述几种分配策略中，固定股利政策、正常股利加额外股利策略是企业普遍采用并为广大投资者所认可的两种基本政策。企业可以比照上述政策的思想，充分考虑实际情况，选择合适的净利润分配策略。

第五节　财务分析

财务分析是以财务报告资料及其他相关资料为依据，采用一系列专门的分析技术和方法，对企业等经济组织过去和现在的筹资活动、投资活动、经营活动、利润分配、营运能力、盈利能力、偿债能力和增长能力等各方面进行分析与评价的经营管理活动。财务分析可作为企业的投资者、债权人、经营者及其他关心企业的组织和个人了解企业过去、评价企业现状、预测企业未来，并做出正确的决策提供准确的信息和依据。

一、偿债能力分析

偿债能力是指企业偿还到期债务（包括本息）的能力。

（一）短期偿还能力分析

短期偿还能力是指企业流动资产对流动负债及时足额偿还的保证程度，是衡量企业当期财务能力尤其是流动资产变现能力的一种重要尺度。反映短期偿债能力的指标如下。

1. 流动比率

流动比率是指企业在一定时点的流动资产对流动负债的比率，即：

流动比率＝流动资产÷流动负债

该项比率从流动资产对流动负债的保障程度的角度说明企业的短期偿债能力，其比率值愈高，表明企业流动资产对流动负债的保障程度愈高，企业的短期偿债能力愈强，反之亦然。但从优化资本结构和提高资本金利用效率方面考虑，该比率值并非愈高愈好，因为比率值过高，可能表明企业的资本金利用效率低下，不利于企业的经营发展。

2. 速动比率

速动比率也称酸性测试比例，是指企业一定时点的速动资产（即扣除存货后的流动资产）对流动负债的比率，即：

速动比率 =（流动资产-存货）÷流动负债

该比率从速动资产对流动负债的保障程度的角度说明企业的短期偿债能力，其比率值愈高，表明企业速动资产对流动负债的保障程度愈高，企业的短期偿债能力愈强，反之亦然。但从优化企业资产结构和提高资产利用效率方面考虑，该比率值并非愈高愈好。因为比率值过高，可能表明企业的资产运用不充分，甚至会丧失一些有利的投资和获利机会。

（二）长期偿债能力分析

长期偿债能力是指企业偿还长期负债的能力。反映企业长期偿债能力的指标主要有资产负债率和产权比率等。

1. 资产负债率

资产负债率是指企业在一定时点的负债总额对资产总额的比率，或者说负债总额占资产总额的百分比，即：

资产负债率 =（负债总额÷资产总额）×100%

该比率是从总资产对总负债的保障程度的角度来说明企业的长期偿债能力，相对而言，其比率值愈低，表明企业资产对负债的保障程度愈高，企业的长期偿债能力愈强，反之亦然。具体对该比率的认识和运用需把握以下两点：公式中的负债总额不仅包括长期负债，还包括短期负债；企业利益主体的身份不同，看待该项指标的立场也就不同。

2. 产权比率

产权比率也称为债务股权比率，是债务总额与股东权益总额的比率，即：

产权比率 =（负债总额÷股东权益）×100%

产权比率反映由债权人提供的资本与股东提供的资本的相对关系，反映企业基本财务结构是否稳定。一般股东资本大于借入资本较好（产权比率小于1），但也要具体分析。通货膨胀率高时，企业多借债可以把损失和风险转嫁给借款人；经济繁荣时，多借债可获得额外利润；经济萎缩时，少借债可减少利息负担和财务风险。产权比率同时也反映了债权人投入的资本受到股东权益的保障程度。

二、营运能力分析

营运能力比率，是用于衡量企业组织、管理和营运特定资产的能力和效率的比率，同时，也是反映企业资产变现能力的指标。常用的营运能力比率有营业周期、存货周转率、应收账款周转率、流动资产周转率和总资产周转率等。它们通常以资产在一定期间（如一年）的周转次数或周转一次所需要的天数表示。

（一）营业周期

营业周期是指从取得存货开始到销售存货并收回现金为止的这段时间。

营业周期 = 存货周转天数+应收账款周转天数

营业周期越短则说明企业资金周转速度越快；反之亦然。

（二）存货周转率

存货周转率是用于衡量企业对存货的营运能力和管理效率，并反映存货变现能力的财务比率。

存货周转率=销货成本÷平均存货

存货周转天数=360÷存货周转率

=360÷（销货成本÷平均存货）

=（360×平均存货）÷销货成本

式中：

平均存货=（期初存货+期末存货）÷2

存货周转率越高，周转天数越少，表明存货的周转速度越快，变现能力越强，进而说明企业具有较强的存货营运能力和较高的存货管理效率。

（三）应收账款周转率

应收账款周转率是用于衡量企业应收账款管理效率和企业变现能力的财务比率。

应收账款周转率=销货收入÷平均应收账款

应收账款周转天数=（平均应收账款×360）÷销货收入

式中：

平均应收账款=（期初应收账款+期末应收账款）÷2

应收账款周转率越高，周转天数越少，表明企业应收账款的管理效率越高，变现能力越强。反之，企业营运用资金将会过多地呆滞在应收账款上，从而影响企业的正常资金周转。

（四）流动资产周转率

流动资产周转率是用于衡量企业流动资产综合营运效率和变现能力的财务比率。

流动资产周转率=销货收入÷平均流动资产

流动资产周转天数=（平均流动资产×360）÷销售收入

式中：

平均流动资产=（年初流动资产+年末流动资产）÷2

流动资产周转率越高，周转天数越少，表明企业对流动资产的综合营运能力越强，效率越高，从而节约了流动资产，增强了企业盈利能力，反之亦然。

（五）总资产周转率

总资产周转率是用于衡量企业资产综合营运效率和变现能力的比率。

总资产周转率=销售收入÷平均总资产

式中：

平均总资产=（年初资产总额+年末资产总额）÷2

总资产周转率越高，表明企业资产的综合营运能力越强，效率越高，反之亦然。要加速总资产周转，一是要加速流动资产周转，二是要提高流动资产在总资产中所占比重。但由于资产结构主要由企业的行业性质和经营特点所决定，企业不能随意调整，因此，要加速总资产周转，从根本上说有赖于加速流动资产的周转。

三、盈利能力分析

盈利能力是企业资产增值的能力，通常表现为企业收益数额的大小与水平的高低。反映企业盈利能力的指标主要有销售净利率、销售毛利率、资产净利率、净资产收益等。

（一）销售净利率

销售净利润是净利润占销售收入的百分比，即：

销售净利率=（净利润÷销售收入）×100%

销售净利率反映每一元销售收入能带来多少净利润，表示销售收入的收益水平。销售净利率能进一步分解为销售毛利率、销售税金率、销售成本率。

（二）销售毛利率

销售毛利率是销售毛利占销售收入的百分比，即：

销售毛利率=［（销售收入-销售成本）÷销售收入］×100%

销售毛利率表示每一元销售收入扣除销售成本后，有多少钱可用于各项期间费用和形成利润。销售毛利率是企业销售净利率的最初基础，没有足够多的毛利就不能盈利。

（三）资产净利率

资产净利率是净利润占平均资产总额的百分比，即：

资产净利率=（净利润÷平均资产总额）×100%

资产净利率表明企业资产利用的综合效果，资产净利率越高则说明资产利用效率越高，进而说明企业在增加收入和节约资金使用等方面取得了良好的效果。资产净利率可用来分析经营中存在的问题，提高销售利润率，加速资金周转。

（四）净资产收益率

净资产收益率也称为股东权益报酬率或资本收益率。它是指净利润占平均净资产的百分比，即：

净资产收益率=（净利润÷平均净资产）×100%

该比率用于从净收益的角度说明企业的获利水平，其比率值越高，表明企业的获利水平越高，反之亦然。净资产收益率受多种因素的共同影响，使其相对于其他获利水平指标而言更能综合地反映企业的盈利情况，加之它与企业财务目标的内涵相吻合，使其在企业业绩评价中具有广泛的适用性。它不仅为国际通用，而且在我国目前所颁布的业绩评价指标体系中，也被列为榜首。

◎思考题：

1. 如何理解财务管理的目标?
2. 分析企业筹资渠道与筹资方式之间的关系。
3. 财务分析重点分析企业的哪些能力?
4. 公司的利润分配政策有哪几种？请评价各种政策。

◎案例分析：

跃进汽车制造公司筹集资金会议

跃进汽车制造公司是一个多种经济成分并存，具有法人资格的大型企业集团。公司现有58个生产厂家，还有物资、销售、进出口、汽车配件4个专业公司，1个轻型汽车研究所和1所汽车工学院。公司现在急需1亿元的资金用于轿车技术改造项目。为此，总经理赵广斌于2004年5月10日召开由主管生产的副总经理张望、主管财务的副总经理王朝、主管销售的副总经理林立、某信托投资公司金融专家周民、某经济研究中心经济学家武教授、某大学财务学者郑教授组成的专家研讨会，讨论该公司筹资问题。他们的发言和有关资料如下：

总经理赵广斌首先发言："公司轿车技术改造项目经专家、学者的反复论证已被国家于2003年正式批准立项。这个项目的投资额预计为4亿元，生产能力为4万辆。项目改造完成后，公司的两个系列产品的各项性能可达到国际同类产品的先进水平。现在项目正在积极实施中，但目前资金不足，准备在2004年7月前筹措1亿元资金，请大家发表自己的意见，谈谈如何筹措这笔资金。"

生产副总经理张望说："目前筹集的1亿元资金，主要是用于投资少、效益高的技术改进项目。这些项目在2年内均能完成建设并正式投产，到时将大大提高公司的生产能力和产品质量，估计这笔投资在改造投产后3年内可完全收回。所以应发行5年期的债券筹集资金。"

财务副总经理王朝提出了不同意见，他说："目前公司全部资金总额为10亿元，其中自有资金4亿元，借入资金6亿元，自有资金比率为40%。负债比率为60%，这种负债比率在我国处于中等水平，与世界发达国家如美国、英国等相比，负债比率已经比较高了，如果再利用债券筹集1亿元资金，负债比率将达到64%，显然负债比率过高，财务风险太大。所以，不能利用债券筹资，只能靠发行普通股或优先股筹集资金。"

但金融专家周民却认为："目前我国资金市场还不够完善，证券一级市场和二级市场尚处于发展初期，许多方面还很不规范，投资者对股票投资还没有充分的认识，再加之目前股市的'扩容'速度过快，因此，在目前条件下要发行1亿元普通股是很困难的。发行优先股还可以考虑，但根据目前的利率水平和生产情况，发行时年股息不能低于16.5%，否则也无法发行。如果发行债券，因要定期付息还本，投资者的风险较小，估计以12%的利率便可顺利发行债券。"

来自某经济研究中心的武教授认为："目前我国经济建设正处于改革开放的大好时期，我国已经加入世界贸易组织，汽车行业可能会受到冲击，销售量会受到影响。在进行筹资和投资时应考虑这一因素，盲目上马的后果将是不够理想的。"

公司的销售副总经理林立认为："将来一段时期内销售量不成问题。这是因为公司生产的中档轿车和微型车，这几年来销售情况一直很好，畅销全国29个省、市、自治区，2002年受进口汽车的影响，全国汽车滞销，但公司的销售状况仍创历史最好水平，居全国领先地位。在近几年全国汽车行业质量评比中，连续获奖。至于我国入关后，关税将大幅度下降，确实会对我国汽车行业带来冲击，但这种冲击已通过国家近期来的逐步降低关税的措施得以逐步消化，外加在入关初期，国家对轿车行业还准备采取一定的保护措施。所以，入关不会产生大的影响。”

财务副总经理王朝说：“公司属于股份制试点企业，目前所得税税率为33%，税后资金利润率为16%，若这项技术改造项目上马，由于采用了先进设备，投产后预计税后资金利润率将达到18%。”所以，他认为这一技术改造项目应付诸实施。

来自某大学的财务学者郑教授听了大家的发言后指出：“以16.5%的股息率发行优先股不可行，因为发行优先股所花费的筹资费用较多，把筹资费用加上以后，预计利用优先股筹集资金的资金成本将达到19%，这已高于公司税后资金利润率1%，所以不可行。但若发行债券，由于利息可以在税前支付，实际成本在9%左右。”他还认为，目前我国正处于通货膨胀时期，利息率比较高，这时不宜发行较长时期的负担较重的股票。所以，郑教授认为，应首先向银行筹措1亿元的技术改造贷款，期限为1年，1年以后，再以较低的股息率发行优先股股票来替换技术改造贷款。

财务副总经理王朝听了郑教授的分析后，也认为按16.5%发行优先股，的确会给公司带来沉重的财务负担。但他不同意郑教授后面的建议，他认为，在目前条件下向银行筹措1亿元技术改造贷款几乎不可能；另外，通货膨胀在近1年内不会消除，要想消除通货膨胀，利息率有所下降，至少需要2年时间。金融专家周民也同意王朝的看法，他认为1年后利息率可能还要上升，2年后利息率才会保持稳定或有所下降。

资料来源：王化成. 财务管理教学案例. 北京：中国人民大学出版社，2001.

问题：

1. 请你总结一下会上提出了几种筹资方案。
2. 请对各方案作出评价。

第八章 企业物流管理

☞内容提要：

本章从物流的基本概念、起源与发展、主要功能、物流模式、物流分类等方面对企业物流管理进行概述，介绍了企业物流管理的相关要素，如运输管理、仓储管理、库存控制、物流配送等，并讨论了供应链管理、企业物流管理发展等相关内容。

☞学习目标：

1. 了解企业物流管理的相关内容，并正确理解企业物流管理的相关概念；

2. 掌握基本原理及方法，能够对企业物流活动进行分析。

☞学习提示：

结合企业物流管理实例，查阅相关文献资料，更为全面地学习、了解不同类型企业的物流管理活动流程和现状。

第一节 企业物流管理概述

一、物流的基本概念

物流（Physical Distribution）一词最早出现于美国，1915 年阿奇·萧在《市场流通中的若干问题》一书中提到了物流一词。第二次世界大战中，围绕战争供应，美国军队建立了“后勤”（Logistics）理论，并将其用于战争活动中。其中所提出的“后勤”是指将战时物资生产、采购、运输、配给等活动作为一个整体进行统一布置，以求战略物资补给的费用更低、速度更快、服务更好。后来“后勤”一词在企业中广泛应用，又出现了商业后勤、流通后勤的提法，这时的后勤包含生产过程和流通过程的物流，因而是一个包含范围更广泛的物流概念。日本著名学者、被称为物流之父的平原直用“物流”这一更为简捷的表达方式代替了“物的流通”，之后这一概念被广泛使用。

目前国际上对于物流尚无一个统一的定义，各国的提法也不尽相同。

（一）美国的物流概念

1963 年，美国物流管理协会对物流下的定义是：物流是为了计划、执行和控制原材料、在制品及制成品从供应地到消费地的有效率的流动而进行的两种或多种活动的集成。这些活动可能包括：客户服务、需求预测、库存控制、物料搬运、订货处理、服务支持、工厂及仓库选址、采购、包装、退货处理、废弃物回收、运输、仓储管理。

1998年美国物流管理协会给出了最为完整、简要，并为全世界企业及协会所参考和引用的物流定义：“现代物流是供应链程序的一部分，针对物品、服务及相关信息的流通与储存，从起源点到消费点进行有效率及有效果的规划、执行与控管（即管理），以满足客户的要求。”

（二）日本的物流概念

在日本，“物流”是20世纪50年代后期从美国引进的流通经济新概念。但是到了20世纪70年代，日本已经成为世界上物流业最发达的国家之一。发达的“物流”，是日本战后迅速崛起的重要原因之一。

日本物流管理协议会和日本物流管理协会合并成立日本物流系统协会后，将物流的定义改为该协会专务理事稻束原树1997年在《这就是“物流”》一文中的定义：“物流”是一种对于原材料、半成品和成品的有效率流动进行规划、实施和管理的思路，它同时协调供应、生产和销售各部门的个别利益，最终满足顾客的需求。换言之，“物流”意味着将物资按要求的数量、以最低的成本送达要求的地点，以满足顾客的需要作为基本目标。

（三）我国的物流概念

2001年由中国物资流通协会（现改名为中国物流与采购联合会）组织，中国物资流通技术开发协会、北京工商大学、北京物资学院、北方交通大学、华中科技大学等单位的专家学者编写的《中华人民共和国国家标准·物流术语》将物流定义为：物流是指物品从供应地向接收地的实体流动中，根据实际需要，将运输、储存、装卸、搬运、包装、流通加工、配送、信息处理等功能有机结合来满足用户要求的过程。

从上面的这些定义来看，物流的实质是通过产品与服务及其相关信息在供给点与消费点之间的加工、运输与交换，以低成本提供用户满意的服务，从而实现价值。它主要涵盖以下方面的内容。

第一，物流的对象既包括有形的“物”即传统上认知的一般性物品，如农、畜、渔、原材料、在制品、零部件、产成品、邮件、包裹、废弃物等，也包括无形的信息和服务等传统上不能被认知的特殊性物品，如电力、信用卡和废弃物清理服务等。这一点在美国物流管理协会的物流定义中可以看出，其物流管理的对象是物品、服务和相关的信息。

第二，物流过程是一个由许多物流作业环节组成的复杂系统。它包括运输、储存、包装、装卸、流通加工、信息处理等环节。其中的运输环节，又包括组配、装车、驾驶、卸货等具体作业，每一项作业还可以划分为若干具体的动作。要使物流过程的结果符合要求，就必须对物流过程进行系统化的设计与管理。

第三，物流功能并不是物流各组成要素功能的简单叠加。物流作为一个系统，不能等同于这个系统中的某个部分。物流除了包含储存、运输等这些纵向的具体活动外，更强调各环节或活动之间的横向协调、配合与集成。在物流中虽然储存、运输这些具体的活动或环节依然存在，但是它们是以行使物流系统的特定使命而存在的，是经过集成的储存和运输，比以前单独存在的储存和运输具有更大的价值。物流系统仍然需要纯粹的、传统的运输公司、储运公司、仓储会司、包装公司、配送公司等，但是它们是因为物流系统而存在的具体的、执行物流系统集成指令的物流运作组织。类似地，我们还可以把物流的概念与其中包含的包装、流通加工、配送、信息处理等进行比较，采用同样的方法和思路，得出类似的结论。

第四，物流活动大多是采用商品贸易、服务贸易和物流服务等多种方式，通过许多的人员、地点、行为和信息的组合搭配及协调才能完成的。这个过程涉及顾客服务、运输、仓储、信息处理等多项作业，还要涉及公司的策略选择与企业具体作业的联系，但最终的目标都是利用供应链中的资源，使物流活动在成本和收益的约束条件下让顾客满意。

二、物流的起源与发展

物流的产生与发展大体上经过了以下七个阶段。

1. 第一个阶段

在第二次世界大战期间，美军后勤供应系统采用托盘、集装箱、叉车等先进的运输工具和装卸手段，将大量的军用物资源源不断地从美国本土运送到指定的目的地，再有序地配送到各个战场。美军有效地创立和运用了“运筹学”和“后勤”理论思想，使人们认识到，对物流的统筹管理和系统活动可以提高运输效率，降低运送成本，机动灵活，准时有效，这是人们首次发现物流系统功能的价值。

2. 第二个阶段

第二次世界大战以后，人们将用于军事上的物流系统的运作方法和技术，嫁接移植到民间的经贸往来活动中，这也为企业注入了新的管理方法和结构模式。

3. 第三个阶段

随着社会分工和市场竞争的进一步发展，企业家在追求利润最大化的活动过程中，先后发现当降低人工和材料成本、扩大销售追求规模效益等手段达到一定程度时，其产品竞争性和利润空间就不会再扩大，反而会随着竞争的加剧而使利润逐步向社会平均利润靠拢。为了追求利润，他们发现降低物流成本可以提高工效，引导需求，拉动生产，特别是在20世纪70年代初第一次石油危机时，人们发现在物流领域中降低成本的空间非常大，从而物流管理也就被誉为企业的第三利润源泉。

4. 第四个阶段

第三方物流的出现，充分体现了社会分工理论和专业化生产的比较优势理论的价值追求，特别是20世纪90年代以后，物流的重点由商品储运转移到了一体化物流的战略管理。第三方物流企业在分销中的作用越来越大，已涌现出世界性的企业。

5. 第五个阶段

现代物流与计算机网络技术初步结合，从而更加合理、有效、充分地使用和配置资源，进一步改善了企业环境，降低了污染，促进了企业的可持续发展。

6. 第六个阶段

在1997年东南亚金融风暴之后，人们发现以现代物流为支柱产业的新加坡和中国香港有着较强的抗御危机的能力。这一发现，奠定了物流在世界经济中的基础地位，提升了现代物流的发展空间。

7. 第七个阶段

进入21世纪，现代物流与网络高新技术的结合应用，使物流实体网络与物流虚拟网络的结合日臻完美。

三、物流的主要功能

物流一般是由对商品的运输、仓储、包装、搬运、装卸、流通加工以及相关的物流信息等环节构成，是对各个环节进行综合和复合化后所形成的最优系统。对物流的管理就是如何按时、按质、按量，并以系统最低的成本费用把所需的材料、货物运到生产和流通领域中任何一个需要的地方，以满足人们对货物在空间和时间上的需求。物流通过运输解决对货物空间位置上的变化要求，通过存储调剂解决对货物的需求和供给之间的时间差。

物流系统的基本要素包括运输、储存、装卸搬运、包装、流通加工、信息等。这些基本要素有效地组合、联结在一起，构成了物流系统的功能组成要素，能合理、有效地实现物流系统的总目标。

四、物流的分类

社会经济领域中物流活动无处不在，其基本要素都是共同的。但是，物流对象、物流目的和物流范围不同，使得各领域物流有自己的特性，因而形成了不同类型的物流。既然有不同类型的物流，就必然产生与之适应的分类标准和方法，以便能区别认识和研究。由于各地区经济发展状态不同，社会对物流的需求不同，人们对物流的分类并没有统一的划分标准。综合现有的论述，大致可将物流按下列标准分类。

1．按照物流所起的作用分类

按物流所起的作用可以将物流分为供应物流、销售物流、生产物流、回收物流、废弃物物流等不同的种类。

生产企业、流通企业或消费者购入原材料、零部件及其他物品的物流过程称为供应物流，也就是物品在提供者与需求者之间的实体流动；生产企业或流通企业出售商品时，物品在供方与需方之间的实体流动称为销售物流。企业通过销售物流，可以进行资金的回收并组织再生产活动；生产物流包括从工厂的原材料购进入库起，直到把工厂成品库的成品发送出去为止的物流活动的全过程；回收物流是指不合格物品的返修、退货以及周转使用的包装容器从需方返回到供方所形成的物品实体流动；废弃物物流是指将经济活动中失去原有使用价值的物品，根据实际需要进行收集、分类、加工、包装、搬运、储存等，并分送到专门处理场所的过程中形成的物品实体流动。物流按照其所起的作用分类如图8-1所示。

2．按照物流活动的空间和范围分类

按照物流活动涉及的空间和范围不同，可以将物流分为地区物流、国内物流和国际物流。

3．按照物流系统性质分类

按照物流系统性质可将物流分为社会物流、行业物流和企业物流，如图8-2所示。

社会物流是物流的主要研究对象，是指以全社会为范畴、面向广大用户的、超越一家

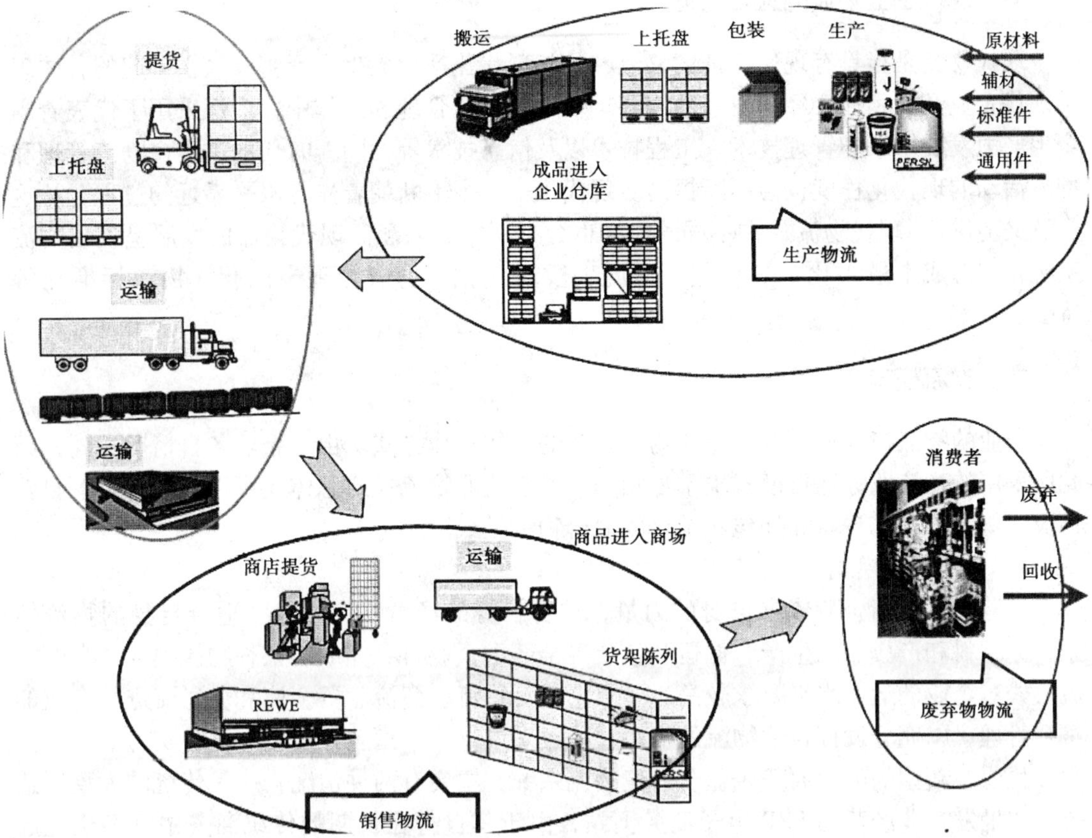

图 8-1　物流按照其所起的作用分类

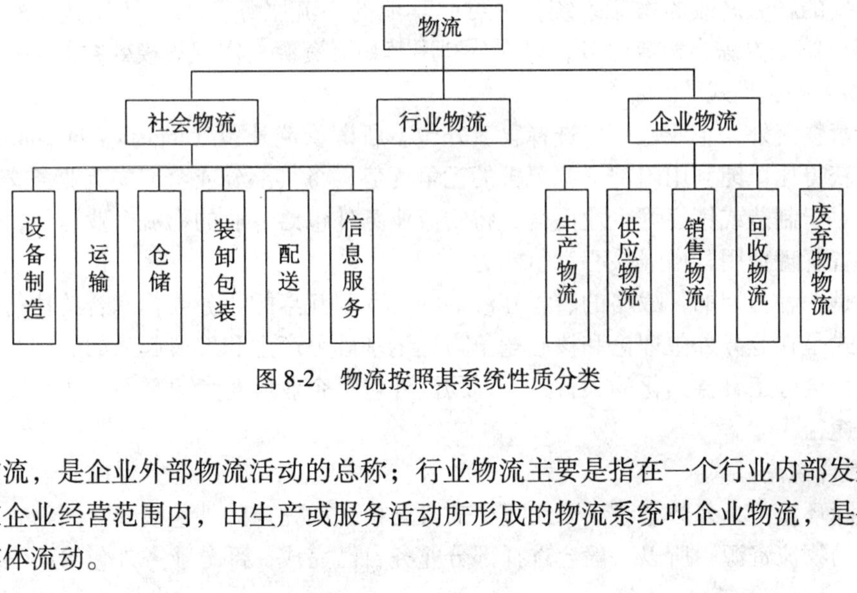

图 8-2　物流按照其系统性质分类

一户的物流，是企业外部物流活动的总称；行业物流主要是指在一个行业内部发生的物流活动；在企业经营范围内，由生产或服务活动所形成的物流系统叫企业物流，是企业内部的物品实体流动。

五、现代企业物流的主要特征

现代物流是指具有现代特征的物流，是与现代化社会大生产紧密联系在一起的，体现了现代企业经营和社会经济发展的需要。在现代物流管理和运作中，广泛采用了代表着当今生产力发展水平的管理技术、工程技术以及信息技术等；随着时代的进步，物流管理和物流活动的现代化程度也会不断提高。现代化是一个不断朝着先进水平靠近的过程，从这个意义上讲，“现代物流”在不同的时期也会有不同的内涵。现代物流的发展呈现出物流系统化、总成本最小化、信息化、物流手段现代化、物流管理专门化、物流标准化等特征。

六、物流模式

企业的物流模式通常是指企业物流业务的具体运作方式。由于企业各自情况不同，因此所采用的物流业务运作模式也不尽相同。目前企业物流模式总体上可以分为三类：自营物流、物流外包、自营和外包相结合的混合物流模式。

1. 自营物流模式

自营物流是指企业依靠自身的力量，结合自身的经营特点，建立适合自身的物流体系，原材料和产成品的生产、储运和包装等全部由企业自身完成的一种物流模式。自营物流模式对企业的运作水平要求较高，要求企业对物流、商流、资金流和信息流进行有效的整合管理，以充分发挥自营物流的优势。一般来说，大中型企业才具有这种实力。

目前，新型的电子商务企业若自建物流系统，主要有两种情况：一是传统的大型制造企业或批发企业经营的 B2B 电子商务网站，由于其自身在长期的传统商务中已经建立起粗具规模的营销网络和物流配送体系，在开展电子商务时对其进行改进、完善，就可以满足电子商务条件下对物流配送的要求；二是具有雄厚资金实力和较大业务规模的电子商务公司，在第三方物流公司不能满足其成本控制目标和客户服务要求的情况下，自行建立适应业务需要的畅通高效的物流系统，并可向其他的物流服务需求方（如其他的电子商务公司）提供第三方综合物流服务，以充分利用其物流资源，实现规模效益。

2. 物流外包模式

除自营物流外，企业也可以选择物流外包。所谓物流外包（logistics outsourcing），即企业为了获得比单纯利用内部资源更多的竞争优势，将其部分或全部物流业务交由合作企业完成。对于制造或销售等企业而言，将物流业务外包给专业的物流企业运作，可以集中资源，节省管理费用，增强核心竞争能力。

外包是一种长期的、战略的、相互渗透的、互利互惠的业务委托和合约执行方式。物流外包模式是在业务外包理论和核心竞争力理论基础上产生和发展起来的。在当今竞争日趋激烈和社会分工日益细化的大背景下，物流外包是企业应对竞争环境变化和需求水平提高的有效途径。

3. 混合物流模式

在实际环境中，多数企业不采用完全的自营模式或完全的外包模式。因为企业大多拥有一定量的物流资源，所以一般会选择部分业务自己完成，部分业务外包给第三方，这种形式就是混合物流模式。对于混合物流模式而言，企业既可以对一些核心环节采取自营物流，从而提高控制程度，又可以对非核心环节的物流需求实施外包，降低成本、提高效率、提高服务质量，因此是一种较常见的选择。

企业对于物流模式的选择，有许多影响因素，如物流对企业成功的影响程度和企业对物流的管理能力，企业对物流控制力的要求，企业产品自身的物流特点，企业的规模和实力，物流系统总成本等。企业应视自身的资源条件、实际需要以及市场状况等而定。

七、第三方物流

第三方物流是指独立于供需双方为客户提供专项或全面的物流系统设计或系统运营的物流服务模式。第三方物流是相对“第一方”物资供应方和“第二方”物资需求方而言的，它既不属于第一方，也不属于第二方，而是独立于第一方和第二方并通过与第一方或第二方的合作来提供专业化的物流服务。因此，可以看出第三方物流企业本身不拥有货物，而是为其外部客户的物流作业提供管理、控制和专业化作业服务的公司和企业。

第三方物流服务业的经营方式通常是与客户签订较长时间的物流服务合同，所以有人称其为“契约物流或合同物流”，还有人为区别企业自身提供的物流服务与求助于外界提供的物流服务，而称第三方物流服务为“外协物流”（Outsourcing Logistics）。但第三方物流与传统的外协物流不同，传统的外协物流只限于一项或一系列分散的物流功能，如运输公司提供运输服务、仓储公司提供仓储服务，第三方物流服务则根据合同条款的规定而不是根据临时需求，提供多功能甚至全方位的物流服务，企业之间是联盟关系。我国的第三方物流企业仍以运输、仓储等基本物流业务为主，加工、配送、定制服务等增值服务功能处在发展完善阶段。

八、第四方物流

第三方物流为客户提供所有的或一部分供应链物流服务，以获得一定的利润。第三方物流公司提供的服务范围广，它可以简单到只是帮助客户安排一批货物的运输，也可以复杂到设计、实施和运作一个公司的整个分销和物流系统。第三方物流作为一种新兴的物流方式活跃在流通领域，它节约物流成本、提高物流效率的功能已为众多企业认可。然而，在实际的运作中，由于大多数第三方物流企业缺乏对整个供应链进行运作的战略性专长和真正整合供应链流程的相关技术，于是第四方物流的概念（Fourth Party Logistics，4PL）应运而生了。

第四方物流的概念在 1998 年由美国埃森哲咨询公司率先提出，它专门为第一方、第二方和第三方提供物流规划、咨询、物流信息系统、供应链管理等服务。第四方并不实际承担具体的物流运作活动。埃森哲咨询公司将第四方物流定义为“一个调配和管理组织自身及具有互补性服务提供商的资源、能力与技术，来提供全面的供应链解决方案的供应链集成商”。

第四方物流是一个供应链的集成商，是供需双方及第三方物流的领导力量。它不是物流的利益方，而是依靠业内最优秀的第三方物流供应商、技术供应商、管理咨询顾问和其他增值服务商，通过其拥有的信息技术、整合能力以及其他资源提供一套完整的供应链解决方案，一次获得一定的利润，这是任何一家公司都不能单独提供的。

第二节 企业物流管理要素

一、运输管理

（一）运输概述

1. 运输的概念

运输是人和物的载运及输送。按照物流国家标准术语的解释，运输是用设备和工具，将物品从某一地点向另一地点运送的物流活动。它是在不同地域范围间（如两个城市、两个工厂之间，或一个大企业内相距较远的两个车间之间）以改变“物”的空间位置为目的的活动。

2. 运输的功能

运输是物流作业中最直观的要素之一。运输具有两大功能：产品转移和产品储存。

（1）产品转移

无论产品处于哪种形式，是材料、零部件、装配件、在制品，还是制成品，也不管是在制造过程中，将被转移到下一阶段，还是实际上更接近最终的顾客，运输都是必不可少的。运输的主要功能就是使产品在价值链中来回移动。既然运输利用的是时间资源、财务资源和环境资源，那么，只有当它确实提高产品价值时，该产品的移动才是重要的。

运输的主要目的就是要以最低的时间、财务和环境资源成本，将产品从原产地转移到规定地点。此外，产品灭失损坏的费用也必须是最低的；同时，产品转移所采用的方式必须能满足顾客有关交付履行和装运信息的可得性等方面的要求。

（2）产品储存

对产品进行临时储存是一个不太寻常的运输功能，也即将运输车辆临时作为相当昂贵的储存设施。然而，如果转移中的产品需要储存，但在短时间内（例如几天后）又将重新转移的话，那么，该产品在仓库卸下来和再装上去的成本也许会超过储存在运输工具中每天支付的费用。

在仓库空间有限的情况下，利用运输车辆储存也许不失为一种可行的选择。可以采取的一种方法是，将产品装到运输车辆上去，然后采用迂回线路或间接线路运往其目的地。在本质上，这种运输车辆被用做一种储存设施，但它是移动的，而不是处于闲置状态。实现产品临时储存的第二种方法是改道。这是当交付的货物处在转移之中，而原始的装运目的地被改变时才会发生。

3. 运输的参与者

运输的参与者有托运人和收货人、承运人、政府和公众。

托运人和收货人要在规定的时间内以最低的成本将货物从起始地转移到目的地。运输服务中应包括具体的提取货物和交付货物的时间、预计运输时间、货物损失率以及精确和适时的交换装运信息和签发凭证。

承运人：承运人作为中间环节，期望以最低的成本完成所要完成的运输任务，同时获得最大的运输收入。

政府：运输对经济有影响，政府期望一种稳定有效的运输环境，以便经济维持增长。运输可以使产品有效地转移到各个地区，并使产品按合理的成本获得。

公众：公众关注运输的可达性、费用和效果，还有环境和安全性方面的要求。

4．运输方式

运输方式，按运输工具分为：公路运输、铁路运输、水路运输、航空运输、管道运输等。按运输线路分为：干线运输、支线运输、城市内运输、厂内运输等。按运输作用分为：集货运输、配送运输等。按协作程度分为：一般运输、联合运输等。

（二）运输管理

1．合理运输“五要素”

影响运输合理化的因素很多，起决定性作用的主要有五个方面的因素：运输距离、运输环节、运输工具、运输时间、运输费用。

2．不合理运输的表现形式

不合理运输是指忽视了运输工具的充分利用和合理分工，转载量低，流转环节多，从而浪费运力和提高运输费用的现象。因此，克服运输过程中的不合理现象，对加强运输管理具有重要意义。

不合理运输主要有以下几种类型：返程或起程空驶，对流运输，迂回运输，重复运输，倒流运输，运力选择不当等。

3．合理运输的途径

为了克服不合理运输的现象，在物流运输管理过程中需要采取一些措施来组织合理的运输。其主要的表现形式如下：

分区产销平衡合理运输：是指在组织活动中，使某种货物在一定的生产区固定于一定的消费区。其主要适合于品种单一、规格简单、生产集中、消费分散或消费集中、生产分散及调运量大的物质产品。

尽量发展直达运输：其追求的要点是减少过载、换载，从而提高运输速度，节省装运费，降低中转费。

“四就”直拨运输：指就产直拨，就车站、码头直拨，就库直拨，就车、船过载等，简称“四就”直拨。它减少了运输的中转环节，力求以最少的中转次数完成运输任务。

注意：“四就”直拨与直达是两种不同的合理运输形式。两者既有联系又有区别。前者一般是货物运输里程较近，批量较少。后者一般是货物运输里程较远，批量较多。在运输中若两者结合起来会取得更好的经济效果。

配载运输：是指在组织铁路货运时，由同一发货人将不同品种但发往同一车站、同一收货人的零担托运货物由物流企业自己配组在一个车皮内，以整车运输的方式托运到目的地。

提高技术装载量：是组织合理运输提高效率的重要内容，有组织轻重装配、实行解体运输、堆码技术的运用三种做法。

二、仓储管理和库存控制

库存管理问题是企业运作中的重要问题，越来越受到企业经营者特别是物流经营管理者的关注。它对于经营管理者来说，既涉及满足用户存取商品的各种需要，又与增加企业收入、降低成本以提高盈利、扩大市场等问题密切相关。但是由于库存商品会占用大量的人、财、物等资源，因此减少库存量、降低库存成本，是库存管理追求的目标。有的学者甚至把物流管理描述为对静止或运动库存的管理，由此可见，库存管理在物流管理中的重要地位。

（一）库存的概念

库存并不是只存在于现代社会。一般来说，只要有物质生产活动，库存就会随之存在。比如在古代，人们在春夏进行粮食的播种、耕种工作，秋季进行收获，然后将收获的粮食存储起来用以维持人们的基本生存需要直至第二年的收获季节，这个过程就是一个典型的生产与库存过程。由于生产技术的不断发展更新，现代社会的物质生产方式比古代更为复杂，体现出高度的专业化和信息化特征。库存涉及的内容也越来越广泛，无论是在生产领域还是在流通领域，乃至关系国民经济发展的各个领域，库存都普遍存在。那么，什么是库存呢?

所谓库存（inventory），是指用于满足未来的外部需求而目前处于闲置的一切有经济价值的资源。这里需要注意的是：

（1）库存是资源，且是有价值的资源。库存资源可以是人、财、物等有形实物也可以是无形物质。库存必须是有价值的资源，一些能够满足未来需求的资源不一定具有经济价值，如阳光、空气等。在获取这些资源时，不需要支付相应的成本。

（2）资源的闲置就是库存，与这种资源是否存放在仓库中没有关系，与资源是否处于运动状态也没有关系。比如存储在仓库中的物质资源无论存储时间长短，都是库存。而在超市货架上未销售完的少量存货也可称为库存。

（二）库存管理的概念

所谓库存管理（inventory management），简单地说，就是对库存资源进行管理。它主要是指在保障供应的前提下，通过预测和计划，选择、采用合适的库存管理模式和方法，确定合理的库存量标准并掌握库存的变化动态，适时对库存进行调整，以期达到库存量最优、库存成本最小的目标。其中，库存管理的目标或宗旨主要需要考虑两个方面：①满足用户需求，即在正确的地点、正确的时间、有足够数量的合适商品能够满足用户需求。②降低库存成本。库存管理的优化能为企业带来很大的经济利益。

过去的传统观念认为企业库存的商品越多，表明企业的实力越雄厚，证明企业有强大的人、财、物等资源作为保障，足以支付庞大的库存量所带来的较大支出；现在则认为零库存是最好的库存管理。

库存不足或过剩都会对企业造成相应的损失。库存过剩，会占用较大库存空间，需要较多的库存管理人员，相应地要支付的库存成本较高，造成企业人、财、物等资源不必要的浪费，加重企业的库存负担。对库存管理控制不当而导致的库存不足将会使企业错过某些销售机会，减少相应的销售额，或者造成违约，导致严重罚款，降低企业信誉度，更严重的甚至会失去客户。因此，库存管理的核心是库存控制。

库存管理的宗旨或目标，主要是保障供应、降低成本以及快捷性。首先是保障供应，做到不缺货，使市场上的产品满足消费者的需求，这是仓储的根本任务。无论是生产、流通还是消费，都离不开库存物资。若要顺利地进行生产工作，就要确保有足够的材料的供应。企业在销售机会较多的时期，足够的产品存货能增加销售的数量，从而降低因缺货带来的不必要的损失。

若单纯为了保证供给而大量库存，必然会占用很多库存资金，并且需要对所在仓库进行维护和管理，对库存物资进行保管，就会增加企业的运营成本，反而会使得企业的利润空间下降。因此库存管理就是针对这一现象进行科学的统筹，将库存成本控制到最低限度，只有降低成本，增加盈利空间，才能增加企业在行业中的竞争力。

在当前社会竞争日益激烈的情况下，企业需要以尽快的速度满足社会的市场需求，库存管理不能只根据经济或技术指标来进行，还要考虑企业所处的外部竞争环境。因此，库存管理要满足企业快捷性的要求。

（三）不良库存的影响

在实际的企业生产运作中，计划不周、生产计划变更、销售预测失误等原因造成的不良库存，可能导致企业资本固化、加剧库存的损耗、增加管理费用、增加企业生产销售成本等。

（四）库存的重要性

现代经济社会中任何商品的生产和销售都越来越离不开库存，其重要性主要体现在以下几个方面：

有助于企业获得规模经济效益。如果一个企业想实现生产、采购、运输等物流过程的规模经济，建立并拥有一个合适的库存是必备的基础。大批量的订货能够使企业在一些方面获得竞争优势，比如：能够降低原材料的采购价格和总的运输费用；由于原材料价格减少而降低单位产品的制造成本；减少因缺货而可能产生的订单损失、客户流失和信誉下降等问题。

保持生产经营活动的连续性和稳定性。一切商品从生产到消费，一般要经历这样几个环节：制订生产计划，列出产品生产所需要的物料申请单，由供应商发送货物，物料运输、接收检验、进行生产，把物资运输到销售商或消费者处等。每个环节以及环节之间都需要一定的时间。为了使这些环节之间不产生脱节的情况，就需要建立合理的库存。如果备有存货，就能满足在购买期间的物料供应，减少时间约束给予生产环节的压力。此外，某些产品的生产和需求具有很强的季节性，使得物资的供应和需求不同步，如果没有一定的库存保障，企业就无法保证生产经营活动的连续进行。例如，对消费者来说，电热毯的购买时间主要集中在秋冬季，但是它的生产却分散在一年中；水稻、小麦的收获期一般集中在一年的某个时期，但对于粮食的消费却贯穿于整年之中。企业拥有了库存，就可以降低时滞给生产经营活动带来的波动性，保证生产经营活动的连续性和稳定性。

由于市场需求情况变化很快，企业应能及时把握市场变化建立竞争优势。另外，订货周期也存在变动因素，具有一定的不确定性。这些变化和不确定性可能会使企业原材料或产品供应不足，从而导致缺货损失，这就需要库存发挥重要作用。存储生产过程所需要的原材料不仅能够保持正常生产的连续性和稳定性，而且可能在未来原材料价格上涨或原材料短缺情况出现时通过价格投机，赚取差价获得利润。此外，出现自然灾害等突发事件时，库存也能帮助企业降低生产、销售受到的冲击。

降低生产成本，提高作业效率。通过在生产作业各环节之间建立起相应的在制品库存，使原本顺序固定、相互关联的工序相对独立，从而达到提高生产效率的目的；此外，通过设置产成品库存，企业可以按大于当时的市场需求的经济批量进行生产和配送，不同时间生产出的产品可以按一个类别进行出售。这样建立和利用相应库存带来的是制造成本的降低和作业效率的提高。

帮助企业实现分区域、低成本、专业化生产。由于产品生产涉及方方面面的资源，如原材料、能源、劳动力资源、水资源等。企业为了节约生产成本往往选择在产品生产所需资源价格相对较低的区域进行生产。然后利用库存存储分散在不同地区生产好的零部件，利用企业内部的存货转移进行最终的整合组装。

库存通过这些方面的重要作用，能够帮助企业节约成本，降低生产中的不确定性，最终提高企业的经济效益和竞争能力。

（五）库存控制方法

库存控制是库存管理的核心，其主要任务就是根据库存计划，采用库存控制方法监测库存情况使实际库存情况与计划相一致，实现库存管理的目标。库存控制方法主要解决三个问题：什么时候订货，订多少货以及如何订货。一般来说，库存控制方法主要有两种：定量订货法和定期订货法。这两种方法是库存控制最基本的方法。定量订货法，是指预先确定一个订货点和订货批量，随时检测库存，当库存量下降到预定的最低库存量（订货点）时，按规定数量进行订货补充的一种库存控制方法。定期订货法，是按预先确定的订货时间间隔进行订货补充的库存管理方法。它的基本原理是：预先确定一个订货周期 T 和最高库存量 Q_{max}，周期性地检查库存，根据最高库存量、实际库存、在途订货量和待出库商品数量，计算出每次订货批量，发出订货指令，组织订货。

三、物流配送管理

（一）配送的内涵

中华人民共和国国家标准《物流术语》中关于配送的解释是：在经济合理区域范围内，根据用户的要求，对物品进行拣选、加工、包装、分割、组配等作业，并按时送达指定地点的活动。一般来说，配送一定是根据用户的要求，在物流据点内进行分拣、配货等工作，并将配好的货物及时送交收货人的过程。虽然配送的英文原词是 Delivery，但人们却十分爱用 Distribution。因为我们不能简单地把配送理解为交货、送货，它是物流中的一种特殊的、综合的活动形式，它把商流与物流紧密结合，是包含物流若干功能要素的一种物流形式。

从经济资源配置的角度来看，根据配送在社会再生产过程中的位置及配送的本质，可以把配送描述为以现代送货形式来实现资源最终配置的经济活动。这个概念包括四点内涵：①配送是资源配置的一部分，因而是经济体制的一种形式。②配送是“最终资源配置”，是接近顾客的一种配置。③配送的主要经济活动是现代送货。配送是以现代生产力、劳动手段为支撑，依靠科技手段实现“配”和“送”的有机结合的一种方式。因此它不同于传统意义上的简单送货。④在社会再生产过程中，配送处于接近用户的那一段流通领域。

（二）物流配送的特征

在电子商务飞速发展的时代，物流配送得到了新的发展，它具有以下新特点：

1. 物流配送信息化

信息化是电子商务的关键，对电子商务环境下的物流配送具有极其重要的意义。物流配送被信息技术武装起来是新型物流配送的最基本特征，它主要指的是物流信息处理的电子化以及信息传递的实时化等。物流信息化不仅有利于电子商务企业将整个物流配送管理过程变得简单化和易于管理，从而大大提高物流配送工作的效率，而且有利于消费者网上购物，从而使交易过程变得效率更高、费用更低。

2. 物流配送过程智能化

物流配送的智能化是建立在物流配送信息化的基础之上的。在物流配送的过程中企业通常需要进行大量的研讨与决策，譬如仓库库存的确定、运输路径的选择、运输车辆的调度、物流配送中心经营管理决策等问题。而在电子商务物流配送模式下，物流配送中心可以使决策过程借助信息技术在极短时间内做出反应，实现物流配送的简单化和智能化。比如，可以借助现代计算机技术，将实体配送活动的各项职能和功能在计算机上进行仿真模拟。通过模拟配送，可以找到实体配送中存在的不合理现象，从而进行优化组合，最终实现整个实体配送过程效率最高、费用最少、距离最短、时间最少的目标。

3. 物流配送高效化

在传统的物流配送企业内，为了实现对众多客户大量物资的合理配送，需要利用大面积的仓库放置存货，并且由于空间的限制，存货的数量和种类受到了很大的限制。在电子商务物流配送模式下，配送体系的信息化集成可以使电子商务企业将分散在不同地方的所有仓库通过互联网连接起来，从而形成一个大型的“集成仓库”。“集成仓库”在统一调配与协调管理下，可以使电子商务企业有效地减少库存，加速资金周转，更重要的是物流配送的效率将会大大地提高。

4. 物流配送时效化

在以往传统的物流配送过程中，由于缺乏信息技术的支持，完成一个物流配送活动是一个相当漫长的过程。随着信息技术的不断发展，物流配送的持续时间在网络环境下大大缩短，在物流配送过程中，物流信息传递、资源整合均可以通过互联网在几秒钟内得到有效的处理。因此在电子商务环境下物流配送极具时效性。

5. 物流配送柔性化

电子商务的出现能让物流各环节之间、物流企业与客户之间实现资源共享。柔性化就是指电子商务企业真正能根据消费者需求的变化来组织生产、安排物流活动、调节生产工艺。因此，物流配送模式的柔性化正是适应生产、流通和消费的需求而发展起来的一种非常重要的特征。

在电子商务环境下的新型的物流配送较传统的物流配送更加容易实现其配送的信息化、智能化、高效化、时效化以及柔性化，它以一种全新的面貌代表了现代市场营销方向。电子商务环境下的物流配送不仅可以减少企业的库存量、加速资金流转、提高物流效率、降低物流成本，还有利于提高社会经济效益，促进市场经济的健康发展。

（三）物流配送业务管理

在供应链环境下配送在物流中占据着重要的环节，配送成本的高低，直接关系到物流成本的高低，而要想降低配送成本，首先要选择合适的配送模式，高效地将物料送达需求方。目前我国实际运作过程中，运用较多的配送模式主要有自营配送模式、共同配送模式、第三方配送模式及集团配送模式等。对于众多配送模式，由于产品形态、企业状况及顾客要求存在着差异，因而配送过程也会有所不同，甚至会存在较大的差异。一般来说，一个较为完整的配送业务流程如图 8-3 所示。

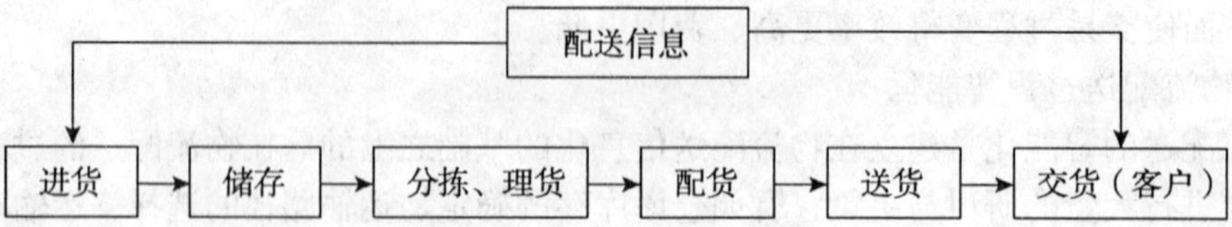

图 8-3　物流配送

（1）进货：是配送的一项基础性工作，它主要包括货源的订购、集货、进货以及相关的质量检验、结算和交接工作。

（2）储存：是进行配送的一个重要且必需的环节，有储备和暂存两种形态。储备是一定时期配送规模要求的合理储存数量，其结构稳定，时间相对较长，形成了配送的资源保证；而暂存是为了方便工作在理货场所进行的货物贮存，其结构易于变化，时间也较短。

（3）分拣、理货：是按照进货和配送的先后次序、品种规格和数量大小等所进行的整理工作。

（4）配货与配装：配货是依据用户的不同需求，从仓库中提取货物而形成的不同货物的组合；而配装是依据运能及线路等形成的货物装配组合。关键是要充分利用科学的管理方式以及先进的科学技术等，以实现分拣、配货及配装的有效衔接和组合。

（5）送货：是依靠运输工具等将装配好的货物送达目的地的一种运输活动。要提高送货的效率，需要科学合理地规划和确立配送据点的地理位置，而且要考虑客户的要求、送达的目的地以及运输线路、时间、工具等。

（6）交货：是将货物送达目的地后，将货物交付给用户，并向用户办理有关交接手续的一种活动，是配送活动的结束。其中，快捷方便的交接手续是提高效率的关键。

（四）配送中心管理

1. 配送中心的概念

中华人民共和国国家标准《物流术语》对配送中心的定义是：

从事配送业务的物流场所或组织，应基本符合下列要求：

①主要为特定的用户服务；

②配送功能健全；

③完善的信息网络；

④辐射范围小；

⑤多品种、小批量；

⑥以配送为主，储存为辅。

配送中心是一种暂时存放产品的设施，并通过有效地组织配货和送货，使资源得到充分利用。配送中心不只是作为一个设施，承担储存和选送货的任务，作为货流的聚集点，配送中心还具有更加复杂的功能，是经济、信息、价值的结合点。综合已有的配送中心的定义，本书给出配送中心的定义如下：

配送中心是供应链中连接上游产品供应商和下游产品需求者的中间环节，它通过利用先进的信息技术和现代化的操作工具对产品实行储存、配送、再加工等增值服务，实现产品的空间和时间的增值过程，并利用现代化的管理技术进行管理，从而使整个供应链成为更加高效、集成的功能实体。

在本定义中，配送中心被看成功能实体，不但承担商品的转运功能，还承担附加的增值功能，从本质上阐明了配送中心的作用。

2．配送中心功能

配送中心是以组织和实施配送性供应或销售为主要职能的流通型节点，是集货中心、分货中心、理货中心、加工中心的综合体。为了降低物流成本、提高物流速度，配送中心一般具备以下一些作业功能：

（1）运输和配送功能

配送中心需要自己拥有或租赁一定规模的运输工具。具有竞争优势的配送中心不只是一个点，而是一个覆盖全国的网络。因此，配送中心首先应该负责为客户选择满足其需要的运输方式，然后具体组织网络内部的运输作业，在规定的时间内将客户需要的商品运抵目的地。除了在交货点交货需要客户配合外，整个运输过程，包括最后的市内配送都应由配送中心负责组织，以尽可能方便客户。

（2）储存功能

配送中心需要有仓储设施，但客户需要的不是在配送中心储存商品，而是要通过仓储环节保证市场分销活动的开展，同时尽可能降低库存占压的资金，减少储存成本。因此，公共型配送中心需要配备高效率的分拣、传送、储存、拣选设备。

（3）装卸搬运功能

这是为了加快商品在配送中心的流通速度所必须具备的功能。公共型的配送中心应该配备专业化的装载、卸载、提升、运送、码垛等装卸搬运机械，以提高装卸搬运作业效率，减少作业对商品造成的损毁。

（4）包装功能

物流中心的包装作业的目的不是要改变商品的销售包装，而是通过对销售包装进行组合、拼配、加固，形成适于配送的组合包装单元，以提高配送的效率。

（5）流通加工功能

主要目的是方便生产或销售，公共型配送中心常常与固定的制造商或分销商进行长期合作，为制造商或分销商完成一定的加工作业。配送中心必须具备的基本流通加工职能有贴标签、制作并粘贴条形码等。

（6）物流信息处理功能

由于配送中心现在已经离不开计算机，因此将在各个物流环节的各种物流作业中产生的物流信息进行实时采集、分析、传递，并向货主提供各种作业明细信息及咨询信息，这对现代配送中心是相当重要的。

从一些发达国家配送中心的具体实际来看，配送中心还具有结算、需求预测、物流系统设计咨询、物流教育与培训等增值性功能。

四、包装、装卸搬运和流通加工

（一）包装技术与包装合理化

在商品的流通过程中，包装起着保护商品、方便储运、促进销售的作用，它是货物存放和物料管理的重点。合理的包装关系到仓库的布局、设计和生产率，同时影响到客户服务水平、费用成本以及物料的搬运等。

1. 包装的功能

无论是产品还是材料，在搬运输送以前都要进行某种程度的包装捆扎或是装入适当的容器，以保证产品完好地运送到消费者手中。因此，包装被称为生产的终点，同时也是社会物流的起点。

包装有两个基本功能：营销与物流。在其营销功能中，包装是“无声的推销员”，它是企业与消费者相互联系的最终界面，包装通过形状、文字、图案、色彩等信息，吸引客户购买，有美化商品，宣传商品的作用。

从其物流功能来看，包装的作用就是保护、识别产品或材料，传递相关信息，便于组织和沟通。具体体现在：包装可以保护商品，避免或减轻装卸、运输、保管等过程中，受到的碰撞、磨损等外力损害，同时也可以防止商品发生化学变化，如受潮、发霉、腐烂、锈蚀等以及受到生物等外界影响，如霉菌、鼠、昆虫等。包装上印刷的各种储运标志，便于产品或材料的识别，可以指导商品的储运操作与管理，同时在识别商品的过程中，商品名称、通用的商品代码、制造厂商等相关信息也被传递，这有利于产品或材料的输送、装卸搬运等流程中的各种操作，提高了各个环节的效率。然而，在实现这个功能时，包装占用了运输、储存空间而且增加了产品重量，企业应力图利用包装的优点，减少其缺点，如占用空间、增加重量等。同时由于存在逆向物流，因此还要考虑包装的环保问题。

2. 包装的分类

为了适应各种商品性质的差异和不同装载工具的要求，包装在设计、材质、技法、形态方面出现了多样化。广义的包装按其不同的包装方式可分为散装、裸装和包装三种。根据包装在流通中的作用，可以分为销售包装和运输包装。根据包装的性质又可以分为专用包装和通用包装等。

3. 包装标志

包装标志主要分为销售包装标志和运输包装标志。销售包装标志主要通过包装图案、文字、条形码等信息传达商品的信息，能够方便消费者识别、选购，起到促进销售的作用。运输包装标志主要是应用图形或文字在运输外包装箱上对内装物在运输过程中的注意事项进行标示。

4. 包装材料及形式

包装所用的材料有容器材料、内包装材料、包装用辅助材料等。主要有：纸、塑料、木材、金属、玻璃、陶瓷等。而其所用辅助材料主要有：黏合剂、黏合带、捆扎材料等。

5. 包装的技术

随着现代科学技术的发展，物流领域专业化程度也越来越高，合理化、现代化、高效益成为现代物流的基础。包装技术的不断进步，越来越能够满足现代包装产业的需要。现阶段普遍应用的包装技术主要有：防震防破损包装技术、防虫防霉包装技术、危险品包装技术、特种包装技术、现代包装技术等。

6. 包装合理化

包装合理化是指在包装过程中使用适当的材料和适当的技术，制成与物品相适应的容器，节约包装费用，降低包装成本，既满足包装保护商品、方便储运、有利于销售的要求，又要提高包装的经济效益的包装综合管理活动。

影响包装的因素主要有：标准化，定价（成本），包装或产品的适应性，包装的保护性，包装的可搬运性，产品的易包装性，包装的可回收、可再利用性等。因此包装合理化可以从这几个方面入手：深入了解产品因素和物流因素；了解流通环境和运输目的地；注意包装与物流功能之间的平衡等。

包装合理化一方面是相对于整体物流的合理化，这种合理化往往用物流总效益与微观包装效益的统一来衡量；另一方面是包装材料、包装技术、包装方式的合理组合及运用。

（二）装卸搬运作业技术管理

1. 装卸搬运概述

装卸搬运是指在同一地域范围内，以改变物的存放状态和空间位置为主要内容和目的的活动，具体包括装上、卸下、移送、拣选、分类、堆垛、入库、出库等活动。装卸搬运是伴随运输和仓储而产生的必要的物流活动，与运输产生空间效用和仓储产生时间效用不同，它本身不产生任何价值。但这并不说明装卸搬运在物流过程中不占有重要地位，物流的各环节活动如运输和仓储等是靠装卸搬运连接起来的。

装卸搬运的频率比其他物流环节要高，费用比重也比较大，以我国为例，铁路运输始发和到达的装卸作业费大致占运费的20%左右，船运占40%左右。此外，进行装卸操作时往往需要接触货物，这是在物流过程中造成货物破损、散失、损耗、混合等的主要环节。因此，在物流系统的合理化中，装卸搬运活动占有主要地位，是影响物流效率、决定物流技术经济效果的重要环节。

2. 装卸搬运作业的构成

装卸搬运有对输送设备（如辊道、车辆）的装入、装上和取出，卸下作业，也有对固定设备（如保管货架等）的出库、入库作业。主要由以下几个方面构成：

（1）堆放、拆垛作业

堆放（或装上、装入）作业是指把货物移动或举升到装运设备或固定设备的指定位置，再按要求的状态放置的作业；而拆垛（卸下、卸出）则是其逆向作业。

(2) 分拣、配货作业

分拣是在堆垛作业前后或配送作业之前把货物按品种、出入先后、货流进行分类，再放到指定地点的作业，配货则是把货物从指定的位置按品种、下一步作业种类、发货对象进行分类的作业。

(3) 搬送、移送作业

它是为了进行装卸、分拣、配送等活动而进行的各种移动物资的作业。包括水平、垂直、斜向搬运及其组合。

3. 装卸搬运的分类

(1) 单件装卸

单件装卸指的是非集装按件计的货物逐个进行装卸操作的作业方法。单件作业对机械、装备、装卸条件要求不高，因而机动性较强，可以在很广泛的地域内进行，不受固定设施、设备的地域局限。

单件作业可以采取人力装卸、半机械化装卸及机械装卸。逐件处理装卸速度慢，且装卸要逐件接触货体，因而容易出现货损，反复作业次数较多，也容易出现货差。单件作业的装卸对象主要是包装杂货、多种类、少批量货物及单件大型、笨重货物。

(2) 集装作业

集装作业是对集装货载进行装卸搬运作业的方法。和单件装卸相比主要异同在于，都是按件处理，但集装作业的"件"的单位大大高于单件作业每件的大小。集装作业一次作业装卸量大，装卸速度快，且在装卸时并不逐个接触货体，而仅对集装体进行作业，因而货损较小，货差也小。

集装作业的对象范围较广。一般除特大、重、长的货物和粉、粒、液、气状货物外，都可以进行集装。粉、粒、液、气状货物经一定包装后，也可集合成大的集装货载；特大、重、长的货物，经适当分解处置后，也可采用集装方式进行装卸。集装作业有托盘装卸、集装箱装卸、货捆装卸、集装网袋装卸和挂车装卸等。其他集装装卸方式还有滑板装卸、无托盘集装装卸、集装罐装卸等。

(3) 散装作业

散装作业指对大批量粉状、粒状货物进行无包装散装、散卸的装卸方法。装卸可连续进行，也可采取间断的装卸方式，但是都需采用机械化设施、设备。在特定情况下，且批量不大时，也可采用人力装卸。散装作业方法主要有气力输送装卸、重力装卸、机械装卸等。

4. 装卸搬运设备

装卸搬运是物流的主要职能之一，物流的每一环节都以装卸搬运为起点和终结。物流现代化，很大程度上取决于装卸搬运的机械化和自动化。装卸搬运设备是装卸搬运现代化的主要标志之一，对设备的类型、机械特征、主要参数的了解是使用和选择装卸搬运设备必须具备的条件。装卸搬运机械主要包括以下几类：起重类、输送机类、升降机类和绞车类、车辆类、其他机械等。

5. 装卸搬运作业合理化

在装卸搬运活动中，为了改善对物资装卸搬运的管理，需要选用合理的装卸搬运方法和设备，同时应采用相应的合理化措施。

选择装卸机械时需要考虑的因素主要包括：

吞吐量。对于车站、码头、仓库等各种物流作业现场，吞吐量都是装卸搬运作业量核定的最基本因素。

堆码、倒搬作业量。在装卸作业现场，物资并非都是经过一次装卸作业就能完成入港、离港、入库、出库、入站、出站等作业的。往往由于货场的调整、保管的需要、发运的变化等因素，必须对物资进行必要的堆码、倒搬作业。堆码、倒搬的次数越多，装卸作业量就越大。这部分装卸作业量越少越接近于零越好。

装卸作业量。由于装卸作业直接受到物资流动时的不均衡影响，这就导致了装卸搬运作业机械在使用上可能出现忙闲程度的不同，为了能适应装卸作业现场可能出现的高峰期，机械作业能力应对此有必要且充分的准备。

另外，还应注意装卸作业的选择应以满足现场作业为前提，装卸机械的选择应以现场作业量、物资特性为依据。同时，在能完成同样作业效能的前提下，应选择性能好，节省能源，便于维修，有利于环境保护，利于配套，成本较低的装卸机械。

装卸机械的选择应以经济合理、提高效率为原则，根据不同类物品的装卸搬运特征和要求，物流过程输送和仓储作业的特点，正确估评装卸搬运机械使用的效益，合理选择装卸搬运机械。

科学合理地组织装卸搬运过程，尽量减少用于装卸搬运的劳动消耗，降低了产品和物流成本。常用的合理化措施有：

（1）消除无效搬运

提高搬运纯度，只搬运必要的物资，如有些物资要去除杂质之后再搬运才比较合理；避免过度包装，减少无效负荷；提高装载效率，充分发挥搬运机器的能力和装载空间；中间的物件可以填装其他小物品再进行搬运；减少倒搬次数，作业次数增多不仅浪费了人力、物力，还增加了物品损坏的可能性。

（2）提高搬运的灵活性

物品的放置要利于下次搬运，在装上时要考虑便于卸下，在入库时要考虑便于出库。如，装于容器内并垫放的物品较散放于地面的物品易于搬运。同时充分利用重力来移动物品，避免反复从地面搬起重物以及人力抬运或搬送物品。

（3）合理利用机械

装卸搬运的机械化能把职工从繁重的体力劳动中解放出来，尤其对于危险品的装卸作业，或人力无法操作时，机械化能保证人和货物的安全。为了提高生产率、安全性、服务性和作业的适应性等，应将人力操作转由机械来实现，而人可以在更高级的工作中发挥作用。

（4）集装单位化

将零放物体归整为统一的集装单元称为集装单位化。由于搬运单位变大，可以发挥机械的效能，提高作业效率且搬运方便，灵活性好；负载的大小均匀，有利于实行作业标准化；在作业过程中可以避免物品损伤，对保护被搬运的物品有利。

（三）流通加工作业技术管理

1．流通加工作业概述

流通加工是物流的重要的环节，属于物流的辅助功能。流通加工是现代物流系统的重要内容之一。流通加工（Distribution Processing）是指物品从生产地到使用地的过程中，根据需要，施加包装、分割、计量、分拣、刷标志、拴标签、组装等作业的总称。

流通与加工属于不同范畴。加工是改变物质的形状和性质，形成一定产品的活动；而流通则是改变物质的空间状态与时间状态。流通加工为了弥补生产过程加工不足，更有效地满足用户或本企业的需要，使产需双方更好地衔接，将这些加工活动放在物流过程中完成，而成为物流的一个组成部分。流通加工是生产加工在流通领域的延伸，也可以看成流通领域在职能方面的扩大。

2．流通加工的作用

物流领域中的流通加工主要侧重于满足客户的需求，提高服务功能。不仅针对某一企业，而且具有社会性。流通加工的主要作用体现在：

（1）进行初级加工，方便用户

用量小或临时需要的使用单位，缺乏进行高效率初级加工的能力，依靠流通加工可使使用单位省去进行初级加工的设备及人力，从而方便了用户。目前发展较快的初级加工有：将水泥加工成生混凝土；将原木等加工成门窗；冷拉钢筋及冲刺异形零件，钢板预处理；整形、打孔等加工。

（2）提高原材料利用率，增加商品的附加值

通过流通加工进行集中下料，将生产厂商直接运来的简单规格产品，按用户的要求进行下料。以钢板为例，生产厂家生产出来的钢板，其面积都较大，到用户单位后，需要进行切割。按照这种方式，各用户单位都需购置剪刀车。若钢板从生产厂家出来后，到流通加工点，按用户需求进行加工，再运送到各用户手中。这样既可以集中下料、合理套裁减少钢板在切割过程中的浪费，又可以避免用户单位自备剪刀车。从整个社会角度来讲，既减少了材料的浪费，又减少了设备的重复设置。

（3）促使多种运输方式合理组合，提高物流效率，降低物流成本

在流通过程中，产品的运输路线基本上是生产厂家——流通加工——用户，流通加工一般设在与用户距离较近的位置，产品从生产厂家到流通加工所在地，其数量较大，而从流通加工地到用户手中其数量一般较小，所以前者可以采用火车、船等运输工具，后者采用小型货车，从而降低物流成本。

（4）提高加工效率及设备利用率

在分散加工的情况下，加工设备由于生产周期和生产节奏的限制，设备利用时段时而紧张时而空暇，使得加工过程不均衡，设备加工能力不能得到充分发挥。而流通加工面向全社会，加工数量大，加工范围广，加工任务多。这样可以建立集中加工店，采用一些效率高、技术先进、加工量大的专门机具和设备，一方面提高了加工效率和加工质量，另一方面还提高了设备利用率。

3．流通加工合理化

流通加工管理要实现流通加工的最优配置，不仅应做到避免各种不合理现象，使流通

加工有存在价值，而且还应进行最优的选择，为企业带来经济效益。

不合理的流通加工主要表现在：流通加工地点设置不合理；流通加工方式选择不当；流通加工作用不大，形成多余环节；流通加工成本高，效益不好等。

为避免各种不合理现象，对是否设置流通加工环节，在什么地方设置，选择什么类型的加工方式，采用什么样的技术装备等，需要做出正确抉择。实现流通加工的合理化，主要应从以下几个方面加以考虑：

（1）加工与配送相结合

将流通加工设置在配送点，一方面按配送的需要进行加工，另一方面加工又是配送业务流程中的一个环节，加工后的产品直接投入配送作业，这就无须单独设置一个加工的中间环节，使流通加工有别于独立的生产，而是使流通加工与中转流通巧妙地结合在一起。同时，配送之前有加工，使配送服务水平大大提高。这是当前对流通加工进行合理选择的重要形式，在煤炭、水泥等产品的流通中已表现出较大的优势。

（2）加工与配套相结合

在配套要求较高的流通中，配套的主体来自于各个生产单位，有时无法完全依靠现有的生产单位进行配套，进行适当的流通加工，可以有效促成配套，大大增强流通加工的桥梁和纽带作用。

（3）加工与合理运输相结合

流通加工能有效地衔接干线运输和支线运输，促进两种运输方式合理化。利用流通加工，可以在支线运输转干线运输或干线运输转支线运输这些必须停顿的环节，不进行一般的支转干或干转支，而是按干线或支线运输的合理要求进行适当加工，从而大大提高了运输及运输转载水平。

（4）加工与合理商流相结合

加工与配送的结合，提高了配送水平，强化了销售，是加工与合理商流相结合的一个成功的例证。另外，通过简单地改变包装加工，形成了方便的购买量，通过组装加工消除了用户使用前进行组装、调试的困难，这些都能有效地促进商流。

（5）加工与节约相结合

节约能源、设备、人力是流通加工合理化重要的考虑因素，也是目前我国设置流通加工、考虑其合理化较普遍的形式。

对流通加工合理化的最终判断，是看其是否能实现社会和企业本身的两个效益，而且是否取得了最优效益。与一般生产加工企业相比，流通加工企业更应树立社会效益第一的观念，它们只有在以补充完善为己任的前提下才有生存的价值。

第三节　企业物流与供应链管理

20 世纪 90 年代以来，随着科学技术不断进步和经济的不断发展，全球化信息网络和全球化市场的形成，围绕新产品的市场竞争日趋激烈。以互联网为核心的计算机网络技术的发展与应用，使社会步入了全新的网络经济时代，信息技术向供应链的渗透，极大地提高了信息的透明度和决策的科学性，从而大大缩短了产品进入市场的时间，降低了生产成本，提高了企业经营效益。供应链管理是当代世界商业管理的一大热点，数据库、互联网、软件工业的蓬勃发展，正在迅速改变供应链管理模式。互联网电子商务的发展更为供应链在信息共享、物流协调、整体优化和新商业模式的建立等方面提供了新的机会。

一、供应链的概念

（一）供应链的定义

关于供应链的概念，目前国际上还没有统一的定义，各国相关机构及学者的表述也各不相同。

美国供应链协会将供应链定义为："供应链是指涵盖着从原材料的供应商经过开发、加工、生产、批发、零售等过程到达用户之间有关最终产品或服务的形成和交付的每一项业务活动。"

美国著名战略学家迈克·波特对供应链的理解是："供应链即'附加价值链'，是指商品进入消费者手中之前行业与行业之间的联系，因为一件产品从原材料经过加工、流通等行业最终到达消费者手中的这段过程中，零件供货商、厂家、批发商和零售商等相关企业将通过某种附加的价值进行连锁。"

中华人民共和国国家标准《物流术语》对供应链的定义是："供应链是指生产及流通过程中，涉及将产品或服务提供给最终用户活动的上游与下游组织所形成的网链结构。"

综合上述分析，供应链的一个比较确切的定义是：供应链是围绕核心企业，通过对信息流、物流、资金流的控制，从采购原材料开始，制成中间产品以及最终产品，最后由销售网络把产品送到消费者手中的将供应商、制造商、分销商、零售商，直到最终用户连成一个整体的网链结构和模式。它是一个范围更广的企业结构模式，它包含所有加盟的节点企业，从原材料的供应开始，经过链中不同企业的制造加工、组装、分销等过程直到最终用户。

（二）供应链的构成要素

一般来说，构成供应链的基本要素包括：

供应商（原材料或零部件供应商）：指给生产厂家提供原材料或零件的企业。

厂家（产品制造业）：产品生产最重要的环节，负责产品开发、生产和售后服务。

批发及物流企业：为实现将产品送到经营地范围每一角落而设的产品流通代理企业。

零售商：将产品销售给消费者的企业。

其中批发及物流企业和零售商统称为流通业。

（三）供应链的主要活动

供应链的内容涵盖了生产理论、物流理论和营销理论等三大理论。供应链的主要活动包括：

商品的开发和制造：商品的规划、设计、商品化；需求预测和生产计划制订；商品生产和质量管理。

商品的配送：确保销售途径；按时配送；降低物流成本。

商品的销售和售后服务：销售、品种齐全、及时的商品补充；销售数据和销售额的管理，了解问题，确定活动方案等。

在供应链的主要活动中，存在物流、资金流、需求信息流、商流四种表现形态，如图8-4所示。供应链是由供应商组成的网链结构，供应商是产品或服务的提供商，如原材料供应商、产品供应商、物流供应商（如第三方、第四方等），信息供应商（如网站等）、资金供应商（如银行、金融机构等）。供应商之间接受订货，签订合同等形成商流。它们各自的用户处在供应链不同的位置，供应商对不同位置的用户来说提供的是产品或服务，对终端需求（最终用户）来说，不同位置的供应商提供的是半成品或中间服务。

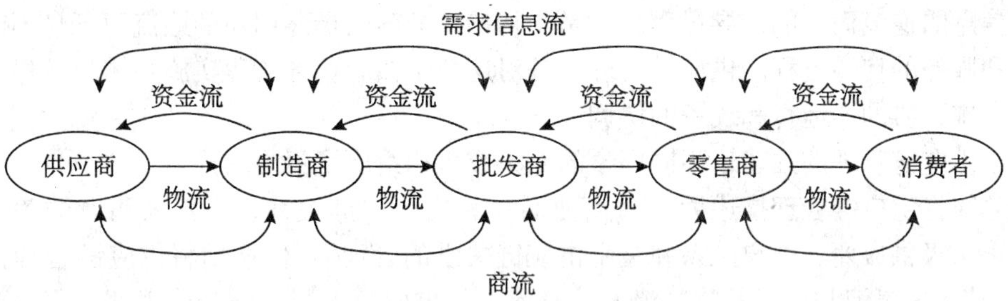

图8-4　供应链主要活动

（四）供应链的特征

供应链的特点在于：网链结构由顾客需求拉动；高度一体化地提供产品和服务的增值过程；每个节点代表一个经济实体以及供需的两个方面。供应链的特征主要有：

1. 增值性

所有的生产运营系统都是将一些资源进行转换和组合，增加适当的价值，然后把产品"分送"到那些在产品的各传送阶段可能被考虑到也可能被忽视的顾客手中。

2. 整合性

供应链本身是一个整体合作、协调一致的系统，它有多个合作者，为了一个共同的目的或目标，协调动作，紧密配合。

3. 复杂性和虚拟性

因为供应链节点企业组成的跨度（层次）不同，不少供应链是跨国、跨地区和跨行业的组合。所以供应链结构模式比一般单个企业的结构模式更为复杂。其虚拟性主要表现在供应链是一个协作组织，这种协作组织以协作的方式组合在一起，依靠信息网络的支撑和相对信任关系，为了共同的利益，强强联合，优势互补，协调运转。供应链犹如一个虚拟的强势企业群体，在不断地优化组合。

4. 动态性和交叉性

现代供应链的出现是因为企业战略适应市场需求变化的需要，供应链中的企业都是在众多企业中筛选出的合作伙伴，合作关系是非固定性的，供应链需要随目标的转变而转变，随服务方式的变化而变化，无论是供应链结构，还是其中节点企业都需要动态地更新，这就使得供应链具有明显的动态性。其交叉性是指供应链及节点企业既可以是这个供应链的成员，同时也可以是另一个供应链的成员，众多的供应链形成交叉结构，增加了协调管理的难度。

5．面向用户需求

供应链的形成、存在、重构，都是基于最终用户的需求，并且在供应链的运作过程中，用户的需求是供应链拉动信息流、物（产品/服务）流、资金流运作的驱动源。

二、供应链管理概念

（一）供应链管理的概念

供应链管理的业务流程包括两个相向的流程组合：一是从最终用户到初始供应商的市场需求信息的逆流而上的传导过程；二是从初始供应商向最终用户的顺流而下且不断增值的产品和服务的传递过程。供应链管理即是对这两个核心业务流程实施一体化运作，包括统筹的安排、协同的运行和统一的协调。

对于供应链管理的描述，不同国家的专家或机构给出了不同的描述：

哈兰德将供应链管理描述为“对商业活动和组织内部关系、直接采购者的关系、第一级和第二级供应商、客户关系和整个供应链关系的管理”。伊文斯将供应链管理描述为“通过前馈的信息流和反馈的物料流及信息流，将供应商、制造商、分销商、零售商，直到最终用户连成一个整体的结构模式”。

全球供应链论坛将供应链管理描述为“从最终用户到最初供应商的所有为客户及其他投资人提供价值增值的产品、服务和信息的关键业务流程的一体化”。

中国国家物流协会将供应链管理描述为“以提高企业个体和供应链整体的长期绩效为目标，对特定企业内部跨职能部门边界的运作和在供应链成员中跨企业边界的运作进行战术控制”。中华人民共和国国家标准《物流术语》将供应链管理描述为“对供应链涉及的全部活动进行计划、组织、协调与控制”。

虽然目前对供应链管理的概念表述不一，但有一点却可以达成共识，供应链管理代表的不仅仅是某种管理方法，而是一整套管理理念。供应链管理能够帮助企业获得全球市场上的成功。分享信息和共同计划可以使整体物流效率得到提高。同时未来的竞争将是供应链与供应链之间的竞争，而供应链管理将会带来许多新的突破。

供应链管理的主要特点有：

1．供应链管理是一种基于流程的集成化管理

传统的管理以职能部门为基础，往往由于职能矛盾、利益目标冲突、信息分散等原因，各职能部门无法完全发挥其潜在效能，因而很难实现整体目标最优。供应链管理则是一种纵横的、一体化经营的管理模式。它以流程为基础，以价值链的优化为核心，强调供应链整体的集成与协调，通过信息共享、技术扩散（交流与合作）、资源优化配置和有效的价值链激励机制等方法实现经营一体化，要求采用系统的、集成化的管理方法来统筹整个供应链的各项功能。

2．供应链管理是全过程的战略管理

供应链中各环节不是彼此分割的，而是环环相扣的，因而不能将供应链看成是由采购、制造、分销与销售等一些分离的功能块构成的。由于供应链上供应、制造、分销等职能目标之间在利益分配中存在冲突，这样，只有最高管理层才能充分认识到供应链管理的重要性与整体性，只有运用战略管理思想才能有效实现供应链的管理目标。

3. 供应链管理提出了全新的库存观

传统的库存思想认为，库存是维系生产与销售的必要措施，它是基于“保护”的原则来保护生产、流通或市场，避免企业在供需方面受到上游或下游企业的影响，因而企业与其上下游企业之间在不同的市场环境下只是实现了库存的转移，整个社会库存总量并未减少。在买方市场的今天，供应链的实施可以加快产品进入市场的速度，尽量缩短从供应商到消费者的通道的长度；另外，供应链管理把供应商看做伙伴，而不是对手，从而使企业对市场需求的变化反应更快、更经济，总体库存得到大幅度降低。从供应链角度来看，库存不一定是必需的，它只是起平衡作用的最后的工具。

4. 供应链管理以最终客户为中心

不管供应链的节点企业有多少类型，也无论供应链是长还是短，供应链都是由客户需求驱动的，企业创造的价值只能通过客户满意和产生利润来衡量。供应链管理以最终客户为中心，将客户服务、客户满意与客户成功作为管理的出发点，并贯穿供应链管理的全过程。

5. 供应链管理采取新的管理方法

如用总体综合方法代替接口的方法，用解除最薄弱链寻求总体平衡，用简化供应链方法防止信号的堆积放大，用经济控制论方法实现控制，要求并最终依靠对整个供应链进行战略决策。

（二）供应链管理的内容与目标

面对激烈的市场竞争和迅速变化的市场需求，为客户提供日益完善的增值服务，满足客户日益复杂的个性化需求将成为现代企业生存和发展的关键。物流企业的服务范围将不仅限于一项或一系列分散的物流功能，而是更加注重客户物流体系的整体运作效率与效益。供应链的管理与不断优化将成为企业的核心服务内容。企业与客户的关系将越来越多地体现为一种风险共担的战略同盟关系，而不仅仅是现阶段一般意义上的买卖关系或服务关系。我们将从以下几个方面来理解供应链管理的内容。

1. 信息管理

知识经济时代，信息取代劳动和资本，成为影响劳动生产率的主要因素。在供应链中，信息是供应链各方的沟通载体，供应链中各阶段的企业通过信息这条纽带集成起来，可靠、准确的信息是企业决策的有力支持和依据，能有效降低企业中的不确定性，提高供应链的反应速度。因此，供应链管理的主线是信息管理，信息管理的基础是构建信息平台，实现信息共享，如ERP等系统的应用，将供求信息及时、准确地传达到供应链上的各个企业，在此基础上进一步实现供应链的管理。当今世界，通过使用电子信息技术，供应链已结成一张覆盖全区域乃至全球的网络，从技术上实现了与供应链其他成员的集成化和一体化。

2. 客户管理

传统的卖方市场中，企业的生产和经营活动是以产品为中心的，经济全球化的背景下，买方市场占据了主导地位，客户需求主导了企业生产和经营活动的方向，因此客户是核心，也是市场的主要驱动力。客户的需求、消费偏好、购买习惯及意见等是企业谋求竞争优势必须争取的重要资源。

在供应链管理中，客户管理是供应链管理的起点，供应链源于客户需求，同时也终于客户需求，因此供应链管理是以满足客户需求为核心运作的。然而客户需求千变万化，而且存在个性差异，企业对客户需求的预测往往不准确，一旦预测需求与实际需求差别较大，就很有可能造成企业库存的积压，引起经营成本的大幅增加，甚至造成巨大的经济损失。因此真实、准确的客户管理是企业供应链管理的重点。

3. 库存管理

一方面，为了避免缺货给销售带来的损失，企业不得不持有一定量的库存，以备不时之需；另一方面，库存占用了大量资金，既影响了企业扩大再生产，又增加了成本，在库存出现积压时还会造成巨大的浪费。因此，一直以来，企业都在寻找确定适当的库存量的方法。传统的方式是通过需求预测来解决这个问题，然而需求预测与实际情况往往并不一致，因而直接影响了库存决策的制定。如果能够实时地掌握客户需求变化的信息，做到在客户需要时再组织生产，那就不需要持有库存，即以信息代替了库存，从而实现了库存的“虚拟化”。因此，供应链的一个重要任务是利用先进的信息技术，收集供应链各方以及市场需求方面的信息，用实时、准确的信息取代实物库存，减少需求预测的误差，从而降低库存的持有风险。

4. 关系管理

传统的供应链成员之间的关系是纯粹的交易关系，各方遵循的都是“单向有利”的原则，所考虑的主要是眼前的既得利益，并不考虑其他成员的利益。这是因为每个企业都有自己相对独立的目标，这些目标与其在供应链中的上下游企业往往存在着一些冲突。如，制造商要求供应商能够根据自己的生产要求灵活并且充分地保证它的物流需求；供应商则希望制造商能够以相对稳定的周期大批订购，即稳定的大量需求，这就在两者之间产生了目标冲突。这种目标冲突无疑会大大增加交易成本。同时社会分工的日益深化使得企业之间的相互依赖关系不断加深，交易关系也日益频繁。因此，降低交易成本对企业来讲非常必要。现代供应链管理理论提供了提高竞争优势，降低交易成本的有效途径，这种途径就是通过协调供应链各成员之间的关系，加强其与合作伙伴的联系，在协调的合作关系的基础上进行交易，为供应链的全局最优化而努力，从而有效地降低供应链整体的交易成本，使供应链各方的利益获得同步的增加。

供应链关系管理（Supplier Relationships Management ，SRM）即是一种致力于与供应商建立和维持长久、紧密合作伙伴关系，旨在改善企业与供应链之间关系的管理模式。

5. 风险管理

供应链上企业之间的合作，会因为信息不对称、信息扭曲、市场不确定性以及其他政治、经济、法律等因素的变化，而产生各种风险。为了使供应链上的企业都能从合作中获得满意结果，必须采取一定的措施规避供应链运行中的风险，如提高信息透明度和共享性、优化合同模式、建立监督控制机制等，尤其是必须在企业合作的各个阶段通过激励机制的运行，采用各种手段实施激励，以使供应链企业之间的合作更加有效。

供应链管理通过调和总成本最低化、客户服务最优化、总库存最小化、总周期最短化以及物流质量最优化等目标之间的冲突，以实现供应链绩效最大化。供应链管理的目标可概括为以下几个方面：

①持续不断地提高企业在市场上的领先地位；

②不断对供应链中的资源及各种活动进行集成；

③根据市场需求的扩大，不断地满足顾客需求；

④根据市场的不断变化，缩短从产品的生产到产品达到消费者手中的时间；

⑤根据物流在整个供应链中的重要性，消除各种不合理损耗，从而降低整个物流成本，使供应链中的库存下降；

⑥提高整个供应链中所有活动的运作效率，降低供应链的总成本，增强经营者的能力以适应市场变化并做出及时反应。

三、传统管理向供应链管理转变

传统管理向供应链管理转变主要有以下几个方面：

1. 从功能管理向过程管理转变

从传统角度上讲，企业实行的是“纵向一体化”的管理，即企业的管理围绕生产、营销、销售和配送功能进行，每个功能都有自己的任务，这是一种被广泛应用的组织形式。这种方法存在的问题是组织过于集中于内部资源的使用而不是集中于产品价值的创造。传统的管理将供应链中的采购、制造、市场营销、配送等功能活动分割开来、独立运作，而这些功能都具有各自独立的目标和计划，这些目标和计划经常冲突。供应链管理就是达成这种一致和协调的机制，产出的成果通过组织结构中水平方向的协调与合作而产生，这些水平方向的链接反映了客户和企业以及供应商之间的物流和信息流。

2. 从利润管理向盈利性管理转变

传统的管理将利润作为企业管理的重点，但现代管理认为利润只是一个绝对指标，用绝对指标衡量企业的经营业绩是没有可比性的，应该用相对指标来衡量企业的经营业绩，盈利性就是一个相对指标。所以，现在强调进行盈利性管理是建立在“双赢”基础上的，只有供应链各方均具有较好的盈利性，企业自身的盈利性才有可能得到保证。

3. 从产品管理向客户管理转变

产品和顾客都是供应链上的重要环节。传统卖方市场的企业管理是将产品作为重点的，而在买方市场上，顾客主导着企业的生产和销售活动，因此顾客是核心，是主要的市场驱动力，供应链的中心是由生产者向消费者倾斜的，顾客是供应链上更为重要的一环，顾客管理就成为供应链管理的重要内容。

4. 从交易管理向关系管理转变

传统的供应链伙伴之间的关系是交易和竞争的关系，所考虑的主要是眼前的既得利益，因此不可避免地出现供应链伙伴之间利益相冲突的情况。现代供应链管理理论提出的解决方法是协调供应链成员之间的关系同时增加供应链各方的利益。

5. 从库存管理向信息管理转变

在传统管理中，企业的库存存在着矛盾，一方面库存是提高服务水平和顾客满意度的财富，必须拥有；另一方面库存又是成本和累赘，必须尽可能摆脱。现代供应链管理用信息代替库存，使企业持有“虚拟库存”而不是实物库存，只有到供应链的最后一个环节才交付实物库存，大大降低了企业持有库存的风险。因此，用及时、准确的信息代替实物库存就成为供应链理论的一个重要观点。

四、物流管理与供应链管理

物流已经成为供应链管理的一部分，它改变了传统物流的内涵。物流管理与供应链管理相比较，不同之处主要表现在：

1．供应链管理成为物流的高级形态

供应链管理是在物流的基础上发展起来的，从企业运作的层次来看，从实物分配开始，到整合物资管理，再到整合信息管理，通过功能的逐步整合形成了物流的概念。从企业关系的层次来看，则有从制造商向批发商和分销商再到最终用户的前向整合以及向供应商的逆向整合，并且通过关系的整合形成了供应链管理的概念。从操作功能的整合到渠道关系的整合，使物流从战术的层次提升到战略高度，所以，供应链管理是物流在逻辑上的延伸。

2．供应链管理决策是更高形态的决策

供应链管理决策和物流管理决策都是以成本、时间和绩效为基准点的，供应链管理决策在包含运输决策、选址决策和库存决策的物流管理决策的基础上，增加了关系决策和业务流程整合决策，成为更高形态的决策模式。

物流管理决策和供应链管理决策的综合目标，都是最大限度地提高客户服务水平，供应链管理决策就形成了一个由客户服务目标拉动的空间轨迹。供应链管理的概念涵盖了物流的概念，用系统论的观点看，物流是供应链管理系统的子系统。所以，物流的决策必须服从供应链管理的整体决策。

3．管理机制不同

物流在管理上是一个计划机制。在传统的物流模式中，主导企业通常是制造商，它们力图通过一个计划来控制产品和信息的流动，与供应商和客户的关系本质上是一种具有利益冲突的买卖关系，常常导致存货或成本向上游企业转移。供应链管理同样制订计划，但目的是谋求渠道成员的联合和协调，是一种协商机制。

物流更加关注组织内部的功能整合，而供应链管理认为只有组织内部的一体化是远远不够的。供应链管理是高度互动和复杂的系统工程，需要同步考虑不同层次上相互关联的技术经济问题，进行成本效益权衡。供应链管理是一个开放的系统，它的一个重要目标就是通过分享需求和当前存货水平信息，来减少或消除所有供应链成员企业所持有的缓冲库存，这就是供应链管理中“共同管理库存”的理念。

4．供应链管理是“外源”整合组织

供应链管理与垂直一体化物流不同，它是在自己的“核心业务”基础上，通过协作的方式来整合外部资源以获得最佳的总体运营效益，除了核心业务之外，几乎每件事都可能是“外源”的，即从公司外部获得资源。这类企业有时也被称为“虚拟企业”或者说“网络组织”。表面上看这些企业是将部分或全部的制造和服务活动，以合同形式委托其他企业代为进行，但实际上是按照市场的需求，根据规则对由标准、品牌、知识、核心技术和创新能力所构成的网络系统进行整合或重新配置社会资源。

垂直一体化以拥有资源为目的，而供应链管理以协作和双赢为手段。所以，供应链管理是资源配置的优先方法。供应链管理在获得外部资源的同时，应将自有的内部成本外部化，通过清晰的过程进行成本核算和成本控制，从而更好地优化客户服务和实施客户关系管理。

第四节　企业物流管理发展

一、电子商务与物流

电子商务是利用计算机技术和网络技术等现代信息技术所进行的商务活动的总称。随着信息技术的发展及 Internet 的普及，电子商务逐渐显示出巨大的优势，受到各级政府部门、企业界以及广大民众的高度重视，他们纷纷以各种不同的形式参与到电子商务活动中，使得电子商务得到了迅猛的发展。随着电子商务的进一步发展，物流对电子商务的作用也显得日益突出，作为支持有形商品网上商务活动的物流，是决定有形商品网上商务活动能否顺利进行的一个关键因素。

电子商务时代的来临，给全球物流带来了新的发展，信息化电子商务时代，物流信息化是电子商务的必然需求。而物流领域网络化的基础也是信息化，是电子商务环境下物流活动的主要特征之一。智能化、柔性化以及物流设施、商品包装的标准化，物流的社会化、共同化等都是电子商务环境下物流模式的新特点。

二、服务化物流

服务化物流就是以满足消费者的需求为目标，组织货物的合理流动。具体而言就是把商品的采购、运输、仓储、加工、整理、配送、销售和信息等有机结合起来，选择最佳的方式与路径，以最低的费用和最小的风险，保质、保量、适时地将货物从供方运到需方，为消费者提供多功能、一体化的综合性服务。这是一系列的协调活动，这些协调活动与“物”并无联系，它们的目的是以尽可能高的效益和服务效率来完成顾客的服务请求。服务物流活动包括：预测需求、规划企业服务能力、分析顾客要求、确定服务传递方案、组织服务网络、协调传递过程。服务物流不能简单理解成服务企业的物流，它同样可以存在于产品企业中。随着竞争的加剧，服务物流管理将在生产企业中起着越来越重要的作用。

三、再生资源物流

再生资源物流是将有一定使用价值的废旧物资进行回收，通过分拣、加工、分解，使其重新进入生产和消费领域的物品实体流动过程。再生资源是一种特殊商品，是指生产、流通、消费等过程中产生的不再具有原有使用价值而以各种形态赋存，但可以通过不同的加工途径而使其获得使用价值的各种物料的总称。再生资源回收利用包括再生资源的收购、挑选分拣、鉴别分类、打包压块、破碎、解体等初级加工，熔炼、分解、再制造等深加工以及再生资源的储存和运输等内容，是融商流、物流、信息流和资金流以及生产加工为一体的活动。

四、绿色供应链

人类在物质文明发展过程中对资源使用量的急剧扩张，已经造成了对环境和资源的破坏及绿色平衡的失调。因此，进入20世纪90年代以来，大多数国家先后相应地调整了自己的发展战略，全球性的产业结构呈现出绿色战略趋势，绿色工艺、绿色产品、绿色产业不断出现。由于一种产品从原材料开采到最终消费，其间经历了很多生产和流通过程，因而，绿色战略就不仅是某个工艺、某种产品、某个企业所能解决的问题，它涉及整个供应链中所有企业的各项活动，绿色供应链管理在这个时候便应运而生了。传统的供应链管理仅仅是基于供应链上企业利益最大化的管理，虽然它也涉及原材料、能源的节约，但这只是考虑到企业的成本和企业内部环境的改善，并没有充分考虑过在制造和流通过程中所选择的方案对周围环境和人员所产生的影响，并没有考虑到使用产品的废弃物和排放物如何处理、回收与再利用，等等，因此，其对资源和环境的可持续发展产生的作用十分有限。

供应链管理理论已提出20多年，供应链的概念强调核心企业的网链关系，如核心企业与供应商、供应商的供应商乃至一切前向的关系，与用户、用户的用户及一切后向的关系。绿色供应链则是在此基础上综合考虑环境的影响，其目的是在产品从原料获取、加工、包装、存储、运输、使用到报废处理的整个过程中，注重对环境的保护，从而促进经济与环境的协调发展。绿色供应链管理充分考虑环境问题、强调供应商之间的数据共享且充分应用现代网络技术，体现了并行工程的思想。为了实现绿色供应链的目标，需要加强企业内部管理和供应商的环境管理，提高用户环境消费意识和管理部门的环境执法力度等。

◎思考题：

1. 什么是物流？它包括哪些功能？是如何分类的？
2. 什么是企业物流？其主要内容有哪些？
3. 什么是供应链？什么是供应链管理？供应链管理的特点有哪些？
4. 简述电子商务与物流的关系，并说明电子商务的发展对现代企业物流管理的影响。

◎案例分析：

聚美优品的物流建设

随着春节的到来，由于受物流影响，很多中小电商及平台商家均在发布春节放假的信息，但是国内B2C美妆商城聚美优品却在春节期间照常营业及发货，聚美优品重金打造的各地分仓全速运转，确保6小时发货直达全国。

消费者的信赖来自于优良的网购体验，其中物流配送环节一直是聚美优品着重发力的关键点之一。越来越多的品牌授权旗舰店入驻及日销售额的快速增长，必然会对聚美优品的仓储物流系统提出全新的要求。聚美优品投入巨资强化物流优势，提升物流配送效率，先后在北京、上海、成都、广州四地投建超过4万平方米的顶级恒温仓库，1000多名员工每天两班作业。目前能够做到白天订单付款成功后最快2小时，平均6小时内发出，所有订单不超过12小时发出。

在聚美优品成立初期，CEO陈欧认识到美妆产品网购有其特殊的行业规则。一方面的原因是当时的化妆品网商良莠不齐，水货、假货横行，聚美优品以买断模式直接与上游供货商合作，自建仓储是必然的需求；另一方面的原因则来自消费者的购物期望，自建仓储物流，虽然成本不菲，但却是掌控网购终端环节，确保良好的购物体验的核心问题之一。

聚美优品在仓储建设上精益求精，采用高强耐磨环氧地坪避免灰尘污染，恒温恒湿保美妆活性；在仓储管理上严格要求，入库、上架、盘点层层把关，在库货品摆放严格统一标准，仓内所有区域严格遵守5S标准，保证仓内整洁高效。高标准的设施和制度带来的是业内领先的物流效率，99.993%的一次配货准确率，遥遥领先于行业水准，平均6小时发货覆盖全国。

聚美优品的物流优势获得了业内的认可，欧莱雅、丝塔芙、曼秀雷敦、OLAY、丝蓓绮等众多国际知名美妆品牌，先后在聚美优品开设授权旗舰店，物流管理体系是这些合作伙伴考量的重要指标之一。不仅仅是在规模上的领先，背后的物流支撑体系更是竞争对手难以模仿和超越的。聚美优品从物流供应链入手，实现了由坚实的物流基础到良好的用户体验的转变。

问题：

结合案例，分析聚美优品物流管理的优势有哪些及其给我们带来的启示。

第九章 企业信息化管理

☞内容提要：

本章包括企业信息化及信息化管理、企业信息管理系统、企业资源计划、电子商务及其客户关系管理等内容。根据实际工作需要，重点对企业信息化的基本内涵与发展阶段、企业信息化管理、企业信息管理系统的概念与特性等内容进行了系统的阐述。

☞学习目标：

1. 了解并掌握企业信息化的基本内容、发展阶段；
2. 理解企业信息化管理的主要内容；
3. 熟悉 ERP 与电子商务的关系及二者整合的途径；
4. 理解客户关系管理的内涵及其主要功能板块。

☞学习提示：

1. 课外查阅相关资料，更系统地学习企业信息化管理的相关内容；
2. 课外学习企业信息管理系统在企业中的具体应用；
3. 关注我国企业信息化和信息化管理的现状及存在的问题。

第一节 企业信息化及信息化管理

一、企业信息化

（一）企业信息化的基本内涵

企业信息化实质上是将企业的所有业务过程和管理过程计算机化和网络化，通过各种信息系统网络加工生成新的信息资源提供给各层次的人们使用，以便他们洞悉、观察各类动态业务中的一切信息，作出有利于生产要素组合优化的决策，使企业资源合理配置，并使企业能适应瞬息万变的市场经济竞争环境，从而求得最大的经济效益。

信息化这个概念第一次提出是在 1976 年。当时，人们还很难看出信息化的本质和它与自动化之间的区别。随着技术潜力的日益发挥，信息化的概念才慢慢地开始确定下来。在 20 世纪 80 年代中期和后期，随着连接、集成、网络、存取和友好界面等技术融合到一起，信息化的概念越来越有力地得到了阐明，越来越多的人开始理解它并对它产生了兴趣。但这只是第一步，人们要理解信息化的内涵，理解为什么它与自动化不同以及它深刻而全面的管理上的意义，还要假以时日。

信息技术可以帮助企业经营得更好，但由于企业仍在行业思维方式下运行，所以其真正潜能尚未发挥。目前，企业仍然是以行业经济模式而不是以信息经济模式的管理系统进行经营。因此还需要更加强调这一点：企业尚未意识到其全部潜能。在信息经济中发挥其潜能的企业，认为信息是创造附加值和财富的源泉。若能做到这一点，则该企业的经营方式会与目前大为不同。分布式网络和协同应用软件的出现使人们以前所未有的方式连接起来，这有助于推动真正的信息经济的到来。网络为人们创造了新的体验，使之发现了处理事情的新方式，这导致人们不愿意在按照旧逻辑运行的企业中工作。因此，企业所面临的一个重要问题是如何吸引并留住最精明、最能干的人，这已成为变革的一个重要推动力量。网络成为一个推动因素是因为它影响了涉及其中的人。人们可以建立一个技术、软件齐全的网络，但这只是技术，它是无生命的。只有在把人也连接进去并使之以一种新的方式进行工作，才拥有网络。这是两种截然不同的情况。

近十多年来，世界各国的企业界都在致力于企业的信息化，世界经济正在走向全球化、多元化。全球竞争加上信息化使世界各国从工业经济走向信息经济，摆脱工业化模式，探索信息化途径。先进国家在刚开始时都竭力抓信息化，抓网络化，但生产效率并没有上去，实践证明在抓信息化的同时，要抓管理的改革，要面向顾客，面向市场，创造信息时代的现代化管理方式才能使企业持续向前发展。现代化企业的管理模式有很大的变化，企业从金字塔结构，信息集中一点，中心人物决定一切的状态转向扁平化，不用过多的组织层次就可取得信息；在发展过程中给人以信息、培训、责任，形成团队。面向市场，实现开放策略；面向职工，实行合作政策。当然这种改革是痛苦的，是要付出巨大的代价的，许多企业是被社会发展推着，被自身利益逼着跌跌撞撞地走向信息化之路的，但这又是必需的，是工业经济向信息经济迈进的必经之路。通过对信息化的研究，我们可以发现，信息化始终都是围绕着人来进行的。说到底，信息化的目标永远是让计算机及网络等先进技术参与人的工作，代替人的某些工作甚至从事人不能完成的工作。我们可以对人的工作进行分类：机械性的工作和思考性的工作。机械性的易于标准化的重复频率高的工作是可以用计算机等非人脑来代替的，而思考性的创造性的工作则是不能代替的。其实前者可以通过“计算”这个词来限定，而后者则用“思考”来形容。所以，信息化的目的，就是让那些“计算性”的业务和工作如生产、信息收集等用机器和计算机来完成，而“思考性”的工作还得由人来完成。信息化对于企业来说仅仅是多了一种方式和工具，多了一种选择，对于决策等创造性的不易标准化的工作，计算机是无法代替人脑的。

清华大学经济管理学院侯炳辉教授认为，企业信息化是一个很广泛的概念，总的来说就是广泛利用信息技术，使企业在生产、管理等方面实现信息化。企业信息化具体可以分为三个层次：第一个层次是企业在生产当中广泛运用电子信息技术，实现生产自动化。如生产设计自动化（CAD）、自动化控制、智能仪表、单板机的运用等，凡是用到电子信息技术的都是企业信息化的一部分。第二个层次是企业数据的自动化、信息化。用电子信息技术对生产、销售、财务等数据进行处理，这是最基础的、大量的数据信息化过程。第三个层次是更高层次的辅助管理、辅助决策系统，制造资源计划（MRPⅡ）和企业资源计划（ERP）、计算机集成制造系统（CIMS）、办公自动化（OA）等都是用来辅助管理、辅助决策的，这是更高层次的信息化。

综上所述，企业信息化（Enterprises Informatization）是指企业利用现代的信息化技术，通过对信息资源的深度开发和广泛的利用，不断提高生产、经营、管理、决策的效率和水平，从而提高企业经济效益和竞争力的过程。它反映了管理咨询、管理软件、系统集成、企业信息化硬件相结合的组织运行架构以及基于大型服务器（中心数据库）与网络系统连接的社会大生产方法，体现了今天企业的经营管理与企业信息化技术相交融的新的管理模式。

（二）企业信息化的发展阶段

人类社会经济经过了原始经济、封建小农经济、大工业经济、信息和知识经济几个阶段。21 世纪，离开信息和知识，无论是大规模的经济管理还是企业的经营管理，都无法适应日新月异的发展形势，更无法面对残酷的市场竞争规律。深度分析企业管理软件的发展简史，我们可以发现它有鲜明的时代特征。是时代发展和企业管理需要造就了信息化手段的发展轨迹。

18 世纪产业革命以来，工业经济由手工业作坊向工厂生产的方向发展，出现了制造业、工厂的概念，其特征包括专用的设备、庞大的库房和按工序进行操作的工人。所有工厂型企业几乎无一例外地追求着基本相似的营运目标，即实现企业资源（包括资金、设备、人力等）的合理有效的利用，以期企业利润最大化。

降低成本这一基本目标的追求引导管理者致力于解决下述问题：生产计划的合理性、成本的有效控制、设备的充分利用、作业的均衡安排、库存的合理管理、财务状况的及时分析等。

于是，应付上述挑战的各种理论和实践也就应运而生了。在这些理论和实践中，首先提出而且被人们研究最多的是库存管理的方法和理论。这期间的研究主要是寻求解决库存优化问题的数学模型，而没有认识到库存管理本质上是一个大量的信息的处理问题。为解决库存控制问题，人们提出了订货点法，当时计算机系统还没有出现。直至 20 世纪 50 年代中期，计算机的商业化应用开辟了企业管理信息处理的新纪元，这对企业管理所采用的方法产生了深远的影响。

1957 年，美国生产与库存控制协会成立，该协会致力于研究、交流与宣传生产与库存控制的原理与技术，拥有物料需求计划（Material Requirements Planning，MRP）委员会，该委员会开发了一套以库存控制为核心的微机软件系统，成为第一套 MRP 软件，这标志着以计算机软件为核心的现代企业管理软件的出现。计算机系统的发展，使得短时间内对大量数据的复杂运算成为可能，人们为解决订货点法的缺陷，提出了 MRP 理论，并由此制订库存订货计划——物料需求计划阶段，或称基本 MRP 阶段。到了 70 年代，随着人们认识的加深及计算机系统的进一步普及，MRP 的理论范畴也得到了发展，为解决采购、库存、生产、销售的管理，人们提出了生产能力需求计划、车间作业计划以及采购作业计划理论，并由此形成了一种生产计划与控制系统——闭环 MRP 阶段（Closed-loop MRP）。在这两个阶段，出现了丰田生产方式（看板管理）、TQC（全面质量管理）、JIT（准时制生产）以及数控机床等支撑技术。

随着计算机网络技术的发展，企业内部信息得到充分共享，MRP 的各子系统也得到了统一，形成了一个集采购、库存、生产、销售、财务、工程技术等为一体的系统。人们提出了 MRPⅡ理论，并由此形成了一种企业经营生产管理信息系统——MRPⅡ阶段。这一阶段的代表技术是 CIMS（计算机集成制造系统）。

在 20 世纪 80 年代中期以前，企业所处的工业化社会具有如下特点：

（1）企业管理是围绕着以一种独特的方式生产产品。工业化社会适应于制造大量相对简单而又标准化的产品。其关键是使生产的每一个步骤规范化和简单化。于是，随着生产规模的扩大，生产单位产品的成本便大幅度下降。工业化社会的特征是分解再分解，把已知的整体分解为部件，而部件再分解为元件。这种社会的目标是效率，而效率的获得是通过各个元件的最优化生产，从而构成最优化的整体。

（2）企业追求市场竞争优势。在工业化社会，企业竞争优势来自对效率的追求。因为，在存在竞争的情况下，成本最低的生产便会取胜。

（3）企业竞争的空间有限。在市场化竞争中大多数企业的发展仍受到地域限制。这主要是由于企业国际化发展需要规模与实力，同时企业国际化发展也需要各国开放自己的市场，此外，企业国际化发展还需要信息化管理与控制手段。

在上述时代背景与竞争环境下，企业管理的重点主要放在内部管理上，包括产品生产过程的管理、库存管理与成本控制。企业管理软件无论是 MRP 还是不断发展后的 MRPⅡ都是围绕这种目标而进行的。

到了 20 世纪 80 年代后期，现实社会开始发生革命性变化，即从工业化社会开始步入合成化社会，企业所处的时代背景与竞争环境发生了很大变化，主要表现在以下几个方面：

（1）创新过程的变化。与工业化社会相反，合成化社会的组织，是把元件组成前所未有的整体——产品、工艺或工程。合成化社会的目标是创新（Innovation）：创造性能更新更高的产品，或者是用新的工艺把部件组成优质低价的现有产品。

合成化社会的创新与工业化社会有所不同。在工业化社会中，创新没有计划，带有很大的偶然性。合成化社会中的创新，则是有计划的常规活动。在工业化社会中，创新一般来自杰出的个人。合成化社会中的创新，则主要是集体合作的产物，极少有单独个人的创新。在工业化社会中，创新一旦完成，长时期就较少变化。而合成化社会中的创新是连续出现的。

（2）取得竞争优势的变化。在工业化社会中，竞争优势来自对效率的追求。但在合成化社会中，竞争优势来自对创新的追求：最先生产新产品、使用新工艺或提供前所未有的服务，可以取得一定时间的垄断利润，从而获得竞争优势。

（3）需求的迅速变动与生产过程的调整。在合成化社会中，那种生产什么就卖什么的时代已经一去不复返了，市场的需求在迅速变化，同时创新过程也在创造需求。

（4）竞争空间的扩大。随着各国市场的开放、信息化管理手段的运用，企业逐步形成规模化发展并进入国际化发展空间。竞争不再受地域限制，任何企业都要承受来自国际化企业发展的竞争压力。

在此情形下，企业管理一方面要在现有基础上考虑进一步提高效率，以适应市场竞争并取得竞争优势；另一方面还要适应持续创新过程造成的市场需求的变化及其对企业生产流程不断调整的要求，以便在更广阔的竞争范围内取得竞争优势。

企业资源计划（Enterprise Resources Planning，简称 ERP）系统就是在这种时代背景下面世的。它在 MRPⅡ的基础上扩展了管理范围，形成了新的结构。ERP 系统的设计考虑到仅靠自己企业的资源不可能有效地参与市场竞争，还必须把经营过程中的有关各方如供应商、制造商、分销网络、客户等纳入一个紧密的供应链中，才能有效地安排企业的产、供、销活动，满足企业利用全社会一切市场资源快速高效地进行生产经营的需求，以期进一步提高效率和在市场上获得竞争优势；同时也考虑了企业为了适应市场需求变化不仅组织“大批量生产”，还要组织“多品种小批量生产”。在这两种情况并存时，需要用不同的方法来制订计划。

随着经济全球化的推进，任何一个企业都能感受到国际化竞争的压力。随着席卷全球的信息化革命的冲击，日益激化的竞争市场将使企业越来越感到原有的组织结构和环节复杂的业务流程已无法应付其面临的挑战。面对市场和经营环境的变化，企业需要即时进行动态调整和改造。它不仅包括对产品和生产流程的重组，还涉及与之相关的企业组织结构与业务管理流程。重组过程要以理顺经营过程为中心，以适应客户变动的需求和提高客户满意度为目标。而且这种企业重组的过程并非一劳永逸，企业需要随时根据竞争环境的变化与自身在市场竞争中的势态变化，紧跟时代发展步伐，不断进行重组以保持自己的市场竞争优势，因此企业重组是一个动态的过程。

传统的 ERP 系统一般是以一种预先固定好的模式结构提供给用户，企业在建立其管理系统时，一是软件无法灵活地适应个性化的企业管理流程要求，这就不得不要求企业管理流程按 ERP 系统中的固有模式去运作，否则要经过二次开发才能使用；二是一旦 ERP 系统实施完毕，企业在需要进行管理与业务流程重组时，很难真正取得从组织结构、生产流程到业务流程全面进行重组的效果，即现有的 ERP 系统结构与功能制约了企业的动态重组过程。因此，ERP 系统的进一步发展需要将管理业务与软件系统相分离（在原理上如同开放的软件系统可以脱离特定的硬件环境一样），以期实现企业的动态重组过程。

业务流程是企业生产经营过程中一组连续、相互关联的活动，BPR（业务流程重组）是企业管理创新的一种基本形式。BPR 的核心思想就是要不断地对企业原有的业务流程进行根本性的思考和彻底的重组，从而使时间、成本、质量、服务、速度和环境这些反映供应链管理和企业竞争力的要素得以明显改善和提高，以适应市场竞争的需要。为此，企业在自身的生存和发展过程中必须不断地实行 BPR，而不能仅着眼于企业对 ERP 和信息化建设的需求。

当今的时代已进入了现代市场经济阶段，并正在向知识经济时代过渡，第三产业的充分发展已成为现代经济发展的显著标志。金融业成为现代经济的核心，信息产业日益成为现代经济的主导。为了顺应第三产业这种蓬勃发展的趋势，对 ERP 系统的需求已从传统制造业扩展到各行各业，如金融业、高科技产业、通信业、零售业等，从而使 ERP 的应用范围大大扩展。

不同行业的巨大共性是，它们都有自己的品牌，有自身的资源，并且在经济一体化和信息化高速发展的巨大作用下，自发形成了一个个经济资源联盟体。

在这种环境之下，企业真正需要的管理平台是基于资源联盟体的资源计划平台，在联盟体资源最优化的基础上实现企业资源最优化。

URP 构建在 ERP 的基础之上，包含 ERP 的所有优点。同时，通过将 E（Enterprise）延伸到 U（Union），URP 拥有了自有的独立的管理思想和管理方式以及实现平台。

URP 以品牌企业为主体，以横向行业价值链和纵向资源供应链商务伙伴企业为应用对象。URP 的通用性，使得其应用的领域和行业更加广泛，产品行业背景内涵也在 URP 的作用下更加深入，行业市场更加细化。

URP 提供了一个最佳的管理办法——互动管理来实现企业间的“协同商务”和“敏捷管理”，通过互动管理的方法来保证企业和合作伙伴之间、总部与分支机构之间的高效协同。

URP 软件是实现 URP 管理思想的企业级应用系统，它建立在最新计算机软件开发技术之上，从底层出发，不仅考虑企业内部的信息化因素，还考虑到了与合作伙伴相关联的信息化因素，提供比 ERP 软件更完整和科学的编码体系，采用软总线的设计方式，软件的智能性和可拼装性也越来越强。与 ERP 软件相比，其功能更加向外向型扩展，从 ERP 软件所包含的生产制造、销售和分销、财务管理，向外围的产品生命周期管理、客户关系管理、供应链执行、电子化采购、产品生产协同、伙伴关系管理、商业智能等扩展。

（三）企业信息化的意义

（1）促进组织结构优化，提高快速反应能力。大多数中小企业的组织结构是建立在专业化分工基础上的“金字塔”型组织结构，但由于其存在多等级、多层次、机构臃肿、横向沟通困难、对外界变化反应迟缓等弊端，已不能适应日益复杂、变化多端的市场环境。而在信息技术的支持下，企业可以简化企业组织生产经营的方式，减少中间环节和中间管理人员，从而建立起精良、敏捷、具有创新精神的“扁平”型组织结构。这种组织形式信息沟通畅通、及时，使市场和周围的信息同决策中心间的反馈更加迅速，提高了企业对市场的快速反应能力，从而更好地适应竞争日益激烈的市场环境。

（2）有效地降低企业成本。信息技术应用范围涉及整个企业的经济活动，可以有效地、大幅度地降低企业的费用。主要表现在：企业利用信息技术获取外部信息如市场信息、产品销售渠道信息、相关竞争信息等的成本降低；计算机辅助设计和制造技术可以使企业降低新产品的设计、生产成本和对现有产品进行修改或增加新性能的成本；库存管理信息化使企业减少了库存量，降低了管理成本；信息技术的应用尤其是迅速发展的电子商务大大降低了企业的交易成本。

（3）提高企业的市场把握能力。在把握市场和消费者方面，信息技术的应用，特别是电子商务在企业经营管理中的广泛应用，缩短了企业与消费者的距离，企业与供应商及客户建立起高效、快速的联系，从而提高了企业把握市场和消费者的能力，使企业能迅速根据消费者的需求变化有针对性地进行研究与开发活动，及时改变和调整经营战略，不断向市场提供质量更好、品种更多、更适合消费者需求的产品和服务。

（4）加快产品和技术的创新。信息技术能极大地提高企业获取新技术、新工艺、新产品和新思想的能力。同时，现代信息技术与制造的结合所形成的各种企业信息技术，如计算机辅助设计、计算机辅助制造、计算机辅助工艺编制、柔性制造系统、敏捷制造、计算机集成制造系统等，实现了企业开发、设计、制造、营销及管理的高度集成化，极大地增强了企业生产的柔性、敏捷性和适应性。此外，集成制造技术在产品设计开发中的扩散和渗透，使企业具备了大规模定制的制造能力，从而可使企业进行“个性化、多品种、小批量”的生产。

（5）促进企业提高管理水平。推进企业信息化是促进企业管理创新和各项管理工作升级的重要突破口。企业信息化不只是计算机硬件本身，更为重要的是与管理的有机结合。即在信息化过程中引进的不仅是信息技术，而更多的是通过转变传统的管理观念，把先进的管理理念、管理制度和方法引入管理流程中，进行管理创新，以此建立良好的管理规范和管理流程，构建扎实的企业管理基础，实行科学管理，从而提高企业的整体管理水平。

（6）提高企业决策的科学性、正确性。完备的信息是经营决策的基础。信息技术改变了企业获取信息、收集信息和传递信息的方式，使管理者对企业内部和外部信息的掌握更加完备、及时和准确。另外，各种决策工具如专家系统、决策支持系统等的应用，极大地增强了决策者的信息处理能力和方案评价选择能力，最大限度地减少了决策过程中的不确定性、随意性和主观性，增强了决策的理性、科学性，提高了决策的效益和效率。

（7）提升企业人力资源素质。企业的竞争是人才的竞争，是人员素质的竞争，人员素质在企业竞争优势中极为重要。企业信息化，可以加速知识在企业中的传播，使企业领导至全体员工的知识水平、信息意识与信息利用能力提高，从而提升企业人力资源的素质和改善企业的文化环境。不管是高层领导、技术人员还是业务人员都将在信息化过程中不断学习信息技术和新的管理理论，以便实现现有知识的及时更新。

总之，目前正处在知识经济的新时代，企业面临着日趋激烈的市场竞争，企业应早日推进其信息化建设来增强自身实力和竞争力，这样才能更加充满活力，从而使企业获得持续的发展。

二、企业信息化管理

对企业信息化实施过程进行管理有助于提高企业信息化实施的成功率，降低信息化实施的风险和成本。企业信息化工作不仅是技术问题，而且是信息技术与企业业务和管理的融合问题，是涉及企业文化、管理模式、业务管理、生产流程及外部的政府部门、供应商、客户等多环节的系统化工程。企业信息化管理的内容包括信息化战略、信息化规划、信息化工程实施及信息化技术产品等方面。具体来说，企业信息化管理主要包含信息技术支持下的企业变革过程管理、企业运作管理以及对信息技术、信息资源、信息化实施过程的管理。

（一）信息技术支持下的企业变革过程管理

企业信息化的实施必然涉及企业管理模式、组织架构、业务流程、组织行为的改变等，是一个复杂的组织与管理变革过程。在信息管理变革中，应通过变革目标导向确保变革有一个具有方向性的、可以监测的、有领导的管理环境，为整个变革历程制订计划，形成有实效的项目小组以及有效的管理项目进程；采用新的领导方式对信息技术支持下的企业变革过程的管理的核心价值进行宣传，提高管理层领导工作的有效性；采用有效措施激励员工，提高业务人员在新工作环境下的工作绩效；通过全员参与，使员工了解和明白变革的意义，鼓励员工提出创新性的想法以推动变革的进程；通过变革导向、领导方式、激励支持、全员参与四方面的变革使员工逐步深入参与到信息管理变革中以尽快提高企业员工的工作绩效。

（二）信息技术支持下的企业运作管理

企业信息化管理的第二个方面是指信息技术支持下的企业运作管理，即用信息技术支持企业实现现代化管理，提高企业运作效率和效益，最终提高市场竞争力。在采用信息技术支持企业运作时，可根据不同管理视角建立相应的信息系统，并以信息系统为基础支持业务的高效运作。如：①对企业中的人、财、物、技术等基本生产要素采用信息系统进行管理，提高企业生产率、降低生产成本。②对产品的销售、订单获取、计划制订、采购、研发、生产、维护等产品全生命周期所有环节，采用信息系统进行管理以提高产品质量与客户满意度。③采用信息系统对企业战略、决策过程、组织岗位、制度、技能、绩效考核、数据与知识系统等进行管理，提高企业管理水平与组织绩效。实施信息技术支持下的企业运作管理的目的是着力构建企业战略信息系统，运用信息技术来支持企业竞争战略和企业计划，使企业获得竞争优势。因此，企业的信息系统能否成为战略信息系统主要看它是否能做到以下某一个或者几个方面：①在商业环境中用做获取竞争优势的工具。②与一个组织整合起来以提高企业的业务业绩。③用来发展新的产品或者服务。④用来改进业务组织与客户和供应商的关系。典型的企业战略信息系统有企业资源计划系统、供应链管理系统、产品数据管理系统、制造执行系统、电子商务系统、现代集成制造系统等。现代集成制造系统是先进管理模式与自动化技术、信息技术、先进制造技术在企业的综合集成应用，是企业信息化管理的高级阶段。

（三）对信息技术、信息资源、信息化实施过程的管理

企业信息化管理的第三个方面是指对企业采用信息技术建立的信息系统、获取到的信息资源以及对企业信息化实施过程进行计划、组织、控制、协调和指挥，以使企业在信息技术和信息资源上的投资能够取得最大化收益。信息技术管理包括信息技术的规划；信息技术的选择；硬件平台、软件平台、网络；应用信息系统设计、开发、测试、实施过程的管理；信息系统的升级、维护、淘汰、运行性能、系统配置、IT 服务管理等。信息资源管理主要包括信息资源规划和信息资源的应用等。信息资源规划主要包括信息基础标准制定、单一信息源定义、信息视图整理、主题数据库设计、数据中心方案设计与信息模型设计等内容。信息资源的应用主要包括基于数据中心的信息集中管理、应用软件开发、信息集成以及数据仓库建设、数据挖掘、决策支持和基于信息资源的知识管理、产业化等。企业信息化实施过程的管理主要包含对信息化过程的计划、组织、控制、协调和指挥。具体来说：①计划主要指对企业信息化过程的管理首先要在对企业信息化进行规划和描绘企业信息化蓝图的基础上找出信息化存在的差距，确定企业信息化过程中所需要解决的问题，进而确定主要实施内容、资金投入计划、实施步骤、阶段目标和考核指标等内容。②组织主要指为企业信息化实施确定组织架构和职能，包括确定首席信息总管的职权；确定信息化组织岗位，建立信息化项目团队，制定信息化管理制度，对信息化人员技能与绩效进行考核。③控制主要是指对企业信息化的过程进行有效的控制，包括信息系统实施项目的选择、信息化项目实施过程的管理、制定企业信息化评价体系、评价方法，对信息技术的风险进行分析管理等。④协调主要是指调节企业信息化过程中产生的各种矛盾，包括首席执行官与首席信息总管之间关系的协调；业务部门与IT部门关系的协调，提高业务战略和信息化战略的一致性的协调；在不同IT项目之间进行资源分配的协调，对不同信息化岗位职责间矛盾进行的协调等。⑤指挥主要是指通过下达命令、指示等形式，对组织内部个人施加影响，将信息化规划的目标或者领导者的决策变成全员的统一活动。

总之，企业信息化管理的三个方面是不可分割的，它们互相支持、彼此补充，既相互融合又相互制约。企业信息化管理属于企业战略管理范畴，它对企业发展具有重要意义。由于企业的信息化管理工作非常复杂，在企业信息化管理的实施过程中，怎样保持信息的一致性，怎样制订可持续发展的企业信息规划，怎样不断提高其管理的水平等问题，还有待进一步深入研究和探讨。

第二节　企业信息管理系统

随着现代企业管理的发展，信息管理系统在我国不仅已受到人们的密切关注，而且已经成为我国企业管理的一个重要组成部分。充分认识信息管理系统的重要性，积极推进信息管理系统的实施，是提高企业管理水平和企业竞争力以及使企业管理科学化的一个重要方面。

企业信息管理系统是指利用各种资源，例如材料、能源、资金、人力等，经过某种加工转换过程，产生有形的产品或无形的服务，并且以此获得利润的经济单位。现代企业大多面临着资金短缺严重、市场竞争激烈和利润提高困难等诸多问题，尤其是我国企业大而全、小而全，又处在国家不断进行改革的大背景之下，企业管理所面临的数据量不仅大而且动态变化多。因此，建立计算机信息管理系统（Information Management System，IMS）并使其发挥效能，从而减少库存和流动资金、降低生产成本、缩短生产周期、保证按时交货、提高产品质量和企业应变能力等，是提高我国企业管理水平和经济效益的迫切需要。

一、企业信息管理系统的有关概念与特性

（一）几个有关概念

1. 信息

信息是各类管理系统的最基本的元素，是客观事物的状态、过程的描述形式，同时这种形式对人们是有用的。当今世界普遍将物质材料、能源与信息列为社会发展的三大要素，信息是企业发展、人类社会进步不可缺少的重要资源。信息作为资源，除了一般的可利用、有价值等特性外，还具备共享性、历史积累性、时效性和多次再生性的特性。强调信息是资源，并有其特性，这是建立企业信息管理系统的重要前提。

2. 系统

系统这个被广泛传播的概念是指若干相互联系、相互制约的独立成分组成的一个有机整体。如由经理、管理人员、生产工人、组织机构、生产工艺、技术、管理方法、车间厂房设备等为了一个共同目标——生产出社会需要的产品并取得一定利润而有机地结合起来组成的一个生产企业就是一个系统。系统具有整体性、目的性、关联性和层次性四个特

性。系统的概念将为我们描述、理解、划分和分析企业的各种情况提供有用的框架。

3. 信息管理系统

信息系统是指基于计算机、通信网络等现代化的工具和手段，服务于信息处理的系统。它是20世纪中叶信息科学、计算机科学、决策科学、系统科学、认知科学及人工智能等学科相互渗透而发展起来的一门学科。信息系统应用的领域包括一般工程技术领域中的信号处理系统、狭义信息论所限定的范畴内的信息处理系统、服务于管理领域的信息系统。信息管理系统是服务于管理领域的信息系统，即基于计算机和各种软件技术，各种管理理论和管理方法，最终为管理服务的信息处理系统。

服务于管理领域的信息系统的发展是与计算机应用技术的发展密切相关的。随着计算机硬件和软件技术水平的不断提高，信息系统经历了数据处理、知识处理和智能处理三个阶段，形成了电子数据处理系统（Electronic Data Processing Systems，EDPS）、管理信息系统（Management Information Systems，MIS）、决策支持系统（Decision Support Systems，DSS）、办公自动化系统（Office Automation，OA）等分支。

信息系统各分支之间的区别在于它们处理和解决问题的方法、手段不同，EDPS是较少涉及管理问题，以计算机应用技术和数据处理技术为主的系统。MIS是以解决结构化的管理决策问题为主的信息系统；DSS是相对半结构比的决策问题，支持决策活动的具有智能作用的信息系统；OA多用于一些业务处理型机关单位、办公室中的日常工作和随机业务的处理，主要解决非结构化的管理决策问题。对于它们的关系至今尚有不同的观点，典型的观点有三种：第一种观点认为它们之间是一种层次关系，即EDPS是基础，MIS是EDPS的高级形式，DSS是MIS和OA的高级形式；MIS、OA是DSS的信息基础。第二种观点认为它们之间是一种包容关系，即扩展MIS的范围，将EPDS、DSS、OA看做MIS的子系统，认为EDPS是MIS中的数据处理部分，DSS和OA分别是MIS中的支持决策和事务处理部分。第三种观点认为它们之间因为处理对象及服务对象不同而是一种平级关系。

笔者认为当今服务于管理领域的信息系统的各分支之间是既相互独立又相互依存的整体关系，即一个组织的完整的信息管理系统中，MIS、EPDS、DSS和OA分别是完成组织的信息管理、决策支持、业务处理等工作必不可少的组成部分；同时，MIS、EPDS、DSS和OA之间又是相互渗透，不可截然分开的。基于上述认识，笔者采用信息管理系统名词以区别于一般意上的MIS、EPDS、DSS和OA等概念。

4. 企业信息管理系统

企业信息管理系统（Information Management System for Enterprises，EIMS）就是指运用现代化的管理思想和方法，采用电子计算机对企业管理、决策工作中的信息进行收集、存储、加工、分析以辅助企业从日常的业务处理直到决策方案的制订和优选等工作，以便跟踪、监督、控制、调节整个管理过程的人—机系统。

信息成为一种资源使人类社会进入了信息时代，利用信息技术（计算机、软件和通信技术三大部分的通称）加工出来的各种各样的信息产品和服务形成了一个发展迅速且超过传统产业的新的产业——信息产业，它是不因人们的主观意识而转移的客观现实，企业若视而不见，仍靠单纯地拼劳动力和其他资源，在技术日新月异、风险机遇并存的当今，将是十分可怕的。所以，EIMS已经逐步成为企业的一种必不可少的重要的基础实施。

（二）企业信息管理系统的特性

1．信息管理系统的一般特性

（1）整体特性

这个特性是由系统的特性决定的，它一方面是指信息管理系统功能在内容上体现出的整体性。另一方面是指开发和应用技术步骤上的整体性。

这个特性要求尽管开发的实际功能仅仅是组织的一个局部管理工作，也必须从组织全局的角度规划信息管理系统的功能。如果在没有总体考虑的情况下，临时性地想一点、干一点，很快就会发现漏洞，就需要再次从头做起，造成投入的浪费和开发周期的延长。如果有些问题开始就考虑到，处理起来就比较简单。当然，这并不是要求将所有需求都明确以后才能开发信息系统。此外，如果没有整体的开发应用步骤和方法，则各单项开发和应用也会出现不一致或兼容的情况。

（2）辅助管理、支持决策的特性

在管理工作中应用计算机只能辅助人工管理，提供有用的报告支持领导人员决策，计算机辅助管理支持决策的基础是人工管理工作。但是，使用复杂的技术建立的信息管理系统很难支持一个有效性差的信息管理过程。因而，要发挥信息管理系统辅助管理、支持决策的功能，人工管理工作就需要有相适应的管理思想、方式和流程。

（3）计算机为核心的特性

信息管理系统是一个人—机系统，它的开发、应用虽然都是人工进行的，但是它与人工利用其他手段进行信息处理有着明显的区别，没有计算机就很难充分应用诸如运筹学等现代化的科学管理方法，很难充分利用信息资源。

（4）动态特性

作为信息系统基础的信息具有时效性，信息系统作为系统也具有关联性，当系统某一要素如系统的目标发生变化时，信息系统也必须随之变化。因而信息管理系统的建立并不是一劳永逸的事，需要在实际应用中不断地完善和更新。特别是当系统的应用或环境发生了根本变化时，就会提出建立新系统的要求，这标志着老系统生命的结束，新系统的孕育、诞生。这就是所谓的信息管理系统的生命周期，这样也就要求建立、修改系统的时间尽可能地短，以相对延长系统正常运行时间，提高系统效益。

2．企业信息管理系统的具体特性

企业信息管理系统的具体特性有：

（1）各项管理决策职能联系紧密。从计划到销售直至服务形成一个闭环，通过计划决策来指导生产（或进货）和销售，通过反馈的信息来检查计划的实施情况，并不断调节计划使生产销售及其效益达到最优，从而实现动态的优化管理，企业这样一种动态的管理要求反馈信息必须及时、准确、可靠，从而使管理人员能及时做出决策。

（2）不断改进和促进企业的生产和经营。在更大规模上改进企业的经营方式，取得更大的效益，反之，企业不断变化的经营方式要求信息管理系统与之相适应。

（3）除了完成用来支持企业内部的事务处理、管理、决策外，企业信息管理系统还需扩大到企业的外部环境，用来支持企业的战略。

3．我国企业信息管理系统的特点

（1）同国外先进国家相比，我国企业生产的社会化程度不高。我国企业具有大而全、小而全的特点，因而工厂的组织十分复杂，协调各车间的生产计划是企业管理最关心的问题。我国开发一套 EIMS 相当于国外开发几套 EIMS。

（2）众多原材料和商品是卖方市场。我国工业中的原材料和一些关键配套产品长期短缺，非完全的市场经济造成了企业采购时间长，采购间隔也长。

（3）我国实行公有制。国家对企业有许多规章制度。各种物资有不同价格，如调拨价、市场价、计划价等。

（4）企业所处的社会环境不断地变比。

（5）企业人员总体素质没有发达国家高。这给企业信息管理系统的应用带来了一定的困难。此外，还存在资金投放少、企业与上级、企业与企业之间的信息共享性不够，标准化不够等问题。

（三）企业信息管理系统的组成

从20世纪60年代初期的 MRP 到 MRPⅡ再到90年代初的 ERP，企业信息管理系统随着世界经济、管理技术、计算机及网络技术的发展不断完善。这就要在 ERP 的基础上，充分利用互联网络技术，将供需链管理、客户关系管理、商业智能、电子商务、办公业务自动化等功能全面集成，实现资源共享、数据共享，建立适应网络经济的具有充分柔性的企业信息管理系统。具体来说，电子商务时代企业的信息管理系统主要由以下部分组成：

（1）企业资源计划 ERP 系统。ERP 系统是面向业务管理的信息系统。它识别并计划企业全部资源。目前，ERP 系统将企业内部所有资源整合在一起，对采购、生产、成本、库存、分销、运输、财务、人力资源进行规划，从而达到最佳资源组合，取得最佳效益。

（2）供需链管理 SCM（Supply Chain Management）系统。任何制造业都是根据客户或市场需求开发产品、购进原料、加工制造出成品，以商品形式销售给客户，并提供售后服务。物料从供方开始，沿着生产制造各个环节向需方移动。每个环节都存在需方与供方的对应关系，形成一条首尾相连的长链，称为供需链。这种链包含许多不同的功能，如资源、计划、库存、运输、需求服务和客户服务等。

（3）客户关系管理 CRM（Custom Relationship Management）系统。为了最大限度提高销售人员的知识、能力，使客户满意，CRM 系统会记录跟踪每个客户的状况。它也能提供企业自身产品的技术性能、配置，以充分展示给客户。另外，CRM 系统还能提供竞争对手的情况，以进行市场预测和分析。

（4）商业智能 BI（Business Intelligence ）系统。该系统要能以企业数据库为资源，应用决策分析工具，进行财务分析、市场预测及销售分析、采购决策分析、质量分析、投资分析等经营决策分析。

（5）电子商务 EB（Electronic Business）系统。电子商务是指利用计算机和通信技术来做商务。更通俗的解释是，利用互联网络技术，使采购员、销售员在网络上轻松有效地进行商品的采购和销售、网上支付、信息交换等。

（6）销售自动化 SFA（Sales Force Automation）系统。SFA 系统解决企业传统销售管理过程中耗费大量的人力资源，却仍难以解决的销售管理不力的问题，一方面为企业的销售管理部门提供了客户收集及区分、销售过程跟踪管理、订单处理监督、各种行之有效的报表分析等全方位管理模式，通过导入有效的销售规范，以量化的方式实现对销售过程的管理；另一方面可以帮助企业的销售人员动态衡量整个销售过程，及时发现销售过程中出现的问题，采取有效的销售促进措施，提升不同阶段的销售机会，从而提高销售的成功率。

（7）制造执行 ME（Manufacturing Execution）系统。ME 系统实时地了解在一个单元或整条生产线中的所有机器的生产状态，是一个实时信息系统，能通过把商业计划（订单入口）、材料管理、采购与记账连接到工厂设备的控制，以改进工厂车间生产情况。

（8）先进计划和调度 APS（Advanced Planning&Scheduling）系统。APS 系统是应用约束理论 TOC（Theory Of Constraints）对整个制造业的物流系统，即从供应商、生产制造过程、分销到客户进行优化和控制。它要考虑每种货源的实时可用性，确定采购、制造和发货日期。它从 ERP 系统中抽取数据进行优化和分析，以作出最好的决策，是对 ERP 系统重要的补充。

（四）我国企业信息管理系统概况

我国自 1956 年起就开始在企业中应用计算机，1960 年起第一汽车制造厂利用我国自产的计算机辅助企业管理。但由于习惯、观念、体制、制度等原因，这种先进手段没有推广，反而被“文化大革命”中断，直到 1976 年才又开始建设，国家先后拨出数千万美元的专款进行先进的信息技术引进和技术开发。沈阳鼓风机厂、第一汽车制造厂和第二汽车制造厂引进美国 IBM 的 COPICS 系统，进行美国 MRPⅡ技术移植开发。沈阳第一机床厂引进德国 INTEPS 系统，进行德国 MRPⅡ技术移植开发。此外，上海飞机制造厂等引进 MAS 公司软件，上海冶金矿山机械厂、成都飞机公司等引进惠普公司的 MM、PM 软件。北京金属结构厂、上海施乐复印公司等引进美国 ASK 公司的 MAN 软件。北京第一机床厂、北京人民机器厂、济南第二机床厂引进加拿大 INFOPWER 公司的 IMST 软件。这些软件的引进，对我国学习 MRPⅡ的原理、逻辑系统结构起了促进作用。

在引进国外先进的 EMIS 的同时，我国企业、研究所和大学经过多年通力合作开发了一些适合不同类型企业的 EIMS。原机电部北京机械工业自动化研究所开发了 CAPMS 软件；清华大学和洛阳矿山机械厂合作开发了适合重型机械行业的 EIMS 软件等。

第三节　企业资源计划系统及电子商务系统

一、ERP 系统与电子商务系统的关系

ERP 系统由美国著名管理咨询公司 GaRner GroupInc 于 1990 年提出，最初被定义为应用软件，并迅速为全世界商业企业所接受，现已经发展成为现代企业管理理论之一。它由产品研发和设计、作业控制、生产计划、投入品采购、市场营销、销售、库存、财务和人事等模块组成，采取集成优化的方式进行管理。ERP 系统不是机械地适应企业现有的流程，而是对企业流程中不合理的部分进行改进，并可能导致组织结构的重新设计和业务流程重组。

电子商务（Electronic Commerce，简称 EC）系统是在全球各地广泛的商业贸易活动中，在因特网开放的网络环境下，基于浏览器/服务器应用方式，买卖双方不谋面地进行各种商贸活动，实现消费者的网上购物、商户之间的网上交易和在线电子支付以及各种商务活动、交易活动、金融活动和相关综合服务活动的一种新型的商业运营模式。其实质是企业经营管理各个环节的信息化过程，但不是简单地将过去的工作流程和规范信息化，而是依靠新的手段和条件对原有的流程进行改革的过程。企业电子商务的发展是一个循序渐进、从基础到高级的过程，典型的企业电子商务发展模式应该包含以下几个步骤：构建网络基础设施；实现办公自动化；建设企业核心的业务管理和应用系统。在建设企业核心的业务管理和应用系统这一环节中最有代表性的是 ERP 系统和外部网站的建设；然后是针对企业经营的三个直接增值环节设计的客户关系管理系统、供应链管理系统以及产品研发管理系统。

电子商务系统与 ERP 系统都属于企业的信息系统。电子商务系统是建立在 ERP 系统基础之上的应用，也就是说 ERP 系统是企业实施电子商务的支撑系统。但从另一个角度来看，电子商务系统与 ERP 系统又可以被归于同一个层次的应用，只是侧重点不同——ERP 系统是由 MRP、MRPⅡ等企业管理思想发展来的，其管理范围侧重于企业内部；电子商务系统解决的则是企业与外部世界的通信、连接和交易，其侧重点以与外部的交互为主。电子商务系统更多地起到一种工具的作用，而 ERP 系统则是提供一种管理思想和模式。由此可见，电子商务系统与 ERP 系统之间存在着种种密切的联系，不能将它们简单地看成是独立的两个对象，而是应该用联系的观点去认识和研究它们。

二、ERP 系统与电子商务系统整合的重要性

对企业来讲，电子商务系统和 ERP 系统正如前端与后台、外部与内部的关系，两者息息相关。一个成功的企业信息系统在运行期间，外部、内部任一环节所发生的变化应能迅速传递到其他相关环节。比如说企业通过电子商务系统在网上拿到订单后，应能立即将订单信息传递到企业内部 ERP 系统，以便采购、生产、财务、销售各部门组织安排原料、资金、生产和预售。如果企业前端的电子商务系统和后台的 ERP 系统脱节，则会导致很多关键的信息被封闭在相互独立的系统中，从电子商务系统平台上获得的销售订单、市场信息不能及时传递到后台 ERP 系统中；同样，由于没有电子商务系统与 ERP 系统的集成，前台的电子商务系统不能读取 ERP 系统中的有关产品的价格、客户等信息，造成前后台信息的脱节。企业物流、资金流和信息流不能有机统一，数据的一致性、完整性和准确性不能保证，部门间重复着冗余的工作，不能对客户作出及时有效的响应，使企业工作效率下降以及运营成本上升，从而给企业自身带来极大的损害。因此，企业的电子商务系统和 ERP 系统的整合势在必行。

ERP 系统与电子商务系统整合之后，企业的供需链管理、客户关系管理、商业智能、电子商务、办公业务自动化等功能将全面集成，从而实现资源共享和数据共享；企业内部各部门的流程将更加合理、规范，衔接更加平滑，生产效率更高，库存占用资金更少；企业各层领导可以迅速准确地得到所需信息，对市场作出最及时的反应，在最短的时间内做

出最有效的决策。

三、ERP系统与电子商务系统整合的途径

"整合"是指企业根据自身的发展战略目标，有计划地合并、撤销或增加一些业务部门。通过整合，以使企业提高生产效率，适应外围环境，增强抗风险能力。ERP系统与电子商务系统的整合正是为了实现以上目标，企业可以从以下几个方面进行整合：

（一）软硬件重构

要确保ERP系统与电子商务系统更好地整合，软硬件的重构是一项基础性工作，离开这个基础，ERP系统与电子商务系统整合就成了空中楼阁。在集成过程中，由于系统的实时性要求提高，数据流量增大，对软硬件的反应速度和反应能力随之提高，应根据企业实际情况更新部分硬件设施。在规划和开发ERP系统与电子商务系统时应预留接口，为今后升级打好基础。

（二）业务流程重构

在业务流程上，电子商务系统应考虑网站管理模块、网上销售模块、网上采购模块和网上资金收付模块，ERP系统应优先考虑采购、生产计划、市场营销、销售、库存、财务等与物流、资金流密切相关的模块，ERP系统不能仅仅局限于企业的内部管理，应基于Internet/Intranet实现作业管理，电子商务系统的变动应能及时传递到ERP系统，反之亦然。如ERP系统有采购、生产、销售、库存、资金模块，而电子商务系统有网上销售、网上采购和网上资金收付模块，两者存在一定的重复，在进行集成时，应在ERP系统的物流和资金模块中为电子商务系统增加一个入口和出口，将电子商务系统纳入供应链和资金模块管理之中，以实现统一管理。

（三）数据共享

如果一个企业同时运行多套软件，则不同软件之间数据的共享就显得非常重要了，ERP系统与电子商务系统之间也必须实现数据共享，如果不能共享，则势必影响它们之间数据传递的效率与质量，有时甚至会产生错误的信息。实现电子商务系统数据库服务器与ERP系统数据库服务器之间业务数据的双向通信既是系统集成的主要内容，又是系统集成能否成功的关键。在集成时，电子商务系统数据库和ERP系统数据库之间可使用中间件通信技术SOAP传递数据，从而避免数据的不一致和更新延迟，便于企业更好地进行业务活动。

（四）人才整合

企业决策层在推动整合工作时，企业的所有员工必须在思想意识上有正确的认识，并加强业务学习，以掌握复合知识。管理人员要掌握一定的计算机技术，技术人员要具备管理理论和商务知识。企业如果缺乏复合型人才，便无法有效地实现ERP系统与电子商务系统的融合。系统整合后，负责相同或相近模块工作的人员应加强沟通，协调工作，如企业网上采购和网下采购可以根据采购成本合理分配采购指标，以降低采购成本，增加企业效益。

在这种全面集成的新系统支持下，消费者或客户在展示室或通过互联网络在电子商场

了解产品性能、价格，通过电子方式给生产厂商下达订单。生产商通过 EC-ERP 系统下达物料采购和生产制造指令，以电子方式完成物料采购、支付；经过生产制造，最后将商品按时送交用户，在网上完成交易结算。它使供应商、生产商、分销商、客户通过供需链紧密集成，以便物料不间断地流动，从而实现零库存。这样，企业就能最大限度地减少经营成本，快速响应客户需求，提高企业市场竞争能力和经济效益。

第四节　客户关系管理

一、客户关系管理的内涵及其演进

客户关系管理（Customer Relationship Management CRM）是基于关系营销的基本思想发展起来的，被视为现代营销领域的重大突破，并得到了学术界的广泛关注。然而，尽管学术界对客户关系管理进行了大量深入的研究，但到目前为止对于到底什么是客户关系管理以及如何有效实施客户关系管理并没有取得广泛一致的认识。

由于“客户关系管理”源于 20 世纪 90 年代中期信息技术环境下的卖方策略，它主要用于描述基于信息技术的客户解决方案（比如销售自动化等）。因此，有学者指出“客户关系管理”和“关系营销”常常是可以相互替代的（Parvatiyar 和 Sheth，2001）。Ryals 和 Payne（2001）则强调，在信息技术环境下，客户关系管理使用得更普遍，因此他们将其描述为“基于信息技术的关系营销”。与他们的观点保持一致，Zablah 等（2003）也强调了客户关系管理与关系营销两者之间的密切联系。总体来讲，现有关于客户关系管理内涵的界定主要有以下几种（如表 9-1 所示）。

表 9-1　　已有研究中关于客户关系管理内涵的界定

作者	核心观点
狭义战术层面	
Khanna（2002）	CRM 是电子商务在营销领域的应用
Kutner 和 Cripps（1997）	CRM 就是数据驱动的营销方式
Peppers 和 Rogers（1999）	CRM 可以被视为定制化营销和关系营销的应用，以便对个体客户的需求做出反应。
Couldwell（1999）	CRM 就是利用客户信息来提高客户服务和公司获利的能力
Stone 和 Woodcock（2001）	CRM 是用于管理客户关系的方法、技术和电子商务能力的组合
Gosney 和 Boehm（2000）	CRM 包括许多方面，但其核心理念是让企业变得更加以客户为中心；方法主要是基于 Web 和网络的工具使用

续表

作者	核心观点
广义战略层面	
Glazer（1997）	CRM 试图在信息技术和营销策略间搭建战略性桥梁，以便建立长期客户关系和获利能力，这需要信息战略
Hobby（1999）	CRM 是一种通过管理客户关系以便辨识、吸引和增加顾客的管理战略
Swift（2002）	CRM 是一种通过发展与关键客户的关系来增加股东价值的战略路径：客户关系管理联合运用潜在的关系营销战略和 IT 技术来保持与客户和其他关键利益主体的长期盈利性关系
Parvitiyar 和 Sheth（2001）	CRM 是有针对性地获取、保持客户并与其一道为企业和客户创造价值的综合战略
Buttle（2001）	CRM 就是发展与维持与部分重要客户的长期性共同利益关系的策略
Singh 和 Agrawal（2003）	CRM 是覆盖组织内部各个领域的组织创新
Kale（2004）	CRM 的关键包括确认在企业和顾客之间发生的所有战略进程
Adrian 和 Pennie（2005）	CRM 不仅仅是用于获取和培育客户基础的简单 IT 技术应用，它还涉及更深层次的战略视野的整合

根据表 9-1 的相关内容可以发现，现有关于客户关系管理内涵的理解主要包括两个层面，即战略层面和战术层面。客户关系管理理论的首创者 Custoner Group 认为：CRM 是企业的一种商业策略，它指按照客户细分情况有效组织企业资源，实施以客户为中心的经营行为及以客户为中心的业务流程，并以此来最大化企业的获利能力和提高客户满意度的战略行为。在这一定义中，Custoner Group 还明确指出 CRM 是商业策略，而不是 IT 技术。事实上，Reinartz，Krafft 和 Hoyer（2004）也强调了当前学术界从战略层面开展客户关系管理研究的缺乏，他们也认为客户关系管理存在两个层面，即从狭义战术层面来讲，客户关系管理是一种特殊技术解决方案在营销领域的应用；而从广义战略层面来讲，客户关系管理则是以管理客户关系为切入点来创造股东价值的整体战略。随着对客户关系管理内涵理解的不断深入，学术界开始更多地从战略层面来探讨客户关系管理及其价值。图 9-1 描述了客户关系管理内涵的延伸。

二、CRM 系统主要功能模块介绍

CRM 系统的基本功能包括客户管理、联系人管理、时间管理、潜在客户管理、销售管理、电话销售、营销管理、电话营销、客户服务等，有的系统还包括呼叫中心、合作伙伴关系管理、商业智能、知识管理、电子商务等。有关系统功能介绍如下。

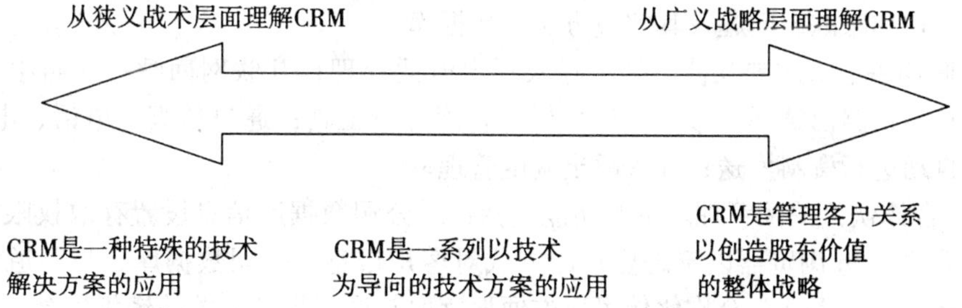

图 9-1　客户关系管理内涵

（1）客户管理。主要功能有：客户基本信息的记录；与此客户相关的基本活动和活动历史的记录；联系人的选择；订单的输入和跟踪；建议书和销售合同的生成。

（2）潜在客户管理。主要功能包括：业务线索的记录、升级和分配；销售机会的升级和分配；潜在客户的跟踪。

（3）联系人管理。主要功能包括：联系人概况的记录、存储和检索；跟踪同客户的联系，如时间、类型、简单的描述、任务等，并可以把相关的文件作为附件；客户内部机构的设置概况。

（4）时间管理。主要功能有：日历；设计约会、活动计划，有冲突时，系统会提示；进行事件安排，如约会、会议、电话、电子邮件、传真；备忘录；进行团队事件安排；查看团队中其他人的安排，以免发生冲突；将事件的安排通知相关的人；任务表；预告/提示；记事本。

（5）销售管理。主要功能包括：组织和浏览销售信息；对销售业务给出战术、策略上的支持；对地域（省市、邮编、地区、行业、相关客户、联系人等）进行维护；把销售员归入某一地域并授权；地域的重新设置；根据利润、领域、优先级、时间、状态等标准，用户可定制关于将要进行的活动、业务、约会等方面的报告；提供类似 BBS 的功能，用户可把销售秘诀贴在系统上，还可以进行某一方面销售技能的查询；销售费用管理；销售佣金管理。

（6）电话营销和电话销售。主要功能包括：电话本；生成电话列表，并把它们与客户、联系人和业务建立关联；把电话号码分配给销售员；记录电话细节，并安排回电；电话营销内容草稿；电话录音，同时给出书写器，用户可作记录；电话统计和报告；自动拨号。

（7）营销管理。主要功能包括：产品和价格配置器；在进行营销活动（如广告、邮件、研讨会、网站、展览会等）时，能获得预先定制的信息支持；把营销活动与业务、客户、联系人建立关联；显示任务完成进度；提供类似公告板的功能，可张贴、查找、更新营销资料，从而实现营销文件、分析报告等的共享；跟踪特定事件；安排新事件，如研讨会、会议等，并加入合同、客户和销售代表等信息；信函书写、批量邮件，并与合同、客户、联系人、业务等建立关联；邮件合并；生成标签和信封。

（8）客户服务。主要功能包括：服务项目的快速录入；服务项目的安排、调度和重新分配；事件的升级；搜索和跟踪与某一业务相关的事件；生成事件报告；服务协议和合同；订单管理和跟踪；问题及其解决方法的数据库。

（9）呼叫中心。主要功能包括：呼入呼出电话处理；互联网回呼；呼叫中心运行管理；电话转移；路由选择；报表统计分析；管理分析工具；通过传真、电话、电子邮件、打印机等自动进行资料发送；呼入呼出调度管理。

（10）合作伙伴关系管理。主要功能包括：对公司数据库信息设置存取权限，合作伙伴通过标准的 Web 浏览器以密码登录的方式对客户信息、公司数据库、与渠道活动相关的文档进行存取和更新；合作伙伴可以方便地存取与销售渠道有关的销售机会信息；合作伙伴通过浏览器使用销售管理工具和销售机会管理工具，如销售方法、销售流程等，并使用预定义和自定义的报告；产品和价格配置器。

（11）知识管理。主要功能包括：在站点上显示个性化信息；把一些文件作为附件贴到联系人、客户、事件概况等上；文档管理；对竞争对手的 Web 站点进行监测，如果发现变化的话，会向用户报告；根据用户定义的关键词对 Web 站点的变化进行监视。

（12）商业智能。主要功能包括：预定义查询和报告；用户定制查询和报告；可看到查询和报告的 SQL 代码；以报告或图表形式查看潜在客户和业务可能带来的收入；通过预定义的图表工具进行潜在客户和业务的传递途径分析；将数据转移到第三方的预测和计划工具；柱状图和饼图工具；系统运行状态显示器；能力预警。

（13）电子商务。主要功能包括：个性化界面、服务；网站内容管理；店面；订单和业务处理；销售空间拓展；客户自助服务；网站运行情况的分析和报告。

三、实施 CRM 的意义

（一）提高效率

在 CRM 的架构下，所有客户数据、联络人数据、经销商数据、报价数据等集中管理，不再分散在各业务人员手中，使业务人员或主管在查询、统计或制作报表时，能更及时与完整。有关 CRM 的效益分析的研究报告表明，企业导入 CRM 所产生的成本节约和生产力增强，可让业务人员每周撰写业务报告的时间缩短 20 分钟，或在相同时间内，把回复客户问题的数量提高到原来的四倍，大大地提高了效率。

（二）拓展市场

企业成长是每个企业主最大的目标，为实现这一目标存在着许多方法与策略，而拓展市场往往被视为企业成长不可或缺的重要因素。换句话说，只要企业能持续地拓展市场，不论是既有市场的扩张，还是新市场的开发，都能确保企业不停地往前迈进。这其中，负责开疆辟土的业务人员，扮演了不可或缺的角色。应运而生的 CRM 能让企业中的主力部队无后顾之忧地冲锋陷阵，而让后面的指挥官运筹帷幄、决胜千里。

（三）保留客户

在 CRM 系统架构中，和客户保持良好关系、进而提高客户满意度是企业最主要的目标之一，也是客户关系管理架构的核心价值所在。现在企业的竞争模式已经从以往以产品为中心的模式，转变到以客户为中心的模式。

◎思考题：

1. 什么是企业信息化？
2. 简述企业信息管理系统的特性。
3. 简述客户关系管理的内涵。

◎案例分析：

海尔集团：从“企业的信息化”到“信息化的企业”

一、“企业的信息化”：以用户为中心

早在2000年3月海尔集团就开始与SAP公司合作，首先进行企业自身的ERP改造，随后便着手搭建BBP采购平台。从平台的交易量来讲，海尔集团可以说是中国最大的一家电子商务公司。

在海尔集团，仓库不再是储存物资的水库，而是一条流动的河，河中流动的是按单采购生产所必需的物资，也就是按订单来进行采购、制造等活动，这样就从根本上消除了呆滞物资、消灭了库存，有力地保障了海尔产品的质量和交货期，实现了三个JIT，即JIT采购、JIT配送和JIT分拨物流的同步流程。

海尔集团首席执行官张瑞敏认为：现在不少企业的信息化有一个非常大的误区，还没有做到以用户为中心满足用户的需求，就要求做信息化，这其实是做不到的。而海尔集团在做信息化流程时提出了“零库存下的即需即供”的信息化：我们没有库存，但是用户要的话可以马上送到，用户不要就不会形成库存，实际上就是全流程的再造。而对于研发来说，今天研发的产品必须是为了满足六个月后用户的需要。

在企业外部，海尔集团CRM（客户关系管理）和BBP电子商务平台的应用架起了其与全球用户资源网、全球供应链资源网沟通的桥梁，实现了与用户的零距离。在企业内部，计算机自动控制的各种先进物流设备不但降低了人工成本、提高了劳动效率，还直接提升了物流过程的精细化水平，达到了质量零缺陷的目的。计算机管理系统搭建了海尔集团内部的信息高速公路，能将电子商务平台上获得的信息迅速转化为企业内部的信息，以信息代替库存，达到零营运资本的目的。根据统计数据，2008年中国家电企业库存周转天数是64天，海尔集团在2008年初库存周转天数是32天，经过流程再造2008年底已经降到3天。

海尔集团现在已做到了在生产线上生产的产品出来后不是放在仓库里去，而是哪个商场、哪个用户已经定了，所以生产线上生产的产品就是用户要的产品，而不是像很多企业为仓库采购、为仓库销售，海尔集团的信息化从这里切入——以用户为中心。

二、“信息化的企业”：企业也是需求链的一环

海尔集团首席执行官张瑞敏认为：“企业的信息化”相当于以企业为中心满足用

户的需求，而“信息化的企业”相当于把企业放到全球用户需求的链条中去，企业只是这个链条中的一环，应该更快地在这个链条中进行运转。海尔集团要做的是怎样从制造型的企业转化为服务型的企业。

安德森在《长尾理论》里有两句话，非常好地诠释了这一点：“在信息化时代，每个企业应该是低成本提供所有产品，高质量地帮助用户找到它。”张瑞敏认为，所谓的低成本提供所有的产品，不是中国企业现在大规模制造，而应该是大规模定制。因为大规模制造一定可以做到低成本。而大规模定制时，虽然是大规模，但是要定制很多型号的产品，还要实现低成本，这对中国企业来讲是非常大的挑战。

为了实现向“信息化企业”的转型，海尔集团在流程和系统创新方面做了很多探索：应用重点转向客户需求的获取，与重要的合作伙伴实现动态的预测、订单、库存的高效协同；以用户的需求，来驱动三大应用领域GTM（贸易管理平台）、PLM（产品生命周期管理）、SCM（供应链管理）的整合，实现端到端可视化。例如“人单酬”的系统，围绕销售代表如何满足用户需求，把销售目标、预测计划、订单、销售速度、产品赢利能力等全部按人按单来进行索引，销售代表可以看到自己每天的业绩。这个业绩不再是过去的一个简单的销量，员工通过这个系统可以了解到：哪些产品组合能更有利润？对客户预测的准确率是否有提高？销售的速度是否符合周单周销？这个系统如同一个销售代表的平衡记分卡，能提供客户、流程、财务指标以及个人最终获得的报酬等信息。

张瑞敏认为，现在用户面对的不是一个企业，而是全球很多企业，要高质量地帮助用户找到他需要的产品，这要求企业的产品在全球非常有竞争力。海尔集团在这方面的具体探索的就是“虚实网结合”，所谓“虚网”就是互联网，所谓“实网”就是“最后一公里”，也就是鼠标加及时服务。用户在互联网上点鼠标之后，应该是第一时间送达，这就需要跟“最后一公里”的实网——物流网、营销网、服务网等结合。这些要和“虚网”——互联网结合起来，即用户点了鼠标后企业怎么样送达。现在国家正推进“家电下乡”，海尔集团在“家电下乡”中所占份额最大，就是因为海尔集团建设了庞大的网络。很多外国品牌和海尔集团是竞争对手，但是他们现在把农村的销售都委托给了海尔集团。

三、探索信息化时代的商业模式，推进组织重构

针对信息化时代的特征，海尔集团在商业模式创新上进行了有益的探索。所谓的商业模式就是一条：能不能创造客户价值。海尔集团所做的是怎样使大家的目标都集中到创造客户价值上，怎样能够协同起来。

在这方面，海尔集团所做第一步就是改变企业组织结构。按照职能管理原则，组织结构是金字塔形的，是一个正三角形：企业最高负责人在顶端，然后是各级负责人，到最下边是员工。但是，员工面对的就是客户，客户所反映的问题要逐级反映上去，负责人再做决策传达下来，这里面除了内部的消耗外，还有一个很大的问题是不能够非常好地直面市场、快速做出决策。现在海尔集团把这个三角形倒过来了，变成“倒三角形”：客户在顶端，然后是一线经理、员工直面客户，最后一级级下来，企

业最高负责人成了最下面的了。这样企业的最高负责人从原来的发号施令变成在最下端为一线经理提供资源。所有的部门都为一线经理和客户提供资源，从发号施令者变成提供资源者。

张瑞敏认为，一个企业可能很大，但是再大的企业就是三张表：损益表、资产负债表和现金流量表。海尔集团把损益表运用到了团队中，在倒“三角形”最尖端的企业负责人个人损益表，是要关注这个企业在市场上的战略方向和战略目标，企业新的机会就是他损益表的任务。为了防止一线经理和客户得到承诺后还担心背后的资源没有共享，所有背后的这些人，比如说人力、财务等都有各自的损益表，这个损益表和这个团队对客户的承诺在内部要形成一个契约。过去员工到企业来干，企业根据员工的职务、能力、所做的工作给员工发工资或奖金；现在完全变成了员工到公司来干，拿到的是公司的资产，拿到的资产必须要增值。员工拿到资产后，企业事先划定做到多少企业才有利润，把企业利润留下后，再把所用的费用拿掉，剩下的由员工进行分成。

这样做了之后有三个好处：

第一，可以适应信息化时代快速多变的市场需求。

第二，解决内部博弈的问题，建立人单合一的文化。“人”就是员工，“单”不是狭义上的订单，而是有第一竞争力的市场目标。人单合一就是每个人都有自己的市场目标，要和市场目标协同起来变成双赢。员工可以给用户创造价值，也可以从这个价值中得到新的价值。

第三，对管理会计进行新的探索。作为管理会计，说到底就是管理未来、规划未来的会计。一个企业对未来规划得很好，也就是说企业的战略很好，但是员工不能协同，不能直接反映到市场上也是白搭。如果把规划未来的管理会计变成每个人都来规划未来，并且让每个人规划未来时和自己的未来连在一起，这样管理会计一定会充满活力。

而在传统的IT基础架构领域，海尔集团也转向了“买服务不买服务器”的模式，比如搭建企业内部的云，通过虚拟化平台，实现快速的资源调配，获得动态发展和低成本运营的能力；通过SLA服务模式，逐步外包数据中心、基础运维、应用运维等环节，从而能有更多的精力投入SOA（面向服务的体系结构）、EAI（企业应用集成）的建设中。

资料来源：http://wenku.baidu.com/view/88bd2c3731126edb6fla10bf.html.

问题：

企业信息化的意义体现在哪里？

第十章 | 质量管理

☞**内容提要：**

本章包括企业质量概述、企业质量标准、企业质量控制、企业质量检验和企业质量改进等内容。根据实际工作需要，重点对企业质量控制和企业质量改进等内容进行了系统的阐述。

☞**学习目标：**

1. 了解质量管理的含义及质量管理理论的演变；
2. 重点熟悉全面质量管理理论；
3. 了解质量管理标准化体系。

☞**学习提示：**

课外查阅相关资料，更系统地学习与企业质量相关的 ISO9000 质量管理体系。

第一节 企业质量管理概述

一、质量

（一）朱兰的定义

美国著名的质量管理专家朱兰认为，产品质量就是产品的适用性，即产品在使用时能成功地满足用户需要的程度。用户对产品的基本要求就是适用，适用性恰如其分地表达了质量的内涵。

这一定义有两个方面的含义，即使用要求和满足程度。人们使用产品时，总会对产品质量提出一定的要求，而这些要求往往受到使用时间、地点、使用对象、社会环境和市场竞争等因素的影响，这些因素的变化，会使人们对同一产品提出不同的质量要求。因此，质量不是一个固定不变的概念，它是动态的，变化的，发展的，它随着时间、地点、使用对象的不同而不同，随着社会的发展，技术的进步而不断更新和丰富。

用户对产品的使用要求的满足程度，反映在产品的性能、经济特性、服务特性、环境特性和心理特性等方面。它并不要求技术特性越高越好，而是追求诸如性能、成本、数量、交货期、服务等因素的最佳组合，即所谓的最适当。

（二）ISO9000：2000 的定义

ISO9000：2000 指出，质量是一组固有特性满足要求的程度。

（1）“固有”，就是指在某事或物中本来就有的，尤其是那种永久的特性。

（2）特性，指区分的特性。

（3）满足要求就是应满足明示的（如明确规定的）、通常隐含的（如组织的惯例、一般习惯）或必须履行的（如法律法规、行业规则）的需要和期望。

（4）顾客和其他相关方对产品、体系或过程的质量要求是动态的、发展的和相对的。

本章讲述的质量主要指产品的质量。

二、质量管理

产品的整个生命周期（从概念形成到产品报废）一般都经历了从产品需要到产品定义、产品设计、工艺设计、制造装配及使用服务等几个基本阶段。

质量管理就是在确定质量方针、目标和职责的前提下，通过质量评价、质量控制、质量保证和质量改进等活动来组织实施，确保满足客户要求。

1. 质量管理的定义

质量管理是指在质量方面指挥和控制组织的协调的活动。它是通过建立质量方针和目标，并为实现规定的质量目标进行质量策划，实施质量控制和质量保证，开展质量改进等活动予以实现的。质量管理是组织在整个生产和经营过程中，围绕着产品质量形成的全过程实施的，是组织各项管理的主线。

2. 质量方针和质量目标

质量方针是指由组织的最高管理者正式发布的该组织总的质量宗旨和质量方向。它是企业经营总目标的组成部分，是企业管理者对质量的指导思想和承诺。质量方针由最高管理者制定并形成文件，质量目标中应包含组织目标和顾客的期望和需求。

质量目标是组织质量方针所追求的目的，是组织质量方针的具体体现，目标既要先进，又要可行，便于实施和检查。

3. 质量控制

质量控制是质量管理的一部分，致力于满足质量要求，它适用于对组织任何质量的控制，是一个确保生产出来的产品满足要求的过程。

4. 质量保证

质量保证是质量管理的一部分，致力于确保质量要求能得到满足。保证质量、满足要求是质量保证的基础和前提。

5. 质量改进

质量改进是质量管理的一部分，致力于增强企业产品满足质量要求的能力。质量改进应是持续的。

三、质量管理的发展历史

1. 检验质量管理阶段

20 世纪初企业管理走向科学化，质量管理也走向规范化。以泰勒为代表的“科学管理运动”主张将质量检验机构独立出来，在生产的终端对产品进行检验。其主要方法是：设立直属厂长领导的专职的质量检验部门（如质量检验科），负责全厂的检验工作，并由它派出专职的检验员，在生产的终端对产品进行检验。这种方法对于大批量生产方式来说，是一种行之有效的改革。它的特点是：进行事后检验和全数检验。

2. 统计质量管理阶段

检验质量管理方法有其成功之处，也存在严重的不足。主要表现在：只能将每道工序的不合格品挑选出来，但并不能降低废次品。到了20世纪40年代，大批量生产进一步发展，要求用更经济的方法来解决质量问题，并能预先防止。1924年，美国休哈特博士提出了统计过程控制理论并首创了进行过程控制的工具——控制图，从此统计质量管理方法得到了重视和应用，质量管理从单纯的事后检验转变为检验预防。这种管理方法的基本思想是：将数理统计学中的基本原理和方法运用到质量管理之中。运用统计技术把产品生产过程中的产品质量特性值的波动区分为偶然波动和异常波动，对异常波动及时告警，对过程中的各个阶段进行监控和预防，以消除异常，恢复生产过程的稳定。

它的特点是：过程控制虽能对异常进行告警，但却不能解答异常是什么及异常发生在何处等问题，控制图在分别对每个指标进行控制时，没有考虑多个质量指标和技术指标的相关性。

3. 全面质量管理阶段

20世纪60年代，随着生产力水平日益迅速地发展，对产品质量的要求也越来越高，质量管理工作不能仅仅局限于生产制造过程，而必须贯穿于企业生产经营活动的全过程，其运用的方法也应是多方面的，鉴于这种原因，全面质量管理的思想和方法随之产生。全面质量管理的概念最早见于美国菲根堡姆博士1961年出版的《全面质量管理》一书。全面质量管理思想是：以质量为中心，以全员参与为基础，把专业技术、管理科学、数量统计等方法和思想教育相结合，建立起包括产品的试验设计、生产制造、售后服务等生产全过程的质量保证体系。这个定义包括四个方面的内容：

（1）参与对象：全体职工及有关部门。

（2）运用方法：专业技术、管理科学、数理统计和思想教育结合起来。

（3）活动范围：包括产品的试验设计、生产制造、售后服务等生产全过程。

（4）追求目标：用最为经济的手段，生产用户满意的产品。

全面质量管理有以下四个基本特点：

（1）全员性：企业中每一个人，都会直接或间接地影响产品质量，因此要求企业全员参与全面质量管理。企业中的各个部门都必须结合自己的业务，灵活运用全面质量管理的观点与方法，组织职工开展形式多样的质量管理活动。

（2）全面性：全面质量管理不仅要提高产品质量，而且还要提高工作质量，其管理还应包括试验设计、生产制造、售后服务等生产全过程。

（3）预防性：全面质量管理变事后把关为事前预防，变管结果为管因素，对生产全过程进行有效的控制。

（4）服务性：要求牢固树立为用户服务的思想，对外，表现在为消费者服务；对内，表现在上道工序为下道工序服务，即内部用户原则。所谓内部用户原则，是指每一个生产者都必须做到：不接受，不制造，不传递不良产品。

质量管理的三个阶段的比较见表10-1。

表10-1 **质量管理的三个阶段的比较**

项目	检验质量管理	统计质量管理	全面质量管理
管理范围	生产现象	生产过程+设计过程	产品质量形成全过程
管理对象	产品质量	产品质量+工序质量	产品质量、工序质量、工作质量
管理特点	事后把关，管结果	由事后把关转变为预防	防检结合预防为主
管理依据	符合规格	按既定质量标准控制	以用户为中心，重在产品适用性
管理方法	运用技术检验方法	技术检验方法+数理统计方法	运用多种管理方法，提高工作质量以保证产品质量
管理标准化	重视技术标准	技术标准发展为质量控制标准	技术标准、控制标准和管理标准并重
参与人员	依靠检验部门和检验人员	依靠技术和质量检验部门	全体员工

第二节 企业质量标准

标准的存在由来已久，甚至可追溯到古埃及金字塔时期。人们发现在金字塔的关键部位，每块石头的尺寸和重量都有严格的标准。标准是现代化科学技术成果和生产实践经验相结合的产物，而标准化是一种活动，主要是指制定标准、宣传贯彻标准、对标准的实施进行监督管理、根据标准实施情况修订标准的过程。这个过程是一个不断循环、不断提高、不断发展的运动过程。每一个循环完成后，标准化的水平和效益就提高一步。标准是标准化活动的产物。标准化的目的和作用，都是通过制定和贯彻具体的标准来体现的。所以标准化活动不能脱离制定、修订和贯彻标准，这是标准化最主要的内容。

一、我国标准的体制

标准体制主要包括标准分级和标准性质两方面内容。

（一）标准分级

所谓标准分级就是根据标准适用范围的不同，将其划分为若干不同的层次。对标准进行分级可以使标准更好地贯彻实施，也有利于加强对标准的管理和维护。由于世界各国的具体情况不同，因此有着不同的标准分级方法。按《中华人民共和国标准化法》的规定，我国标准分为四级，即国家标准、行业标准、地方标准和企业标准。另外，为了适应高新技术标准化发展快和变化快等特点，国家标准化行政主管部门于1998年出台了《国家标准化指导性技术文件管理规定》。该规定的出台是我国标准化体制改革的一项新举措，即在四级标准之外，又增设了一种“国家标准化指导性技术文件”，作为对四级标准的补充。

1. 国家标准

国家标准是指对全国经济技术发展有重大意义，必须在全国范围内统一的标准。对需要在全国范围内统一的技术要求，应当制定国家标准。我国国家标准由国务院标准化行政主管部门编制计划和组织草拟，并统一审批、编号和发布。

我国国家标准的代号，用“国标”两个字汉语拼音的第一个字母“G”和“B”表示。强制性国家标准的代号为“GB”，推荐性国家标准的代号为“GB/T”。国家标准的编号由国家标准的代号、国家标准发布的顺序号和国家标准发布的年号三部分构成。

2. 行业标准

中华人民共和国行业标准是指全国性的各行业范围内统一的标准。《中华人民共和国标准化法》规定：“对没有国家标准而又需要在全国某个行业范围内统一的技术要求，可以制定行业标准。”行业标准由国务院有关行政主管部门编制计划，组织草拟，统一审批、编号、发布，并报国务院标准化行政主管部门备案。行业标准是对国家标准的补充，行业标准在相应国家标准实施后，自行废止。

行业标准代号由国务院标准化行政主管部门规定。目前，国务院标准化行政主管部门已批准发布了58个行业标准代号。例如机械行业标准的代号为“JB”。行业标准的编号由行业标准代号、标准顺序号及年号组成。

3. 地方标准

地方标准是指在某个省、自治区、直辖市范围内需要统一的标准。对没有国家标准和行业标准而又需要在省、自治区、直辖市范围内统一的工业产品的安全和卫生要求，可以制定地方标准。制定地方标准的项目，由省、自治区、直辖市人民政府标准化行政主管部门确定。地方标准由省、自治区、直辖市人民政府标准化行政主管部门编制计划，组织草拟，统一审批、编号、发布，并报国务院标准化行政主管部门和国务院有关行政主管部门备案。地方标准不得与国家标准、行业标准相抵触，在相应的国家标准或行业标准实施后，地方标准自行废止。

地方标准的代号，由汉语拼音字母“DB”加上省、自治区、直辖市行政区划代码前两位数，再加斜线、顺序号和年号共四部分组成。

4. 企业标准

企业标准是指企业所制定的产品标准和根据企业内需要协调、统一的技术要求和管理、工作要求所制定的标准。企业生产的产品在没有相应的国家标准、行业标准和地方标准时，应当制定企业标准，作为组织生产的依据。在有相应的国家标准、行业标准和地方标准时，国家鼓励企业在不违反相应强制性标准的前提下，制定充分反映市场、顾客和消费者要求的，严于国家标准、行业标准和地方标准的企业标准，在企业内部适用。

企业标准由企业制定，由企业法人代表或法人代表授权的主管领导批准、发布，由企业法人代表授权的部门统一管理。企业的产品标准，应在发布后30日内办理备案。一般按企业隶属关系报当地标准化行政主管部门和有关行政主管部门备案。

（二）标准性质

按标准的性质（也称标准的属性）区分，标准可分为强制性和推荐性两种性质，称为强制性标准和推荐性标准。

《中华人民共和国标准化法》规定，国家标准、行业标准分为强制性标准和推荐性标准。保障人体健康，人身、财产安全的标准和法律、行政法规规定强制执行的标准是强制性标准，其他标准是推荐性标准。《中华人民共和国标准化法》同时还规定，省、自治区、直辖市标准化行政主管部门制定的工业产品的安全、卫生要求的地方标准，在本行政区域内是强制性标准。

1. 强制性标准

所谓强制性标准，是指具有法律属性，在一定范围内通过法律、行政法规等强制手段加以实施的标准。

《中华人民共和国标准化法》规定，强制性标准必须执行，不符合强制性标准的产品，禁止生产、销售和进口。由此可见，违反强制性标准就是违法，就要受到法律制裁。强制性标准的强制作用和法律地位是由国家有关法律赋予的。强制性内容的范围包括：

（1）有关国家安全的技术要求；

（2）保障人体健康和人身、财产安全的要求；

（3）产品及产品生产、储运和使用中的安全、卫生、环境保护、电磁兼容等技术要求；

（4）工程建设的质量、安全、卫生、环境保护要求及国家需要控制的工程建设的其他要求；

（5）污染物排放限值和环境质量要求；

（6）保护动植物生命安全和健康的要求；

（7）防止欺骗、保护消费者利益的要求；

（8）国家需要控制的重要产品的技术要求。

2. 推荐性标准

除了强制性标准以外的标准是推荐性标准，它是非强制执行的标准，国家鼓励企业自愿采用推荐性标准。

所谓推荐性标准，是指生产、交换、使用等方面，通过经济手段调节而自愿采用的一类标准，又称自愿性标准。这类标准任何单位都有权决定是否采用，违反这类标准，不承担经济或法律方面的责任。但是，一经接受采用，或各方面商定同意纳入商品、经济合同之中，它们就成为各方共同遵守的技术依据，具有法律上的约束力，各方必须严格遵照执行。

二、标准的制定

制定标准是标准化的关键环节。标准的制定一定要按照科学的原则、方法和程序，认真、慎重地进行，以保证标准的高水平和高质量。

（一）制定标准的基本原则

（1）认真贯彻国家有关法律法规和方针政策。制定标准首先要维护国家、社会和人民的利益，凡属国家颁布的有关法律法规和相应的政策都应贯彻，标准中的所有规定，均不得与现行法律和法规相违背。

（2）充分考虑使用要求，并兼顾全社会的综合效益。满足使用要求是制定标准的重要目的，这就要求制定标准要充分考虑标准运用的环境条件要求，即如何使标准化的对象适应其所处的不同环境条件，并分别在标准中做出相应规定。在考虑使用要求的同时，也应兼顾全社会的利益。在某些情况下，过分强调满足使用要求，可能会影响其他社会因素，这时就应在不破坏使用要求的同时，尽可能照顾其他社会因素，减少对其影响的程度，使综合性的全局效益最佳。

（3）合理利用国家资源，推广先进技术成果，在符合使用要求的情况下，有利于标准对象的简化、选优、通用和互换，做到技术上先进、经济上合理。

（4）相关标准要协调配套。制定标准要考虑有利于标准体系的建立和不断完善。一定范围内的标准，都是互相联系、互相衔接、互相补充、互相制约的，要保证相关标准协调配套，才能使企业开发、生产、流通、使用等各个环节之间协调一致。以企业生产为例，产品标准与各种原材料采购标准、工艺标准、检验标准之间，产品的尺寸参数或性能参数之间，产品的连接与安装要求之间，整机与零部件或元器件之间都应协调一致、衔接配套。这样才能保证生产的正常进行和标准的有效实施。

（5）有利于保障社会安全和人民身体健康，保护消费者利益，保护环境。

（6）积极采用国际标准和国外先进标准，有利于促进对外经济技术合作和发展对外贸易，有利于我国标准与国际接轨。

（二）制定标准的对象

1. 重复性事物

重复性事物是制定标准的对象的基本属性，是指同一事物反复出现多次。例如，成批大量生产的产品在生产过程中的重复投入、重复加工、重复检验；同一类技术活动（如某零件的设计）在不同地点、不同对象上同时或相继发生；某一种概念、方法、符号、标志被人们反复应用等。

标准是实践经验的总结，具有重复性特征的事物，需要经验的积累。一个新标准的产生是这种积累的开始，标准的修订是积累的深化或优化，是新经验取代旧经验。标准化进程是人类实践经验的不断积累与不断优化的过程。

2. 标准制定的对象

在我国，各级标准制定的对象有明确的规定。

（1）国家标准的制定对象。《中华人民共和国标准化法实施条例》规定，对需要在全国范围内统一的技术要求，应当制定国家标准（含标准样品的制作）。具体来说，对以下八个方面的技术要求可以制定为国家标准：

①互换配合，通用技术语言要求；

②保障人体健康和人身、财产安全的技术要求；

③基本原料、燃料、材料的技术要求；

④通用基础件的技术要求；

⑤通用的试验、检验方法；

⑥通用的管理技术要求；

⑦工程建设的重要技术要求；

⑧国家需要控制的其他重要产品的技术要求。

(2) 行业标准的制定对象。按《行业标准管理办法》的规定，需要在行业范围内统一的下列七个方面的技术要求，可以制定为行业标准（含标准样品的制作）。

①技术术语、符号、代号（含代码）、文件格式、制图方法等通用技术语言；

②工、农业产品的品种、规格、性能参数、质量指标、试验方法以及安全、卫生要求；

③工、农业产品的设计、生产、检验、包装、储存、运输、使用、维修方法以及生产、储存、运输过程中的安全、卫生要求；

④通用零部件的技术要求；

⑤产品结构要素和互换配合要求；

⑥工程建设的勘察、规划、设计、施工及验收的技术要求和方法；

⑦信息、能源、资源、交通运输的技术要求及其管理方法等要求。

(3) 地方标准的制定对象。在既无相应的国家标准，又无相应行业标准的情况下，需要在省、自治区、直辖市统一的下列技术要求，可以制定为地方标准。

①工业产品的安全、卫生要求；

②药品、兽药、食品卫生、环境保护、节约能源、种子等法律、法规规定的要求；

③其他法律、法规规定的要求。

(4) 企业标准制定的对象。

①企业生产的产品，在没有相应国家标准、行业标准和地方标准可供采用或相应标准不适用时（强制性标准除外），可以作为制定企业标准的对象；

②对国家标准、行业标准的选择或补充的技术要求，可以作为制定企业标准的对象；

③对工艺、工装、半成品和方法等技术要求以及生产经营活动中的各种管理要求和工作要求也可以作为制定企业标准的对象；

④为提高产品质量和技术进步，企业可以制定严于国家标准、行业标准或地方标准的产品标准。

三、标准化的常用形式

标准化的常用形式是标准化内容的存在方式，也可以说是标准化过程的表现形态。标准化有多种形式，每种形式都表现为不同的标准化内容，针对不同的标准化任务，达到不同的目的。了解各种标准化形式及其特点，可以在实际工作中根据不同的标准化任务，选择和运用适当的标准化形式，以达到优化的目的。

比较常用的标准化形式有简化、统一化、通用化、系列化等。

四、采用国际标准和国外先进标准

（一）基本概念

1. 国际标准

国际标准，是指国际标准化组织（ISO）、国际电工委员会（IEC）和国际电信联盟（ITU）制定的标准以及国际标准化组织确认并公布的其他国际组织制定的标准。国际标准在世界范围内统一使用。国际标准化组织在 1987 年正式颁布了 ISO9000 系列标准（9000～9004）的第一版。ISO9000 标准很快在工业界得到了广泛的承认，被各国标准化机构所采用。ISO9000 标准被欧洲测试与认证组织 EOTC 作为开展其工作的基本模式。欧盟在某些领域如医疗器械的立法中引用了 ISO9000 标准，供应商在某些领域必须取得 ISO9000 注册。许多国家级和国际级产品认证体系如英国 BSI 的风筝标志、日本 JIS 标志都把 ISO9000 作为取得产品认证的首要要求，并把 ISO9000 应用到了产品认证计划中。

目前，被国际标准化组织确认并公布的其他国际组织是：国际计量局（BIPM）、国际人造纤维标准化局（BISFN）、食品法典委员会（CAC）、时空系统咨询委员会（CCSDS）、国际建筑研究实验与文献委员会（CIB）、国际照明委员会（CIE）、国际内燃机会议（CIMAC）、国际牙科联合会（FDI）、国际信息与文献联合会（FID）、国际原子能机构（IAEA）、国际航空运输协会（IATA）、国际民航组织（ICAO）、国际谷类加工食品科学技术协会（ICC）、国际排灌研究委员会（ICID）、国际辐射防护委员会（ICRP）、国际辐射单位和测试委员会（ICRU）、国际制酪业联合会（IDF）、互联网工程任务组（IETF）、国际图书馆协会与学会联合会（IFTA）、国际有机农业运动联合会（IFOAM）、国际煤气工业联合会（IGU）、国际制冷学会（IIR）、国际劳工组织（IL）、国际海底组织（IMO）、国际种子检验协会（ISTA）、国际电信联盟（ITU）、国际理论与应用化学联合会（IUPAC）、国际毛纺组织（IWTO）、国际动物流行病学局（OIE）、国际法制计量组织（OIML）、国际葡萄与葡萄酒局（OIV）、材料与结构研究实验所国际联合会（RILEM）、贸易信息交流促进委员会（TraFIX）、国际铁路联盟（UIC）、经营、交易和运输程序和实施促进中心（UN/CEFACT）、联合国教科文组织（UNESCO）、国际海关组织（WCO）、国际卫生组织（WHO）、世界知识产权组织（WIPO）、世界气象组织（WMO）。

采用国际标准，是指将国际标准的内容，经过分析研究和试验验证，等同或修改转化为我国标准（包括国家标准、行业标准、地方标准和企业标准），并按我国标准审批发布程序审批发布。

2. 国外先进标准

国外先进标准，是指未经 ISO 确认并公布的其他国际组织的标准、发达国家的国家标准、区域性组织的标准、国际上有权威的团体标准和企业（公司）标准中的先进标准。

有影响的区域性标准主要有：欧洲标准化委员会（CEN）标准、欧洲电工标准化委员会（CENELEC）标准、欧洲电信标准学会（ETSL）标准、欧洲广播联盟（EBU）标准、太平洋地区标准会议（PASC）标准、亚洲大洋洲开放系统互连研讨会（AOW）标准、亚洲电子数据交换理事会（ASEB）标准等。

世界主要经济发达国家的国家标准主要有：美国国家标准（ANSI）、美国军用标准（MIL）、德国国家标准（DIN）、英国国家标准（BS）、日本工业标准（JIS）、法国国家标准（NF）、意大利国家标准（UNI）、俄罗斯国家标准（ГОСГР）等。

国际上有权威的团体标准主要有：美国材料与试验协会标准（ASTM）、美国食品与药物管理局（FDA）标准、美国石油学会标准（API）、英国石油学会标准（IP）、美国保险商实验室安全标准（UL）、美国电气制造商协会标准（NEMA）、美国机械工程师协会标准（ASME）、德国电气工程师协会（VDE）标准、英国劳氏船级社《船舶入级规范和条例》（LR）等。

（二）采用国际标准的原则和一般方法

国际标准是世界各国进行贸易的基本准则和基本要求。《中华人民共和国标准化法》规定，国家鼓励积极采用国际标准。采用国际标准是我国一项重要的技术经济政策，是技术引进的重要组成部分。

1. 采用国际标准的原则

（1）采用国际标准，应符合我国有关法律、法规，遵循国际惯例，做到技术先进、经济合理、安全可靠。

（2）制定（包括修订）我国标准应当以相应国际标准（包括即将制定完成的国际标准）为基础。对于国际标准中通用的基础性标准、试验方法标准应当优先采用。采用国际标准中的安全标准、卫生标准、环境保护标准制定我国标准时，应当以保障国家安全、防止欺骗、保护人体健康和人身财产安全、保护动植物的生命和健康、保护环境为正当目标。除非这些国际标准由于基本气候、地理因素或者基本的技术问题等原因而对我国无效或者不适用。

（3）采用国际标准时，应当尽可能等同采用国际标准。由于基本气候、地理因素或者基本的技术问题等原因对国际标准进行修改时，应当将我国标准与国际标准的差异控制在合理的、必要的并且是最小的范围之内。

（4）我国的“一个标准”应当尽可能采用“一个国际标准”。当我国一个标准必须采用几个国际标准时，应当说明该标准与所采用的国际标准的对应关系。

（5）采用国际标准制定我国标准时，应当尽可能与相应国际标准的制定同步。

（6）采用国际标准时，应当同我国的技术引进、企业的技术改造、新产品开发、老产品改进相结合。

（7）采用国际标准的我国标准的制定、审批、编号、发布、出版、组织实施和监督，同我国其他标准一样，按我国有关法律、法规和规章的规定执行。

（8）企业为了提高产品质量和技术水平，提高产品在国际市场上的竞争力，对于贸易需要的产品标准，如果没有相应的国际标准或者国际标准不适用时，可以采用国外先进标准。

2. 采用国际标准的一般方法

ISO/IEC 在其出版的导则中规定了采用国际标准的六种方法是：认可法、封面法、完全重印法、翻译法、重新起草法和包括（引用）法。

（三）采用国际标准的程度和表示方法

我国采用国际标准的程度分为两种：

1. 等同采用

所谓等同采用是指与国际标准在技术内容和文本结构上相同，或者与国际标准在技术内容上相同，只存在少量编辑性修改。

2. 修改采用

所谓修改采用是指与国际标准之间存在技术性差异，并清楚地标明这些差异以及解释其产生的原因，允许包含编辑性修改。修改采用不包括只保留国际标准中少量或者不重要的条款的情况。修改采用时，我国标准与国际标准在文本结构上应当对应，只有在不影响与国际标准的内容和文本结构进行比较的情况下，才允许改变文本结构。

采用国际标准的程度在我国国家标准封面上和首页上的表示方法见表10-2：

表10-2　　采用国际标准的程度的有关表示方法

采用程度	符号	程度代号	一般表示方法
等同采用	≡	IDT　（identical）	GB ××××-××××（idt ISO ××××：××××）
修改采用	=	MOD　（modified）	GB ××××-××××（mod ISO ××××：××××）

五、ISO 9000族质量管理体系标准

1979年国际标准化组织成立了质量保证技术委员会（TC176），1987年更名为质量管理和质量保证技术委员会，从事质量管理和质量保证标准的制定工作。1986年该技术委员会发布了ISO 8402《质量——术语》标准，1987年发布了ISO 9000《质量管理和质量保证标准——选择和使用指南》、ISO 9001《质量体系——设计开发、生产、安装和服务的质量保证模式》、ISO 90O2《质量体系——生产和安装的质量保证模式》、ISO 9003《质量体系——最终检验和试验的质量保证模式》、ISO 9004《质量管理和质量体系要素——指南》等6项标准，通称为ISO 9000系列标准。ISO9000系列标准发布以后，很快得到了各国工业界的承认和推广，他们都以其作为质量体系认证的依据。1988年我国等效采用该系列标准，编号为GB/T10300，后又于1993年改为等同采用。

ISO 9000系列标准的颁布，使各国的质量管理和质量保证活动统一在ISO 9000系列标准的基础上。该系列标准总结了工业发达国家先进企业的质量管理的实践经验，统一了质量管理和质量保证的术语和概念，并对推动组织的质量管理、实现组织的质量目标、消除贸易壁垒、提高产品质量和顾客的满意程度等产生了积极的影响，受到了世界各国的普遍关注和采用。迄今为止，它已被全世界150多个国家和地区等同采用为国家标准，并广泛用于工业、经济和政府的管理领域，有50多个国家建立了质量管理体系认证制度，世界各国质量管理体系审核员注册和质量管理体系认证的互认制度也在广泛范围内得以建立和实施。

为了使1987年版的ISO 9000系列标准更加协调和完善，质量管理和质量保证技术委员会于1990年决定对标准进行修订，提出了《20世纪90年代国际质量标准的实施策略》（国际上通称为《2000年展望》）。

按《2000年展望》提出的目标，标准分两阶段修改。第一阶段修改称为“有限修改”，即修改为1994年版的ISO 9000族标准。第二阶段修改是在总体结构和技术内容上作较大的全新修改。其主要任务是：识别并理解质量保证及质量管理领域中顾客的需求，制定有效反映顾客期望的标准；支持这些标准的实施，并促进对实施效果的评价。

2000年12月15日，质量管理和质量保证技术委员会正式发布了2000年版的ISO 9000族标准。该标准的修订充分考虑了1987年和1994年版标准以及现有其他管理体系

标准的使用经验，因此，它将使质量管理体系更加适合组织开展其商业活动的需要。

第三节 企业质量控制

一、质量控制的基本原理

质量管理的一项主要工作是通过收集数据、整理数据，找出波动的规律，把正常波动控制在最低限度，消除系统性原因造成的异常波动，把实际测得的质量特性与相关标准进行比较，并对出现的差异或异常现象采取相应措施进行纠正，从而使工序处于控制状态，这一过程就叫做质量控制。质量控制大致可以分为七个步骤：

（1）选择需要监测的质量特性值；

（2）确定规格标准，详细说明质量特性；

（3）选定能准确测量该特性值的监测仪表，或自制测试手段；

（4）进行实际测试并做好数据记录；

（5）分析实际与规格之间存在差异的原因；

（6）采取相应的纠正措施；

（7）当采取相应的纠正措施后，仍然要对过程进行监测，将过程保持在新的控制水准上。一旦出现新的影响因子，就需要测量数据，分析原因，进行纠正。

因此，这七个步骤形成了一个封闭式流程，称为“反馈环”。在上述七个步骤中，关键有两点：质量控制系统的设计和质量控制技术的选用。

二、质量控制系统设计

在进行质量控制时，需要对控制的过程、质量检测点、检测人员、测量类型和数量等几个方面进行决策，这些决策完成后就构成了一个完整的质量控制系统。

1. 过程分析

一切质量管理工作都必须从过程本身开始。在进行质量控制前，必须分析生产某种产品或提供某种服务的相关过程。一个大的过程可能包括许多小的过程，通过采用流程图分析方法对这些过程进行描述和分解，以确定影响产品或服务质量的关键环节。

2. 质量检测点确定

在确定了需要控制的每一个过程后，接下来就要找到每一个过程中需要测量或测试的关键点。一个过程的检测点可能很多，但每一项检测都会增加产品或服务的成本，所以要在最容易出现质量问题的地方进行检验。典型的检测点包括：

（1）生产前的外购原材料或服务检验。为了保证生产过程的顺利进行，首先要通过检验保证原材料或服务的质量。当然，如果供应商具有质量认证证书，此检验可以免除。另外，在（准时化生产）中，不提倡对外购件进行检验，一般认为这个过程不增加价值，是“浪费”。

（2）生产过程中产品检验：典型的生产中检验是在不可逆的操作过程或高附加值操作之前。因为这些操作一旦进行，将严重影响质量并造成较大的损失。例如在陶瓷烧结前，需要检验。因为一旦被烧结，不合格品只能废弃或作为残次品处理。再如产品在电镀或油漆前也需要检验，以避免缺陷被掩盖。这些产品的检验可由操作者本人进行。生产中的检验还能判断生产过程是否处于受控状态，若检验结果表明质量波动较大，就需要及时采取措施纠正。

（3）生产后的产成品检验。为了在交付顾客前修正产品的缺陷，需要在产品入库或发送前进行检验。

（4）检验方法。主要指确定在每一个质量控制点应采用什么类型的检验方法。检验方法分为：计数检验和计量检验。计数检验是对缺陷数、不合格率等离散变量进行检验；计量检验是对长度、高度、重量、强度等连续变量进行检验。在生产过程中的质量控制还要考虑使用何种类型控制图的问题，如离散变量用计数控制图，连续变量采用计量控制图。

3. 检验样本大小

确定检验数量有两种方式：全数检验和抽样检验。确定检验数量的指导原则是将不合格率造成的损失和检验成本相比较。假设有一批 500 个单位产品，产品不合格率为 2%，每个不合格品造成的维修费、赔偿费等成本为 100 元，如果不对这批产品进行检验的话，总损失为 100×10＝1000 元。若这批产品的检验费低于 1000 元，可对其进行全检。当然，除了成本因素，还要考虑其他因素。如涉及人身安全的产品，就需要进行 100% 的检验。而破坏性检验则采用抽样检验。

4. 检验人员

检验人员的确定可采用操作工人和专职检验人员相结合的原则。在 6Sigma 管理中，通常由操作工人完成大部分检验任务。

三、质量控制技术

质量控制技术包括两大类：抽样检验和过程质量控制。抽样检验通常是指生产前对原材料进行检验或生产后对成品进行检验，以便根据随机样本的质量检验结果决定是否接受该批原材料或产品。过程质量控制是指对生产过程中的产品随机样本进行检验，以判断该生产过程是否在预定标准内。抽样检验用于采购或验收，而过程质量控制应用于各种形式的生产过程。下面主要介绍过程质量控制技术。

自 1924 年休哈特提出控制图以来，过程质量控制技术已经广泛地应用到质量管理中，在实践中还不断地产生了许多新的方法。如直方图、相关图、排列图、控制图和因果图等“QC（质量控制）七种工具”以及关联图、系统图等“新 QC 七种工具”。应用这些方法可以从经常变化的生产过程中，系统地收集与产品有关的各种数据，并用统计方法对数据进行整理、加工和分析，进而画出各种图表，找出质量变化的规律，实现对质量的控制。

1. 直方图

（1）直方图的用途

直方图是把数据的离散分布状态用竖条在图表上标出，以帮助人们根据显示的图样变化，在缩小的范围内寻找出现问题的区域，从中得知数据平均水平偏差并判断总体质量分布情况。

(2) 直方图的观察与分析

从直方图可以直观地看出产品质量特性的分布形态，便于判断过程是否处于控制状态，以决定是否采取相应对策措施。直方图从分布类型上来说，可以分为正常型和异常型（如图 10-1 所示）。正常型是指整体形状左右对称的图形，此时过程处于稳定状态（统计控制状态）（如图 10-1 中的 a 所示）。如果是异常型，就要分析原因，加以处理。常见的异常型主要有六种：

①双峰型（如图 10-1 中的 b 所示）：直方图出现两个峰。主要原因是观测值来自两个总体，两个分布的数据混合在一起，此时数据应加以分层。

②锯齿型（如图 10-1 中的 c 所示）：直方图呈现凹凸不平现象。这是作直方图时，数据分组太多，测量仪器误差过大或观测数据不准确等造成的。此时应重新收集和整理数据。

③陡壁型（如图 10-1 中的 d 所示）：直方图像峭壁一样向一边倾斜。主要原因是进行全数检查时，使用了不合格品的相关数据作直方图。

④偏态型（如图 10-1 中的 e 所示）：直方图的顶峰偏向左侧或右侧。公差下限受到限制或某种加工习惯容易造成偏左；当公差上限受到限制或轴外圆加工时，直方图呈现偏右形态。

⑤平台型（如图 10-1 中的 f 所示）：直方图顶峰不明显，呈平顶型。主要原因是多个总体和分布混合在一起，或者生产过程中某种缓慢的倾向在起作用（如工具磨损、操作者疲劳等）。

⑥孤岛型（如图 10-1 中的 g 所示）：在直方图旁边有一个独立的“小岛”出现。主要原因是生产过程中出现异常情况，如原材料发生变化或突然变换熟练的工人。

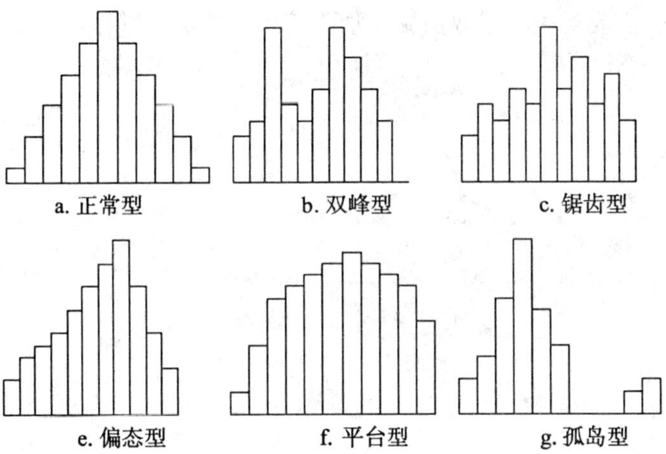

图 10-1 直方图形状

2. 过程能力指数

过程能力指数（Process Capability Index）用于反映过程处于正常状态时，即人员、机器、原材料、工艺方法、测量和环境充分标准化并处于稳定状态时，所表现出的保证产品质量的能力。过程能力指数也称为工序能力指数或工艺能力指数。

对于任何生产过程，产品质量特性值总是主分散状态。过程能力越高，产品质量特性值的分散程度就会越小；过程能力越低，产品质量特性值的分散程度就会越大。

过程能力是表示生产过程客观存在着质量分散的一个参数。但是这个参数能否满足产品的技术规格要求，仅从它本身难以看出。因此，还需要另一个参数来反映工序能力满足产品技术要求（公差、规格等质量标准）的程度，这个参数就叫做过程能力指数。它是技术规格要求和过程能力的比值，即：

过程能力指数=技术规格要求÷过程能力

当分布中心与公差中心重合时，过程能力指数记为 C_p。当分布中心与公差中心有偏离时，过程能力指数记为 C_{pk}。过程的质量水平按 C_p 值可划分为五个等级：$C_p>1.67$，特级，能力过高；$1.67\geqslant C_p>1.33$，一级，能力充分；$1.33\geqslant C_p>1.0$，二级，能力尚可；$1.0\geqslant C_p>0.67$，三级，能力不足；$0.67>C_p$，四级，能力严重不足。

3. 控制图

控制图是对生产过程中产品质量状况进行实时控制的统计工具，是质量控制中最重要的方法。人们对控制图的评价是："质量管理始于控制图，也终于控制图。"控制图主要用于分析判断生产过程的稳定性，及时发现生产过程中的异常现象，查明生产设备和工艺装备的实际精度，为评定产品质量提供依据。我国也制定了有关控制图的国家标准。

控制图的基本样式如图 10-2 所示。横坐标为样本序号，纵坐标为产品质量特性，图上三条平行线分别为：实线 CL——中心线，虚线 UCL——上控制界限线，虚线 LCL——下控制界限线。在生产过程中，应定时抽取样本，把测得的数据点描在控制图中。如果数据点落在两条控制界限之间，且排列无缺陷，则表明生产过程正常，过程处于控制状态，否则表明生产条件发生异常，需要对过程采取措施，加强管理，使生产过程恢复正常。

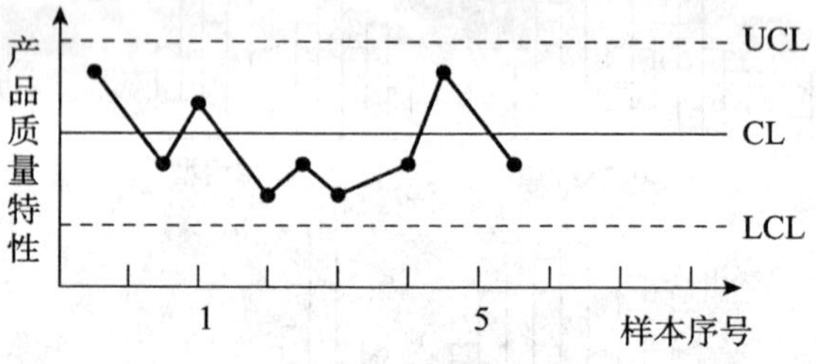

图 10-2　控制图

4. QC 七种工具中的其他工具

（1）排列图

排列图的主要功能是帮助人们确定那些相对少数但重要的问题，以使人们把精力集中于这些问题的改进上。在任何过程中大部分缺陷也通常是由相对少数的问题引起的。在过程质量控制中，排列图常用于不合格品数或缺陷数的分类分析。不合格品排列图如图 10-3

所示。

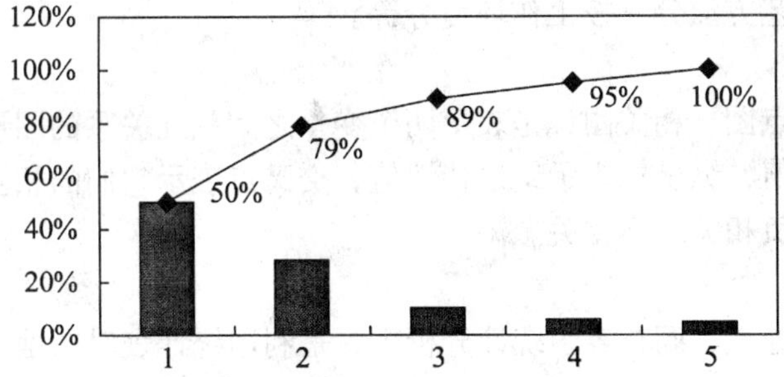

图 10-3　不合格品排列图

注：柱图为不合格数分类统计量，折线图为累积比例。

（2）因果图

因果图由日本质量学家石川馨发明，是用于寻找造成质量问题的原因、表达质量问题因果关系的一种图形分析工具。一个质量问题的产生，往往不是一种因素，而是多种复杂因素综合作用的结果。通常，可以从质量问题出发，首先分析那些对产品质量影响最大的原因，进而从大原因出发寻找中原因、小原因和更小的原因，并检查和确定主要因素。这些原因可归纳成原因类别与子原因，形成类似鱼刺的样子，因此因果图也称为鱼刺图。图10-4 是在制造中出现次品后，寻找其原因形成的因果图。从图 10-4 中可以看出，原因被归为工人、机械、测试方法等六类，每一类下面又有不同的子原因。

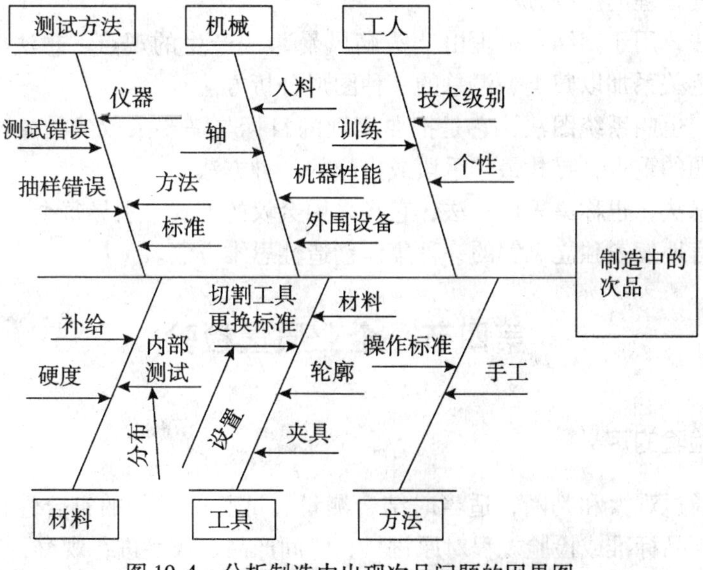

图 10-4　分析制造中出现次品问题的因果图

（3）分层法

分层法是将不同类型的数据按照同一性质或同一条件进行分类，从而找出其内在的统计规律的统计方法。常用分类方式：按操作人员分、按使用设备分、按工作时间分、按使用原材料分、按工艺方法分、按工作环境分等。

（4）散布图

散布图又称散点图、相关图，是表示两个变量之间相互关系的图形分析工具。横坐标通常表示原因特性值，纵坐标表示结果特性值，交叉点表示它们的相互关系。相关关系可以分为：正相关、负相关、不相关。

（5）检查表

检查表又名核查表、调查表、统计分析表，是利用统计表对数据进行整体和初步原因分析的一种表格型工具，常用于其他工具的前期统计工作。

5. QC 新七种工具

QC 新七种工具用于全面质量管理 PDCA 的计划阶段。它们与上述主要运用于生产过程质量控制和预防的 QC 七种工具相互补充，共同致力于提高质量。

①关联图法，用于将关系纷繁复杂的因素按原因、结果或目的、手段等有目的、有逻辑地连接起来的一种图形分析方法。

②矩阵图法，是以矩阵的形式分析因素间相互关系及其强弱的图形分析方法。它由对应事项、事项中的具体元素和对应元素交点处表示相关关系的符号构成。

③PDPC 法，又称过程决策程序图法，是将运筹学中的过程决策程序图应用于质量管理，在制订实现目标的实施计划时进行全面分析，对事态进展中的各种障碍进行预测，从而制定相应的处置方案和应变措施的方法。

④箭线图法，是网络图在质量管理中的应用，是制定某项质量工作的最佳日程计划和有效地进行进度管理的一种方法。

⑤亲和图法，用于归纳、整理由"头脑风暴"法产生的观点、想法等语言资料，按它们之间的亲近关系加以归类、汇总的一种图形分析方法。

⑥树图法，也叫系统图法，它是把要实现的目标与需要采取的措施或手段系统地展开，以明确问题的重点，寻找最佳手段或措施的一种方法。

⑦头脑风暴法，也称集思广益法，它是采用会议的方式，引导每个人广开言路、激发灵感，畅所欲言地发表独立见解的一种集体创造性思维方法。

第四节　企业质量检验

一、质量检验的定义

检验就是通过观察和判断，适当时结合测量、试验所进行的符合性评价。对产品而言，是指根据产品标准或检验规程对原材料、中间产品、成品进行观察，适当时进行测量或试验，并把所得到的特性值和规定值作比较，判定出各个物品或成批产品合格与不合格的技术性检查活动。

质量检验就是对产品的一个或多个质量特性进行观察、测量、试验，并将结果和规定的质量要求进行比较，以确定每项质量特性的合格情况的技术性检查活动。

二、质量检验的基本要点

（1）一种产品为满足顾客要求或预期的使用要求和政府法律、法规的强制性规定，都要对其技术性能、安全性能、互换性能及其对环境和人身安全、健康影响的程度等多方面的要求做出规定，这些规定组成对产品相应质量特性的要求。不同的产品有不同的质量特性要求，同一产品的用途不同，其质量特性要求也会有所不同。

（2）对产品的质量特性要求一般都转化为具体的技术要求，需要在产品技术标准（国家标准、行业标准、企业标准）和其他相关的产品设计图样、作业文件或检验规程中做出明确规定，这是质量检验的技术依据和检验后比较检验结果的基础。经对照比较，可以确定每项检验的特性是否符合标准和文件规定的要求。

（3）产品质量特性是在产品实现过程形成的，是由产品的原材料、构成产品的各个组成部分（如零、部件）的质量决定的，并与产品实现过程的专业技术、人员水平、设备能力甚至环境条件密切相关。因此，不仅要对过程的作业（操作）人员进行技能培训，对设备能力进行核定，对环境进行监控，明确规定作业（工艺）方法，必要时对作业（工艺）参数进行监控，而且还要对产品进行质量检验，判定产品的质量状态。

（4）质量检验是要对产品的一个或多个质量特性，通过物理的、化学的和其他科学技术手段和方法进行观察、试验、测量，取得证实产品质量的客观证据。因此，需要有适用的检测手段，包括各种计量检测器具、仪器仪表、试验设备等，并且对其实施有效控制，保持所需的准确度和精密度。

（5）要将质量检验的结果与产品技术标准和相关的产品图样、过程（工艺）文件或检验规程的规定进行对比，确定每项质量特性是否合格，从而对单件产品或批产品质量进行判定。

三、质量检验的主要功能

1．鉴别功能

根据技术标准、产品图样、作业（工艺）规程或订货合同的规定，采用相应的检测方法观察、试验、测量产品的质量特性，判定产品质量是否符合规定的要求，这是质量检验的鉴别功能。鉴别是把关的前提，通过鉴别才能判断产品质量是否合格。不进行鉴别就不能确定产品的质量状况，也就难以实现质量把关功能。鉴别主要由专职检验人员完成。

2．把关功能

质量把关是质量检验最重要、最基本的功能。产品制造的过程往往是一个复杂的过程，影响质量的各种因素（人、机、料、法、环）都会在这个过程中发生变化和波动，各过程（工序）不可能始终处于等同的技术状态，质量波动是客观存在的。因此，必须通过严格的质量检验，剔除不合格品并予以“隔离”，实现不合格的原材料不投产，不合格的产品组成部分及中间产品不转序、不放行，不合格的成品不交付（销售、使用），严把质量关，实现把关功能。

3．预防功能

现代质量检验不单纯是事后把关，还同时具有预防功能。检验的预防功能体现在以下几个方面：

①通过过程（工序）能力的测定和控制图的使用起预防作用。如发现能力不足，或控制图表明出现了异常因素，就需及时调整或采取有效的技术、组织措施，提高过程（工序）能力或消除异常因素，恢复过程（工序）的稳定状态，以预防不合格品的产生。

②通过过程（工序）作业的首检与巡检起预防作用。当一个班次或一批产品开始作业（加工）时，一般应进行首件检验，只有当首件检验合格并得到认可时，才能正式投产。此外，当设备进行调整后开始作业（加工）时，也应进行首件检验，其目的都是预防出现成批不合格品。而正式投产后，为了及时发现作业过程是否发生了变化，还要定时或不定时到作业现场进行巡回抽查，一旦发现问题，就应及时采取措施予以纠正。

③广义的预防作用。实际上对原材料和外购件的进货检验，对中间产品转序或入库前的检验，既起把关作用，又起预防作用。前过程（工序）的把关，对后过程（工序）就是预防，特别是应用现代数理统计方法对检验数据进行分析，就能找到或发现质量变异的特征和规律。利用这些特征和规律就能改善质量状况，预防不稳定生产状态的出现。

4. 报告功能

为了使相关的管理部门及时掌握产品制造过程中的质量状况，评价和分析质量控制的有效性，应把检验获取的数据和信息，经汇总、整理、分析后写成报告，为质量控制、质量改进、质量考核以及管理层进行质量决策提供重要信息和依据。质量报告的主要内容包括：

①原材料、外购件、外协件进货验收的质量情况和合格率；

②过程检验、成品检验的合格率、返修率、报废率和等级率以及相应的废品损失金额；

③按产品组成部分（如零部件）或作业单位划分统计的合格率、返修率、报废率及相应废品损失金额；

④产品报废原因的分析；

⑤重大质量问题的调查、分析和处理意见；

⑥提高产品质量的建议。

四、质量检验的步骤

1. 检验的准备

首先要熟悉检验标准和技术文件规定的质量特性和具体内容，确定测量的项目和量值。为此，有时需要将质量特性转化为可直接测量的物理量；有时则要采取间接测量方法，经换算后才能得到检验需要的量值；有时则需要有标准实物样品（样板）作为比较测量的依据。要确定检验方法，选择精密度、准确度适合检验要求的计量器具和测试、试验及理化分析用的仪器设备。确定测量、试验的条件，确定检验实物的数量，对批量产品还需要确定批的抽样方案。对确定的检验方法和方案通过技术文件形式做出书面规定，制定规范化的检验规程（细则）、检验指导书，或绘成图表形式的检验流程卡、工序检验卡等。在检验的准备阶段，必要时要对检验人员进行相关知识和技能的培训和考核，确认其能否适应检验工作的需要。

2. 测量或试验

按已确定的检验方法和方案，对产品质量特性进行定量或定性的观察、测量、试验，得到需要的量值和结果。测量和试验前后，检验人员要确认检验仪器设备和被检物品试样状态是否正常，保证测量和试验数据的正确、有效。

3. 记录

对测量的条件、测量得到的量值和观察得到的技术状态用规范化的格式和要求予以记载或描述，作为客观的质量证据保存下来。质量检验记录是证实产品质量的证据，因此数据要客观、真实，字迹要清晰、整齐，不能随意涂改，需要更改的要按规定程序和要求办理。质量检验记录不仅要记录检验数据，还要记录检验日期、班次，由检验人员签名，便于质量追溯，明确质量责任。

4. 比较和判定

由专职人员将检验的结果与规定要求进行对照比较，确定每一项质量特性是否符合规定要求，从而判定被检验的产品是否合格。

5. 确认和处置

有关检验人员应对检验的记录和判定的结果进行签字确认。对产品（单件或批）是否可以“接收”、“放行”做出处置。

①对合格品准予放行，并及时转入下一作业过程（工序）或准予入库、交付（销售、使用）。对不合格品，按其程度分别做出返修、返工、让步接收或报废处置。

②对批量产品，根据产品批质量情况和检验判定结果分别做出接收、拒收、复检处置。

五、产品验证及监测

1. 产品验证

产品验证就是对产品制造过程形成的有形产品和无形产品，通过物理的、化学的和其他科学技术手段和方法进行观察、试验、测量后所提供的客观证据，证实规定要求已经得到满足的认定。它是一种管理性的检查活动。

（1）产品放行、交付前要通过两个过程，第一是产品检验，提供能证实产品质量符合规定要求的客观证据；第二是对提供的客观证据进行规定要求是否得到满足的认定，二者缺一不可。产品在检验所提供的客观证据经按规定程序得到认定后才能放行和交付使用。

（2）证实规定要求已得到满足的认定，就是对提供的客观证据有效性的确认。其含义如下：

①对产品检验得到的结果进行核查，确认检测得到的质量特性值符合检验技术依据的规定要求；

②要确认产品检验的工作程序、技术依据及相关要求符合程序（管理）文件规定。

③检验（或监视）的原始记录及检验报告数据完整、填写及签章符合规定要求。

（3）产品验证必须有客观证据，这些证据一般是通过物理的、化学的和其他科学技术手段和方法进行观察、试验、测量后取得的。因此，产品检验是产品验证的基础和依据，是产品验证的前提，产品检验的结果要经过规定程序认定，产品验证则是产品检验的延伸，是产品检验后放行、交付必经的过程。

（4）产品检验出具的客观证据是产品生产者提供的。对采购产品验证时，产品检验出具的客观证据则是供货方提供的，采购方根据需要也可以按规定程序进行复核性检验，这时产品检验是供货方产品验证的补充，又是采购方采购验证的一种手段。

（5）产品检验是对产品质量特性是否符合规定要求所做的技术性检查活动，而产品验证则是规定要求已得到满足的认定，是管理性检查活动，两者性质是不同的，是相辅相成的。

（6）产品验证的主要内容：

①查验提供的质量凭证。核查物品名称、规格、编号（批号）、数量、交付（或作业完成）单位、日期、产品合格证或有关质量合格证明，确认检验手续、印章和标记，必要时核对主要技术指标或质量特性值。它主要适用于采购物资的验证。

②确认检验依据的技术文件的正确性、有效性。检验依据的技术文件，一般有国家标准、行业标准、企业标准、采购（供货）合同（或协议）。具体依据哪一种技术文件需要在合同（或协议）中明确规定。对于采购物资，必要时要在合同（或协议）中另附验证方法协议，确定验证方法、要求、范围、接收准则、检验文件清单等。

③查验检验凭证（报告、记录等）的有效性，凭证上检验数据填写的完整性，产品数量、编号和实物的一致性，确认签章手续是否齐备。

④需要进行产品复核检验的，由有关检验人员提出申请，送有关检验部门（或委托外部检验机构）进行检验并出具检验报告。

2. 监测

监测是对某项事物按规定要求给予应有的观察、注视、检查和验证。现代工业化国家的质量管理体系要求对产品的符合性、过程的结果及能力实施监视和测量。这就要求对产品的特性和对影响过程能力的因素进行监视，并对其进行测量，获取证实产品特性符合性的证据以及证实过程结果达到预定目标的能力的证据。

在现代工业化生产中，过程监测是经常采用的一种有效的质量控制方式，并作为检验的一种补充形式广泛地在机械、电气、化工、食品等行业中使用。在自动化生产线中，常常对重要的过程（工序）和环节实施在线主动测量，不间断地对过程的结果进行自动监测和控制（包括测量后的反馈、修正和自适应调整），以实现对中间产品和最终产品的监测和控制。但主动测量结果要有对标准试样的检验结果作为比较的基准与参照的对象。

有些产品在制造过程中，过程的结果不能通过其后的检验（或试验）来确认（如必须对样品破坏才能对产品内在质量进行检测；检测费用昂贵，不能作为常规检测手段），或产品（流程性材料）的制造过程是连续不断的，其产品特性取决于过程参数，而停止作业过程来进行检测并调整参数是十分困难、代价很大或者是不可能的，对这些过程，生产者往往通过必要的监测手段（如仪器、仪表）对作业有决定性影响的过程参数进行监测和必要时进行参数调整，以确保过程稳定，达到保证产品质量符合规定要求的目的。

因此，在产品制造过程的质量控制中，监测和检验是不可能相互替代的，两者的作用是相辅相成、互为补充的。

为确保过程的结果达到预期的质量要求，应对过程参数按规定进行监测，并对过程运行、过程参数进行客观、完整无误的记录，将其作为验证过程结果的质量满足规定要求的证据。

检验人员对作业过程应实施巡回检查，并在验证过程记录后签字确认。

六、抽样检验

抽样检验指从一批产品中随机抽取其中的一部分单位产品组成样本，然后对样本中的所有单位产品按产品质量特性逐个进行检验，并根据样本的检验结果判断产品批合格与否的过程。1974 年，ISO 发布了《计数抽样检查程序及表》（ISO2859－1974）。我国也在ISO 标准同等采用基础上建立了抽样检验国家标准《逐批检查计数抽样程序及抽样表》。此外，我国于 1991 年发布了《不合格品率的计算标准型一次抽样检查及抽样表（适用于孤立批的检查)》等国家标准。

（一）抽样检验基本术语

（1）批：相同条件下制造出来的一定数量的产品，称为“批”。在基本相同的生产过程中连续生产的一系列批称为连续批；不能定为连续批的批称为孤立批。

（2）单位产品：为了实施抽样检查而对产品划分的基本单位。单位产品可按自然划分，如一批灯泡中的每个灯泡称为一个单位产品。有些时候必须人为规定，如一米布、一匹布等。

（3）批量和样本大小：批量是指批中包含的单位产品个数，以 N 表示。样本大小是指随机抽取的样本中单位产品个数，以 n 表示。

（4）两类风险 α 和 β：由于抽样检验的随机性，将本来合格的批，误判为拒收的概率，称为第Ⅰ类风险或生产方风险，以 α 表示，这类风险对生产方不利；而本来不合格的批，误判为可接受的概率称为第Ⅱ类风险或使用方风险，以 β 表示，这类风险对使用方不利。

（二）抽样检验的抽样方案分类

1. 按产品质量特性分类

①计数抽样方案：单位产品质量特征值为计点值（缺陷数）或计件值（不合格品数）的抽样方案。

②计量抽样方案：单位产品质量特性值为计量值（强度、尺寸等）的抽样方案。

2. 按抽样方案的制订原理分类

①标准型抽样方案：该方案是为同时保护生产方利益和使用方利益，预先限制生产方风险 α 的大小而制定的抽样方案。

②挑选型抽样方案：是指对经检验判为合格的批，只替换样本中的不合格品；而对于经检验判为拒收的批，必须全检，并将所有不合格品全部替换成合格品。

③调整型抽样方案：该类方案由一组方案（正常方案、加严方案和放宽方案）和一套转移规则组成，根据过去的检验资料及时调整方案的宽严。该类方案适用于连续批产品。

3. 按抽样的程序分类

①一次抽样方案：仅需从批中抽取一个大小为 n 的样本，便可判断该批接受与否。

②二次抽样方案：抽样可能要进行两次，对第一个样本进行检验后，可能有三种结果：接受，拒收，继续抽样。若得出“继续抽样”的结论，则抽取第二个样本进行检验，最终做出接受还是拒收的判断。

③多次抽样：多次抽样可能需要抽取两个以上具有同等规模的样本，最终才能对批做出接受与否的判定。多次抽样操作复杂，需做专门训练，因此，通常采用一次或二次抽样方案。

第五节　企业质量改进

一、质量改进的含义

在现代经营中，企业的竞争呈现出日益加剧的趋势，顾客的需要和期望也处在持续的变化之中。在这种情况下，持续不断的质量改进工作已经成为组织在激烈的竞争中生存和发展的关键。组织必须将质量改进工作确定为长期的、持续的过程，在这一过程中最高管理者应当发挥重要的作用。

质量管理活动的两种类型：一类是维持现有的质量，其方法是“质量控制”。另一类是改进目前的质量，其方法是主动采取措施，使质量在原有的基础上有突破性的提高，即“质量改进”。质量改进的含义包括以下内容：

1. 质量改进的对象

包括产品（或服务）质量以及与它有关的工作质量，也就是通常所说的产品质量和工作质量两个方面。前者如电视机厂生产的电视机实物的质量，饭店的服务质量等；后者如企业中供应部门的工作质量，车间计划调度部门的工作质量等。因此质量改进的对象是全面质量管理中所叙述的“广义质量”概念。

2. 质量改进的效果在于“突破”

质量改进与质量控制是紧密相关的，质量控制是质量改进的前提，质量改进是质量控制的发展方向，控制意味着维持其质量水平，改进的效果则是突破或提高。质量控制是面对“今天”的要求，而质量改进是为了“明天”的需要。

3. 质量改进是一个变革和突破的过程

质量改进是一个变革和突破的过程，该过程也必然遵循 PDCA 循环的规律。质量改进是“永无止境”的。

4. 偶然性缺陷与长期性缺陷

在质量管理过程中，既要及时排除产品的质量缺陷，又要保证产品质量的继续提高。缺陷是质量管理的主要对象，缺陷是指不满足预期的使用要求，即指一种或多种质量特性偏离了预期的使用要求。一般情况下，质量缺陷分为偶然性质量缺陷和长期性质量缺陷两种类型。

（1）偶然性质量缺陷是指产品质量突然恶化所造成的缺陷，它是生产过程中的系统偏差所造成的。由于偶然性质量缺陷影响生产的进展，因此需要立即采取措施使生产恢复正常。它类似产品质量的“急性病”，对其采取的对策方式是“救火方式”，其目的仅局限于“恢复常态”。

（2）长期性质量缺陷是指产品质量长期处于低水平状态所造成的缺陷。它是生产过程中随机偏差的综合影响所造成的。人们虽然对它有所察觉，但习以为常，缺乏采取措施的紧迫感。例如，某车间不合格品率由15%下降到4%，并长期停滞在该水平上，人们认为4%的不合格品率是天经地义之事，从而不思改进。长期性质量缺陷不易引起人们的重视，所造成的经济损失远远高于偶然性质量缺陷。长期性质量缺陷类似产品质量的“慢性病”，对其采取的对策方式是“质量突破”方式，其目的是“层次提高”。

二、质量控制和质量改进的区别和联系

质量控制是消除偶发性问题，使产品质量保持在规定的水平，即质量维持；而质量改进是消除系统性问题，对现有的质量水平在控制的基础上加以提高，使质量达到一个新水平。

1. 两者的区别

当产品或服务质量不能满足规定的质量要求时，质量控制可以使之满足质量要求，从而提高质量水平；当产品质量已满足规定要求时，质量改进的作用是致力于满足比规定要求更高的要求，从而不断提高顾客的满意程度。

质量改进是通过不断采取纠正和预防措施来增强企业的质量管理水平，使产品的质量不断提高；而质量控制主要是通过日常的检验、试验调整和配备必要的资源消除异常波动，使产品质量维持在一定的水平。

2. 两者的联系

质量控制与质量改进是互相联系的。质量控制的重点是防止差错或问题的发生，充分发挥现有的能力；而质量改进的重点是提高质量保证能力。首先要搞好质量控制，充分发挥现有控制系统的能力，使全过程处于受控状态；然后在控制的基础上进行质量改进，使质量达到一个新水平。没有稳定的质量控制，质量改进的效果就无法保持。

三、质量改进的策略

目前世界各国均重视质量改进的实施策略，但方法各不相同。美国麻省理工学院Robert Hayes教授将其归纳为两种类型：“跳跃型”质量改进和“递增型”质量改进。

1. “跳跃型”质量改进策略

这种策略认为，当客观要求需要进行质量改进时，公司或企业的领导者就要做出重要的决定，集中最佳的人力、物力和时间来从事这一工作。其特点是：两次质量改进的时间间隔较长，改进的目标值较高，而且每次改进均需投入较大的力量。该策略的优点是成效较大，但不具有“经常性”的特征，难以养成在日常工作中“不断改进”的观念。它关注质量的创新，实行的是大规模、彻底的过程或产品再设计。

2. “递增型”质量改进策略

这种策略认为，最重要的是每天每月都要改进各方面的工作，即使改进的步子很微

小，但可以保证无止境的改进。其特点是，将质量改进列入日常的工作计划中，保证改进工作不间断地进行，由于改进的目标不高，改进的内容不受限制，所以具有广泛的群众基础。它实行的质量改进是长期逐步的、微小的，组织的是全方位改良。但这种措施缺乏计划性，力量分散，所以不适用重大的质量改进项目。

这两种质量改进策略的区别在于，质量改进阶段的划分及改进的目标效益值的确定有所不同。

四、戴明环与朱兰质量改进方法

（一）戴明环（PDCA 循环）

1. PDCA 循环的含义

PDCA 循环，又称戴明环，由戴明博士提出，包括计划（Plan）、执行（Do）、检查（Check）和处理（Action），是全面质量管理的科学工作程序和基本方法。通过带有反馈的闭环系统进行无休止的质量改进活动，其核心是不断提高顾客的满意度。

2. PDCA 循环的步骤和方法（如表 10-3 所示）

表 10-3　**PDCA 循环的步骤和方法**

阶段	步骤	主要方法
P	1. 分析质量现状，找出问题	排列图、直方图、控制图
	2. 分析各种影响因素或原因	因果图
	3. 找出主要影响因素或原因	排列图、相关图
	4. 针对主要原因，制订计划	回答“5W1H”——“Why，What，Who，When，Where，How”
D	5. 执行、实施计划	
C	6. 检查计划执行结果	排列图、直方图、控制图
A	7. 总结经验教训，制定标准	制定或修改工作规程、检查规程及其他有关规章制度
	8. 把未解决或新出现的问题转入下一个 PDCA 循环。	

3. PDCA 循环的特点

（1）周而复始，大环带小环。如果把整个企业的工作作为一个大的 PDCA 循环，那么各个部门、小组还有各自小的 PDCA 循环，就像一个行星轮系一样，大环带动小环，一级带一级，有机地构成一个运转的体系。

（2）阶梯式上升。PDCA 循环不是在同一水平上循环，每循环一次，就解决一部分问题，取得一部分成果，工作就前进一步，水平就提高一步。到了下一次循环，又有了新的目标和内容，更上一层楼。

（3）科学管理方法的综合应用。PDCA 循环应用以 QC 七种工具为主的统计处理方法作为发现、解决问题的工具。

（二）朱兰质量改进方法

其核心思想是持续地削减由质量问题造成的相关成本（慢性浪费），强调质量改进活动的效果与速度。朱兰质量改进的一系列“通用措施”包括：争取高层管理者的支持；确立质量改进项目；改进团队的组建；诊断原因；解决问题；成果控制。

◎思考题：

1. 质量的内涵是什么？
2. 简述质量发展的三个阶段。
3. 简述排列图法与因果图法各自的特点与作用。
4. 控制图的基本原理是什么？
5. 什么是过程能力和过程能力指数？
6. 全数检验和抽样检验各有何特点？什么情况下应采取全数检验，什么情况下应采取抽样检验？

◎案例分析：

小李与项目管理

A公司近期成功中标当地政府机构某信息中心的信息安全系统开发项目。公司任命小李为项目经理，配备了信息安全专家张工，负责项目的质量保证和关键技术。

小李为项目制订了整体进度计划，将项目分为需求、设计、实施和上线试运行四个阶段。项目开始后，张工凭借其丰富的经验使开发过程得到了很好的质量保证，需求和设计顺利通过了张工的把关。小李认为后续阶段不会有什么太大问题。开发阶段过半时，公司领导通知小李发生了两件事。第一是公司承揽新项目，需要张工调离；第二是信息中心进行人事调整，更换了负责人。小李向公司领导承诺，一定做好配合工作，保质保量完成项目。

张工调离后，小李亲自负责质量保证和技术把关。项目实施阶段完成后，信息中心新领导对该系统相当重视，委派信息中心技术专家到现场调研和考察。小李为此专门组织技术人员与信息中心技术专家讨论软件开发技术，查看部分关键代码，并考察了部分程序的运行结果。现场考察后，信息中心技术专家认为A公司编写的代码不规范，存在安全隐患，关键部分执行效率无法满足设备要求，不具备上线试运行的条件。

信息中心领导获悉上述情况后，决定邀请上级领导、业界有关专家并会同A公司主要负责人组织召开项目正式评审会。

资料来源：http://www.cnitpm.com/st/1423.html.

问题：

1. 请结合案例，分析小李在质量管理方面存在的问题。
2. 简要分析信息中心组织的正式评审会可能产生的几种结论。

第十一章 现代企业领导与艺术

☞内容提要：

本章介绍了领导与管理的区别，领导权力的来源，领导的一般理论与有效领导的要求，阐述了领导艺术的本质以及管理中的情境理论。

☞学习目标：

1. 了解领导与管理的区别；
2. 理解领导权力的来源；
3. 熟悉各种领导风格及相关理论；
4. 掌握情境理论。

☞学习提示：

1. 课外查阅相关资料，了解现代领导理论发展的新趋势；
2. 选择一两家企业实地了解企业领导者的领导艺术。

领导是管理工作中的一项重要职能。无数的企业实践表明，成功的管理者往往是组织群体中的领导者，他们对企业生存和顺利成长具有深远的影响。本章将总结领导的特征并且介绍领导的主要方法。

第一节 领导概述

一、领导概念的界定

（一）领导的概念

领导是一个在历史中形成的概念。领导是一种职能，就是影响组织成员或群体，使其为确立和实现组织或群体的目标而作出贡献和努力的过程。该职能包含着下面三个含义：

1. 领导者一定要有领导的对象

领导者一定要与群体或组织中的其他成员发生关系，这些人就是领导者的下属，或者说是被领导者，没有被领导者，领导工作就失去了意义。

2. 权力在领导者和被领导者之间的分配是不平等的

领导者拥有相对强大的权力，可以影响组织中其他成员的行为；而组织中其他成员却没有这样的权力，或者说其所拥有的权力并不足以改变其被领导的地位。领导者在权力方面的优越性是领导工作得以顺利进行的重要基础。

3．领导者对被领导者可以产生各种影响

领导的本质是影响力。领导者拥有影响其下属的思想和行动的权力。正是由于影响力的存在，领导者才能够对组织的活动施加影响，并使得组织或群体成员追随与服从。也正是由于被领导者的追随与服从，才能够保证领导者在组织、群体中的地位，并使领导过程成为可能。

（二）领导与管理的联系与区别

从上述定义中可以清楚地看到领导与管理是相互关联的，但两者之间并不是等同的关系。

1．联系

从行为方式看，两者都是一种在组织内部通过影响他人的协调活动，实现组织目标的过程。从权力的构成看，两者也都是组织层级的岗位设置的结果。

2．区别

从本质上看，管理是建立在合法的、有报酬的和强制性权力基础上的对下属发布命令的行为。而领导则可以建立在合法的、有报酬的和强制权力的基础上，也可以并且更多地是建立在个人品质和专长的影响力以及模范作用的基础上，且两者所担负的工作内容不同。它们的具体区别如表 11-1 所示。

表 11-1　**管理和领导的区别**

比较项目	管　理	领　导
职能	管理的范围大	领导行为是属于管理的范围
岗位	管理者未必是领导者	领导者必定是管理者
制订计划	为达成目标，制订出详细的步骤和计划进度，进行资源分配	展现未来的前景与目标，指明达到远景目标的战略
组织和人员配备	组建所需组织结构及配备人员，规定权责关系，制定具体政策和规程，建立一系列的制度监督下属的工作状况	重在指导人员。同协作者沟通，指明方向、路线。帮助人们更好理解目标、战略及实现目标后的效益。引导人们根据需要组建工作组、建立合作伙伴关系
执　行	在执行中强调采用控制的方式来解决问题。通过具体的详细的计划监督进程和结果	一般采取鼓动和激励的方式。在思想上动员和鼓励人们克服工作中的障碍与困难，推动各项工作顺利开展
成　果	建立在某种程度上的可预见性和秩序，并且有可能为不同的利益相关者创造一致的和重大的成果	往往带来戏剧性的变革，有能力制造极端有用的变革

二、领导权力的来源

领导实质上是一种对他人的影响力，即管理者对下属及组织行为的影响力，这种影响力能改变或推动下属及组织的心理与行动，为实现组织目标服务。这种影响力可以称为领导力量或者领导者影响力，管理者对下属及组织施加影响力的过程就是领导的过程。领导者对下属及组织的影响力来自两方面：一是权力（又称为制度权力）影响力，二是非权力（又称为个人权力）影响力。

（一）权力影响力

1. 权力影响力

权力影响力包括法定的权力、强制的权力、奖励的权力。它由组织正式授予管理者并受组织规章的保护。这种权力与特定的个人没有必然的联系。它只同职务相联系。权力是管理者实施领导的基本条件。没有这种权力，管理者就难以有效地影响下属，实施真正的领导。

第一，法定的权力来自于上级的任命。组织正式授予领导者一定的职位，从而使领导者占据权势地位和支配地位，使其有权对下属发号施令。这种支配权，是管理者的地位或其在权力阶层中的角色所赋予的。

第二，强制的权力是和惩罚权相联系的迫使他人服从的力量。在某些情况下，领导者是依赖于强制的权力与权威施加影响的，对于一些心怀不满的下属来说，他们不会心悦诚服地服从领导者的指示，这时领导者就运用惩罚权迫使其服从。这种权力的基础是下属的惧怕。这种权力对那些认识到不服从命令就会受到惩罚或承担不良后果的下属的影响力是最大的。

第三，奖励的权力是在下属完成一定的任务时给予相应的奖励，以提高下属的积极性。这种奖励包括物质奖励如奖金等，也包括精神的奖励如晋升等。依照交换原则，领导者通过提供心理或经济上的奖酬来换取下属的遵从。

2. 影响权力影响力的主要因素

权力影响力的影响因素主要有：

第一，传统观念。几千年的社会生活，使人们对领导者形成心理观念，由此产生了对领导者的服从感。由于这种传统观念从小就影响着每一个人的思想，从而增强了领导者言行的影响力。

第二，职位因素。由于领导者凭借所授予的指挥他人开展具体活动的权力，可以左右被领导者的行为、处境，甚至前途命运，从而使被领导者对领导者产生敬畏感。领导者的职位越高，权力越大，下属对他的敬畏感越强，领导者的影响力也越大。

第三，资历的影响。一个人的资历与经历是历史性的东西，它反映了一个人过去的情况。一般而言，人们对资历较深的领导者，心目中比较尊敬，因此其言行也容易在人们的心灵占据一定的位置。

权力是通过正式的渠道发挥作用的。当领导者担任管理职务时，由传统观念、职位、资历构成的权力的影响力会随之产生，当领导者失去管理职位时，这种影响力将大大削弱甚至消失。

（二）非权力影响力

1．非权力影响力

非权力影响力包括专长影响力和品质影响力：

专长影响力是指领导者具有各种专门知识和特殊技能或学识渊博而获得同事及下属的尊重和佩服，从而在各项工作中显示出的在学术或专长上的举足轻重的影响力。这种影响力的影响基础通常是狭窄的，仅限于专长范围之内。

品质影响力是指由于领导者优良的作风、思想水平、品德修养，而在组织成员中树立的德高望重的影响力。这种影响力是建立在下属对领导者承认的基础之上的，它通常与具有超凡魅力或名声卓著的领导者相联系。

2．影响非权力影响力的主要因素

非权力影响力的影响因素有以下几个方面：

第一，品格。主要包括领导者的道德、品行、人格等，优秀的品格会给领导者带来巨大的影响力。因为品格是一个人的本质表现，好的品格能使人产生敬爱感，并能吸引人，使人模仿。下属常常希望自己能像领导者一样。

第二，才干。领导者的才干是决定其影响力大小的主要因素之一。才干通过实践来体现，主要反映在工作成果上。一个有才干的领导者，会给事业带来成功，从而使人们对他产生敬佩感，吸引人们自觉地接受其影响。

第三，知识。一个人的才干是与知识紧密地联系在一起的。知识水平的高低主要表现在对自身和客观世界认识的程度。知识本身就是一种力量。知识丰富的领导者，容易取得人们的信任，并由此产生信赖感和依赖感。

第四，感情。感情是人的一种心理现象，它是人们对客观事物好恶倾向的内在反映。人与人之间建立了良好的感情关系，便能产生亲切感；相互的吸引力越大，彼此的影响力也越大。因此，一个领导者平时待人和蔼可亲，关心体贴下属，与群众的关系融洽，他的影响力就往往较大。

受品格、才干、知识、感情因素影响的非权力影响力，是由领导者自身的素质与行为造就的。在领导者从事管理工作时，它们能增强领导者的影响力。在领导者不担任管理职务时，这些因素仍会对人们产生较大的影响。

领导工作有效性的核心内容就是领导者影响力的大小及有效程度。管理者要实施有效的领导，最关键的就是要增强其对下属及组织影响力的强度与有效性。

（三）权力的运用

管理者或领导者如何运用权力？一种方法是合乎要求，这是以合法权力为基础的。管理者要求下属服从，因为下属认识到组织授予了管理者提出要求的权力。管理者和下属间绝大多数日常接触属于这一类型。另一种运用权力的方式是工具性服从，它是以激励的强化理论为基础的。下属服从是为了换取管理者所控制的奖励。假设管理者要求下属做本职以外的工作，例如在周末加班，停止同一个有长期关系的采购商的业务或发布坏消息，如果下属服从，则管理者以表扬或奖金作为交换。下一次下属被要求做此类事情时，他就会知道服从可以换取更多的奖励。因此，工具性服从的基础是明确重要的绩效奖励机制。

当管理者暗示拒绝接受指令的下属将会受到惩罚、解雇或申斥时，他运用权力的方式是强制。理性说服是管理者向下属证明服从是符合下属最佳利益的一种方法。例如，经理可能会告诉下属工作变动对其职业发展有利。在某种程度上，理性说服类似奖励权力，只不过经理实际并不控制这样的权力。

个人认同也是一种运用权力的方式。管理者可能认识到他对某一下属拥有参考权力，他通过自己的示范来影响下属。也就是说，管理者有意识地成为下属的模范，并利用个人认同的力量。另一种做法是鼓舞性的要求。参考权力在很大程度上决定了鼓舞性要求能否成功，因为它的效果至少部分地取决于领导的说服能力。

一种可疑的运用权力的方法是信息扭曲。管理者通过隐瞒或干扰信息影响下属的行为。例如，经理同意根据大家的意见挑选团队成员，但他在心中已经偏向某一候选人，于是他有意隐瞒其他候选人的优点以促成他所中意的人入选。这种做法是十分危险的，是不合乎伦理的。一旦下属发现这种行为，管理者将失去下属的信任。

三、领导的作用

（一）带领组织成员共同实现组织目标

领导工作的一个重要作用就在于引导组织中的全体人员有效地理解和领会组织目标，协调组织成员的关系和活动，使组织成员充满信心、步调一致地朝着共同的目标前进。

（二）指挥作用

在组织活动中，需要有高瞻远瞩、运筹帷幄的领导者，帮助组织成员认清所处的环境和形势，指明组织活动的目标和实现目标的途径。领导者通过激励、沟通、指挥、指导活动，推动组织成员最大限度地实现组织的目标。在整个活动中，要求领导者作为带头人来引导组织成员前进，鼓舞人们去奋力实现组织的目标。只有这样，才能真正发挥指挥的作用。

（三）有利于调动组织成员的积极性

从事社会活动的人是具有不同的需求、欲望和态度的。人的身上蕴藏着任何一个组织所需要的生产力。领导者可以诱发这一力量，通过领导工作能够调动组织中每个组织成员的积极性、主动性和创造性，使其以高昂的士气自觉、自动地为组织做出贡献。

（四）有利于个人目标与组织目标趋于统一

人们的个人目标有很多，并且也不统一，有的是为获得高收入，有的是为名望，有的是为工作的挑战性，有的是为得到上级领导的认可与肯定，有的是为实现自我价值，等等，不一而足。一旦人们加入某个组织，就会想方设法去努力实现自己的个人目标，但是，个人目标与组织目标不见得一致，长此以往，将不利于组织目标的实现。通过领导工作，可以帮助人们认识个人对组织、对社会所承担的义务，让人们体察到个人与组织的密切关系，进而使他们主动地放弃一些不切实际的要求，自觉地服从于组织目标。所以，领导者要创造一种环境，在实现组织目标的同时，在条件允许的范围内，满足个人的需求，使人们对组织产生自然的信赖和依赖的感情，从而为加速实现组织目标而做出努力。

第二节　领导理论

研究有关领导问题的理论可以归结为三大类：领导特性理论、领导行为理论和领导权变理论。

一、领导特性理论

领导特性理论是最古老的领导理论。管理学家对领导特性进行了长期的研究。他们关注领导者个人性格，并试图确定能够造就伟大领导者的共同特性。这实质上是对领导者素质进行的早期研究。

管理学家的研究主要集中在三个方面：第一，身体特征，如领导者的身高、体重、体格健壮程度、容貌和仪表等；第二，个性特征，如领导者的魅力、自信心和心理素质等；第三，才智特征，如领导者的判断力、语言表达才能和聪慧程度等。

在20世纪前半叶，为了找出重要的领导特性，人们进行了大量的研究。但是，在绝大多数情况下，结果是令人失望的，因为总是可以找出一长串例外。而且选拔出来的领导特性越来越多，失去了实际意义。即使一开始看上去有效的领导特性也存在着多种不同的解释。例如，许多领导人都表现出良好的沟通技巧和自持力。但是，这些特性与其说是原因，还不如说是他们在获得领导地位之后的表现。

尽管一些杰出的领导者的特性差异很大，很难确定几条完全统一的公认特性，但20世纪90年代，特性理论研究者还是提出了一些领导特性：

第一，努力进取。成功的领导者必须具有对成功的强烈欲望，勇于进取，奋斗不息。

第二，领导动机。有强烈的权力欲望，在领导他人取得成功的过程中获得满足和自我激励。

第三，正直。领导者必须胸怀正义，言行一致，诚实可信。

第四，自信。面对挑战与困境，领导者能充满自信，并能坚定其下属的信心。

第五，业务知识。高水平的领导必须有很高的业务素质。

第六，感知别人的需要与目标，并具备有针对性地调整自己的领导方式的能力。

二、领导行为理论

领导行为理论认为，领导者最重要的不是领导者个人的性格特征，而是领导者实际在做什么。主要的理论有密执安大学的研究、俄亥俄州立大学的研究和管理方格理论等。

（一）密执安大学的研究

密执安大学的研究者在李克特的领导下于20世纪40年代末开始研究领导行为。根据对大量领导（经理）与追随者（下属）的研究，研究者试图比较群体效率如何随领导者的行为变化而变化。这项研究的目的，原本是打算弄清楚获得预期的绩效和满意水平的基本原理以及寻找有效的领导方式类型，结果发现了两种不同的领导方式。

一种是工作（生产）导向型的领导行为。这种领导方式关心工作的过程和结果，并用密切监督和施加压力的办法来获得良好绩效、满意的工作期限和结果评估。对这种领导者而言，下属是实现目标或任务绩效的工具，而不是和他们一样有着情感和需要的人，群体任务的完成情况是领导行为的中心。

另一种是员工导向型领导行为。这种领导方式表现为关心员工，并有意识地培养与高绩效的工作群体相关的人文因素，即重视人际关系。员工导向型领导者把他们的行为集中在对人员的监督，而不是对生产的提高上。他们关心员工的需要、晋级和职业生涯的发展。

密执安大学的研究人员发现，在领导方式员工导向型的组织中，生产的数量要高于领导方式工作导向型组织的生产数量。另外，这两种群体的态度和行为也根本不同。在员工导向型的生产单位中，员工的满意度高，离职率和缺勤率都较低。在工作导向型的生产单位中，产量虽然不低，但员工的满意度低，离职率和缺勤率都较高。在这种经验观察的基础上，密执安大学领导行为方式研究的结论是，员工导向型领导者与高的群体生产率和高满意度相关，而工作导向型领导者则与低的群体生产率和低满意度相关。

（二）俄亥俄州立大学的研究

大约在密执安大学对领导方式展开研究的同一时期，美国俄亥俄州立大学的研究人员弗莱西曼（E. A. Fleishman）和他的同事们也在进行关于领导方式的比较研究。他们的研究样本是国际联合收割机公司的一家卡车生产厂。俄亥俄州立大学采用密集问卷的方法搜集数据，他们的研究结果本来罗列了十种不同的领导方式，但最后，他们把这十种类型进一步分为两个维度，即领导方式的关怀维度和定规维度。

关怀维度代表领导者对员工之间以及领导者与追随者之间的关系、相互信任、尊重和友谊的关心，即领导者信任和尊重下属的程度。定规维度代表领导者构建任务、明察群体之间的关系和明晰沟通渠道的倾向，或者说，为了实现组织目标，领导者界定和构造自己与下属的角色的倾向程度。该项研究说明，一个领导者的行为在每一种维度中可以出现很大的变化。领导者在每种维度中的位置，通过对两种维度的问卷调查测度。根据这样的分类，领导者可以分为四种基本类型，即高关怀—高定规、高关怀—低定规、低关怀—高定规和低关怀—低定规。

俄亥俄州立大学的这项研究发现，在两个维度方面皆高的领导者，一般更能使下属达到高绩效和高满意度。不过高—高型风格并不总是产生积极效果，而其他三种维度组合类型的领导者行为，普遍与较多的缺勤、事故、抱怨以及离职有关。其他发现还有，领导者的直接上级给领导者的绩效评估等级与高关怀性负相关。

（三）管理方格理论

密执安大学和俄亥俄州立大学的研究结果发表以后，引起了人们对理想的领导方式的广泛讨论。一般的看法是，理想的领导行为既要是绩效型的又要是关怀型的。对这种理想的领导方式加以综合的重要成果，是美国得克萨斯大学的布莱克（Blake）和穆顿（Mouton）提出的关于培养领导方式的管理方格理论。这一理论充分概括了上述两项研究所提炼的员工导向和生产导向维度。在这种领导方式理论中，首先对管理人员按他们的绩效导向行为（称为对生产的关心）和维护导向行为（称为对人员的关心）进行评估，给出等级分值。然后以此为基础，把分值标注在两个维度的坐标界面上，并在这两个维度的坐标轴上分别划出 9 个等级，从而生成 81 个方格，每个方格代表一种对“生产”和

“人”关心的不同程度的组合形成的领导行为。管理方格示意图如图 11-1 所示。

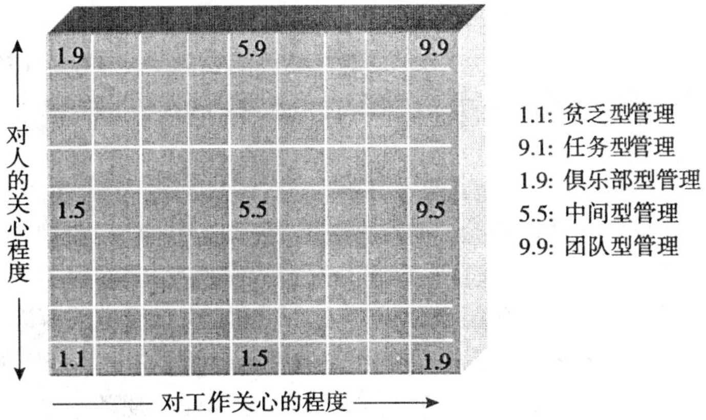

图 11-1　管理方格示意图

布莱克和穆顿的管理方格中列出了五种典型的领导方式：

（1）1.1 型方式，称为贫乏型管理。这种方式用最少的努力来完成任务和维持人际关系，对生产和职工都很少关心，实质上是放弃了领导职责，无疑会导致企业的失败。

（2）1.9 型方式，称为俱乐部型管理。这种方式对员工特别关心，形成了和谐的组织气氛，但很少甚至不关心生产。因为这种领导者认为只要员工精神愉快，生产自然会好。这种管理的结果可能很脆弱，一旦和谐的人际关系受到影响，生产成绩会随之下降。

（3）9.1 型方式，称为任务型管理。这种方式只注重任务的完成，很少甚至不关心人。这种领导者希望将个人因素的干扰减少到最低程度，以求得生产的高效率，但这种专制的领导方式可能造成员工离心离德，情绪低落。

（4）9.9 型方式，称为团队型管理。这种方式对人和生产的关心都到了最高点。在这种方式下，职工关系协调，士气旺盛，企业目标与职工利益紧密结合，上下一心地完成任务。

（5）5.5 型方式，中间型管理。这种方式对人和生产都有适度的关心，使必须完成的工作与维持令人满意的士气保持平衡，以取得充分的业绩。这种领导方式追求平衡，但不追求卓越，从长远看，可能使企业落伍。

根据这一理论，理想的管理行为类型是 9.9 型。为了形成这一行为风格，可以利用相关课程进行培训，许多企业运用管理方格理论获得了适度的成功，但是，它的真正效力缺乏科学证据的支持。

领导行为理论在当代领导理论的发展中起到了重要的作用。它告诉我们不要对领导是什么有先入之见（领导特质），而是要关注领导做什么（行为）。但是，这些领导理论同样对有效领导的构成作出了普遍的规定。在对复杂的社会系统进行分析时，几乎没有哪种关系是持续有效的，因此不可能出现公式。行为理论家试图发现在领导行为和员工反应之间存在一致性的关系，他们总是失败。另外，也没有实质性证据支持在所有情况下，9.9

型领导方式都是最有效的方式。在不同的社会、经济、文化和政治背景中，管理者领导方式的优劣，并不是简单地通过中性或平衡的分布就能够陈述的。这说明，领导行为理论并不是对领导方式的最佳研究，领导方式的研究应是多角度的。因此需要另一种理解领导的理论。促成新理论产生的原因是尽管人际维度和任务导向维度有助于描述领导行为，但却无法用于预测或指导领导行为。领导理论发展的下一步将是领导权变理论。

三、领导权变理论

领导权变理论又称领导情境理论，是在领导特性理论与领导行为理论的基础上发展起来的，反映了现代管理理论发展的重要趋势。领导权变理论认为，世界上不存在一种普遍适用、唯一正确的领导方式，只有结合具体环境，采取因时、因地、因事、因人制宜的领导方式，才是有效的领导方式。有影响力的领导权变理论主要有：菲德勒的权变理论，罗伯特·豪斯的路径—目标理论，赫塞和布兰查德的领导生命周期理论等。

（一）菲德勒权的权变理论

领导权变理论认为不存在一种“普遍适用”的领导方式，领导工作强烈地受到领导者所处的客观环境的影响。或者说，领导和领导者是某种既定环境的产物，即

$$S=f\ (L\times F\times E)$$

在上式中，S 代表领导方式，L 代表领导者特征，F 代表追随者特征，E 代表环境。即领导方式是领导者特征、追随者特征和环境的函数。

领导者特征主要指领导者的个人品质、价值观和工作经历。追随者特征主要指追随者的个人品质、工作能力、价值观等。环境主要指工作特征、组织特征、社会状况、文化影响、心理因素等。工作是具有创造性还是简单重复，组织的规章制度是比较严密还是宽松，社会时尚是倾向于追随服从还是推崇个人能力等，都会对领导方式产生强烈的影响。

菲德勒的领导权变理论是比较有代表性的一种领导权变理论。该理论认为各种领导方式都可能在一定环境内有效，这种环境是多种外部因素与内部因素的综合作用体。

菲德勒将领导权变理论具体化为三个方面：

（1）职位权力。所谓职位权力是指领导者所处的职位具有的权威和权力的大小，或者说领导的法定权、强制权、奖励权的大小。权力越大，群体成员遵从指导的程度越高，领导的环境也就越好；反之，则越差。

（2）任务结构。任务结构是指任务的明确程度和部下对这些任务的负责程度。如果这些任务越明确，而且部下责任心越强，则领导环境越好；反之，则越差。

（3）上下级关系。上下级关系是指下属乐于追随的程度。如果下级对上级越尊重，并且乐于追随，则上下级关系越好，领导环境也越好；反之，则越差。

菲德勒设计了一种问卷来测定领导者的领导方式。该问卷的主要内容是询问领导者对最不与自己合作的同事（LPC）的评价。如果领导者对这种同事的评价大多用敌意的词语，则该领导趋向于工作任务型的领导方式（低 LPC 型）；如果评价大多用善意的词语，则该领导趋向于人际关系型的领导方式（高 LPC 型）。

菲德勒认为环境的好坏对领导的目标有重大影响。对低 LPC 型领导来说，比较重视工作任务的完成。如果环境较差，他将首先保证完成任务；当环境较好时，任务能够完

成，这时他的目标将是搞好人际关系。对高 LPC 型领导来说，比较重视人际关系。如果环境较差，他将首先将人际关系放在首位；当环境较好时，人际关系也比较融洽，这时他将努力完成工作任务。领导目标与环境关系示意图如图 11-2 所示。

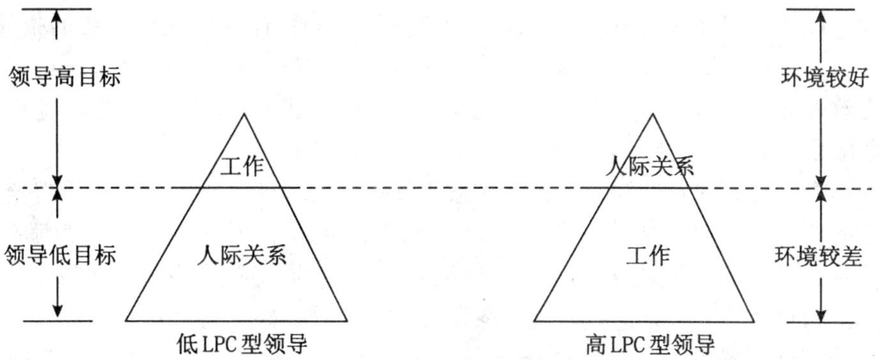

图 11-2　领导目标与环境关系示意图

菲德勒对 1200 个团体进行了抽样调查，在各种情境与领导风格和群体效能之间建立起了联系。表 11-2 中总结了这些研究的成果和理论方法。

表 11-2　**菲德勒模型**

人际关系	好	好	好	好	差	差	差	差
工作结构	简单	简单	复杂	复杂	简单	简单	复杂	复杂
职位权力	强	弱	强	弱	强	弱	强	弱
	Ⅰ	Ⅱ	Ⅲ	Ⅳ	Ⅴ	Ⅵ	Ⅶ	Ⅷ
环境	好		中等			差		
领导目标	高		不明确			低		
低 LPC 型领导	人际关系		不明确			工作		
高 LPC 型领导	工作		不明确			人际关系		
最有效方式	低 LPC 型		高 LPC 型			低 LPC 型		

领导环境决定了领导的方式。在环境较好的Ⅰ、Ⅱ和环境较差的Ⅶ、Ⅷ情况下，采用低 LPC 型领导方式，即工作任务型的领导方式比较有效。在环境中等的Ⅲ、Ⅳ和Ⅴ情况下，采用高 LPC 型领导方式比较有效，即人际关系型的领导方式比较有效。

菲德勒认为，个体的领导风格基本上是定型和无法改变的，他们不可能改变行为以适应特定情境的要求，因为领导风格是同特定的人格特质联系在一起的。因此，如果领导风格与情境不相匹配，菲德勒的建议是改变情境来适应领导风格。

菲德勒的权变理论受到了批评，因为它并不总是得到研究结论的支持，他的发现还可以用其他理由来解释，LPC量表缺乏有效性，关于领导风格没有灵活性的假设也是不真实的。

（二）路径—目标理论

路径—目标理论是罗伯特·豪斯（Robert House）提出的一种领导权变理论。

该理论认为，领导者的工作是帮助下属实现他们的目标，并提供必要的指导和支持，以确保各自的目标与群体或组织的总体目标一致。“路径—目标”的概念来自于这样的观念，即有效领导者能够通过明确指明实现工作目标的方式来帮助下属，并为他们清除各种障碍和危险，从而使下属的相关工作容易进行。

根据路径—目标理论，领导者的行为被下属接受的程度，取决于下属是将这种行为视为获得当前满足的源泉，还是作为未来获得满足的手段。领导者行为的激励作用在于：（1）使下属需要的满足取决于有效的工作绩效；（2）提供获得有效绩效所必需的辅导、指导、支持和奖励。为考察这些陈述，豪斯确定了四种领导行为：

（1）指导型领导行为。这种领导行为的领导者让下属知道他对他们的期望是什么以及他们完成工作的时间安排，并对如何完成任务给予具体指导，这种领导类型与俄亥俄州立大学的定规维度相似。

（2）支持型领导行为。领导者十分友善，表现出对下属需要的关怀。当下属受挫和不满意时，这类领导行为对下属的业绩能产生最大的影响。它与俄亥俄州立大学的关怀维度相似。

（3）参与型领导行为。领导者与下属共同磋商，并在决策之前充分考虑他们的建议。

（4）成就导向型领导行为。领导者设定富有挑战性的目标，并期望下属发挥出自己的最佳水平。

路径—目标理论认为，对于一个领导者来说，没有什么固定不变的最佳领导行为，要根据不同的环境选用适当的领导方式。指导型的领导行为适合于不清晰的工作或领导没有经验的下属。但对于有广泛的经验的下属和清晰的工作，例如会计工作，指导型的领导行为只会令下属反感。当工作环境不好，下属感到灰心的时候，支持型的领导行为则最合适，可以使下属重新建立信心。参与型的领导行为最适合于领导有内在控制能力的下属，由于他们认为自己具有影响力，因此特别喜欢参与决策。成就导向型的领导行为适合于复杂的工作，因为这种行为可以通过加强下属完成工作的信心来增加他们的努力程度，从而改善工作表现。

路径—目标理论提出了两类情境变量作为领导行为与结果之间关系的中间变量，即环境因素（任务结构、正式权力系统和工作群体）和下属的个人特点（控制点、经验和知觉能力）。控制点是指个体对环境变化影响自身行为的认识程度。根据这种认识程度的大小，控制点分为内向控制点和外向控制点两种。内向控制点是说明个体充分相信自我行为主导未来而不是环境控制未来的观念，外向控制点则是说明个体把自我行为的结果归于环境影响的观念。依此，下属分为内向控制点和外向控制点两种类型。环境因素和下属个人特点决定着领导行为类型的选择。这一理论指出，当环境因素与领导者行为相比重复或领导者行为与下属特点不一致时，效果皆不佳。

以下是路径—目标理论引申出的一些假设范例：

（1）相对于具有高度结构化和安排完好的任务来说，当任务不明或压力过大时，指导型领导可以产生更高的满意度。

（2）当下属执行结构化任务时，支持型领导可以导致员工高绩效和高满意度。

（3）指导型领导不太适合于知觉能力强或经验丰富的下属。

（4）组织中的正式权力关系越明确、越层级化，领导者越应表现出支持型行为，并降低指导型行为。

（5）内向控制点的下属，比较满意于指导型风格。

（6）当任务结构不清时，成就导向型领导将会提高下属的努力水平，从而达到高绩效的预期。

路径—目标理论表明了不同的领导行为如何影响员工的激励。个人特征和环境特征则决定了什么行为导致什么结果。路径—目标理论是一个动态的和未完成的模型。它最初的意图是用一般述评描述理论，来帮助未来的研究者探索各种关系并修正理论。研究表明，路径—目标理论是对领导过程合理的、良好的描述，继续下去的研究将帮助我们更好地理解领导与激励的关系。

（三）领导生命周期理论

另外一种领导情境理论，是由美国管理学者保罗·赫塞（Paul Hersey）和肯尼斯·布兰查德（Kenneth Blanchard）提出的。他们补充了另外一种因素，即领导在确定是任务绩效还是维持行为更重要之前应当考虑的因素——成熟度（maturity），并以此发展出领导生命周期理论。这一理论把下属的成熟度作为关键的情境因素，认为依据下属的成熟度水平选择正确的领导方式，决定着领导者的成功。

赫塞和布兰查德把成熟度定义为：个体对自己的直接行为负责任的能力和意愿。它包括工作成熟度（job maturity）和心理成熟度（psychological maturity）。工作成熟度是下属完成任务时具有的相关技能和技术知识水平。心理成熟度是下属的自信心和自尊心。高成熟度的下属既有能力又有信心做好某项工作。

领导生命周期理论提出了任务行为和关系行为这两种领导维度，并且将每种维度进行了细化，从而组合成四种具体的领导方式：

（1）指导型（telling）领导（高任务—低关系）。适用于下属成熟程度很低的情形，即被领导者既无能力也无意愿承担责任。这种情境下，领导者应该定义角色，告诉下属应该做什么、怎样做以及在何时何地做。

（2）推销型（selling）领导（高任务—高关系）。适用于下属成熟程度中等偏低（较低）的情形。这种情境下，由于被领导者虽有意愿承担责任但缺乏应有的能力，因此需要领导者提供指导与支持行为。

（3）参与型（participating）领导（低任务—高关系）。适用于被领导者有能力但不愿意承担责任的中等偏高（较高）成熟程度的情形。这种情境下，领导者与下属共同决策，领导者的主要角色是提供便利条件和进行沟通。

（4）授权型（delegating）领导（低任务—低关系）。这种情境下，领导者提供不多的指导或支持。

领导方式和下属的成熟度之间的关系如图 11-3 所示。

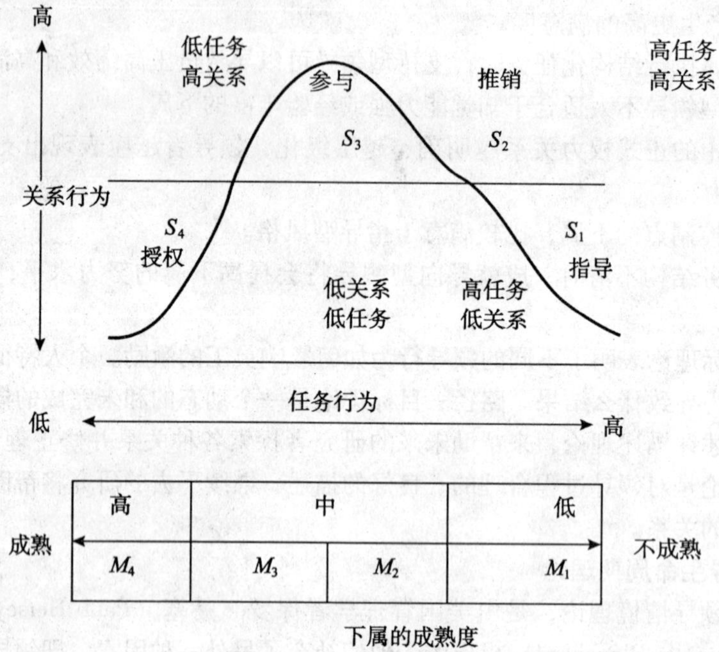

图 11-3　领导生命周期理论

图 11-3 中，S 代表四种领导方式，分别是授权、参与、推销和指导，它们依赖于下属的成熟度 M，M_1 代表低成熟度，M_4 代表高成熟度。

这样一来，赫塞和布兰查德就把领导方式和员工的行为关系通过成熟度联系起来，形成了一种周期性的领导方式。当下属的成熟度水平不断提高时，领导者不但可以减少对活动的控制，而且还可以不断减少关系行为。如指导型领导方式 S_1，是对低成熟度的下属而言的，表示下属需要得到明确而具体的指导。S_2 方式表示领导者需要高任务—高关系行为。高任务行为能够弥补下属能力的欠缺，高关系行为则试图使下属在心理上领悟领导者的意图。S_3 表示可以运用支持性、非指导性的参与风格有效激励下属。S_4 是对高成熟度的下属而言的，表示下属既有意愿又有能力完成任务。

和菲德勒的权变理论相比，领导生命周期理论更容易理解、更直观。但它只包括下属的特征，而没有包括领导行为的其他情境特征。因此，这种领导方式的情境理论算不上完善，但它对于深化领导者和下属之间的研究，具有重要的基础作用。

第三节　领导艺术

一、“领导艺术”的含义

所谓领导艺术，就是领导者在管理活动中，为了实现一定的组织目标，在自身知识、经验的基础上，富有创造性地运用领导原则和方法的才能。也可以说，领导艺术就是创造性地灵活运用管理原理和领导方法，提高领导活动效果，促进组织实现其目标的技能。

“领导艺术”既然称为“艺术”，就意味着它与领导方式、领导方法是不同层面的东西，它应该是一种超越了一般化领导方式和方法的、具有创造性的、达到完美程度的、技巧性的领导方式方法，或者说是具有艺术性的领导方式方法。

领导工作一旦达到艺术的高度，就会产生质的飞跃。因此，提高领导艺术，对于搞好领导工作具有重要意义。

二、领导艺术的特点

领导艺术是一种无固定模式可循的既确定又不确定的领导技能，是领导者个人品德、才能、情感、知识、经验、气度等各种因素的综合反映，与领导方法相比，表现出三个鲜明的特点：

（一）创造性

领导艺术之所以为艺术，全在于创造。其实质是领导者对领导方法的创造性运用，是领导者在科学思维方式的指导下的标新立异。可以说，领导艺术的本质和核心就是创造性。或者在思路的选择上，别出心裁，反其道而行之；或者在判断的结论上，独辟蹊径，发前人之所未发；或者在行为方式上，选择机动、迂回，在没有路的地方走出一条新路。

（二）非模式性

领导方法是众多领导经验的总结和概括，具有一般性和共同性；领导艺术则主要是个人经验、智慧的积累、提炼和升华，具有鲜明的个性。领导艺术可以借鉴，但绝无现成的模式可以机械地照抄照搬，也很难单纯从讲台、书本上套用。“师傅领进门，修行在个人”，方法和艺术的关系正如同“菜谱”和烹调艺术的关系。按照同一张菜谱，不同的厨师炒出来的菜肴肯定大不一样，这里就有经验的因素，重点是对火候的把握。领导艺术就是《孙子兵法》讲的“运用之妙，存乎一心”的艺术。因此，可以说领导艺术没有万能模式，同一种领导艺术，由不同的人掌握效果各异，不同的领导艺术被同一个领导者应用，效果也会相差很大。

（三）灵活性

领导艺术不是永恒不变的，是因人、因事、因时、因地而宜的。因此，领导者必须从实际出发，根据具体情况灵活运用，以适应不断变化的情况。

三、领导艺术的具体内容和体现

（一）人际关系艺术

影响人际关系的因素主要有四个方面：人们之间空间距离的远近；人们彼此交往的频率；人们观念态度的相似性；人们彼此需要的互补性。除此之外，人们的性格、品德、气质也是影响人际关系的重要因素。

由于人际关系的复杂性，其协调的方法也是多种多样的，没有一套能普遍适用于不同素质的员工和不同环境的通用方法，应当从企业管理的角度分析，掌握协调人际关系的艺术，例如经营目标协调法、制度规则协调法、心理冲突协调法等。

1. 如何处理与上级的关系

（1）摆正自己的位置，不越位。明确自己的职、权、责，遵守角色规范，出力而不越位。在决策上不要越位，在重大问题上坚持请示汇报。在表态上不越位，还要注意在公共场合不要越位。

（2）尊重上级，维护上级威信

对待上级的指示，一要态度坚决，二要认真负责，这是下级应尽的职责，是尊重上级、维护上级威信的具体表现，令行禁止，落实到位。

（3）理解上级，支持上级工作

当上级决策出台时，当上级工作出现失误时，当受到上级批评时，要设身处地站在上级的角度，进行换位思考，理解上级的难处和出发点。

（4）要主动调适与上级的冲突。若在工作中和上级发生分歧或冲突，我们要能做到顾大局，识大体，求大同，以对上级忠诚、服从、尊重的态度主动调适与上级的冲突。

2. 如何处理好与下级的关系

（1）平易近人

要得到下级的拥护和支持，就必须尊重自己的下级。作为领导，必须摒弃敬上易、敬下难的心理，经常换位思考，充分认识到虽然在领导体系中下级处于从属的被动的地位，但在真理面前和人格上，下级和上级是平等的，应该相互尊重。

（2）信任对方

信任下属，下属便会努力工作，下属与领导的距离也会更近，员工的积极性往往建立在领导的不经意的言语、动作之中。

（3）关爱下属

上级要了解下级的性格、特长、爱好、生活状况等基本情况。这是上级与下级相处的前提和基础，每个人由于成长环境和先天遗传不同，形成了独立于其他社会成员的个体。管理者应该及时了解群众情绪，把握下属的思想脉搏，既力所能及地帮助部属解决具体问题，又要及时进行思想政治工作，体贴人，关心人，沟通思想，理顺情绪。关心下属，重要的不是说，而是做，让下属感觉到你真正在为他们的期待而努力。

（4）一视同仁

凡事“不患寡而患不均”，这是下级与上级产生离心力的概率最大的环节。这就要求上级在处理与下级关系时做到：一视同仁，不搞“圈子”、“带子”，避免资历、关系、感情产生的负效应；赏罚公平，当赏则赏，当罚则罚，避免有功不赏，有过不罚，使下级处于一种公平的工作环境中。

（二）选人的艺术

在选人方面，作为领导者应掌握以下几个方面的原则：

（1）坚持德才兼备，切勿求全责备。一般来说以德为主，但有德无才也不行。一个成功的领导者在选拔人才时应做到兼容宽人，不以己律人，不强人所难，应能正确地自我认识和认知他人。要合理地确立人才标准，使组织内部人人都能各得其所，各得其用，各尽职守。

（2）大胆选拔新人，切忌论资排辈。领导者在选才时，要正确处理德才与资历的关系，以德才为准，在同等的条件下，以选拔新生力量为准。

（3）举荐有胆有识之才，戒唯顺唯亲之风。我们要选拔大批胆识过人、人格健全、个性鲜明的开拓型人才。这些人往往有独立见解，不以领导者的眼色为准，而以是否有利于组织目标的实现为行为准则。

（三）科学用人的艺术

科学用人的艺术主要表现在：一是知人善用的艺术。也就是用人用其德才，要用人所长，避人所短。二是量才适用的艺术。要帮助职工找到自己最佳工作的位置。三是用人不疑的艺术。对安排在与自己才能品德相适应岗位上的员工，就应当放手使用，合理授权，使他们能够对所承担的任务全权负责。四是用养并重的艺术。有眼光的领导，不仅善于选拔和使用人才，而且重视培养和造就人才，能坚持用养并重。

（四）表扬和批评的艺术

表扬奖励人和批评或指责人，也需要有良好的技巧。一是要弄清需要表扬、批评的原因。即掌握事实的真实情况，确保批评的准确性。二是要选择表扬、批评的合适时机。三是要注意表扬、批评的场合。四是要讲求表扬、批评的态度。五是要采用正确的表扬、批评的方式。

（五）时间管理的艺术

时间也是管理过程中重要的资源，时间管理也是有效管理的重要方面，时间管理的艺术主要包括时间分配艺术和时间节约艺术。

第一，时间分配的艺术。这主要有以下几种：一是重点管理法。即分清事情的主次及任务的缓急，集中时间和精力把它做好，即能把有限的时间分配给最重要的工作。二是最佳时间法。把最重要的工作安排在一天中效率最高的时间去完成，而将零碎事务或次要工作放在精力较差的时间去做。三是可控措施法。把自己不可控的时间转化为可控时间，以提高管理效率。

第二，时间节约艺术。可以详细记录自己每周及每月或每季一个区段的时间安排，再加以分析综合，作出判断，从而了解哪些时间内的工作是必要的、有用的，哪些是不必要、无用的、浪费的，以便对时间更好地管理和运用。

（六）创新艺术

创新是指人们发现了新方法、新技术或提供了新观点、新思想。创新是按照自然和社会发展的规律，提出改造自然、改造社会的新设想、新方案。创新应贯穿于整个领导活动之中，一个合格的领导者应具备开拓创新能力。合格的领导者观察事物时具有独特的细致的敏锐性，能根据形势的发展变化，结合新的实践经验和时代条件，在思路的选择上、思考的技能、技巧上、思维的结论上有独到之处，与众不同，又合乎情理，比别人想得更深入、更透彻，提出人们想象不到、表达不出的新见解。同时善于从生活的细微之处，从常人司空见惯、习以为常或熟视无睹的事情上发现问题，开动脑筋，引发思考，获得思维成果，这也是创新型领导者应具备的一种思维特征。

（七）指挥处理紧急事件的艺术

在管理活动中，经常会发生一些突发、紧急和棘手的事件，因而领导者也要掌握处理这些事件的艺术。

第一，迅速控制事态。紧急事件发生后，能否先控制住事态，使其不扩大、不升级、不蔓延，是处理整个事件的关键。这既是整个事件处理成败的基础和前提，又是寻找更好的、彻底的处理方法的重要条件。突发事件发生后，面临紧急事件的组织成员，人多情绪激动。领导者应进行心理控制，运用相关技巧减轻群众的心绪不稳、思想混乱、不知所措等心理压力。迅速地在组织内部和广大群众中开展正面教育，使大多数人认清形势，稳住阵脚，以防局面失去控制；迅速查清紧急事件的重要人物和地点，予以重点控制。

第二，收集事实材料，分析紧急事件产生的原因。紧急事件产生的原因可能是难于控制的自然灾害，复杂多变的政治、经济环境，变化多端的市场竞争，组织的内部管理不善，主观人为的因素等。领导者要带领下属，动用一切可行的手段，准确地掌握大量的现象和事实材料。在掌握全面材料的基础上分析各种现象背后的联系，找到造成整个事件的根本症结，确认事件的性质。然后，迅速地制订处理事件的总体方案。

第三，果断实施方案，处理事件。领导者必须果断决策，周密组织，统筹安排，层层落实责任，使组织成员各司其职，各负其责，找准突破口，集中优势兵力去攻克关键环节和难关。

第四，总结工作。领导者要深入群众，做好善后的思想稳定工作；要总结紧急事件的教训，查找原因，堵塞漏洞，提高认识，避免类似事件再次发生；对于紧急事件处理过程中的工作失误也要及时总结。

◎思考题：

1. 如何理解领导者的影响力？
2. 领导与管理有何联系与区别？
3. 领导行为理论包括什么内容？
4. 菲德勒权变理论的主要内容是什么？对我们有什么启示？
5. 在领导情境理论中，下属的成熟度对领导风格的选择有什么影响？
6. 领导艺术的特点有哪些？

◎案例分析：

ABC 公司的领导类型

ABC 公司是一家中等规模的汽车配件生产集团。最近，对该公司的三个重要部门经理进行了一次有关领导类型的调查。

一、安西尔

安西尔对他本部门的产出感到自豪。他总是强调对生产过程、出产量进行控制的必要性，坚持下属人员必须很好地理解生产指令以得到迅速、完整、准确的反馈。当安西尔遇到小问题时，会放手交给下级去处理，当问题很严重时，他则委派几个有能力的下属人员去解决问题。通常情况下，他只是大致规定下属人员的工作方针、完成怎样的报告及完成期限。安西尔认为只有这样才能导致更好的合作，避免重复工作。

安西尔认为对下属人员采取敬而远之的态度对一个经理来说是最好的行为方式，

所谓的“亲密无间”会松懈纪律。他不主张公开谴责或表扬某个员工，相信他的每一个下属人员都有自知之明。

据安西尔说，在管理中的最大问题是下级不愿意承担责任。他讲道，他的下属人员可以有机会做许多事情，但他们并不是很努力地去做。

他表示不能理解在以前他的下属人员如何能与一个毫无能力的前任经理相处，他说，他的上司对他们现在的工作运转情况非常满意。

(1) 按权力控制程度分类：分权型领导。

(2) 按领导重心所向分类：以事为中心的领导。

(3) 按领导者的态度分类：严厉性领导。

(4) 按决策权力大小分类：自由型领导。

方式：安西尔的领导方式充分地体现了对生产的关心，是以生产为中心的领导方式，允许下级在上级规定的界限内行使职权，建立在他的上司对他们的工作运转情况非常满意的基础上。

因素：领导者对下属的信任程度较高；员工具备解决问题的知识经验，但有不愿意承担责任的意识。

结果：较僵化，员工对工作热情不大，这种领导方式可能产生较高的工作效率，但员工士气可能较低。

二、鲍勃

鲍勃认为每个员工都有人权，他偏重于管理者有义务和责任去满足员工需要的学说。他说，他常为他的员工做一些小事，如给员工两张下月在伽利略城举行的艺术展览的入场券。他认为，每张门票才15美元，但对员工和他的妻子来说却远远超过15美元。这种方式也是对员工过去几个月工作的肯定。

鲍勃说，他每天都要到工厂去一趟，与至少25%的员工交谈。鲍勃不愿意为难别人，他认为安西尔的管理方式过于死板，安西尔的员工也许并不那么满意，但除了忍耐别无他法。

鲍勃说，他已经意识到在管理中有不利因素，但大多是由于生产压力造成的。他的想法是以一个友好、粗线条的管理方式对待员工。他承认尽管在生产率上不如其他单位，但他相信他的雇员有较高的忠诚度与士气，并坚信他们会因他的开明领导而努力工作。

(1) 按权力控制程度分类：分权型领导。

(2) 按领导重心所向分类：以人为中心的领导。

(3) 按领导者的态度分类：体谅型领导。

(4) 按决策权力大小分类：民主型领导。

方式：与安西尔相反，鲍勃的领导方式则充分体现了对人的高度关心，是以人为中心的领导方式。领导者提出问题，征求意见，然后做出决定。

因素：领导者决策十分人性化；员工的愿望与需求大；组织环境复杂。

结果：这种领导方式虽不能带来像任务型管理那样的生产高效率，员工纪律性松散，需求越来越大，领导者难以满足和驾驭，但因为组织气氛舒畅而友好，能提高员工的忠诚度和士气。

三、查理

查理说他面临的基本问题是与其他部门的职责分工不清。他认为不论是否属于他们的任务都安排在他的部门，似乎上级并不清楚这些工作应该谁做。

查理承认他没有提出异议，他说这样做会使其他部门的经理产生反感。他们把查理看成是朋友，而查理却不这样认为。

查理说过去在不平等的分工会议上，他感到很窘迫，但现在适应了，其他部门的领导也不以为然了。

查理认为纪律就是使每个员工不停地工作，预测各种问题的发生。他认为作为一个好的管理者，没有时间像鲍勃那样握紧每一个员工的手，告诉他们正在从事一项伟大的工作。他相信如果一个经理声称为了决定将来的加薪与晋职而对员工的工作进行考核，那么，员工则会更多地考虑他们自己，由此会产生很多问题。

他主张，一旦给一个员工分配了工作，就应让他以自己的方式去做，取消工作检查。他相信大多数员工知道自己会把工作做得怎么样。

如果说存在问题，那就是他的工作范围和职责在生产过程中发生的混淆。查理的确想过，希望公司领导叫他到办公室听听他对某些工作的意见。然而，他并不能保证这样做不会引起风波而使情况有所改变。他说他正在考虑这些问题。

(1) 按权力控制程度分类：均权型领导。

(2) 按领导重心所向分类：人事并重式的领导。

(3) 按领导者的态度分类：体谅型领导。

(4) 按决策权力大小分类：自由型领导。

方式：查理对人和生产这两个方面都表现出了适度关心，采取的是较折中的领导方式，一方面，要清晰地界定每一位员工的工作范围和职责；另一方面，充分信任和尊重员工，取消工作检查，且提出初步的决策方案，同下级交换意见。

因素：领导者的工作范围和职责在生产的过程中发生了混淆。部门与部门间问题复杂。

结果：查理的领导方式可以在生产效率和员工士气之间取得较好的平衡。

资料来源：纪娇云，等. 管理学——理论与案例. 北京：中国电力出版社，2011.

问题：

1. 你认为这三个部门经理各采取了什么领导方式？这些方式各是建立在什么假设的基础上的？试预测这些方式各将产生什么结果。

2. 是否每一种领导方式在特定的环境下都有效？为什么？